# 중국과 미국 그리고 한반도

## : 패권의 딜레마 II

안 인 해

phanyzoo

# 중국과 미국 그리고 한반도

## : 패권의 딜레마 II

For

Peace and Unificatron

# 프롤로그

1992년 8월 24일 한국과 중국은 국교정상화를 맺었다. 일주일 후 9월 1일부터 6일까지 남측여성대표단으로서 나는 북한 방문길에 올랐다. 민간인 최초로 군사분계선을 넘어서 4월에 개통된 고속도로로 개성에서 평양까지 버스를 타고 갔다. 「아세아의 평화와 녀성의 역할에 관한 제3차 평양토론회」에 참석하고, 1박2일간 금강산 관광을 비롯해서 평양에 있는 '김정숙탁아소', '평양산원', '만수대 예술극장' 등 명소들을 둘러봤다. 서울로 돌아오기로 한 마지막 날에 김일성 주석과 주석궁에서 함께 오찬을 했다. 중국과 북한 연구자로서 1992년에 일어난 나의 특별한 경험은 이 책을 집필하게 된 계기가 되었다.

김일성 주석에 대한 나의 인상을 기록으로 남겼다가 책 서장에 담았다. 거의 60페이지에 이르는 방대한 분량이지만 아직 한번도 발표하거나 출판한 적이 없고 다른 장의 내용과는 어울리지 않아서 따로 서장에 썼다. 우리 일행이 평양을 떠난 다음 날 로동신문 전면에 걸쳐 보도되어 당시 북한에서 상당히 화제를 모았던 셈이다.

미국에서 중국연구로 박사논문을 마쳤는데, 조지워싱턴대학교 Harold Hinton 교수의 지도로 제목이 '중국 엘리트정치: 경제개혁과 중·일경제관계 1978~1989'(*Elite Politics in China: Its Relationship to Economic Reform and Sino-Japanese Economic Relations during 1978-1989*)이다. 1978년 중국 개혁·개방 이후 미국에서 인정받은 최초의 중·일관계 학위논문으로 평가받았다. 중국의 경제건설에서 외국투자유치는 절대적 관건인데 일본에서의 자본을 끌어들이는 과정에서 중국 최고 지도자들의 성향분석을 통한 정책경쟁을 하이난성(海南省) 양푸(杨浦)경제특구를 비롯한 3케이스 스터디 사례 연구로 분석하고 완성했다. 1991년 8월 초 발표(oral defense)를 하고 별 수정 없이 그대로 통과해서 바로 제본을 마치고 귀국했다.

동북아시아 국제정치에 관심을 갖고 미국에서 중·일 경제협력에 대해 연구하면서도 향후 한반도는 중·미 간의 패권경쟁에 영향을 받게 될 수밖에 없을 것으로 판단했다. 중국은 일본 자본이 필요하지만 배후에 미국이 있으니 중·일관계에 비중을 둔다는 시각을 보였다. 장래 중국의 상대는 미국이라는 인식이 확고해 보였다. 중국 건국 후 100년이 지나면 미국을 넘어설 수 있다는 '중국몽(中国梦)'은 일찍이 중국인들의 마음속에 뿌리내리고 있었다.

1991년 9월부터 민족통일연구원(현 통일연구원) 북한연구실에서 중·북한관계 연구를 담당하여 6년 가까이 보내고 있을 때 김영삼 정부는 세계화를 위해서 국제대학원 설립을 추진했다. 1997년 3월 임용을 위해서 마침 고려대와 이화여대에서 중국 분야를 영어로 강의할 수 있는 전공자를 모집한다는 공고가 있었고, 나는 고려대학교 국제대학원 교수가 되었다. 2004년 첫 번째 연구년을 맞아 베이징대학 국제관계학원 객좌교수로서 중·미관계와 북한핵문제(中美关係和朝核问题)에 대한 강의를 할 수 있었다.

중국연구는 미국에서 첫 학기부터 시작했으니 어언 40년 가까이 되어 온다. 한국에 귀국한 바로 이듬해 1992년 Harry Harding 교수는 저명한 저서 *A Fragile Relationship: the United States and China Since 1972* 를 미국에서 출간했다. 이 책을 번역해서 한국에 소개하기로 마음먹고 〈중국과 미국: 패권의 딜레마〉로 출판했다. 1992년 이후 사건 전개에 대해서 나의 책을 집필하기로 한 결심이 〈중국 미국 그리고 한반도〉로 결실을 맺게 되었다.

2012년 한·중수교 20주년을 맞아 나는 한국국제정치학회 회장으로서 "한반도 평화와 동아시아 협력: 기회와 도전" 주제로 기념학술회의를 주관했다. 2017년 한·중 국교정상화 25주년에 이 책을 마무리하고 싶었지만 2018년 2월 평창동계올림픽을 계기로 급변하는 한반도 정세를 반영해서 2020년 2월에 출간했다. 이후 코로나19 팬더믹과 미국 바이든 행정부 출범을 포함하는 증보판을 2021년 5월에 다시 발간하게 되었다.

소련, 중국을 통해서 평양의 문을 두드리겠다는 한국의 북방정책이 한·중수교로 정점을 찍고 있었다. 미지의 중공(중국공산당)에 대한 막연한 기대가 있었고 한반도의 북측 조선민주주의인민공화국에 대한 호기심이 일었다. 처음으로 북한을 방문한 기간(1992.9.1~6) 중 느낀 소회를 회상하며 남측의 상황과 비교해서 기술해 보았다. 김일성 주석과의 오찬 만남을 통해서 느낀 감성으로 김정일-김정은 시대를 이어오는 북녘 상황을 유추해본다.(서장)

한반도에서 남북한 간에 이뤄진 '7·4공동성명'(1972)은 중·미 데탕트를 통한 해빙기를 맞은 바로 그해 남북대화가 이어진 결과다. 또한, 노태우 정부에서 7·7선언(1988)으로 남북한 대결을 종식시키려는 노력으로 소련의 몰락이후 탈냉전기가 도래하는 불안정한 시점에 '남북기본합의서'(1991)에 합의할 수 있었다. 냉전기에 남북접촉이 이뤄졌던 시기를 바탕으로 중·미관계가 남북대화에 미치는 영향에 대한 분석틀을 구성해 본다.(1장) 1990년대에 김영삼 정부에서 최초의 남북정상회담 기회가 있었지만 상대수반의 변고(김일성 서거)로 인해서 이뤄지지 않았다. 남측과 북측에서 각자의 합리성을 내세우는 두 개의 통일방안-연합제와 연방제-을 비교한다.(2장)

탈냉전기가 지속되는 상황에서 미국이 중국을 '전략적 동반자'로 일컬으며 적극적인 대중국 화해를 모색하게 되었다. 이러한 분위기에서 김대중 정부의 햇볕정책에 따라 남북한 간에 첫 번째 정상회담을 통해 '6·15공동선언'(2000)이 이뤄졌다.(3장) 조지 W. 부시 대통령은 두 번째 임기 중반에 이르러서야 한반도 문제에 '이해상관자'로서 중국의 역할을 인정하게 되었다. 비로서 노무현 정부에서 두 번째 남북정상회담으로 '10·4선언'(2007)에 합의할 수 있었다.(4장)

남북공동성명에 서명한 4번의 경우(7·4공동성명, 남북기본합의서, 6·15공동선언, 10·4선언)는 중·미 간에 상대적으로 우호적 분위기가 긍정적인 영향을 미치고 있다.

반면 취임초기 부시 대통령은 중국을 '전략적 경쟁자'로 인식하고, 북한을 '악의 축'으로 명명했다. 미국이 9·11을 겪는 과정에서 반테러 캠페인 참가 여부에 따라 적과 친구(foe or friend)를 가르게 되었다. 남한에서는 반미정서에 휩싸이면서, 아무리 햇볕정책의 계승자로서 남북한 관계개선을 위한 노력을 기울여도 교착상태를 벗어나지 못하는 시기가 있었다. 미국 부시 행정부에서의 중·미관계와 남북한 간의 구조적 역학관계는 우호적이지 않은 분위기에서 감내해야 하는 부정적 영향을 목격할 수 있는 사례연구다.(4장)

북한핵문제로 인해서 남북대화는 새로운 해법이 필요하게 되었다. 중국이 건설적 역할을 자임하면서 6자회담을 통해 한반도에서의 비핵화를 위한 노력을 기울이고 있었다. 이에 '9·19공동성명(2005)'과 '2·13합의(2007)'에 도달했지만 핵보유국이 되고자 하는 북한의 강력한 의지를 꺾을 수 없다.(5장)

한국에서 정권교체에 따라 보수성향의 정부가 들어서게 되었다. 북한에 대한 소위 종북 콤플렉스에서 벗어나서 더욱 대담한 대북정책을 펼칠 수 있을 것으로 기대했다. 그러나 '비전 3000'을 내세운 이명박 정부(6장)와 '한반도 신뢰프로세스'를 호소한 박근혜 정부(7장)에서 남북대화는 커녕 경색 일변도로 치닫고 있었다. 남북한 간에 장관급회담 한번 열어보지 못한 채 북한은 핵능력 고도화에 집중하여 '핵무력 완성'의 길을 걷게 된다.

진보성향의 문재인 정부는 '한반도 평화프로세스'를 통해서 남북대화에 적극적인 행보를 보이고 있다. 2018년 2월 평창동계올림픽을 계기로 마련된 남북한 선수 공동참가를 절호의 기회로 삼아 3차례 정상 만남이 이뤄졌다. 도널드 트럼프 대통령과 김정은 국무위원장은 최초의 싱가포르 정상회담(6.12)으로 세기의 담판을 벌였다. 문 대통령과 김 위원장은 판문점선언(4.27)과 평양공동선언(9.19)으로 세계의 이목을 끌었다. 2019년 기대를 모았던 하노이 북·미정상회담(2.28)을 통해서 북한 비핵화에 대한 의구심을 걷어낼 수 있을지 관심이 모아졌다. 하지만 회담은 결렬되고 '신한반도체제'의 앞날을 기약할 수 없게 되었다.(8장)

한반도 판(plate)이 변화하고 있는 상황에서 중국과 미국 그리고 북한과 남한의 상호 현안을 중심으로 양자관계를 살펴본다.(9장) 한반도를 둘러싼 주요국들 간의 대립은 그 어느 시기보다도 위협적인 위험요소를 내포하고 있다. 이럴 때일수록 향후 일어날 수 있는 다양한 상황 변화를 예견할 수 있어야 한다. 북·미, 중·미, 남북한 간에 일어날 수 있는 북한핵 해결방안으로 6가지 시나리오를 상정하고 향후 한반도의 미래를 예측할 수 있는 토대가 될 수 있도록 전망해 본다.(10장)

중국의 부상으로 상호 협력하면서도 견제에 따른 동북아 갈등과 협력요인을 분석해 본다.(11장) 中 '일대일로'와 美 '인도·태평양전략'이 격돌할 가능성이 높아지는 상황에서 양국의 디커플링(decoupling)에 대한 냉철한 분석이 필요하다. 올해 5월 워싱턴에서 첫 대면으로 바이든-문재인 정상회담이 이뤄져서 철통같은 한·미 관계를 다짐한다. 코로나19 팬데믹 이후 중국과 미국이 벌이는 패권 경쟁의 향방은 한반도에 지대한 영향을 미치게 될 것이다. 이에 대한 합리적 판단과 철저한 대비가 요구된다.(12장)

이 책을 출판하기 위해서 많은 도움을 받았다.

한국국제정치학회를 비롯해서 여러 학술회의를 통해 유용한 토론을 해 주신 선배, 동료, 전문가들 덕분에 책 내용을 수정, 개선할 수 있었다. 그동안 기고한 신문칼럼도 인용했다. 단순하고 간결한 문장이 읽기 쉬워서 책 전체 문체를 이에 맞추고자 했다. 고려대학교 국제대학원 강의에 참석한 석·박사 학생들과 자료수집과 교정에 수고한 조교 학생들에게도 고마움을 표한다.

태영호 전 주영국북한공사는 회의 참석차 두 차례 만났는데, 지난해 구정기간 동안 책을 모두 독파하고 후기를 보내왔다. 평양에서 중학교시절 영어를 배운 여운형의 딸 여연구 선생을 그리워하는 애틋한 마음을 느낄 수 있다.

2018년 2월 평창동계올림픽을 축하하기 위한 북한 삼지연관현악단의 서울공연을 어머니와 함께 관람했다. 평양을 떠나오신 실향민으로 남편을 여의고 홀로 계신 사연으로 참가할 수 있었다. 부모님들은 내가 미국에서 유학하는 동안 뒷바라지를 아끼지 않으셨고 중국과 북한연구를 하는데 많은 영감을 주셨다. 오로지 자손들에게 헌신하며 살아오신 덕분이기에 무한한 존경과 사랑을 보내며 가족들의 보살핌에 감사할 따름이다. 코로나19로 인해서 한반도뿐만 아니라 전세계가 경제적 침체를 겪고 있다. 어려운 환경에도 기꺼이 출판을 맡아 준 주)파니쥬 대표에게 고마움을 전한다.

辛丑年 五月
一碧齋
安仁海

# C·O·N·T·E·N·T·S

## 서장 김일성 주석을 만나다

**사목지신(徙木之信)**
위정자는 백성들과의 약속을 지켜야 한다.

# 주석궁 오찬

**김일성 주석과 남측 여성대표단**

(첫째 줄) 좌측에서 두번째부터 윤정옥 남측 공동대표, 여연구 북측 단장, 이우정 공동대표, 김일성 주석, 이태영, 이효재 공동대표, 고아라, 조형, (둘째 줄) 좌측에서 세번째 이경숙, 일곱 번째 한명숙, 장공자, 권영자, (세째 줄) 좌측부터 저자, 이미경

"만나서 반갑습네다."

김일성 주석은 후덕한 얼굴에 만연한 미소를 띠고 악수를 청한다. 너무나 감격에 겨워 울음보를 터뜨리는 북한여성들이 그를 향해 연신 큰절을 하고 있다. 진정으로 마음 깊이 아로새겨져 우러나오는 벅찬 감동에 어쩔 줄 몰라 하는 모습이 역력하다. 애써 감정을 억누르고 울음을 참으며 자신의 손을 잡으려는 그들의 눈을 김 주석은 그윽하게 응시하며 미소짓고 있다.

김일성 주석과 인사

먼 길을 왔는데 그냥 돌려보내기 섭섭해서 점심이나 같이하려고 준비했다는 김 주석과 남측 여성대표단 일행이 단체 사진을 찍었다. 오찬 참석자는 드레스코드로 한복을 준비하라고 미리 일러줘서 나도 한복으로 차려입고 뒷줄에 섰다. 이 사진을 갖고 있으면 북한에 언제나 드나들 수 있겠다며 남측대표단에서 말했다. 우리 일행

이 떠난 다음 날 노동신문 1면에 남측대표단 방북소식이 상세하게
보도되었다.

김일성종합대학은 북한 최고 지성의 요람이고 선망의 대상이다.
미국 죠지 워싱턴대학에서 박사학위를 마치고 그 이듬해인 1992년
9월 1일~6일 동안 북한을 방문했는데 북측 사람들이 나를 쳐다보
는 눈이 예사롭지 않았다. 미국 건국의 아버지가 죠지 워싱턴이라
는 이유다. 김일성 주석은 조선인민민주주의공화국 건국의 아버지
로 불리며 김일성종합대학이 가장 유명한 명문대학이다. 똑같은 시
각에서 미국 건국의 아버지 이름을 딴 죠지 워싱턴대학을 최고의
대학으로 여기는 듯했다. 괜히 싫지 않은 기분이 들어서 부인하지
않고 살며시 웃기만 했다. 훗날 죠지 워싱턴대학 스티븐 냅(Steven
Knapp) 총장이 내한했을 때 이 에피소드를 전했다. 혹시라도 평양
에 가게 되면 세계 최고대학 총장으로 소개받더라도 놀라지 말라고
넌지시 일러주었다. 그는 유쾌한 웃음으로 답했다.

9월 6일 평양 체류 마지막 토요일 오전 계획은 각자 원하는 대로
김일성종합대학, 봉수교회, 가정집 중 하나를 선택해서 방문할 수
있다고 했다. 나는 김일성종합대학에 가서 도서관을 둘러보고 학생
들과 대화를 나눠볼 심산이었다. 워싱턴에서 생활한 경험을 얘기해
주며 김일성을 찬양하는 학생들이 미국 초대 대통령을 어떻게 받아
들이는지 반응도 살펴보고 싶었다. 그 대학의 학생들은 어떤 책을
읽고 토론하는지 궁금하기도 했다. 하지만 이 일정은 갑자기 취소
되고 예정에도 없던 주석궁 방문과 김일성 주석과의 오찬으로 변경
되었다.

평양에서 김 주석과 주석궁에서 함께 한 오찬 분위기는 시종일관 화기애애했다. 남측대표단 여성 23명, 해외에서 온 여성대표, 북한 대표를 포함해서 40명만 초대된 자리였다. 대동강에서 잡은 숭어요리, 언감자 깨국수, 칠면조 구이 등 13가지 요리는 정갈하면서도 담백하고 맛깔스럽게 조리되어 접시에 놓여 있었다. 김 주석이 항일운동을 할 때 함경도지방의 날씨가 너무 추워서 감자가 꽁꽁 얼어버리면 까맣게 변하는데, 언 감자를 먹던 기억을 되살려 깨국수로 개발했다는 일화도 소개했다. 남측 요리는 양념을 많이 사용하기때문에 재료 본연의 맛보다 양념 맛이 짙은 편이지만 평양식 요리는 싱거우면서도 감칠맛이 났다. 바로 전날 평양 대동강변에 있는 유명한 옥류관에 일행이 함께 안내받아 가서 먹고 온 음식도 담백해서 많이 먹었다. 우리는 푸짐하게 차려진 음식을 잔뜩 먹고 평양냉면을 기본으로 두 그릇씩 비웠다. 일행 중에 다섯, 여섯 그릇을 주문하는 대식가도 있어서 화제가 되기도 했다.

북한으로 떠나기 전 남측대표단 일행은 서울의 정보기관인 국가안전기획부에서 소위 '안보교육'을 받았다. 예를 들면, 1989년에 한국 대학생이 단신으로 학생대표로 평양으로 들어가 '통일의 꽃' 칭호를 받고 실형을 선고받은 사건에 대한 설명을 들었다. 국가보안법을 위반한 그 학생은 3년째 복역 중이며 이를 북측에도 제대로 알릴 수 있어야 한다고 교육받았다. 주석궁 오찬장에서 시간이 흘러감성이 무르익을 즈음 김 주석은 온화한 목소리로 어느새 여학생의 건강을 걱정하는 노신사로서 말을 이어 나갔다. "그 어린 학생이 추운데 감옥에서 고생한다는 생각을 하면 마음이 아파서 그래요." 그누구도 보안법 운운할 수 없는 상황이었다. 모두가 추위에 떨고 있을 어린 여대생을 아련히 떠올리는 듯했다.

분위기를 바꾸면서 김 주석이 슬쩍 다른 얘기를 꺼냈다. 평양에서 예정된 회의에 참석한 이후 금강산을 둘러보고 온 우리 일행에게 자연 보존의 필요성을 역설하고 있었다. 공중삭도(케이블카)는 자연환경을 훼손하는 것이기 때문에 일절 설치하지 못하게 했다면서 김 주석은 금강산 일만이천봉을 그대로 보존하고 있다는 자부심을 드러냈다. 금강산을 개발할 자금이 부족해서 그대로 방치한다고

아시아의 평화와 여성의 역할에 관한 제3차 평양토론회

여길 수도 있다. 하지만 환경보존을 위한다는 나름대로 명분을 내세워 조목조목 설명했다. 50년 가까이 북한을 통치하며 그야말로 산전수전 다 겪은 이 노회한 노정객은 대화하면서도 상대방의 반론을 허술하게 허용하지 않았다. 자신이 하고 싶은 말, 의지는 그대로 표현하고 있었다.

당시 북한은 소련의 붕괴와 한·중관계 정상화로 미국, 일본, 한국 등으로 외교 지평선을 넓히는 문제를 고민하고 있었다. 김일성 주석은 1980년대 말부터 소련 고르바초프의 페레스트로이카(개혁)와 글라스노스트(개방)로 소련이 오래가지 못할 것으로 판단했다. 서울 88올림픽을 계기로 확연해지고 있는 한국의 '북방정책'에 대응해서 서방외교에 관심을 갖기 시작했다.

북한은 미국, 한국에서 종교계 인사들을 초청하고 여성대표단들과의 만남으로 민간외교를 통한 이미지 개선에 노력을 기울이게 되었다. 종교계에서는 문익환 목사, 빌리 그레이엄 목사, 통일교 문선명 총재 등의 방북이 성사되었다. 또한 위안부 문제에 영향력이 있는 한국과 일본 여성계 인사들을 초청해서 북한식 외교다각화에 나서게 되었다.

북한 평양에서 5박 6일(1992.9.1~6) 여정으로 '제3차 아시아의 평화와 여성의 역할'이라는 주제로 일본·북한·한국 여성대표단들의 토론회가 열렸다. 나는 동일한 내용의 제2차 서울 회의(1991.11.25~30)에 참석한 적이 있었다. 3번째 열리게 되는 평양회의와 비교해 보고 북한 실상에 대해 알고 싶은 것도 많아서 평양에 꼭 가고 싶었다.[1] 평양을 떠나 온 실향민이신 부모님들의 고향을 처음으로 직접 방문한다고 생각하며 밤잠을 설치기도 했다.

평양에서 학창시절을 보낸 부친께서는 어릴 적 수영하던 대동강이며 모란봉에 오르던 기억을 떠올리곤 하셨다. 일제하에서 평2중(평양고보) 다닐 적에 체육을 잘해서 '가미카제(자살특공대)'에 지원하라는 요청을 여러 차례 받았지만 거절했다며 이를 악무셨다. 부친은 북한에서 토지개혁이 시행되고 평양을 떠나 서울로 오셔서 많은 고초를 겪으셨다. 이후 늦게 학업에 뜻을 두고 한양대 공대 기계과를 다녔는데, 김연준 총장의 고향이 이북이라서 선택했다고 하셨다. 졸업할 때 나이도 많고 성적도 좋아서 졸업생 대표로 졸업사를 낭독했다고 회고하셨다. 이후 할아버지께서 피난 가서 정착하신 대구에서 거주하셨다. 마침 포항제철이 준공되어 원자재를 공급받아 공작기계 등을 제작하는 회사를 운영하셨다.

'그때가 좋았지'라며 그윽이 눈을 감으셨다. 아버지께서는 북녘땅에 남아 있을 어머니(친할머니) 얘기는 애써 피하셨다. 약주 한잔 드신 날이면 나를 쳐다보시며 어머니를 가장 많이 닮았다고 회상하셨다. 쌍까풀진 눈과 하얀 피부가 꼭 같다면서 어머니께서 동네 어귀에 나서면 마을이 훤해졌다며 미소 짓곤 하셨다. 내가 중학생일 때 돌아가신 할아버지께서는 아내를 두고 온 대동강 한편에 자리 잡은 문중 집성촌에 대해 일러주시기도 했다. 꼭 고향 땅을 밟아보고 싶다고 늘 되뇌셨다.

나는 친지들이 이남으로 피난 내려오면서 겪어야만 했던 전쟁의 참상을 자장가처럼 들으며 잠들기도 했다. 다시 만날 수 있을 것이라는 기약은 이미 체념이 된 채 오랜 세월이 흘렀다. '잃어버린 30년'으로 온 국민의 가슴을 적시던 1983년 '이산가족 찾기'의 감동도 또 다른 30년을 훌쩍 넘기고 있다. 친가와 외가 모두 평양을 떠나셔서 평양에 대한 이야기는 정말로 어릴 적 뛰어 놀던 고향처럼 내 마음에 자리 잡아 익숙하게 느껴졌다. 내가 이북으로 떠나기 전 아버지께서는 모란봉, 을밀대의 위치뿐만 아니라 살던 집의 방향과 주변 풍경도 자세하게 설명하시며 아직도 그 위치에 있는지 찾아보라고 하셨다. 막상 가서 보니 평양거리가 너무나 변해서 아무것도 확인할 수 없었다.

1992년 9월 1일 우리 일행은 판문점을 통과해서 군사분계선을 넘어갔다. 비무장지대(DMZ)를 걸어서 넘어간 첫 남측 민간대표단이었다. 그 해 4월에 처음으로 개통한 개성-평양 간 2차선 고속도로를 이용했는데 반대편에 통행하는 자동차를 거의 볼 수 없었다. 우리 대표단에는 각계, 각층의 보수와 진보를 아우르는 지도급 여성 23명이 포진하고 있었다. 당시 민족통일연구원 북한연구실에 근무하던 나는 북한 전문가로서 참가했다. 이태영 변호사, 이우정 의원, 한명숙 총리, 이효재 교수, 윤정옥 이사장, 이경숙 총장, 이미경 의원, 장공자 교수 등 관계, 학계, 시민단체를 총망라하는 여성 명사들과의 동행이었다. 여운형의 딸 여연구 단장이 북한여성대표단을 인솔하고 있었다.

북측에서 2인 1실을 사용하도록 배정해서 나는 가장 연로하신 이태영 여사와 한방을 쓰게 되었다. 보라색 한복을 즐겨 입으시며 손수 다리미질을 해서 곱게 저고리를 여미시던 모습이 생생하다. 옷을 바꿔 입는 모습이라도 결코 흐트러지는 매무새를 보이지 않으려는 자세가 퍽 인상적이었다. 아 역시 큰일을 하시는 분들은 사적으로도 배울 점이 많구나 생각했다.

남측대표단 일행이 묵었던 고려호텔 꼭대기 층에는 1시간에 한

바퀴를 돌아가는 전망대가 있고 거기에 피아노가 놓여 있었다. 무심결에 한국 가곡을 떠올리며 분위기를 잡고 피아노에 앉아 멜로디를 쳤다. 북한에서 추억으로 남기고 싶어서 잠깐 피아노를 친 것이라 그냥 잊고 있었다. 그런데 후일 노무현 대통령 시절 정동영 통일부장관 초청으로 2005년 남북장관급회담 참석을 위해서 북측대표단 일원으로 서울에 온 검은 안경을 낀 요원이 나를 기억하고 있어서 놀란 적이 있다. "피아노 친 동무구먼!" 가까이 다가와 귀를 스치듯 말하곤 지나쳐 갔다.

북측 여성대표단 여연구 단장

고려호텔에서 남북한 여성들이 함께 지하에 있는 노래방에서 어울렸다. 서로 아는 노래라고는 '고향의 봄' 뿐이어서 큰소리로 부르며 '우리의 소원은 통일'이라고 외치기도 했다. 옛적부터 노래부르기를 즐겼던 한민족인데 다 같이 부를 수 있는 가락을 더 많이 보급하자며, 마음을 열고 손을 맞잡고 화음을 맞추어 보자며, 모두들 흥겨워하면서도 아쉬워했다.

평양에서의 일정은 여성대표단들의 방문이었던 만큼 '평양산원(산부인과 전문병원)'과 '김정숙 탁아소(일명 '3·8탁아소')'를 방문했다. 북한은 취학 전 어린이라면 모두 국가와 사회가 맡아 키우고 교육하는 제도를 시행하고 있었다. 태어나서 6개월까지는 부모가 직접 키우지만 이후 탁아소에 맡겨진다. 생후 1년 반이 지나면 말을 배우고 혁명가요, 유희 등을 가르친다고 했다. '김정숙 탁아소'에 당시 400여 명의 어린이들(2.5~4세)이 수용되어 있었다. 월요일 아침에 아이를 맡기고 토요일 오후에 집으로 데려가는 주 단위 탁아소였다. 평양에서는 김치를 15일에 한번 보급해주고 부모가 원한다면 아이를 하루, 일주일, 한 달 단위로 맡아서 키워준다고 했다. 북한 여성들은 아이들 보육 걱정을 덜고 직장생활을 할 수 있도록 배려해 주는 편리한 시설이라고 자랑했다. 이는 공산주의 사회에서 여성노동력 활용이나 착취로 볼 수도 있다. 아이들이 어머니 품에서 커야 정서적으로 안정이 된다고 알려져 있지만 별도로 얘기하지 않았다.

북한의 아동교육은 김일성 일가 우상화정책과 이에 따른 세습정책의 정당화와 밀접한 관계를 가진다. 유년기부터 모든 양식, 의복과 일상생활이 모두 김 주석과 그 일가에 의해 주어진다고 세뇌시

킬 수 있다면 체제 공고화에 도움을 받을 수 있다. 일찍이 플라톤은
'사유개념을 없애고 나라에 헌신할 수 있는 인간으로 만들기 위해서
유아기부터 엄마를 알아볼 수 없도록 공동으로 양육해야 한다'고 주
장했다. 그의 제자인 아리스토텔레스가 가정 개념이 없다면 국가
개념도 가질 수 없으므로 가정교육의 중요성을 설파한 의미를 곱새
겨 보아야 한다.[2]

목란관에서 북한 여성들과 만찬

# 북한 위안부

　9월 2일 '아세아의 평화와 여성의 역할' 제3차 토론회가 인민문화
궁전에서 열렸다. 남북한여성 대표들을 비롯해서 일본 및 해외여성
대표들이 참가하고 북한 여성들도 300여 명이 함께 참석했다. '민족
대단결과 여성의 역할', '일본의 식민지 지배와 침략 및 전후 보상
문제', '평화창조와 여성의 역할' 등이 의제로 다뤄졌다. 종군위안부
문제가 중점적으로 제기되었다. 북한에 거주하는 위안부 할머니들
은 김일성 주석 덕분에 북한에서 행복하게 살고 있다고 했지만, 그
들의 증언은 피눈물로 범벅되었다. 치마를 걷고 배를 가른 검도자
국을 보여주기도 했다. 임신한 배에서 태아를 꺼내 검도에 꽂아 흔
들며 위협했다는 것이다. 그 잔혹상을 아직도 생생하게 떠올리고
있을 남북한의 위안부 할머니들이 함께 만날 수 있도록 해야 한다.[3]
그래서 서로의 기억을 확인하고 조금이라도 상처를 보듬을 수 있도
록 자리를 마련해 줄 수 있어야 한다. 이산가족 상봉과 더불어 처절
한 여성인권문제에 남북한이 한마음이 되어 공조할 수 있다.

동행한 일본여성 대표단은 남·북·일의 공동대처를 촉구하기도
했다. 여성들이 힘을 합쳐 여성인권이 짓밟힌 참상을 있는 그대로
알리고 해결해 나가자고 했다. 일본여성들은 일본군에 의해 자행되
었다는 자료를 근거로 종군위안부 문제는 보상이 아닌 배상 차원에
서 해결하자고 주장했다. 피해자 중심의 인류 보편적 인권문제로
풀어야 할 문제다.[4] 일본 정부로부터 충분히 만족할만한 공식적인
사과를 받지 못했다고 느끼는 할머니들이 점점 쇠약해지고 병들어
점차 운명을 달리하고 있다.

아베 신조(安倍晉三) 정부에서 한·일관계는 악화일로로 치닫고
있다. 일본 내 우경화 여론의 지지를 업고 극우 행보를 보이고 있는
아베 정권은 한국 입장에서 보면 '막무가내'로 여겨지기도 한다.
2013년 말 미국을 비롯해서 중국, 한국이 나서서 경고했지만 아베
총리는 야스쿠니 신사를 찾았다. 역사 왜곡의 현장에 참배해서는
안 된다는 요구가 묵살됐다. 한·일관계의 실마리를 풀어야 한다는
미국의 호소도 공허하게 흩어지고 있었다. 위안부 문제를 경시해서
는 안 되지만 마치 선결조건으로 받아들여져서 한·일 간에 정상회
담마저 열리지 못하는 상황은 정상적이라고 볼 수 없다. 지정학적
으로 이웃인 운명을 바꿀 수 없다면 한국의 국익을 위해서라도
한·일관계가 개선되어야 한다.

스가 요시히데(菅義偉) 관방장관은 위안부 문제에 대해 '무라야
마 담화(1995년)'로 이어진 '고노 담화(1993년)'의 수정이 필요한지
검증하겠다고 했다. 자신들이 선택했던 총리와 제2인자를 부정하겠
다는 것이다.

일본은 '조선 여인들이 가난해서 돈벌이하기 위해서 나섰다'거나

‘군대 위안부가 우리만 있었는가’라고 항변한다. 그리하여 한국 위안부 할머니 16인의 흥분한 증언이 과장됐고, 정부 차원의 위안부 동원을 증빙할 문서가 없었다고 하려는 것이다. 병영에서 이뤄진 위안부 강제동원의 증거들인 ‘현장문서’가 속속들이 들춰지고 있다. 그런데도 무엇을 더 검증하겠다는 것인가. 2014년 3월 관련 내용을 수정하지 않겠다고 발표했지만 한국에서 진정성에 대한 의구심을 거두지 않고 있다.

2019년 100주년이 되는 3·1절에 일제강점 하에서 독립만세가 울려 퍼지던 함성을 되새긴다. 매년 3월이면 일본군의 만행을 곱씹으며 위안부 할머니들의 안위를 걱정하게 된다. 그럼에도 일본의 고위 인사는 군위안부가 ‘날조된 사실’이라는 인식을 보인다. 군위안부 강제연행과 일본군과 관헌이 개입한 사실을 인정한 ‘고노 담화’를 수정하고 싶은 속내를 드러냈다.[5]

한국은 스위스 제네바에서 열린 UN인권이사회에서 군위안부를 ‘살아있는 현재 문제’로 제기하고 북한인권 문제에 대한 관심을 촉구했다. UN 안전보장이사회 공개토의에서도 ‘위안부(comfort women)’, ‘강제 성 노예(enforced sex slave)’라는 표현이 거론된 바 있다. 그럼에도 불구하고 일본은 오히려 국민들이 위안부 문제에 대해서 피로감을 느낀다고 항변한다. 언제까지 사죄하고 또 사죄해야 하느냐고 묻는다. 이미 1965년 한·일관계 정상화 시점에 청구한 5억 달러의 구상권에 포함되어 있다는 약속이 공식 입장이라는 말만 되풀이한다. 올바른 역사인식과 피해자들이 받아들일 수 있는 사죄 등 일본 정부의 책임 있는 조치를 기대한다.

2015년 12월 말 박근혜 정부는 아베 정부와 위안부 문제에 대해서

'불가역적이며 최종적'으로 합의했다. 민족감정이 오롯이 담긴 정서 문제가 불가역적일 수 있을까. 마치 핵문제를 풀어야하는 CVID(완전하고 검증 가능하며 불가역적인 비핵화)에서나 볼 수 있는 문구를 민족감정에 대입시켜서 합의를 강요한 셈이다. 일본에서 사죄형식을 취했다가도 곧바로 이를 부정하는 망발을 막기 위한 고육책이다. 그런데 일본측이 '1㎜도 움직일 수 없다'면서 불가역적이라고 강변한다. 위안부 할머니들에게 편지라도 띄워보라는 권고를 일언지하에 거절하는 아베 총리의 답변은 할머니들의 폐부를 찌르는 듯하다.

위안부 할머니들은 진정으로 우러나오는 일본인들의 사죄를 받고 싶다고 외친다. 오로지 기다려온 유일한 바람이다. 피해자인 위안부 할머니들이 받아들이지 않는다면 피해자 중심의 해결방식이 아니다. 국가 간 신뢰를 위해서 국제적 약속을 지켜야하는 것도 의무다. 문재인 정부는 합의문의 수정이나 재합의를 요구하지 않는다는 입장이다. 10억 엔을 받아 화해·치유재단을 만들고 할머니들에게 지급하기로 한 결정은 오히려 자존심 상하는 일로 치부될 수 있다. 도저히 받아들일 수 없다고 항변하는 할머니들이 있다. 마음 같아서는 고작 그까짓 돈을 받느니 당장 돌려주라고 외치고 싶기도 할 것이다. 10억 엔은 그대로 둔 채 우리 국민들이 성금을 모아서라도 그 분들의 뜻을 기리고 조국을 위해서 몸 바친 분들을 위로해 줄 수도 있다. 위안부 할머니들을 화해하고 치유하기 위한 재단이지만 이미 해체의 수순을 밟았다.

그 아픔을 결코 잊어서는 안 된다. 하지만 이제는 응축된 마음에서 덜어내고 미래지향적으로 나아가야 하는 것은 아닌지 우려하는 목소리가 높아지고 있다. 새롭게 문제 제기를 했을 때 상대국인 일본이 이미 종결된 사안으로 이를 받아들이지 않는다면 더 큰 상처를 안게 된다. 한·일 간에 위안부, 강제징용 문제를 비롯해서 레이더 조준 시비 등으로 양국이 대화를 통한 해결책을 찾기가 쉽지 않다.

2018년 10월, 일제 강제징용에 대한 대법원의 손해배상 판결은 한·일 간에 깊은 불신을 초래했다. 일본은 1965년 청구권 협정으로 해결되었다는 입장을 보이며 한국의 결정을 받아들이지 않았다. 2019년 일본이 안보상의 이유로 7월 수출제한 조치에 이어 8월 한국을 '화이트리스트'에서 배제했다. 일본의 보복조치에 반발해서 한국은 한일군사정보보호협정(GSOMIA) 탈퇴를 선언했다. 그러나 한·미·일 안보협력을 우려한 미국의 압력으로 11월 22일 한국정부의 조건부 탈퇴유예 결정에 따라 이를 유지할 수 있게 되었다. 한국으로서는 뼈아픈 경험이다.

2020년 9월에 출범한 스가 요시히데 총리도 한·일관계에 강경한 입장을 고수하고 있다. 연말에 한국에서 열릴 예정이던 한·중·일 정상회담에도 불참을 통보했다.

한·일정부 간에 맺은 약속이라면, 적어도 외교부는 국제공조에 방점을 찍는 역할분담이 필요하다. 국내적으로 위안부, 징용문제에 여성가족부, 고용노동부 등이 나서서 한국민 보호를 위한 역할을 담당할 수 있다. 대외적으로 더 당당한 호소력이 통할 수 있는 방안 마련이 아쉬운 정국이다.

# 경제특구

북측 여성들과 함께 남측 여성대표단은 1992년 9월 3일부터 1박2일 여정으로 금강산을 다녀왔다. 평양에서 원산(평원고속도로)과 통천을 거쳐 약 300km에 이르는 도로를 이용했다. 평양으로 갈 때 남측 대표단이 이용한 개성−평양 간 고속도로는 아스팔트로 포장되어 있다. 그 외에는 북한이 시멘트 수출국인 만큼 풍부한 시멘트를 이용해서 도로망이 연결되어 있다. 그런데도 여기저기 움푹 파이고 망가진 도로는 보수되지 않고 형편없이 낡아서 북한 사회간접자본이 열악한 상황을 가늠할 수 있게 했다.

김영삼 정부에서 '민족우선주의'를 내세우며 다른 어떤 국가보다도 남북한이 먼저 교류해야 한다는 방침을 밝히기도 했다. 북한에 방대한 사회간접자본을 건설하자면 엄청난 투자가 필요하다. 북한 방문 중 방만한 도로, 공항, 항만 등을 비롯한 경제발전시설에 투자하려면 과연 남한 자본만으로 이를 감당할 수 있을까 하는 상념에 골몰하게 되었다. 경제효용성 측면에서 불가능해 보였다. 오히려 북한이 제공할 수 있는 토지에 제한적으로 경제특구를 만들어 외국의 투자를 유치하는 것이 실현성이 있어 보였다. 남한은 자원과 자금이 부족하지만 수출주도형 경제발전을 이룩하는 과정에서 외자유치를 한 경험이 풍부한 만큼 이를 활용해서 북한과 합작할 수 있는 상호보완적 방안을 마련해야 한다는 생각을 하고 있었다.

바로 1년 전 1991년 중국 권력엘리트들이 개혁 · 개방정책을 시행하는 과정에서 일본과의 경제협력이 미친 영향에 대한 사례를 연구해서 미국에서 받은 박사학위 논문 내용 중 북한상황에 대입할 수 있는 부분들이 얼핏 떠올랐다.[6] 덩샤오핑(邓小平) 등장 이후 경제건설을 이룩하려는 목표를 달성하기 위해서 중국은 개혁 · 개방을 수단으로 외국자본을 유치하기 위한 여러 가지 방안을 시도했다. 중국은 많은 시행착오를 겪으면서 주기적 파도형 패턴(Cyclical wavelike pattern)을 보이며 개혁기와 침체기를 반복적으로 넘나들면서 경제발전을 이룩했다. 중국 경제특구에 일본 기업의 자본을 유치해서 경제발전을 이루려는 중국 지도부는 정책 대립으로 인한 갈등을 겪었다. 예를 들면, 1980년대 후반부 자오쯔양(赵紫阳) 시기에 하이난다오(海南岛)의 양푸(杨浦)경제특구 건설을 위해서 일본 건설업체의 투자를 유치하고자 했다. 기업이윤을 보장하기 위해서 매우 유리한 조건을 제시하여 개발을 유도했다. 경제발전에 따라 일정 기간이 지나면 중국법에 의거해서 완전한 중국 소유가 되도록 하자는 것이다.

1980년대 당시 개명(开明)적 적극개혁의 사고방식을 가진 자오쯔양 주석은 파격적 조건인 1무(亩)에 2,000위엔(元)의 가격으로 일본 건설회사에 70년간 조차하자고 제안했다.[7] 기업이윤을 추구하는 시장경제하의 자본을 유치하려면 척박하고 아무것도 없는 허허벌

판에 투자할 수 있도록 유리한 조건을 제시해야 한다는 명분을 내세웠다. 반면 리펑(李鵬) 총리는 사회주의 체제수호를 위해 소극적 방식을 선호했다. 이미 마카오 70년, 홍콩 99년의 조차기간이 끝나면 반환받아야 하는데, 중국 영토 일부를 다시 장기간 외국에 조차하겠다는 발상은 국가 주권에 관한 문제라며 대립했다.

1987년 자오 주석의 취임과 함께 양푸경제특구개발이 추진되었다. 하지만 1989년 6월 민주항쟁을 진압한 톈안먼(天安门)사건으로 자오쯔양이 권력투쟁에서 밀려나 9월에 실각했다. 리펑 총리를 중심으로 계엄령이 발효되면서 시장경제확대 정책에 따른 경제특구 활성화는 중단되고 말았다. 1992년 2월이 되어서야 덩샤오핑이 '남순강화(南巡讲话)'를 통해 개혁·개방정책에 더욱 박차를 가하라고 주문했다. 이에 따라 하이난다오는 성(海南省)으로 승격되면서 양푸경제특구는 기사회생할 수 있었다.[8]

중국은 4개의 경제특구와 14개의 해안도시를 기점으로 경제발전 모델로 삼았다. 집중적인 정부지원과 특별혜택으로 눈에 확연히 보이는 경제개발에 대한 동기를 부여하는 방식이다. 도시를 중심으로 해안선을 따라 경제발전이 이뤄지면 내륙으로 파급효과를 기대하는 발전전략이다. 초기에 광동성 선전(深圳), 주하이(珠海) 산터우(汕头)와 푸젠성 샤먼(厦门) 등 4개 경제특구는 파격적인 혜택으로 엄청난 경제성장을 이뤘다. 또한 해안도시인 상하이(上海)의 눈부신 경제발전은 이미 김정일 위원장이 '상전벽해(桑田碧海)'라고 일컬을 만큼 중국의 경제상황을 완전히 탈바꿈 시켰다. 소중화(小中华) 경제권의 눈부신 발전이 경이롭다. 타이완의 자본과 기술을 중국 본토에 투자하고 저렴한 노동력을 활용해서 물품을 대량생산한다. 이 공산품들은 홍콩의 무역망을 통해 전 세계에 판매된다. 상호 보완적인 삼각무역(타이완-중국본토-홍콩)이 시너지효과를 내고 있다. 남한이 타이완과 홍콩의 역할을 한다면 북한과 서로 상생할 수 있는 구도로 여겨졌다.

중국은 정치적으로 공산당 일당지배를 유지하고 국가소유경제를 견지하면서도 인민들의 경제적 동기부여를 적절히 활용해서 정권 유지와 경제건설을 일궈내고 있다. 북한은 경제건설을 위한 획기적인 패러다임 전환(paradigm shift)을 위해서 덩샤오핑의 '흑묘백묘(黑猫白猫, 검은 고양이든 흰 고양이든 쥐를 잡으면 된다)'의 실용주의 정신을 깊이 연구해서 본받아야 한다.

북한방문 내내 나는 속히 북한에 경제특구를 지정해야 한다는 일념뿐이었다. 북한은 경제특구를 외국기업들에게 장기간 조차함으로써 사회간접자본을 포함하는 편의시설을 용이하게 건설할 수 있다. 한국 정부는 외국자본보다 남한이 먼저 북한에 들어가야 한다며 남북대화를 추진하고 있었다. 그렇지만 내가 북녘 땅을 직접 목격하고 보니 생각이 달라졌다. 한국의 1960년대를 회상할 만큼 열악한 사회간접시설을 제대로 개발하려면 막대한 자본과 기술이 필요해 보였다. 어차피 남한 자본만으로 북한을 개발한다는 것은 무리다. '중국 특색의 사회주의' 발전모델의 초기 단계를 북한 상황에 맞춘 '북한식 사회주의'로 한국의 수출주도형 경제발전모델의 경험(know-how)을 전수해 줄 수 있을 것 같았다. 다른 동행인들에게 이러한 나의 관점을 밝히기도 하고 보고서로 작성했다. 하지만 1992년 당시 근무 중이던 민족통일연구원에서 나의 생각을 발표하자 아직 시기상조이며 중국을 연구한 시각으로 북한을 바라보는 것은 "단순하고 너무 순진하다"는 부원장의 핀잔만 들었다.

지금 되돌아보면, 당시 북한 상황에 비춰 너무 앞서간 경향이 있지만 경제발전을 위해서 외자유치가 절실하다는 판단은 바뀌지 않았다. 세계 금융을 움직이는 미국의 도움이 있어야 개발자금을 빌려올 수 있고 북한경제가 숨통을 틀 수 있다. 중국이 2001년 WTO에 가입한 이후 세계경제질서에 편입되고 활발한 금융거래로 급격한 성장을 할 수 있었던 전략을 곱씹게 된다. 북한경제개발의 관건은 북·미관계 개선에 있다. 국가안보를 튼튼히 하고 미국을 설득하기 위해서라도 한국은 굳건한 한·미동맹을 유지해야 한다.

북측 안내원과 평양 지하철에서

금강산으로 가는 길은 버스로 6시간 남짓 걸렸다. 운동경기에서 밀착방어를 하듯 나에게서 떨어지지 않고 말 한마디 놓치지 않으려는 안내원에게 넌지시 얘기했다. 20대 후반 정도로 보이는 여성이었다. 서울에는 사람도 많고 차도 많아서 매연이 심하고 숨쉬기가 어려운 적도 있다고 했다. 은근히 서울을 자랑했다. 평양거리는 사람도 적당히 살고 차도 별로 없어서 그런지 참 깨끗하고 공기도 맑다, 대동강변의 버드나무를 비롯해서 나무도 많아 살기 좋은 도시 같다고 했다. 하지만 평양 시내와는 달리 개성에서 평양까지 오는 도로변이나 금강산 가는 길에 있는 주변의 산들은 벌겋게 치부를 드러내고 있었다. 산에 심어진 나무를 거의 볼 수 없으니 어떻게 된 일이냐고 물었다. 남측에 있는 산들은 그동안 식목일이다 그린벨트다 해서 산록이 우거진 것과는 대조적이라는 말도 잊지 않았다. 그 안내원은 얼굴이 발갛게 달아오르더니 아무 말도 못했다.

드디어 다음날 오후에 정색을 하고 안내원이 말했다. "6·25전쟁 때 미군들이 산에다 폭탄을 퍼부어서 나무가 없는 거야요." 학교에 다닐 때 북측에서 늘 주장하는 말이라고 듣기는 했지만 40여 년이 지난 시점에서도 똑같은 얘기를 직접 대하니 새삼스러웠다. 그래서 남측도 폭격을 받았지만 지금은 나무를 많이 심고 울창한 삼림이 우거져 너무나 다르다고 일깨워 주었다. 그 안내원은 의아한 표정만 지을 뿐이었다. 산에 있는 나무를 땔감으로 쓰느라고 씨를 말리듯 잘라버렸을 것이다. 식량 증산을 위한 텃밭을 만드는 과정에서 산허리의 나무들이 몽땅 베어졌을 것이다. 홍수에 무방비로 노출되어 산사태로 인한 피해에 속수무책일 수밖에 없을 것이다. 나무가 자랄 틈도 없이 벌거숭이가 되어가는 상황에 안타까움이 밀려왔다.

북한 여성들과 함께 여행하면서 참 순수하다는 생각이 들 즈음 당황하기도 했다. 북측 대표단들은 주체사상이나 이념적인 얘기가 나오기만 하면 돌변하듯 갑자기 목소리를 높였다. 깜짝 놀라며 남측 대표단들이 황당해하는 모습을 목격할 수 있었다. 남남북녀에 걸맞게 날씬하고 아름다운 그들과의 대화는 가정생활에서 자녀교육문제, 직장생활에 이르기까지 비슷한 고민과 갈등도 얘기하며 공감대를 이룰 수 있었다. 남측 여성들이 거리낌 없이 남편 흉도 보며 재미있어하는 모습에 북측 여성들이 낯설어하기도 했다.

공산주의 사회에서 평등주의를 확실히 실감할 수 있는 장면들이 종종 있었다. 북측은 차관급으로 알려진 여연구 단장을 특별대우하는 것 같지 않았다. 남측에서는 자동차 문을 열어주거나 손에 든 물건을 받아주고 주요 인사를 앞장세우고 따라가는 등, 이러한 행동을 하나의 에티켓으로 생각하고 행하는 경우가 있다. 북측의 경우, 각자 도생 방식으로 자주적으로 해결하는 듯 보였다.

서로 다르면서도 같고, 같으면서도 다른 모습들이 많다. 자주 만나서 마음을 터놓고 대화를 나누고, 정분을 쌓으며 그리움을 서로 간직한다면 이번 북한방문에서 나름대로의 성과가 아니겠느냐는 동행인들의 말에 수긍이 갔다.

금강산에서

# 4

# 김정일 역할분담

　김일성 주석에게 남측 여성대표단들이 아들 김정일을 만나고 싶다는 의향을 전했다. 김정일 세습체제를 공고화하기 위한 제도적 장치를 꾸준히 마련해온 만큼 북한에서 당연히 공인된 후계자를 만나보고 싶었다. 그러나 일언지하에 거절당했다. 외국이나 남측에서 오는 손님을 접대하는 일은 김일성 자신이 챙기지만, 김정일은 대내적으로 국내문제를 담당해서 전담하고 있다고 했다. 김 주석이 거의 간섭하지 않고 아들 김정일이 도맡아서 잘 처리하고 있다는 전언이었다. 이미 공식화된 후계체제가 안정되고 김정일의 업무처리능력도 인정받고 있는 것으로 간주할 수 있는 역할분담을 한다는 발언이었다.

　북한을 방문한지 2년 후 1994년 7월 8일 김일성 주석의 급서를 둘러싸고 의견이 분분했다. 김정일 체제는 3일, 3개월, 3년 정도 지탱할 수 있을 것이라고 북한 전문가라면 누구라도 확언하는 분위기였다. 돌이켜보면 경솔한 판단일 수밖에 없었다. 1974년부터 북한

매체는 '당 중앙'이라는 표현으로 김정일을 지칭했다. 1980년 조선인민민주주의공화국 제5차 당 대회에서 김정일은 공식 후계자로 지명되었다. 20년 동안 후계자 훈련을 받아온 김정일 체제 내구력은 임시방편적이 아니다. 노·중·청 조화를 이루면서 체제유지에 필요한 권력엘리트들이 당·정·군 각 권부에 포진해서 이미 권력이양 완성단계에 있었다.[9] 김일성 이후 체제에 대한 대비도 주도면밀하게 체계적으로 이뤄졌다.

북한에서 주체사상을 바탕으로 유일지도체제를 다져온 김일성 주석은 사회주의 국가인 소련과 중국의 최고권력 이양과정을 목격했다. 과연 누가 자신의 사후에도 안전하게 자신을 지켜줄 것인가 깊은 고민을 했을 것이다. 사회주의 역사상 유례를 찾아볼 수 없는 아들로의 권력세습이 북측에서 시도되고 있었다. 소련의 스탈린 사후와 마오쩌둥의 후계자 지명과정에서 벌어진 반역적 행동들이 북한 세습체제를 형성하는 과정에 지대한 영향을 미쳤다.

소련에서 스탈린이 1953년 사망하자 후계자 후루시쵸프 서기장은 '스탈린격하운동'을 벌였다. 마오쩌둥은 미국과 손잡으려는 후르시쵸프를 못마땅하게 여기며 '수정주의'로 몰아쳤다. 소련도 이에 맞서 마오를 '교조주의'로 비난했다. 미국과 소련의 양극체제에서 공산주의권을 형성하고 있던 소련과 중국의 갈등이 분출되기 시작했다. 마오쩌둥은 자신이 직접 후계자로 지목한 린비아오(林彪)의 역성혁명 시도를 접하고 대노했다. 1971년 9월 도피하려던 린비아오 일행은 몽골 상공을 지나던 중 비행기 추락사고로 몰사하고 말았다.

소련과 중국의 경우에서 경험하듯이 최측근에게 권력을 물려주더라도 독재자들의 사후를 보장할 수 없다는 현실을 김일성 주석은 뼈저리게 체험했다. 더구나 1989년부터 베를린장벽이 무너지고 다음 해 독일통일이 이뤄졌다. 1991년 마침내 소련이 해체되고 동유럽권의 공산주의가 몰락했다. 자유화바람을 타고 루마니아의 독재자 니콜라이 차우체스쿠 대통령이 도망가다 등 뒤에서 쏜 총에 맞아 처형되는 장면이 TV로 생중계되었다. 동독 호네카 수상이 행방불명되는 최후를 생생하게 목격한 북한지도부는 몸서리쳤을 것이다. 결코 실패한 후계체제의 전철을 밟지 말아야 한다고 가슴에 새겼다. 그렇다면 과연 누가 사후를 보장해 줄 수 있는 후계자가 될 것인가. 오로지 핏줄, 그 후광으로 체제를 합리화할 수 있는 아들을 내세우고자 했을 것이다. 그리고 그 아들은 또 아들로 이어진다. 북한의 유일지도체제 성립과정을 살펴보면 반대파를 철저히 숙청해서 소멸시켜 버린다.[10]

중국은 혁명동지로서 바라오(八老, 8명의 80대 원로)를 우대하며 정책결정에서 배제하지 않았다. 중화인민공화국을 수립하고 문화혁명을 거치는 과정에서도 마오쩌둥은 노선이 다르다는 이유로 혁명 동지들이나 그 가족들을 처형시키지 않았다. 중국 사회주의 하에서 소위 하방(下放)정책을 통해 멀리 떨어진 성이나 농촌으로 보냈다가 복권시키기를 반복하면서 일정한 역할을 부여했다. 덩샤오핑은 1976년 9월 마오의 죽음으로 다음 해 3번째 이뤄진 복권으로 중앙무대에 다시 복귀했다. 덩은 중국 경제건설을 위해서 개혁·개방의 설계사로 불리며 오늘날 G2 중국의 밑거름이 되는 씨를 뿌렸다. 만약 마오보다 덩이 먼저 죽음을 맞이했다면 중국 현대사는 완전히 달라질 수밖에 없었을 것이다.

북한 김일성은 소련의 스탈린 격하운동과 중국의 린비아오 사건으로부터 후계체제에 대한 교훈을 얻고 세습을 위한 정지작업을 철저히 했다. 아들 김정일 장래에 장애가 될 수 있는 인물들을 숙청하고 처형해서 싹을 없애버렸다. 북한에서 원로의 존재는 허락되지 않았다. 1970년대 중반 무렵부터 간부들의 노-중-청 조합을 내세우며 일찌감치 후계체제 공고화에 필요한 조치를 취했다. 김정일 체제구축에 필요한 주요 인사들을 권력의 핵심에 기용해서 체제안정을 도모해 왔다. 주체사상을 중심으로 김씨 가문을 추앙할 수밖에 없는 구조가 만들어졌다. 철저한 통제하에 폐쇄사회에서 우상화로 받들어진 김일성-김정일 세습체제가 이어지게 되었다. 당시 김정일은 대내문제를 책임지는 역할분담을 통해서 후계자 수업을 받고 있었다.

김일성과 김정일

# 충성경쟁

　북한은 중국과 달리 정책경쟁이나 정책대립이라는 개념보다는 김일성-김정일 부자가 절대 권력자인 만큼 부하들의 '충성경쟁'을 부추긴다. 이를 바탕으로 북한방문 이듬해 1993년에 나는 북한권력엘리트의 성향분석을 시도한 적이 있다.[11] 오로지 김일성과 김정일의 어록과 현장지도 횟수, 동행자 명단 등에 의존하는 기존 연구로 북한권력내부를 분석하는 것은 너무 제한적이라고 판단했다. 중국권력엘리트의 성향분석을 연구해 본 경험을 북한의 사례에도 적용해 보고 싶었다.[12] 북한 엘리트 연구에서 북한 최고 권부가 내리는 정책결정에 영향을 주는 주변 인사들의 정책성향에 주목할 필요가 있다.

　북한은 남한과의 대화를 내세우면서도 군부의 강경세력을 의식하는 이중적 태도를 보이기도 하고, 실제 북한 군부가 남한에 대한 무력도발을 일으키기도 한다. 금강산관광을 허용하는 과정과 개성공단 건설을 위한 비무장지대 통과 등을 결정하면서 군부의 반대로 북측 인사들이 어려움을 토로한 것으로 알려졌다. 이로써 반대세력의 강경 입장을 누그러뜨리는 조치의 필요성을 내세워 협상력을 높일 수도 있다. 북한도 대외 협상창구의 입장차이, 일부 반동분자의 소행 등을 핑계로 이미 저질러진 행동을 무마하기도 하고 버티기도 한다.

예를 들면, 미국의 국방부와 국무부의 성향을 대조적으로 매파(hawkish view)와 비둘기파(dovish view)로 비유한다. 국방부는 안보를 위해서 국방력의 우위를 내세워 분쟁을 해결해야 한다는 입장이다. 국무부는 국제관계를 고려해서 대화와 협상으로 풀어나가야 한다는 입장을 대변한다. 이는 각 부처의 역할분담에 근거하고 있다. 급변하는 국제정세가 처한 상황에 따라 각각 다른 처방의 대책이 필요하고 이를 적절히 구사하는 노련함이 요구된다.

한국 정부에는 안보, 외교, 대북한 문제를 다루는 기관으로 국가정보원, 국방부, 외교부, 통일부 등이 있다. 외국의 사례에서 찾아볼 수 없는 통일부의 의미를 되새겨 볼 필요가 있다. 대외정책에서의 협상력을 높이기 위해서라도 각 부처 간의 역할분담을 활용해야 한다. 국가안보의 기밀문서를 다루면서 국정원은 체제수호의 최후의 보루라고 할 수 있는 만큼 체제유지 시각으로 접근하게 된다. 국방안보에 관해서 국방부는 보수적 입장으로 1%의 위험이라도 철저히 대비하는 태세를 가져야 한다. 외교부는 국제관계 속에서 국익을 위한 정책결정을 하려면 국내 요인보다는 '한·미동맹', '한·중 전략적협력동반자관계' 등 우선적으로 고려해야 할 요인들이 있다.

통일부의 존재 이유는 남북한 간의 관계개선을 위한 꾸준한 대화 노력과 교류증진에 있다. 일관된 입장표명을 견지할 수 있어야 상

대방에게 신뢰를 주고 남북관계가 경색되었을 때 이를 타개할 수
있는 퇴로 역할을 할 수 있다. 양측 관계개선을 위한 교류와 대화를
원칙으로 내세울 수 있다. 꽁꽁 얼어붙은 관계를 해빙시키기 위한
따뜻한 마중물이 필요한 경우도 있다. 명분을 위해서 체면을 세워
줘야 하는 경우도 얼마든지 있다. 부처 간의 역할 분담을 통해서
강-온 전략을 적절히 구사함으로써 상대방과의 협상력을 높여 나
가야 한다.

남한에서 보수와 진보정부를 거치면서 통일부의 역할이 무의미해
지기도 하고 주목받기도 한다. 주요 주변국, 중국과 미국의 갈등이
깊어지고 대립이 첨예해질수록 교착상태의 남북한관계에서 돌파구
를 찾기 위해서는 신뢰할 수 있는 한국의 역할이 필요하다.

김일성 주석이 김정일과의 역할분담에 대해 설명하는 것을 들으
며 나는 한국 행정부처 간의 역할분담을 떠올리고 있었다. 국가 지
도자를 평가할 때 국익을 최우선으로 합리적 선택을 한다고 가정한
다(Rationality model). 후계자 김정일에 대해서 괴팍한 성격이라
거나 밤낮을 바꾸면서 파티나 좋아한다는 소문으로 판단하는 것은
편견이 개입된 시각일 수 있다. 김정일은 세대를 아우르는 북한 엘
리트들의 '충성경쟁'을 통한 보필을 받으면서 20년 가까이 준비된
후계자로서의 입지를 착실히 다지고 있었다. 그를 직접 만날 수 없
어서 못내 아쉬웠다.

# 인권문제

　북한 위안부 할머니들과의 만남을 통해서 우리 일행들은 여성 인권에 대해 깊은 토의를 나눌 수 있었다. 남북한 이산가족들이 하루 빨리 상봉해야 하는 이유도 이들의 기본적인 인권문제라는 인식에 기인한다.

　2008년 남측 관광객 피살사건으로 금강산관광이 금지되면서 더 이상 금강산에 갈 수 없게 되었다. 2010년 3월 한국 해군이 기습적으로 당한 천안함 사태로 46명의 꽃다운 장병을 잃었다. 이어서 이명박 정부에서 내린 5·24조치로 남한과 북한 간 교류가 거의 단절되다시피 했다. 박근혜 정부는 '한반도 신뢰프로세스'를 내세우며 남북한관계의 활로를 찾고자 했다. 2014년 2월 20~25일 금강산에서 이산가족 상봉이 이뤄졌다. 남북한 양측이 90여 명씩 금강산호텔과 해금강호텔을 이용했다. 남북한 합의로 1년전 추석에 만나기로 했던 설렘이 상봉 3일 전에 물거품이 되면서 얼마나 가슴 졸이며 이 만남을 기다려 왔을까. 그 누구 하나 구구절절한 사연을 담지 않은 가족이 없어서, 헤어질 때 3일이 3개월이 되고, 3년, 30년, 벌써 60년이 더 지나고 있다. 애처롭고 안타까워서 서러움에 복받치는 그 눈물이 강이 되고 바다가 되어 가슴에 사무친다. 어린아이처럼 손가락을 꼽으며 달력에 동그라미를 그리기도 한다.[13]

가족 중에 고향을 떠나 월남했거나 탈북자를 둔 이북의 친지들은 정치범 수용소나 강제수용소에서 인간 이하의 한 많은 일생을 보내야 하는 기구한 운명에 처해지기도 한다. 채널A의 '이제 만나러 갑니다(이만갑)' 프로그램에서도 탈북 여성들의 생생한 증언을 들을 수 있다. 너무나도 가슴 저미는 체험을 풀어놓는 그들은 우리와 다를 바 없건만 그토록 모진 생활을 어떻게 견딜 수 있었을까. 탈북 과정에서 붙잡혀 북송되기를 거듭하면서도 무슨 연유로 목숨을 건 탈출을 시도했던 것일까. 이들을 결코 막을 수 없었던 힘은 무엇이었을까.

북한의 경제난이 지속되면서 가장 피해를 보는 집단은 여성들과 어린아이들이다. 약간의 보급을 받기 위해서라도 남성들은 직장을 계속 다녀야 하지만 부족한 가족들의 먹거리를 장만하기 위해서 여성들은 먼 곳의 친지들을 찾아다니거나 중국으로 월경한다는 것이다.[14] 제대로 먹지 못하고 입지 못한 채 길거리를 배회하는 어린 꽃제비들의 모습은 처참하기까지 하다. 북한 어린이들은 장차 통일된 한반도를 짊어질 미래의 모습이다. 미래의 인권이다. 그들을 위한 인도적 지원과 인권 향상을 위한 노력이 반드시 지속될 수 있도록 보장 장치가 필요하다.

미국에서 인권문제는 주로 진보집단에서 문제 제기를 한다. 여성 권리 증진을 비롯해 인간의 기본권을 보장하고 인간다운 삶을 영위해야 한다고 목소리를 높인다. 진보정당인 민주당이 미 국내뿐만 아니라 전 세계 인권 관련 문제에 더욱 관심을 표명하고 있다. 그렇다고 보수적인 공화당이 인권을 등한시하는 것은 아니다. 1989년 톈안먼 광장에서의 군사진압으로 중국 인민들의 인권문제가 초미의 관심사가 되었다. 미국은 초당적으로 인권 신장을 위한 중국의 의미 있는 조치를 요구함으로써 점차 중국이 톈안먼 사태 가담자의 석방을 비롯해 인권에 관심을 가지게 하는 동기를 부여할 수 있었다. 사회주의국가에서는 외부의 압력이 있을 때 인권 신장을 위한 노력을 기울인다.

중국의 경우를 살펴보면, 정치발전과정에서 인민들이 인권에 대한 자각이 생기게 되는 시기는 대체적으로 1인당 국민소득(GDP)이 3,000달러~5,000달러 정도에 이르러야 된다고 분석한다. 개혁·개방 초기에는 먹고 사는 문제에 신경을 쏟게 마련이다. 경제건설을 위해서 자본주의적 시장경제요소를 수용하고 인민들에게 경제적 동기부여를 통해서 생산성을 높이고자 한다. 인민들이 그저 배불리 먹을 수 있다면 인권침해나 희생도 감내하는 측면이 있다. 북한의 GDP는 2019년 1,400달러 내외로 영국 더 타임즈가 추정했다. 엄격하게 통제된 사회에서 굶주림에 지치고 추위에 떠는 주민들에게 인간의 존엄을 보장하라는 인권은 정상적으로 삼시세끼 먹고 따스한 방안에서 오순도순 잠들고 싶은 안락한 생활이다.

'북한인권법'은 진정성을 가져야만 효력을 발휘할 수 있다. 국제적으로 인권문제는 진보진영에서 내세우는 일반적인 이슈이지만 북한 인권에 관해서 한국에서는 정반대의 현상이 벌어진다. 웬일인지 진보를 자처하는 민주당은 침묵한다. 보편타당한 가치로 생활

기본권 보장을 위한 인권 향상을 요구할 권리에 대해 진보가 답할 차례다. 보수 정당인 새누리당이 북한인권법 제정에 앞장섰지만 북한 체제변화나 붕괴를 이끌려는 의도라는 의구심이 있다. 북한 주민들의 삶의 질을 높이기 위한 실질적인 노력을 기울여야 한다. 한국에서 진보진영이든 보수진영이든 북한 주민의 인권개선에서 진정성을 인정받지 못한 채 별다른 진전을 이루지 못했다.[15] 초당적 협조가 필요한 시점이다.

'북한인권법'은 2016년이 되어서야 여야 합의로 국회에서 힘겹게 통과되었다. 진보진영은 북한의 인권문제를 제기했을 때 남북대화를 가로막을 수도 있는 불편한 상황이 올 수 있다고 우려한다. 인류 보편적 가치로서의 인권문제에 대해 진보주의자를 자처한다면 침묵해서는 안된다. 2016년 8월에 여야합의로 개설하기로 한 북한인권재단이 2018년 6월에 폐쇄되었다. 그동안 재단이사 12명을 제대로 구성하지 못해서 발족해보지도 못하고 예산낭비만을 기록한 채 북한인권재단이 문을 닫게 되었다는 현실이 참으로 부끄럽다. 정치권의 합의로 조만간 북한인권재단의 업무가 정상적으로 이뤄지기를 기다린다.

강제로 헤어질 수밖에 없었던 이산가족들의 상봉은 또 다른 인권 회복문제다. 자주 만나야 한다. 이산가족들은 짧은 상봉 기간이지만 부모 안부를 묻고 형제자매의 손을 움켜잡고 피를 토하듯 눈물을 쏟아 낸다. 가물가물해 가는 기억 속에서도 그리움의 끈을 놓지 못해 회한에 사무치는 그 한 많은 영혼들이 조금이라도 위로받을 수 있어야 한다. 지금까지 이뤄진 것처럼 100명 내외로만 상봉한다면 2만년이 걸릴 것이라는 계산도 있다.[16] 점점 고령화되는 이산가족들의 아픔을 함께 나누기 위해 더 자주 만나야 한다.

　문재인 정부에서 2018년 8월 2박3일 일정으로 금강산에서 이뤄진 이산가족상봉 사연은 차마 눈물 없이 잠자코 들을 수 없다. 100세 최고령 할머니는 동생을 만나서, 유복자로 태어난 아들은 아버지를 만나서, 60년도 더 뛰어넘는 그리움을 쏟아 낸다. 남북한 교류에서 가장 시급히 다뤄져야 할 인권 사안이 이산가족 재회다.

남측에서 온 92세의 어머니 금순씨는 금강산 휴게소에서 북측에서 온 71세 아들 상철씨와 만나 포옹하고 있다.(2018. 8. 20)

# 체제목표, 수단, 성과

1992년 초 덩샤오핑은 '남순강화(南巡讲话)'를 통해서 중국 경제 성장을 위한 대담한 정책 시행을 재차 요구하며 이에 박차를 가했다. 북한이 중국모델을 답습한다면 성공할 수 있을까. 중국지도부는 마오쩌둥 사상-덩샤오핑 이론-(장쩌민) 3개 대표론-(후진타오) 과학발전관-시진핑사상을 내세우며 5세대로 이어져 오고 있다.(장쩌민과 후진타오는 이름을 명기하지 못했다) 2013년 이후 5세대 주자인 시진핑(习近平) 국가주석은 중국공산당 중앙군사위원회 주석을 맡아서 막강한 권력 장악력으로 2017년 제19차 당 대회에서 연임되었다. 중국 고위층 자손들 모임인 태자당 일원으로 시중쉰(习仲勋) 전 국무원 부총리 아들인 그는 권력투쟁에서 밀려나 하방 당한 아버지를 따라 9세부터 혹독한 시기를 거쳤다. 2007년부터 중앙 정치무대로 도약하며 과묵하면서도 포용력이 있다는 시 주석의 스타일은 이러한 정치행로와 무관치 않을 것이다.[17] 그는 후진타오 시대에 행해진 '부패' 일소를 내세우며 정적을 제거하고 과단한 정책을 추진해 왔다. '시진핑 신시대 중국특색사회주의사상'을 헌법에 명기하면서 1인 지배체제를 구축할 수 있게 되었다. 중국은 '공칠과 삼(功七過三)'를 내세우며 전임자의 정책을 답습하기보다는 새로운 지도자의 이념과 정책지향성에 따라 끊임없이 진화하고 있다.

반면 북한에서 전임자에 대한 비판은 결코 허용되지 않는다. 혈육으로 이어지는 후계자가 바로 정통성을 가지기 때문이다. 북한에서 김일성−김정일에 이은 세습체제의 권력기반 공고화를 위한 김정은 우상화가 한창이다. 군경험이 전무한 김정은이 4성 장군으로 군사위원회 주석, 국무위원장 직책을 갖고 있다. 혈족이지만 정통성이 없는 장성택과 김정남은 이미 제거되었다. 김정은 유일지도체제를 다져나가고 있다.

그렇다면 중국과 북한의 후계자과정에 비추어 북한이 중국식 개혁 · 개방을 통해서 성공한 사회주의 체제를 정착시킬 수 있을까. 양측의 체제목표, 체제유지수단, 그리고 성과차이를 비교해 볼 수 있다.

우선 체제목표가 확연히 다르다. 중국은 '경제건설'을 목표로 역량을 집중한다. 이에 따라 주변국의 평화와 안정을 원한다. 100년 간 지속적으로 추진하라는 덩샤오핑의 유훈에 따라 경제개발이 이뤄지고 있다. 개혁 · 개방을 수단으로 막대한 외자유치를 통해서 세계 제조업의 블랙홀로 자리매김했다. 매년 10%를 넘나드는 경제성장을 달성하며 명실상부한 G2로 미국과 대적할 수 있는 힘을 키워왔다. 2019년 목표는 6%대로 내실을 다져왔다.

북한은 세습체제 확립이 당면목표다. 김일성 유훈정치를 통한 체제결속을 꾀하고 있다. 혁명세대의 대를 이은 자손들의 충성을 강요하며 무자비한 정적제거를 마다하지 않는다. 이를 위한 수단으로 통치자금이 필요하다. 남북정상회담, 금강산관광, 개성공단에서의 노동자 임금으로 현금 확보가 절실하다. 이러한 상황에서 불확실한 미래에 대한 불안감으로 북한에 투자하려는 외국자본은 많지 않다.

대비되는 중국과 북한의 상황에 따라 성과는 이미 비교할 수 없을 정도의 차이를 보인다. 중국의 발전전략은 점-선-면(点-线-面)으로의 확대를 추구하고 있다. 중국 4개의 경제 특구와 14개의 해안도시를 거점으로 시작된 개혁·개방정책은 해안선을 따라 해안지방에 급속한 경제성장을 이루었다. 해안지방과 내륙지방의 빈부격차는 피할 수 없지만, 경제개발에 따라 축적된 막대한 자본을 서부대개발(西部大开发)에 쏟아 넣고 있다. 중국 동부에서 서부로의 파급효과를 기대하며 성과를 거두고 있다.

북한 지도부가 개혁·개방의 경제개발 효과를 모를 까닭이 없다. 다만 나진·선봉, 개성, 신의주 등 일부 지역에 시험적으로 운영한다. 2002년 7월부터 실시된 '경제관리개선조치'의 결실이 북한 전체로 파급되는 것을 경계한다. 이는 김일성-김정일-김정은 세습체제 유지에 결코 도움이 되지 않는다고 판단하기 때문이다. 북한 주민들이 세상의 변화를 알고 김부자에 대한 우상화의 모순을 깨닫게 된다면, 손자인 김정은 체제의 정통성이 도전받을 수 있다.

후진타오 주석은 한국에 타격을 준 천안함 사건과 연평도포격 이후에도 북한을 끌어안고 체제안정에 힘을 실어주었다. 북한의 중국 의존도가 점차적으로 높아갈 수밖에 없는 구조가 되고 있다. 중국은 북한이 추구하는 바가 다름을 알지만, 또한 이를 인정하고 공존하며 협력하고 있다. 중국의 구동존이(求同存异) 정신은 실용적이면서도 현실적이다.

미국의 닉슨 대통령과 레이건 대통령은 반공사상이 투철한 공화당원들이었지만 중국과 소련이라는 공산주의 정권에 대해서 확연히 다른 접근법을 적용했다. 닉슨의 대중국 화해정책과 레이건의 대소련 대결정책은 목표가 다른 만큼 중국과는 수교를 이루고 소련과는 군비경쟁을 벌였다. 이에 나타난 결실로서 성과는 완전히 대비된다. 중국은 미국과 어깨를 나란히 하는 G2로 경제성장을 이룬 반면, 소련은 미국 '스타워즈(Star Wars)'에 대응해서 군비에 너무 많은 예산을 쏟으면서 몰락의 길을 걸었다.

닉슨 대통령은 당시 소련을 공동의 위협으로 간주하고 견제하기 위해서 중국과의 데탕트를 통해 미국 · 일본 · 중국으로 이어지는 삼각관계를 형성했다. 이를 위해 베트남에서 중국과 맞대결하는 상황이 지속되는 것을 피하고자 사이공에서의 철군이 이뤄졌다고 키신저 박사는 회고한다.[18] 그는 트럼프 대통령에게 핵 보유를 추구하는 김정은을 제거해서 정권교체가 가능하다면, '주한미군철수' 카드로 중 · 미 간 '빅딜'을 해야 한다는 주장을 펴고 있다.[19] 실로 위험한 발상이지만 트럼프 행정부에서 불가능한 시나리오는 아니다. '베트남 패싱'으로 월남에서 미군철수가 이뤄지고 사이공이 함락되어 공산화되면서 베트남통일로 이어진 상황을 상기하게 된다. 만약 중 · 미간의 밀약에 의한 '코리아패싱'으로 한반도 운명이 결정된다면 우려하지 않을 수 없다.

레이건 대통령은 소련을 '악의 제국(Evil Empire)'이라고 일컬을 만큼 적대감을 드러냈다. '스타워즈'로 명명된 전략방어구상(Strategic Defense Initiative, SDI)을 통해서 막강한 군비증강에 나섰다. 소련 고르바초프 서기장은 페레스트로이카와 글라스노스트를 내세우며 국가 경제재건을 위한 노력을 기울였지만 실패했다. 지나친 군사비지출로 경제는 파탄나고 마침내 소련은 붕괴되고 말았다. SDI는 악을 행하는 공산주의 타도라는 뚜렷한 목표의식을 가지고 추진되었고 마침내 세계사에 남는 이정표가 되었다.

대북한정책의 비전이나 목표가 뚜렷해야 이를 위한 수단과 방안을 강구할 수 있다. '실용주의'를 앞세운다면, 수단일 뿐이다. 이명박 정부는 '비핵 · 개방 · 3000'을 내걸고 북한이 국제사회에 책임 있는 일원으로서 참여한다면 적극적인 지원을 아끼지 않겠다고 공약했다. '비전 3000'은 대북한 정책 목표로 북한과 공존하며 경제번영을 추구할 것인지 북한정권 붕괴를 유도할 것인지 분명하지 않았다. 북한의 후견인이라고 할 수 있는 중국은 공식적으로나 비공식적으로 이를 지지하지 않았다.

중국과 북한의 체제목표, 수단, 성과를 비교해보면 한국의 대북한정책의 목표 및 수단에 대한 올바른 인식이 필요하다. 북한을 붕괴시키는 방안이 가져올 결과를 직시해서 비용에 대한 손익계산을 해야 한다. 북한과의 공존번영을 추구한다면 어떤 적절한 수단을 강구해야 목표 달성에 유리한지 철저히 따져보아야 한다.

# 8

# 김정은 체제 파라독스

2010년 9월, 북한 노동당대표자대회가 44년 만에 개최되어 김일성-김정일-김정은으로 3대 세습체제가 이어지고 있다. 사회주의 역사상 유례를 찾아볼 수 없는 왕조에 가까운 세습으로 북한은 새로운 실험을 하고 있다.[20] 힐러리 클린턴(Hillery C linton) 미 국무장관은 북한에 어떤 정권이 들어서더라도 비핵화를 이룰 수 있다면 상관없다고 했다.

김정은 국무위원장은 3대째 내려오는 세습체제의 정통성을 내세운다. 김일성 주석-김정일 국방위원장의 직위를 영구히 비워 두고 있다. 여동생 김여정도 최측근으로 전면에 나서고 있다. '백두혈통'의 순수성을 앞세운다. 세습후계자의 지위로 권력을 유지하는 김정은이 그의 할아버지, 아버지를 결코 부정할 수 없다. 김일성 일가의 지속적인 우상화를 위해서 모든 대내외 정보를 철저히 통제하는 '폐쇄사회(closed society)'를 유지해야 한다.

다른 목표로는 당면한 경제난을 극복해야 한다. 북한은 아직도

'이밥에 고깃국'을 인민들에게 충분히 제공하지 못하고 식량난과 소비재 부족에 시달리고 있다. 풍부한 천연자원을 보유하고 있지만 산업화할 수 있는 기술과 자본이 턱없이 부족하다. 산업발전의 뒷받침이 돼야 할 사회간접자본은 미미하다. 외국자본 유치를 통한 경제발전을 위해서는 투명한 '개방정책(open-door)'이 필수적이다.

이와 같이 김 위원장은 세습체제 유지를 위해 '폐쇄사회'로 통제해야 하지만 경제난 타개를 위해서는 '개방정책'을 펴야 하는 '체제 패러독스(system paradox)'를 안고 있다.[21] 북한의 딜레마다. 하나의 돌로 다른 방향으로 날아가는 두 마리 새를 잡으려 한다(一石二鳥).

북한의 경제발전을 위한 대외경제협력의 상대국으로는 위험부담을 안아야 하는 남한이 가장 마지막 순서일 수 있다. 북한을 흡수통일할 수 있는 유일한 국가인 대한민국을 배제하고 싶다는 의미다. 오히려 정권 붕괴의 직접적인 위협이 되지 않을 중국, 러시아 심지어 일본, 미국, 서방국가들과 무역을 하고 경제 원조를 받고자 한다. 남한과는 개성공단 확대와 금강산 관광 재개 등을 통해 북한 정권의 통치자금을 확보할 수 있다면 안전한 거래라고 여길 것이다.

북한은 2009년 말 실시된 화폐개혁이 실패하고 주민들이 심하게 동요하면서 경제난 심화에 따른 고통을 받아왔다. 남북한관계는 경색일변도를 치달았다. 2010년 3월 천안함 폭침에 이어 11월 북한이 연평도에 해안포 공격을 감행함으로써 한국은 엄청난 충격에 빠졌다. 민간인을 포함하는 다수 사상자가 발생하고, 한국도 대응 사격에 나섬에 따라 서해 일대에는 전운이 감돌기도 했다. 한국정부는 북한의 도발에 대한 응징의 의지를 강력히 표명하고, 북한의 무차별 폭격에 대해 미국, 중국을 포함한 국제적 공조를 모색했다. 이에 대응해서 남한이 취한 5·24 조치로 남북한 교류는 거의 이뤄지지 않고 있다.

가장 성공적인 경협모델로 주목받고 있는 개성공단의 남북한 협력사업은 그나마 명맥을 유지하고 있었다. 그러나 2016년 초 북한 4차 핵실험과 미사일발사 여파로 개성공단 가동이 완전히 중단되고 남한기업들은 모든 설비를 개성에 남겨둔 채 철수했다. 개성공단 폐쇄로 정부를 믿고 입주해 있던 남한기업들은 하루아침에 일터를 잃게 된 최대의 피해자다. 북한식 맞춤형으로 개성공단 시설을 조성했다. 남측이 자본과 기술을 제공하고 북측이 부지와 저임금의 숙련된 노동력을 제공해서 남북경제협력이 이뤄졌지만 마침내 완전히 단절되고 말았다.

문재인 정부는 2018년 9월 개성에 남북공동연락사무소를 설치하고 공단 재가동을 위한 방안을 찾고 있다. 북한이 완전 비핵화를 이루기 전까지 미국은 대북한 제재를 해제할 수 없다는 입장이다. 남북경협은 이 범주에서 예외로 해달라는 한국의 요청이 받아들여지지 않는다. 2019년 2월 하노이 북·미정상회담이 결렬된 후, 3월 북한이 일방적으로 개성연락사무소를 철수해서 남북대화에 경고등이 켜졌지만 3일 후 재개되기도 했다. 2020년 6월 기어이 북한은 연락사무소를 폭파했다. 건물이 산산조각 나며 무너져 내리는 영상은 충격적이었다.

북한은 2017년 6차 핵실험 이후 UN과 국제사회로부터 가해지는 경제제재로 더욱 극심한 경제난을 겪고 있다. 북한에서 현 체제유지를 위한 생존수단으로 핵무기를 개발한다면 김정은 체제에서 핵 보유포기는 불가능하다. 핵능력포기는 곧 김일성-김정일-김정은 세습정권의 붕괴를 가져온다고 믿는다.

북한은 이라크와 파키스탄의 핵개발 사례에서 교훈을 얻고 있다. 지난 날 이라크 사담 후세인 대통령이 권좌에서 쫓겨나 사형을 당한 이유는 정작 대량살상무기(Weapons of Mass Destruction, WMD)를 갖고 있지 않았기 때문이라고 여긴다. 러시아의 침공을 받은 우크라이나 사태는 옛 소련에서 분리될 때 핵무기를 포기한 대가라고 북한은 간주할 것이다.

반면 파키스탄은 1998년 핵실험 이후 3년 동안 경제제재를 받았지만 2001년 9·11 테러사건 이후 반테러 캠페인에 동참했다. 부시 대통령은 테러국가 타도에 대한 입장에 따라 '적과 친구(foe or friend)'를 갈랐다. 파키스탄이 반테러 캠페인으로 미국에 협조하고 실질적인 핵보유국 지위를 인정받게 된 사실을 북한은 주시하고 있다.

김정은 체제는 헌법에 '경제·핵 병진노선'을 명시했다. 핵보유국으로 인정받고 경제발전도 이루고자 한다. 북한이 핵을 포기하지 않는다면, 경제난이 심화될 가능성이 크다. 2018년 들어 김 위원장은 비핵화 의지를 보이며 경제발전에 힘을 쏟고 있다. 북한에 핵이 없더라도 체제가 안정되고 개방을 통한 외부자본 유입으로 경제가 발전할 수 있다는 인식 전환을 북한이 할 수 있어야 한다.

# 핵무력 완성

　김정은 국무위원장은 미국까지 도달할 수 있는 대륙간탄도미사일 (Intercontinental Ballistic Missile, ICBM) 발사 성공을 자축하고 있다. 핵보유국 지위를 요구하는 북한은 스스로 핵을 포기하지 않는다. 건국 초기에 중국은 가장 가난한 국가 중의 하나였다. 1960년대 마오쩌둥 주석은 소련과의 갈등으로 대립하면서 핵무기 개발에 성공했다. 강대국으로 부상할 수 있는 방안에 착안한 북한은 핵능력에 주목했다. 김일성 주석은 핵 보유만이 유일지도체제와 세습체제를 지켜줄 수 있다는 믿음으로 '핵보유국'이 되라는 유훈을 남긴 것으로 알려졌다. 중국의 사례를 따르려는 김 주석의 의도를 엿볼 수 있다. 할아버지를 닮고 싶은 손자 김 위원장이 2017년 11월 '핵무력완성'을 선언한 것은 이미 예견되고 있었다.

　북한의 6차 핵실험은 위력적이다. ICBM, 잠수함발사탄도미사일 (Submarine-Launched Ballistic Missile, SLBM) 기술도 거의 완성단계에 이르고 있다. 한반도 안보문제는 2017년 9월 3일 이전과 이후로 나눠진다. 북한이 주장하는 수소폭탄 융합폭발력으로 핵 실험장으로 사용된 길주 일대에 여진이 이어졌다. 인정하고 싶지 않더라도 북한은 이미 이스라엘, 인도, 파키스탄과 함께 실질적인(de facto) 핵보유국으로 행세하고 있다. 대화와 협상을 원한다면, 첫걸음은 상대방을 사실대로 인식하는 단계부터 시작해야한다. 북한을 핵보유국으로 인정할 수 없다는 수사(rhetoric)만을 내세운다면 현실성 있는 대책을 마련하기 어렵다. 유엔(UN)을 비롯해서 미국, 한국도 북한을 결코 핵보유국으로 인정하지 않겠다는 원칙을 견지한다. 중국과 러시아도 한반도 비핵화를 지지하고 있다.

한국 보수 정당을 중심으로 한반도 전술핵 배치를 주장하기도 한다. '억지력의 균형(Balance of deterrence)'을 맞추기 위해서는 '핵에는 핵'만이 상대할 수 있다는 시각이다. 극단적으로 핵확산금지조약(Non Proliferation Treaty, NPT) 10조 1항을 들어 국난의 위기 속에서 NPT를 탈퇴하고 아예 핵무장을 하자는 의견도 있다.

북한이 핵을 포기할 것인가? 김정은 정권이 생존전략으로 인식한다면 핵무장 고도화를 늦출 수 없을 것이다. 그렇다면 핵무기로 무장한 북한은 상수가 되고 있다. 북한은 미국과의 직접 대화를 고집해 왔다. 트럼프 대통령은 대화가 아니라 제재가 필요하다면서 실행해왔다. 북한에 대한 무력사용 가능성을 배제하지 않는다. 문재인 대통령은 한반도에서 결코 전쟁이 일어나서는 안된다는 입장을 확고히 견지한다. 북한과 미국이 상대방에 던지는 '말폭탄'은 일촉즉발의 위기상황으로 몰아가고 있다.

2017년 한반도는 전운이 감도는 상황을 맞고 있었다. 한국군도 참전했던 베트남전에서의 월남패망을 떠올리게 된다. 북베트남과 남베트남의 전쟁비용은 차마 비교하기조차 민망하다. 북베트남군들은 땅바닥에서 잠자기도 하고 얇은 옷을 대충 걸치고 식량으로 야자 열매와 벌레도 먹는다. 남베트남을 돕는 미군들은 냉장고가 있어야 하고 찬바람이 나오는 시원한 방에서 코카콜라를 마시고 침대에서 자야 한다. 천문학적인 예산을 퍼부었다. 그러나 오랫동안 반식민지운동으로 단련되고 민족주의로 무장한 사생결단의 베트남인들이 주권을 지킨다는 결기 앞에서 무너질 수밖에 없었다. 어떤 최신식 무기도 당해내지 못한다. 미국이 중국과의 데탕트를 위해 월남에서 후퇴하고 공산화를 방치했다면 궁색한 변명일 뿐이다. 세계사에 패배하기 위해서 시작하는 전쟁은 없다. 승리하기 위한 전쟁이었다면 마땅히 승전의 깃발을 올렸어야 한다. 예상치 못한 복병을 만나 패전했을 뿐이다.

2018년 초, 마이크 펜스(Mike Pence) 미 부통령은 '전략적 인내'의 시기가 끝났다고 선언했다. 북한 핵 관련 시설에 대한 정밀타격으로 알려진 '코피전략(bloody nose strike)' 군사작전을 미국이 배제하지 않는다고 보도되었다.[22] 한·미동맹을 굳건히 하면서도 한국군이 전시작전권을 가져야한다는 주장은 타당하다. 한·미동맹은 전쟁직후 폐허가 된 한국에서 다시는 전쟁이 일어나지 않도록 안전판이 되는 수단이다.

미국에서 보수주의자들은 자신의 안위는 자신이 지켜야 한다는 원칙이 확고하다. 나와 나의 가족, 나의 조국을 위해서 끝까지 목숨을 걸고 싸우겠다는 결기야말로 가장 무서운 무기다. 미국 공화당의 핵심 지지층은 미국총기협회(National Rifle Association, NRA) 약 450만 회원이다. NRA는 미국 건국이념과 전통적 가치관을 대변하면서 자유와 민주주의를 수호할 수 있다고 믿는다. 그들의 자금력과 로비력은 공화당 후보를 정하는 데 결정적인 힘을 발휘하기도 한다. 자신을 방어하기 위해서 동맹은 물론이거니와 국가도 믿지 않는다. 궁극적으로 자신이 소유한 총기야말로 마지막까지 자신을 보호하는 방어막으로 여긴다.

한국은 2010년 3월 천안함 격침에 이어 11월 북한의 연평도 포격에 속수무책으로 당했다. 북한은 경험적으로 UN 교전 수칙에 따라 한국의 즉각적인 대응이 가능하지 않다는 사실을 간파했다. 북한의 핵실험과 미사일 발사도 한국은 물론이거니와 미국도 이를 저지할 수 있는 의지와 힘이 미치지 못한다고 판단했기 때문에 가능하다. 이스라엘이 주변국의 핵시설에 공습한 경우와 같이 한국이 전시작전권을 휘두르며 초기에 즉각 공격할 수 있다고 북한이 인식한다면 달라질 수 있다. 어쩌면 주권문제로 전시작전권이 없는 한국은 무시당하고 있는지도 모른다.

한국의 진보는 전시작전권 전환을 주장한다. 반면 보수는 전시작전권을 넘기면 한·미동맹에 균열이 올 수 있다고 우려한다. 미국에서의 보수와 진보가 거꾸로 된 셈이다. 미국의 보수 정권에게 한국의 보수주의자들이 미국으로부터 전시작전권을 요구해야 한다. 공산주의에 대항해서 나의 총기로, 나 스스로 지킨다는 결의야말로 보수주의 이념에 부합한다. 보수는 전쟁을 불사한다는 신념으로 전쟁을 막을 수 있다는 결기를 다진다. 한국 보수정부에서 한·미 동맹을 지키기 위한 단단한 조치들을 확실히 하고서 전시작전권을 반환받아야 한다.

한국의 진보진영에서 주장하는 전시작전권 전환이 만약에 미국의

일방적인 북한 공격을 막기 위한 목적이라면 과연 누구를 위한 것
인지 대답해야 한다. 북한 핵위협으로부터 무방비로 노출되는 우리
국민들의 기본적인 재산과 생명을 보호하겠다는 강력한 의지를 보
여야 한다.

북한을 상대로 '제한적 공격'은 실패한다. 주한미국대사로 거론됐
던 빅터 차(Victor Cha) 교수는 북한 핵에 대해 강경한 입장이지만
한반도에서의 무력사용이 가져올 폐해를 설파하며 이를 반대한다.
북한 핵무기를 무력으로 포기하게 하려면 전면전이 될 수 있다. 전
쟁이 유일한 방법이라고 여기는 보수주의자를 자처한다면 목숨을
바쳐서 자유민주주의를 수호하겠다는 각오를 해야 한다. 동맹국은
전세가 불리해지면 베트남전쟁에서 그랬듯이 후퇴하게 될 것이다.
'미국 우선주의'의 국익을 앞세우기 때문이다. 진보주의자들은 북한
을 방어하고 남한을 보호하기 위해서 미국과 보조를 맞춰서 미국이
믿을 수 있도록 말과 행동이 일치해야 한다.

한반도를 지키기 위해서 어떻게 할 것인가. 전국방방곡곡에 퍼질
전운이 느껴지는가. '평창을 넘어 평화'를 구상한다면 한 · 미 간의
긴밀한 소통으로 진정한 상호 신뢰관계를 구축해야 한다. 이를 바
탕으로 북 · 미 간의 긴장완화에 기여할 수 있다.

# 10

# 평창동계올림픽

평창동계올림픽이 열린 강릉에서

평창동계올림픽이 평화적으로 성황리에 개최되기를 바라는 우리 국민들의 염원은 한결같다. 오히려 평창 이후를 우려하게 된다. 2018년 김정은 국무위원장의 신년사에서 북한 선수들의 평창동계올림픽 참가를 알리면서 남북한관계에 대전환을 가져왔다. 김 위원장 특사 자격으로 온 여동생 김여정이 서울에서 열린 2월 평창동계올림픽 개막식에 참석했다. 트럼프 대통령의 딸 이방카는 폐막식에 와서 성공적인 축제를 축하했다. 한결같이 '평화올림픽'을 염원했다. 평창동계올림픽에 북한 선수와 응원단들의 참가를 계기로 남북대화가 재개되었다. 여자아이스하키는 남북한 단일팀이 되어 함께 시합에 임했다. 북한 마식령 스키장에서는 남북한 선수들이 합동훈련을 하면서 금강산 길이 열리게 되었다.

북한에서 현송월 단장이 유명한 삼지연관현악단을 이끌고 내한해서 강릉과 서울에서 공연을 했다. 실향민이신 부친을 2년 전 여의고 모친께서 홀로 남아계신 것이 안쓰러워 실향민 자격으로 삼지연관현악단 공연을 관람하고 싶다는 나의 소망이 이뤄졌다.

2월 11일 서울 국립극장 공연에는 다양한 사연을 가진 관람객들이 함께 즐길 수 있었다. 마지막에 남북한 공연자들이 손에 손을 잡고 '또 만납시다'를 함께 부를 때는 가슴이 뭉클해졌다.

어머니와 삼지연관현악단 공연관람

선친과 비슷한 연배인 북측 김영남 수반은 연신 눈물을 훔치며 감격해 하는 듯 보였다. 아마도 90세가 넘어서 언제 서울에서 이런 공연을 또 볼 수 있을까 감회에 젖으셨으리라.

　평창동계올림픽에 북한 선수들이 참여하게 되면서 세계와 우리 국민들의 관심이 높아졌다. 남북한 선수들이 단기간에 한 팀으로 합세하면서 많은 어려움이 있었지만 한 마음 한 뜻으로 경기하고 응원하면서 하나가 되는 스포츠정신을 만끽하는 순간들이 있었다. 2월 25일 평창동계올림픽 폐막식이 열린 오전에 강릉 아레나 링크에서 여자 피겨스케이팅 갈라를 관람했다. 마침 북한의 렴대옥, 김주식 두 선수들이 한복을 연상케 하는 피겨복을 입고나와 경쾌하게 연기하는 모습을 지켜보았다. 3월에 고려대학교 입학을 앞둔 최다빈 선수가 출연해서 미끄러지듯 우아하게 마무리하는 연기에 많은 박수를 보냈다. 얼마 전에 어머니를 여의고도 꿋꿋하게 평정심을 유지하며 몰입했는데 고대생으로서 세계적인 선수로 대성하기를 진심으로 바란다.

　3월 18일 평창패럴림픽 폐막식에 참석한 기억은 나의 자랑이다. 마침 늦은 나이인 2월에 신학대학을 졸업한 친구와 새벽 KTX기차를 타고 강릉으로 갔다. 2시간이 채 걸리지 않아서 쭉 벋은 강릉선을 타고 진부역에 다다랐다. 평창일대에서는 자동차를 탈 수 없고 주최 측이 제공하는 셔틀을 이용할 수 있어서 편리했다. 곧바로 버스를 타고 주문진항으로 달음질쳐서 제철인 홍게를 넘치도록 시식할 수 있었다. 이어서 강릉일대를 한나절 돌아다니다가 신사임당을 상기하며 오죽헌에 들렀는데 마침 평창의 수호랑과 반다비 마스코트와 조우하는 행운을 얻었다.

드디어 동계패럴림픽 폐막식이 열리는 5각형의 평창 올림픽플라자 스타디움에 다다르니 마지막 열정을 불태우고 있는 성화대가 우리를 반긴다. 많은 20~30대의 젊은 세대들이 만석의 객석을 가득 메우고 있었다. 비를 맞으면서도 함께 노래 부르고 춤을 추면서 한마음으로 축제를 즐기는 분위기에 젖어 마지막 아쉬움을 달래고 있는 듯 했다.

바로 이 평창동계올림픽을 계기로 남북한관계 개선의 물꼬를 트고, 이어서 김정은 위원장이 비핵화를 달성하겠다는 약속을 지킨다면 한반도 평화를 위한 엄청난 행보가 되고 역사에 남을 수 있을 것이다. 진심으로 그러한 날이 오기를 기다리게 된다.

평창동계올림픽 수호랑과 반다비 마스코트

한반도 정세는 일대 전환기를 맞고 있었다. 2018년 4월 27일 11년 만에 문재인–김정은 3차 남북정상회담이 열리고 '판문점선언'에 합의했다. 6월 12일 싱가포르에서 최초의 북·미정상회담으로 트럼프 대통령과 김정은 위원장이 마주 앉았다. 김 위원장이 문 대통령을 초청하여 평양에서 남북정상회담이 열리고 9월 19일 '평양 공동선언'에 합의했다. 남북정상회담에 이어 북·중, 북·미정상 회담 등이 숨 가쁘게 이어져서 김 위원장의 행보에 세계의 시선이 쏠리고 있다.

2019년 2월 28일 베트남 하노이에서 트럼프 대통령과 김정은 위원장은 2차 북·미정상회담으로 조우했다. 그러나 북·미 간 하노이 선언이 나오지 않아 합의 결렬로 실망을 안겨주었다. 향후 북핵 협상의 길은 '고난의 행군'을 예고한다.

6월 30일 트럼프-김정은 3차 정상회담이 판문점에서 깜짝 열렸다. 상호 호의을 보이는 두 정상은 군사분계선에서 악수를 하고 김 위원장의 안내로 트럼프 대통령이 북측 땅으로 넘어갔다가 함께 돌아왔다. 판문점 남측 시설인 '자유의 집'에서 회담이 이어졌다. 이후 김위원장은 북·미 간에 대화로 풀 수 있는 시한을 2019년 말까지로 설정하고 미국의 태도변화를 재촉해왔다. 한·미 양국은 연합군사훈련을 연기하기로 합의하고 북한이 협상 테이블로 나오기를 기대한다.

이례적으로 2020년 김정은 국무위원장은 신년사를 발표하지 않고 지난해 12월말 중앙위원회 제7기 5차 전원회의 결정을 관철하기로 했다. 북한이 '새로운 길'을 걷겠다는 굳은 의지를 엿볼 수 있게 한다. 2021년에도 김 위원장은 신년사 대신 "새해에도 힘차게 싸울 것"이라며 친필 연하장을 전체 북한 주민들에게 보냈다. 1월 5일부터 열린 8차 당대회에서 '노동당 총비서'로 선출되었다.

1992년 9월 6일 오찬을 마치고 서울로 돌아오기 위해 주석궁을 떠날 즈음 김일성 주석은 금강산보다 묘향산의 풍광이 훨씬 더 아름답다고 했다. 다음에 꼭 묘향산으로 초대하겠다고 약속하면서 재회를 기약했지만 지켜지지 않았다. 당시 전혀 개발되지 않아서 자연 그대로인 금강산을 오르며 그 오묘함에 탄복했다. 구룡폭포를 왕래하는 길에 북한 주민을 거의 만날 수 없어서 남측에서 온 대표단의 독무대이다시피 했다. 우리 일행만이 즐기기에는 금강산 일만이천봉이 너무나 절묘하게 어우러져 풍부한 관광자원을 개발하면 많은 관광객들이 즐길 수 있겠다는 생각이 저절로 떠올랐다. 금강산을 떠나는 아쉬움을 달래며 북측 황영준 공훈예술가의 화폭에 담긴 '가을의 금강'(1991년)을 품에 안고 돌아왔다.

2004년 베이징대학 국제관계학원에서 1년 동안 객좌교수로 머물고 있을 때 나는 북한 식당 '해당화'에 식사를 하러 간 적이 있는데, 당시 일화다. 일행 중 누군가 나를 소개하면서 김일성 주석과 사진을 함께 찍은 적이 있다고 놀랍다는 듯 얘기했다. 그러자 식당 종업원들이 자세를 고치는가 하면 반찬 가지 수가 달라진다고 느껴졌다. 이 사진 한 장이라면 북한 사람들 모두에게 통한다고 말해줘서 잘 간직하겠다고 했다. 김 주석과 함께 찍은 사진을 아직 북한행을 위한 빌미로 사용해 본 적은 없다.

김정일 국방위원장은 '유훈정치'를 통해서 김일성 주석의 언행을 금과옥조로 지켜야 한다고 하지 않았는가. 아들이 묘향산 초대를 약속한 아버지의 유훈도 꼭 지켜야 하지 않을까 여겨졌는데 그도 이미 이 세상에 없다.

김정은 국무위원장은 생김새나 스타일이 영락없이 할아버지를 빼닮았다. 김일성에 대한 향수를 불러 일으켜 세습체제 정당성을 공고히 하고자 한다. 스위스에 유학해서 자본주의를 이해하고 즐길 줄 아는 개방된 사고를 한다면 그는 북한주민들이 잘 살기 위한 간절한 소망을 반드시 이루고 싶을 것이다. 선대에 비해 젊은 나이에 백두혈통으로 북한 최고지도자가 된 김 위원장은 긴 안목으로 북한 경제발전계획을 구상할 것이다. 장기 집권을 위한 발판으로 경제성장을 이뤄야 한다. 핵 능력은 체제보장을 위해서 포기할 수 없지만 비핵화를 하지 않으면 경제난 타개는 요원하다.

한반도에서 전쟁이 아닌 평화를 원한다면 생존전략으로 버티는 북한의 핵보유 의지를 포기하게 만들 수 있을까. 경제적 제재를 통해서 정권이 붕괴된 국가는 없다. 오히려 이러한 상황을 외부의 '적'으로 삼아 내부적으로 단결시키는 효과를 가져오기도 한다. 체제안정을 위해서 북·미관계 개선을 목표로 하는 김 위원장은 미국이 신뢰하는 대화상대에 관심을 기울일 것이다. '빛샐 틈없는' 견고한 한·미동맹을 바탕으로 한국의 '중개' 노력이 결실을 맺을 수 있기를 기대한다.

손자 김정은에게 할아버지 김일성의 유훈인 묘향산으로의 초대를 이행하라고 해야 할까나. 김일성 주석이 죽음을 맞이한 묘향산을 향하는 상상의 나래를 펼쳐본다.

# 제1장 중·미관계와 남북대화
## (분석틀)

**암중모색(暗中摸索)** 어림짐작으로 알아내려 한다.

# 1

# 열강의 패권경쟁과 한반도 운명

1905년 7월 일본 가츠라 다로(桂太郎) 수상과 미국 루스벨트 대통령의 특사 윌리엄 하워드 태프트(William Howard Thaft) 장군이 체결한 '가츠라-태프트밀약'을 통해 조선의 운명이 결정되었다. 일본이 조선을 지배할 수 있도록 미국이 묵인한다면 일본은 필리핀에 쳐들어오지 않는다는 '빅딜'이 이뤄졌다. 조선인들의 의지와 능력과는 무관하게 미국과 일본은 필리핀과 조선을 맞바꾸어 양국의 지배권을 실현시킬 수 있는 조치를 취했다. 이미 영국과 일본은 반러시아 전선을 공동으로 구축하기 위해 1902년 1월 영·일 동맹조약을 맺었다. 영국의 청에 대한 이권과 일본의 조선에 대한 이권을 양국이 서로 보장해 준 것이었다. 이러한 열강의 묵인에 따라 일본의 강압에 의한 1910년 을사한일병합으로 조선은 주권을 상실하고 말았다.

제2차 세계대전이 막바지로 치달을 즈음 미·영·소 연합국의 수
뇌들은 카이로와 얄타 등 일련의 국제회담을 통해 조선에서의 신탁
통치를 논의했다. 현대사에서 한반도 비극의 출발인 분단은 미국과
소련이 자의적으로 38선을 긋고 분할 점령함으로써 고착화되었다.
이렇듯 우리의 의지와는 상관없이 우리 민족의 어깨너머로 한반도
운명이 결정된 역사의 연속이었다. 주변 강대국에 둘러싸인 지정학
적 여건과 조선의 무력감으로 인해 한반도의 상황은 항상 피동체적
입장이었다.

　1971년 7월 9일 베이징에서 헨리 키신저 미 국무장관과 저우언라
이(周恩來) 중국 총리 간에 비밀 회담이 성사되었다.[1] 이 회담을 기
점으로 다음해 닉슨 대통령이 최초로 중국을 방문하여 동북아에서
새로운 국제질서가 형성될 수 있는 계기가 만들어졌다. 이 역사적
인 비밀회담의 후반부가 주로 한반도 문제에 할애되고 있었다.[2] 저
우 총리가 먼저 중국이 조선반도에서 1958년 군대를 자발적으로 철
수한 사실을 들어 남조선에서 미군철수를 언급했다. 그는 미국이
중국 군대는 압록강 건너편에서 조선으로 언제든지 쉽게 재진입할
수 있다고 하지만 압록강을 건너면 내정간섭이 되므로 중국은 쉽게
넘을 수 없다고 했다.

　저우언라이의 요구에 키신저가 대답했다. 미국과 중국의 관계가
발전해서 양국이 맞서 싸우고 있는 베트남전쟁이 종식된다면, 한국
군이 베트남에서 철수할 것이고, 닉슨 대통령의 다음 임기 말 정도
에 미군 일부가 한국에서 철수할 수 있을 것이라고 했다. 미군이 전
부 철수하지는 않지만 비밀회담이 이뤄진 당시 주한미군의 인명 숫
자에 대해 키신저 국무장관은 '약 4만 명'으로, 저우 총리는 '4만

3000명'으로 지적했다. 이 기본 구상은 근래까지 큰 변화 없이 유지되어왔다. 양국 수뇌들은 "한반도에서 러시아와 일본의 간섭을 배제하고, 미국과 중국의 배타적 이익을 상호 인정한다"고 합의했다. 한반도에서의 현상유지는 저우언라이와 키신저의 밀약으로 이어져 오고 있다.

40여 년 전 중 · 미 간 비밀 회담에 남북한은 철저히 소외되었다. 최근에야 북한 핵문제로 인한 6자회담에서 남북한이 당사자로서 주변 강대국들과 어깨를 맞대고 참여한다. 100년 전, 50년 전 상황과 비교해 보면 한반도문제에 대해 역사상 처음으로 우리 손으로 정책결정을 할 수 있는 기회를 맞고 있다.

먼저 미 · 소 간 냉전구조 속에서 안정기와 불안정기에 남북한관계의 역학구조 변화를 짚어보기 위한 사례연구로 7 · 4공동성명(1972)과 남북기본합의서(1991)가 발표된 시기를 살펴본다. 소련붕괴 이후 탈냉전기에 중국의 부상에 따라 1992년 한 · 중 수교로 동북아에서 역학구조가 요동치게 된다. 중 · 미관계의 소원(estrangement)과 화해(reconciliation)에 따라 남북한관계가 교착상태를 벗어나 개선되는 시기를 분석하기 위해서 6 · 15공동선언(2000)과 10 · 4선언(2007)이 발표되는 시점에 대입해 본다. 중 · 미관계가 화해국면에서 우호적일 때 남북대화가 이어지면서 관계개선이 이뤄져 공동선언문이 나오게 되는 상호 역학관계를 추적해 본다.

오늘날 중국과 미국 간의 갈등과 대립이 심화되는 추세는 돌이킬 수 없을 만큼 격화되고 있다. 중 · 미관계가 냉전기에서 탈냉전기를 지나 신냉전기로 접어들고 있는 양상이다. 남북한 관계개선을 위한 여지도 줄어들고 있다.

문재인 정부에서 이뤄진 2018년 3차 남북정상회담에서의 판문점 선언(4.27)과 이어진 평양공동선언(9.19), 그리고 최초 북·미 정상회담에서의 싱가포르선언(6.12)을 할 수 있게된 의미와 함의를 본석해 본다. 이를 통해서 한국이 대북한정책 방향을 설정하고 주도적으로 입안하는데 도움이 될 수 있는 공통점을 유추해보고자 한다.

# 2

# 냉전 구조의 안정기와 불안정기

동북아 질서의 냉전기에 세력균형과 세력불균형으로 규정지을 수 있는 시기를 안정기와 불안정기로 구분하고 상위구조에 대한 하위구조로서 남북한 간의 구조적 역학관계를 살펴본다.

상위구조로서 미국과 소련이 양극체제를 이루던 냉전 질서에서는 안정기를 이루고 있었다. 그러나 1972년 2월 중·미데탕트에 따라서 '공동의 적'인 소련에 대항하는 미·중·일 삼각관계가 이뤄졌다. 이에 한반도를 둘러싸고 상위구조에서의 불균형으로 인해서 하위구조에서 불안정기가 형성되었다. 이러한 시기에 남북한 간에 대화가 이어지고 7·4공동성명을 발표했다.

1990년대 초 미·소 간 전략방어구상(SDI)으로 인한 군비경쟁으로 소련의 경제난이 악화되고 체제가 붕괴되는 상황에 이르렀다. 이에 미국 유일체제로서 세력불균형으로 냉전기에서 탈냉전기로 전환되면서 한반도에도 불안정기가 도래했다. 이 시기에 남북한 간에도 적극적인 대화의 노력이 결실을 맺어 '남북기본합의서'(1991.12)를 채택했다.

동북아에서 가장 견고하게 유지되어왔던 냉전구조 안정기 대립 구조는, 1970년대 중·미데탕트 과정을 거치면서 불균형적 불안정 기에 들게된다. 냉전기에서 탈냉전기로의 이행 과정에서 국지적 냉전구조가 남아 있는 한반도를 중심으로 동북아 질서가 재편되고 있었다.

이에 대한 구조적 성격을 4시기로 구분하여 살펴본다. 냉전구조 균형적 안정기, 냉전구조 불균형적 불안정기, 탈냉전구조 불균형적 불안정기를 거치면서 탈냉전구조 균형적 안정기로의 변화를 모색 하고 있다. 동북아질서를 상위구조와 하위구조로 구성해 보고 상· 하 구조 간의 일정한 연계 및 상호 작용을 규명해보고자 한다. 이 분석틀을 바탕으로 중·미관계와 남북한 간의 위계적 상관관계를 살펴본다.

동북아 질서는 역내 행위자들 간에 상위구조와 하위구조로 나눌 수 있다. 이러한 상·하위 구조는 상호 균형적 안정기를 이루기도 하고 불균형적 불안정기를 이루기도 하면서 동북아 세력균형의 성 격을 규정지어 왔다.

1945년에서 70년대 초까지 상위체계로서의 미국과 소련을 양극 으로 세력균형을 통해 전 지구적 냉전구조를 이루었다. 한반도를 둘러싸고 소련·중국·북한 vs. 미국·일본·남한의 대립이 첨예 하게 형성되었다. 상위체계로서 지구적 냉전구조와 하위체계로서 한반도에서의 대립구조는 일관되게 동북아에서 냉전구조 속 안정 기를 형성했다.〈도표 1〉

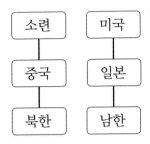

〈도표 1〉 냉전 구조 속 안정기

양극체제의 정점으로 공산주의와 민주주의 블록을 형성해온 소련과 미국의 대립이 심화되고 중국이 새로운 세력으로 부상하고 있었다. 중국은 1969년 중·소 국경에서의 무력 충돌로 소련 침공에 대한 위협을 감지하고 "나(중국)의 적(소련)의 적(미국)은 친구가 될 수 있다"(用敵于我)는 전략으로 중·미관계개선의 신호를 보냈다. 동북아질서 재편에서 미국은 중국을 중요한 제3의 세력으로 인식하고, 상위체계에서 새로운 동북아질서를 모색하였다.

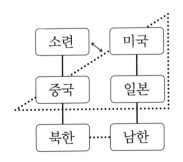

〈도표 2〉 냉전 구조 속 불안정기

중·미데탕트로 70년대 초반부터 소련을 '공동의 위협'으로 대처하며 중국과 미국 간의 협력관계가 태동하고, 이는 직접적으로 하위체계인 남북한관계에 영향을 미치고 있다. 1972년 초 닉슨 방중 이후 남북한 직접 대화로 같은 해 7·4공동성명을 발표하는데 중요한 시사점을 지닌다. 이에 따라 동북아에서는 미국-일본-중국 vs. 소련이 성립된 상위 냉전구조와 한반도에서 남한 vs. 북한의 하위 냉전구조가 서로 어긋나면서 새로운 질서가 형성되고 있었다. 제3세력인 중국에 대해 미국이 전략적 동반자로 여기고 1990년대 초에 소련이 붕괴하기에 이르렀다.

## 1) 7·4공동성명

닉슨 대통령은 1970년 3월 20일 주한 미군 7사단 철수를 결정한 국가안보결정메모(National Security Decision Memorandum 48)에 서명했다. 미 상원 한국문제청문회에서 윌리엄 포터(William J. Porter) 주한미국대사는 한반도 관리에 변화를 시사했다. 미국은 남북한 간에 직접 접촉으로 긴장 완화가 이뤄지기를 바라며 수단이 '조금 더(a little more)' 필요한 상황이라고 언급했다.[4]

1972년 2월 중국을 방문한 닉슨 대통령과 저우언라이 총리는 공동성명을 발표했다. 미국은 대한민국의 입장에 공조하면서 한반도에서 긴장 완화 추구와 교류증진을 위한 노력을 언급했다. 중국은 북한의 평화통일 8개 방안(1971.4.12)과 한반도 통일·재건을 위한 UN위원회 해체를 요구하는 입장을 확고히 지지한다고 밝혔다.[5] 상위구조 중·미 간의 데탕트로 동북아가 화해 분위기로 들어가며 하위구조에서도 남북대화가 탐색되고 있었다.

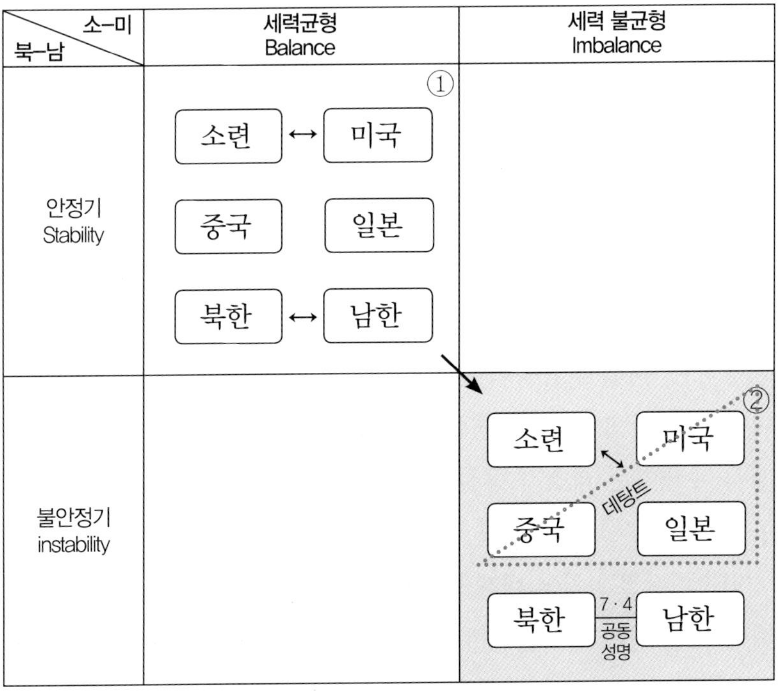

| 소-미 / 북-남 | 세력균형 Balance | 세력 불균형 Imbalance |
|---|---|---|
| 안정기 Stability | 소련 ↔ 미국 / 중국  일본 / 북한 ↔ 남한 | ① |
| 불안정기 instability | | ② 소련  미국 / 중국 데탕트 일본 / 북한 7·4공동성명 남한 |

〈도표 3〉 7 · 4 공동성명(1972년)

　김일성 주석은 1972년 5월 3일 평양을 방문한 남측 중앙정보부 이후락 부장을 면담하여 3대 통일원칙으로 '자주, 평화, 민족대단결'에 합의했다. 남북한에서 '7 · 4남북공동성명'을 동시에 발표했다.

　첫째, 조국이 통일되기 위해서는 외세 의존이나 외세 간섭을 일체 배제하고 자주적으로 실현해야 한다. 통일문제는 남북한 내부문제로 민족이 자체적으로 해결해야 한다.

　둘째, 조국 통일을 평화적으로 실현하지 못한다면 또다시 큰 재난을 불러온다. 반드시 무력행사를 피해야 한다.

셋째, 남북은 각자 사상과 제도를 초월하여 서로 상대방에 대한 적대시 정책을 버리고 단합을 이뤄서 민족 대단결을 도모하자. 통일문제는 누가 누구에게 이기고 지는 문제가 아니다.

7·4공동성명에 대해서 북한의 해석과 관련해서 논란이 있다.[6] 남측은 '자주'에 대해서 통일문제 당사자 간 해결, 즉 민족자결원칙으로 이해한다. 반면, 북측은 '자주적 통일은 미군이 남조선에서 나가도록 해야 한다는 뜻'으로 정치적 의미를 부여한다.[7] 주한미군 철수주장의 근거다.

'평화'에 대해서 남측이 전쟁과 폭력수단을 배제하는 원칙이라고 내세운다. 반면, 북측은 평화적 방법에 의한 통일에 '정의의 혁명전쟁'을 수행하는 혁명적 방침이 내포되어 사회제도의 '평화공존론'과 공통점이 없다고 주장한다.[8]

'민족대단결'원칙에 대해 남측은 남북한 간 긴장 완화와 교류·협력에 의한 민족적 화합실현을 위해서 합의했다. 반면, 북측에게 '민족적 대단결'은 반미, 반한 통일전선 형성을 위해서 대남 적화 혁명의 전술적 용어로 사용되었다.[9]

7·4공동성명이 발표되고 당시 김종필 국무총리는 남북대화에 대한 지나친 환상을 경계했다. UN은 외세가 아니고 남북한이 상호 비방을 그만두어야 하며 반공법이나 보안법에는 손대지 않겠다고 천명했다. 김 총리가 "대화 있는 대결"로 규정지은 상황이 지금까지 지속되고 있다.

한국전쟁에 참전한 미국의 희생을 연관시켜 외신도 보도하면서 7·4공동성명으로 한반도 평화와 안정에 대한 희망이 고조되었다고 지적했다.[10] 그렇지만 한반도에서 극적인 진전이 있을지 여부와

북한의 의도에 대해서는 매우 신중했다.[11]

이와 같이 7·4공동서명이 서울과 평양에서 발표되자 성명 문안에 대한 해석상 견해 차이가 크게 드러났다. 남북한 간에 오랫동안 쌓여온 오해와 불신이 하루아침에 사라질 리 없다. 북측은 지속적으로 주한미군철수, 반공정책철폐 등 기존 입장을 되풀이했다. 남측의 미군철수가 이뤄지면 북측이 군사적 우위를 확보하게 되어 제2의 '남조선 해방전쟁'을 위한 전략적 목표를 실행에 옮길 수 있다고 내세운다. 북측 화해의 목적은 남한 정권을 전복시키려는 것임을 내비쳤다.[12]

북한은 남북대화가 소위 민주세력이 권력을 잡을 수 있는 유용한 도구가 될 수도 있다고 판단했다. 그러나, 남측에서 박정희 정권이 공고화되면서 남북대화를 독점했다.[13] 결과적으로 북측은 7·4공동성명으로 통일전선을 형성하려고 했지만 이를 달성할 수 없었다. 북한은 1972년 10월 유신이 발표되었을 때 비난하지 않았다. 북측이 남측의 비상조치를 비판하면 야당이 더 탄압받게 될 것을 우려했다. 남측이 대화의 문을 열어 놓았지만 박 정권이 7·4공동성명 합의 원칙을 철회할 명분을 찾고 있다면서 "그들에게 어떤 빌미도 줘서는 안된다"는 이유를 들었다.[14]

남북한 간에 7·4공동성명이 핵심적 규범으로 인식되고 있다. '자주, 평화, 민족대단결' 원칙은 남북합의 정신에 지속적으로 반영되었다. 그러나 이 성명은 그 후 지켜지지 않았다.

남측에서는 박정희 대통령이 '유신헌법'을 공표하고 1972년 10월 17일 초헌법적인 국가긴급권을 발동했다. 전국에 비상계엄을 선포해서 국회를 해산하고 정치 활동을 금지했다. 남측 정치 상황이 급변하면서 7·4공동성명으로 남북대화의 물꼬가 트이는 계기가 되었지만 이를 실행하기에는 적합하지 않았다.

북한 기록물에 1974년부터 '당 중앙'이라는 호칭이 등장했다. 당시 북측에서는 공산주의 역사상 유래가 없는 세습체제 확립이 시도되고 있었고 '당 중앙'은 김정일을 지칭한다. 1980년 제6차 당대회에서 김정일은 공식적으로 후계자로 지명되었다.

이와 같이 남북한이 최초로 합의한 7·4공동성명이지만 남측은 유신으로, 북측은 후계자 문제로, 남북대화가 지속될 수 없는 상황이 이어졌다.

## 2) 남북기본합의서

1980년대 전두환 대통령과 노태우 대통령은 군사정권하에서도 남북대화를 지속하려는 움직임을 보였다. 1985년 10월 남북정상회담 합의를 위해 비밀리에 평양을 방문한 남측 대표단에게 김일성 주석은 연내 정상회담을 제안했다.[15] 김 주석은 정상회담이 열리면 불가침 선언뿐만 아니라 상호 제도 차이에도 불구하고 '같은 민족으로 화목하게 살겠다는 통일국가 형식'을 공동성명에 담아야 한다고 강조했다.

노태우 대통령은 사회주의국가인 소련과 중국을 넘어 평양으로 가겠다는 '북방정책'을 내세웠다. 1988년 '7·7 선언'으로 경쟁·대결상대로 북한을 인식해 온 시각에서 탈피할 것을 주문했다. 남북 화해·협력시대를 개막해서 공동번영을 이룩하는 민족공동체로서의 관계발전을 촉구했다.[16] 노 대통령은 8·15 광복절 경축사에서 남북정상회담 개최의 필요성을 제안했다. 1988년 10월 UN총회 연설에서 '7·7 선언' 의의를 강조하면서 남북정상회담 개최를 통한 '남북불가침공동선언'을 제의했다.

개혁·개방의 설계자로 중국 경제발전을 이끈 덩샤오핑 군사위원장은 김일성 주석에게 남북대화를 권유했다. 1990년 9월 12일 선양(沈阳)에서 북·중정상회담이 열렸다. 덩 위원장은 김 주석에게 남북한관계가 평화정착 단계에 이르면 북·미관계개선이 이뤄진다고 설득한 것으로 알려졌다.[17] 미국이 한반도에서의 역할을 유지하기 위해서 결국 대북한 관계개선을 위한 대화에 나오게 된다고 일러줬다. 김 주석은 평양으로 돌아와 9월 14일 당 정치국 회의에서 적극적으로 남북대화를 추진하라고 지시했다.

그러나, 남북기본합의서 준비단계에서부터 남북회담이 중단되는 협상 과정을 거치기도 했다. 남북한은 상대방 의도 타진과 남북관계개선 기본방향에 대해 탐색전을 벌였다. 북측은 정치·군사문제 우선 해결과 불가침선언 채택을 주장했다. 반면 남측은 교류협력을 위해서 남북한 관계개선에 관한 기본합의서 채택을 우선시했다. 사실상 입장차이를 좁히기가 쉽지 않았다. 1991년 9월 남북한 UN동시가입은 국제적 위상 및 체제인정에 관한 본질적인 문제로서 성사되었다. 세 번째 기본합의 단계에서 '남북기본합의서'와 '한반도비핵화공동선언'이 채택·발효되었다.(1992.2.19)

남북기본합의서는 서문, ① 남북화해, ② 남북불가침, ③ 남북교류·협력, ④ 수정 및 발효 등 4장 25개 조로 구성되어 있다.[18] 남북한이 평화통일을 위해서 '7·4남북공동성명'의 통일 3원칙을 서문에 재확인했다. 우선적으로 '자주'의 원칙을 서로 다짐했다. 남북한은 국가 간의 관계가 아니라 "통일을 지향하는 과정에서 잠정적으로 형성되는 특수 관계"로 규정했다.

남북기본합의서에 대한 남측과 북측의 입장은 다음과 같다. ① 당사자 해결원칙에 입각하여 남북한의 자주적 노력에 따른다. ② 남북한 간의 오랜 갈등과 적대적 관계에 종지부를 찍고 화해와 협력의 새시대를 열고자 한다. ③ 남북한의 긴장상태해소와 평화정착을 위해 나아가자. ④ 경제를 비롯해서 각 분야 교류와 협력을 활성화하여 공존·공영으로 민족공동체를 건설하자. ⑤ 평화통일의 기초를 마련하여 평화통일을 앞당겨 달성하자.[19] 김일성 주석은 기본합의서 발효는 평화와 통일을 지향하는 획기적인 '이정표'로서의 실천과정을 '통일의 첫 단계'로 강조했다.[20]

통일 3원칙에 대해서 남북한은 현격한 입장 차이를 보인다. 7·4공동성명과 남북기본합의서를 관통하는 '자주'의 원칙에 대한 해석에서 충돌한다. 남측은 민족자결 정신을 내세워 당사자인 남과 북이 직접 해결하자고 주장한다. 북측은 주한미군 철수 및 외세 간섭 배제를 내세운다. 북측은 남북한 간의 군사력 수준을 상대방 침략이 가능하지 않을 정도로 대폭 축소하자는 것이다. 남측이 한미 팀스프리트 훈련 등, 불가침 약속에 위협이 되는 행동을 하지 말아야 한다고 주장한다.[21]

기본합의서는 남북한이 공개적인 협의를 거쳐서 채택·발효된 최초의 공식 합의문이다. 남북한 쌍방 총리를 수석대표로 한 당국 간 회담에서 한반도 분단 상황을 스스로 해결해 나가려는 의지와 가능성을 나타내고 있다. 이는 형식과 절차, 내용면에서 7·4공동성명과 다른 형태다. 남북한의 정식 국호와 서명자의 직책을 명시했고, 실천을 위해서 필요한 구체적 절차와 내용을 담았다. 현재까지도 유효한 기본합의서이며 남북한 '화해, 협력 단계'의 기본규범이다. 남북통일은 단계적 접근으로 이뤄져야 하며 통일은 하나의 실천과정이라는데 의견일치를 보았다.

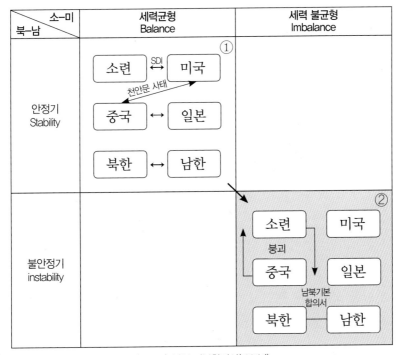

〈도표 4〉 남북 기본합의서(1991년)

남북기본합의서는 역사적 의미에도 불구하고 얼마 지나지 않아서 이행 불능 상황에 빠졌다. 남북한 간 신뢰와 협력으로 다듬어진 것이 아니라 양측의 정치적 결단의 결과이기 때문이다. 정치 상황에 따라 상호 해석의 입장차이를 보이며 표류하게 된다.

〈도표 3〉과 〈도표 4〉에서 볼 수 있듯이 냉전구조에서 상위구조

와 하위구조의 세력균형 안정기와 세력 불균형 불안정기 간의 관계를 규명해 볼 수 있다. 가설적으로 균형적 안정기에 하위구조인 남북한관계는 상위구조에 종속되는 행태를 보이고, 이에 따라 남북한 간의 직접 대화는 감소하는 형태를 보인다. 그 이유는 남한과 북한이 오히려 상위구조와의 연계에 외교력을 집중시키기 때문으로 분석된다. 반면, 불균형적 불안정기에는 상위구조의 불확실성이 하위구조 행위자들의 행위 방향에 혼선을 초래해서 하위구조인 남북한은 쌍방 간 직접 대화에 나서게 된다. 결과적으로 남북한 접촉이 활발하게 이뤄진다.

1970년대 초와 1990년대 초를 비교해 보면 여러 가지 유사성을 발견할 수 있다. 닉슨 대통령은 '닉슨독트린'을 발표해서 아시아 문제에 대한 불필요한 간섭을 배제한다는 원칙을 발표했다. 이에 따라 베트남전쟁에서의 후퇴와 더불어 한반도에서 주한미군철수문제가 주목받았다. 이어서 닉슨의 방중으로 중·미관계가 데탕트를 통해 화해국면으로 진전되었다. 이러한 상위구조의 불안정기 형성으로 인한 국제정세 변화에 따라 한국정부는 국제적 데탕트 기류 속에서 남북대화에 눈을 돌리게 되었다. 한국은 1970년대 방식의 북방정책인 소련과의 관계개선을 타진하면서 국내체제강화를 위한 노력의 일환으로 북한과의 대화를 모색했다. 이는 남북한 간에 1972년 '7·4공동성명'으로 정점을 이뤘다.

1990년대 초 소련 및 동구권을 비롯한 사회주의권의 몰락으로 동북아 상위구조에 새로운 불균형적 불안정기를 맞게되었다. 이러한 탈냉전적 구조로의 이행과정에서 한국의 북방정책이 성공을 거둬 상위체제의 불균형뿐만 아니라 하위체제에서도 불균형적 불안정기를 초래하게 되었다. 소련을 비롯한 동유럽 공산권의 붕괴로 북한은 고립되고 있었다. 이에 따라 북한은 생존 전략의 일환으로 남북대화에 적극적으로 임했다. 이러한 배경을 바탕으로 남북한 간 접촉은 양적 증가와 함께 많은 변화를 가져왔다.

1970년대와 1990년대의 남북한 간 대화는 뚜렷한 차이점을 보인다. 1970년대 남한주도의 남북대화는 실질적인 관계개선을 목표로 추진되었다. 반면 1990년대 북한주도의 남북대화는 사회주의권이 몰락하면서 체제붕괴를 우려한 북한이 미국 및 일본과의 관계개선을 위한 방편으로 남북대화를 추진했다. 이로써 남한 배제 원칙을 고수하고 있는 북한의 정치적 계산을 엿볼 수 있다.

그렇다면 왜 상위구조에서의 불균형적 불안정기에 하위구조에서의 직접 접촉을 촉진시킨다는 가설을 세울 수 있는가. 1980년대 말 상황에 대해 다음과 같은 이유를 들 수 있다.

첫째, 상위구조에서의 불균형으로 인해 동북아질서에서 혼란이 초래될 경우, 하위구조에 속한 국가는 자신의 체제에 대한 위협이 직접적으로 하위구조 내의 상대국가로부터 올 수도 있다고 판단한다. 또한, 상위구조의 주 대립국이 가하는 하위구조의 주 대립국에 대한 견제가 심화될 수 있다. 이에 따라 체제대립에서 상대적으로 열세인 북한의 경우에 체제 생존을 위해서 대화를 위한 노력을 기울이게 된다.

둘째, 상위구조의 불균형 시기에는 하위구조에 속한 국가의 외교적 자율성이 증가한다. 하위구조의 국가는 직접적으로 자신의 상대국가를 접촉해서 의사를 타진한다. 한국이 북방외교를 추진하는 과정을 보면 이러한 성격이 반영되고 있다. 한국과 소련 간 수교와 구

소연방의 해체, 중국의 개혁·개방정책의 가속화와 한·중관계 진
전, 남북한 UN 동시가입 등 한반도 주변의 국제정세의 변화는 남
북한 고위급회담에 긍정적 영향을 미치는 요인들이다.

남북 기본합의서(1991) / 연형묵─정원식 총리 회담

# ③

# 탈냉전 구조 불안정기와 안정기 모색

경제발전이 우선시되는 탈이데올로기 기류를 타고 냉전 구조가 타파되었다. 1980년대 말부터 1990년대 초에 이르러 냉전적 질서가 붕괴되고 탈냉전적 질서가 태동하게 되었다. 이는 동북아에서도 냉전적 불안정기에서 탈냉전적 불안정기로의 전환을 의미한다. 우선, 상위구조 차원에서 보면, 소련의 붕괴에 따라 대립의 기본 구조가 변경되고 미국의 우위로 재편되었다. 하위구조로 한반도에서도 남한의 대북한 우위가 경제적 차원에 더해서 외교적 차원에서도 확립되었다. 남한이 소련 및 중국과의 수교를 선점해서, 북한의 고립화가 심화되어 불안정기가 초래되었다.

1990년대 초반 이후 동북아에서 상위체계 불균형과 하위체계 불균형이 이뤄짐에 따라, 동북아 질서재편 과정에서 불리한 위치에 처해 있는 국가들에게 새로운 동북아질서를 향한 구상이 필요하게 되었다.〈도표 5〉

〈도표 5〉 탈냉전구조 불안정기

　　중국은 미국을 축으로 한 단일체계(혹은 단극체계)를 타파하기 위한 노력을 시도하고 있었다. 동북아에서 유엔 안전보장이사회 상임이사국인 중국이 명시적이거나 적어도 묵시적 승인이라도 해야 역내 안정과 평화가 위협받지 않을 수 있다. 이는 중국이 내정간섭 배제 원칙과 함께 미국 유일주도의 질서 형성에서 반패권주의적 입장을 견지하게 된다는 의미다.

　　미국이 주도하는 미 · 러정상회담, 미 · 베트남 수교, 미 · 일 '신안보선언' 등을 통해서 중국 봉쇄정책은 중국을 포위하는 형태로 전개되었다. 중국은 중 · 러관계 정상화를 통해서 이를 견제하고 균형적 안정기를 유지하려는 움직임을 보였다. 이러한 상위구조의 변화와 함께, 하위구조로서 한반도에서도 탈냉전기에 균형적 안정기를 형성하기 위한 노력의 일환으로서 북한의 대미 접근과 북 · 일 수교 교섭이 진행되고 있었다.

　　〈도표 6〉에서 볼 수 있듯이 한반도에서 한 · 소 수교(1990.9.30)와 한 · 중 수교(1992.8.24)를 계기로 남북한 간 세력 균형이 깨어지고 불균형 상황을 맞게 되었다. 한국은 주변 4 강대국과 수교를 맺었지만 북한은 미국, 일본과 국교 정상화를 이루지 못했다. 북 · 미관계

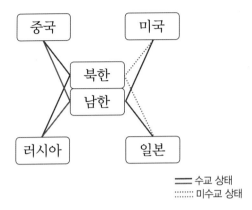

〈도표 6〉 한반도의 수교 현황

가 개선된다면 남북한에 대한 주변 4개국의 상호 교차승인(Cross recognition)이 이뤄지는 새로운 형태의 균형 질서로 나아갈 수 있다. 한반도 통일 환경을 이루는 동북아질서 재편과정에서 중·미관계는 남북한관계에 영향을 미치는 핵심적 요인으로 작용한다. 동북아질서 재편을 둘러싸고 중·미 간에 '패권적 갈등'을 겪을 조짐을 보여 왔다.[22) 중·미관계는 향후 동북아와 한반도 안정에 결정적 영향력을 미치게 될 것이다.

동북아질서를 구조적으로, 그리고 시기적 변화라는 관점에서 바라보는 분석틀에 기초하여, 향후 탈냉전기 동북아질서 속에서 한반도에 균형적 안정기가 어떻게 형성되어갈 것인가를 유추할 수 있다.

탈냉전기에 동북아에서 상위구조가 형성되어 온 과정을 살펴본다.

첫째, 1991년 소련붕괴 이후 유일 초강대국으로서의 지위를 누리고 있는 미국에 대해 사회주의 종주국으로서 중국은 동북아에서의 영향력 유지 및 확대를 꾀하고자 한다. 21세기 미국에 대적할 수 있는 유일한 초강대국으로서의 잠재성을 인정받는 중국은 정치·안보 및 경제 측면에서 괄목할 만한 성장을 지속해 왔다. 중국은 경제발전을 바탕으로 경제력에 상응하는 지구적 정치력을 확보하고자 한다. 이는 전 지구적 영향력 확대를 추구하고 있는 미국의 이해와 정면으로 배치된다. 특히 막대한 대미 무역흑자를 누리고 있는 중국에 대해 미국은 지적소유권, 무역수지적자 등을 제기함으로써 경제적 마찰을 빚어 왔다. 또한, 인권 및 타이완문제 등 정치적 현안에서도 중·미 간의 대립을 피할 수 없는 상황이다. 중국과 미국은 냉전기에 소련에 대항해서 형성했던 전략적 유대관계에서 탈피하여 탈냉전기에 들어서면서 갈등을 겪고 있다. 그러나 양국은 상호 반패권을 추구하면서도 경제·안보 측면에서의 보완적 협력관계를 유지해야 하는 딜레마를 안고 있다.

둘째, 탈냉전기 상위체계로서의 중·미관계와 하위체계 남북한 관계는 어떻게 연계되는지 살펴본다. 중·미관계는 소원(estrangement)과 화해(reconciliation)를 반복적으로 되풀이하는 경향을 보인다. 남한과 북한은 교착(stalemate)과 개선(improvement)의 싸이클 패턴(cyclical pattern)을 그리면서도 답보상태를 벗어나지 못하고 있다.

북한은 남한이 북방정책의 성과에 힘입어 한·소, 한·중 국교정상화를 이룩함에 따라 동북아 외교에서 발언권이 위축되었다. 이를 타파하기 위한 북한의 노력은 대미 접근과 북·일 수교 노력으로 나타나지만, 1993년 3월 북한의 NPT탈퇴선언으로 촉발된 북핵문제가 쟁점의 중심이 되고 있다. 북한은 핵개발 의혹을 증폭시킴으로써 국제적 질서에 대한 위협이 되는 방식으로 오히려 미국과의 직접 협상의 계기로 만들고 있다. 동북아에서의 영향력 확대를 위해서 미국은 북한과 중국 간의 관계를 이간시켜서 미국의 영향권 하에 북한을 유인해 둘 수 있다면 자국의 이익에 유리하다고 판단한다. 미국과 직접대화로 핵고리를 풀 수 있게 된다면, 북한의 대일 접근이 용이해질 수 있다. 북한은 실질적인 경제협조를 받을 수 있는 일본과의 관계정상화에 관심이 있다.

그 결과, 한편으로 중 · 미관계, 다른 한편으로 한반도를 둘러싼 남북한관계와 더불어 북핵문제를 중심으로 북 · 미 간 직접대화가 새로운 동북아질서를 형성하는 주요 변수로 등장한다. 따라서 동북아에서의 새로운 흐름을 조명하기 위한 분석틀을 재구성해볼 필요가 있다.

## 1) 6 · 15공동선언

미국과 중국은 소원한 관계에 이르렀다가도 상호 국익을 위해서 화해로 돌아서서 한반도에 긍정적인 영향을 미치고 있다. 1989년 베이징에서 민주화운동을 무력으로 탄압한 '티엔안먼(天安门)사건'(6.3)으로 인해서 중국 인권문제가 심각하게 대두되었다. 이에 미국을 비롯한 서방세계는 제재를 가하면서 중국과 불편한 관계를 이어가게 되었다. 그렇지만 1990년대 중 · 미 전략적 동반자를 내세우는 빌 클린턴 대통령의 임기 말에 이르면서 북 · 미관계 개선을 위한 획기적인 계기를 맞고 있었다.

한국 김대중 대통령은 햇볕정책을 기치로 북한에 대해서 평화공존을 위한 포용정책을 내세웠다. 미국과 한국에 진보정권이 들어서면서 남북한 관계개선에 상승작용을 했다. 한국정부는 햇볕정책에 발

맞춰서 미국 민주당 클린턴 행정부도 북·미관계개선을 도모하도록
영향력을 행사하고자 했다. 중·미관계는 전략적 동반자로서 호의
적인 분위기를 만들었다. 윌리암 페리 대북정책조정관은 북한방문
이후 '페리프로세스'를 내세우며 북한 포용정책에 동참하게 되었다.
안정된 한미동맹을 바탕으로 한국정부가 햇볕정책을 이끌면서 북한
이 남북교류에 동참할 수 있게 된 성과를 얻었다.

| 중─미<br>북─남 | 소원<br>Estrangement | 화해<br>Reconciliation |
|---|---|---|
| 교착<br>Stalemate | | ①<br>중국 —전략적 동반자— 미국<br>4자 회담 제안<br>북한 ←조문외교 실패→ 남한 |
| 개선<br>Improvement | | ②<br>중국 —전략적 동반자— 미국<br>햇볕 정책<br>북한 —6·15 공동선언— 남한 |

〈도표 7〉 6·15 공동선언 (2000년)

마침내 첫 번째 남북정상회담이 성사되어 2000년 6·15공동선언을
발표하는 성과를 이뤘다. 〈도표 7〉 클린턴 대통령도 북·미정상회담
을 시도했으나 미국 대선 일정으로 시간이 충분하지 않은 상황에서
후임으로 공화당 부시 대통령이 당선되면서 이를 포기했다.

노벨평화상을 수상한 김대중 대통령도 2001년에 부임한 부시 대통령의 인식을 바꿀 수 없었다. ABC(Anything but Clinton)로 일컬어질 만큼 부시 대통령이 대중국, 대북한 정책을 전환하면서 남북한관계도 더 이상의 진전을 볼 수 없었다. 중·미관계가 소원해지는 상황에서 남북대화도 교착상태에 빠지게 되었다.

## 2) '악의 축'

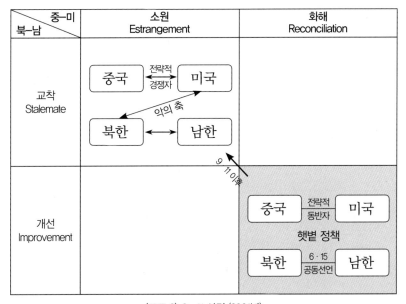

〈도표 8〉 9·11 사건 (2001년)

북한을 '악의 축'으로 간주하면서 기독교 근본주의자를 자처하는 조지 W. 부시 대통령은 대북한 관계에서 완전히 다른 접근을 하게 된다. 미국에 있어서 중국이 중요하기는 하지만 '전략적 경쟁자'로 규정하고 미·일 동맹에 최우선 가치를 두었다. 마침 2001년에 발생한 9·11테러사건으로 미국의 대외정책은 일대 전환을 맞게 된다. 미국이 벌이는 대테러캠페인에 대한 협력여부에 따라 적과 친구를 갈랐다. 중국, 러시아, 파키스탄까지도 이에 호응했지만 북한은 알카에다와 관련된 정보를 제공하지 않으면서 '불량배국가'의 오명을 벗어나지 못했다.〈도표 8〉

### 3) 10·4 선언

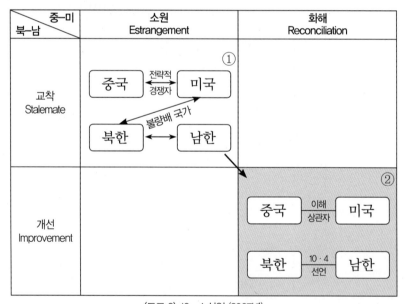

〈도표 9〉 10·4 선언 (2007년)

북·미관계는 악화일로를 걷고 있었다. 한국에서 햇볕정책을 계승한다는 노무현 대통령이 당선되었지만 남북한 간에 별 진전이 없어 교착상태가 지속되었다. 2006년 10월 북한이 첫 핵실험에 성공하면서 북핵문제가 더 심각해졌다. 11월 미국 중간선거에서 공화당이 패배하고 임기 말이 다가오는 시기에 부시 대통령은 북핵문제를 포함해서 중국을 '이해상관자'로 인정하면서 남북한 관계개선을 위한 계기가 조성되었다. 2007년 노 대통령은 평양을 방문하고 2차 남북정상회담을 통해서 김정일 위원장과 '10 · 4 선언'에 서명했다. 중 · 미관계가 개선되는 분위기에 따라 남북한관계도 진전되어 다양한 협력사업에 합의를 이룰 수 있었다.〈도표 9〉

이상과 같이 〈도표 7〉과 〈도표 9〉에서 알 수 있듯이 ①에서 오른쪽 하단 ②로 이동함으로써 상위구조인 중 · 미관계가 우호적인 분위기에서 하위구조인 남북한관계도 개선되는 상황을 맞게 되었다. 이에 따라 2차례의 남북정상회담으로 6 · 15공동선언〈도표 7〉과 10 · 4선언〈도표 9〉이 이뤄졌다고 추정할 수 있다. 남북한 간에 합의를 본 4차례 공동성명의 경우: 7 · 4공동성명, 남북기본합의서, 6 · 15공동선언, 10 · 4선언, 모두 우측 하단 시기에 공동서명이 이뤄졌다.〈도표 3, 4, 7, 9〉

클린턴 대통령이 중 · 미관계를 '전략적 동반자'로 일컫고 상위구조인 양국 사이에도 화해 모드가 조성되면서 6 · 15 공동선언으로 이어지고 남북한관계가 개선되었다. 그러나, 김대중 정부의 햇볕정책을 노무현 정부가 계승했지만 상위구조로서 미국 부시 행정부의 경색된 대중국, 대북한 정책에 따라 하위구조인 남북한관계도 교착상태에 빠지게 되었다.〈도표 8〉 부시 대통령이 북한을 '악의 축'이라 지칭하고 중 · 미관계가 '전략적 경쟁자'로 바뀌면서 중 · 미관계는 소원해지고 남북한관계도 별다른 진전이 없었다. 이와 같이 동북아 상위구조의 변화에 따른 하위구조로서의 남북한관계가 밀접하게 연계되는 구조적 역학관계를 알 수 있다.

# 4

# 불균형 · 화해기 남북한관계 개선

탈냉전기 동북아에서 상위구조는 중 · 미관계, 하위구조는 남북한관계로 상정할 때 중위구조의 역할을 하는 국가로는 일본과 러시아를 들 수 있다. 미국은 중국의 영향력 확대를 견제하기 위해서 일본과 '신안보선언'을 통한 미 · 일 동맹관계를 공고히 다져 왔다. 이에 대응해서 중국은 러시아와의 정상회담을 통한 상호 전면적 동반자 관계를 구축하고 이를 대내외에 천명했다.

이러한 상위 · 중위 · 하위 구조는 별개의 체계가 아니라 상호 작용하면서 각 국가 간의 상호협력과 견제에서 중요한 기능을 한다. 향후 동북아 질서 재편 과정에서 중국과 미국은 결정적 행위자인 동시에 상위구조로서 중 · 미관계는 동북아질서의 성격을 규정하는 경향이 있다.

그렇다면 과연 일본과 러시아가 상위구조로 편입될 수 있을지 여부가 관심사로 남게 되지만 본 장에서 일본과 러시아의 역할은 논외로 한다. 따라서, 상위구조를 형성하고 있는 중국과 미국을 중심으로, 하위구조인 북한과 남한의 관계를 중점적으로 분석한다. 이러한 분석틀을 기초로 트럼프-시진핑 시대에 새로운 동북아질서 재편 가능성에 대해 상위구조와 하위구조의 역학관계 속에서 이를 전망해 볼 수 있다.

트럼프 행정부는 시진핑 주석 체제하의 중국을 라이벌국가('Rival Power')로 규정지으며 견제하고자 한다. 2017년 9월 6차 핵실험으로 '핵무력 완성'을 선언한 북한에 대해 UN 안전보장이사회 대북제재가 강화되면서 미국과 북한 관계 역시 냉랭하다. 또한, 남북한관계도 이명박 정부 당시 내려진 5 · 24 조치로 인해 문재인 정부 이전까지 교류와 협력이 거의 단절되다시피 했지만 이 조치는 그대로 시행되고 있어서 교착상태다.(좌측 상단, 도표 10)

문재인 정부는 김대중 정부에서 페리 프로세스로 미국의 대북한 정책을 전환시킨 경험을 따르고자 '중재외교'를 내세우며 주도적인 운전자가 되고자 한다. 하지만 상위구조인 중 · 미관계가 갈등과 대립이 심화되면서 오히려 불신을 키우는 상황이 되고 있다. 한국은 진보 정부인 반면 미국은 보수 정부로서 대북한 정책에서 한 방향으로의 일관성을 유지하기가 어려워지고 있다. 김정은 위원장과 트럼프 대통령이 개인적 감정에 의거하는 탑-다운 방식을 선호해서 실무협상이 뒷받침되지 않았고 실질적인 진전이 이뤄질 수 없었다.

2018년 2월 평창동계올림픽을 기점으로 그동안 단절되어 있던 남북대화가 재개되고 관계개선을 기대할 수 있게 되었다. 4월 27일 문 대통령과 김 위원장이 남북정상회담을 개최해서 '판문점선언'에 합의했다. 이어서 6월 12일 최초의 북 · 미정상회담이 열리고 '싱가포르선언'이 세기의 담판으로 주목받았다. 이후 문 대통령 내외의

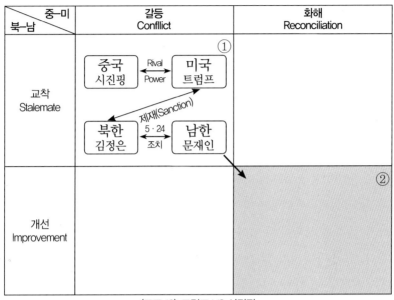

| 북-남　　중-미 | 갈등<br>Confllict | 화해<br>Reconciliation |
|---|---|---|
| 교착<br>Stalemate | 중국 시진핑 ―Rival Power→ 미국 트럼프 ①<br>북한 김정은 ―5·24 조치→ 남한 문재인　제재(Sanction) | |
| 개선<br>Improvement | | ② |

〈도표 10〉 트럼프 VS 시진핑

| 북-남　　중-미 | 갈등<br>Confllict | 화해<br>Reconciliation |
|---|---|---|
| 교착<br>Stalemate | | |
| 개선<br>Improvement | 중국 시진핑 ―무역 전쟁→ 미국 트럼프 ①<br>6·12 선언 제재(Sanction)<br>북한 김정은 ―판문점 선언 / 평양공동 선언→ 남한 문재인 | ② |

〈도표 11〉 트럼프 VS 시진핑

평양 방문으로 9월 19일 '평양공동선언'에 합의해서 관계가 개선되었다.(〈도표 11〉, 좌측 하단) 그러나 2019년 2월 28일 2차 북·미 정상 간에 만남인 하노이에서의 회담은 별 성과가 없었다.

트럼프 대통령 취임 이후 중·미 간에 유례없는 무역전쟁으로 난항을 겪으며 남중국해 등 영토분쟁개입, 타이완 문제 등으로 양국의 갈등이 개선되지 않고 있다.〈도표 10, 도표 11〉 2020년 세계적으로 만연하는 코로나19로 인해서 양국관계가 나아질 기미를 보이지 않고 있다. 상위구조인 중·미관계가 좀처럼 화해국면으로 진입하지 못하는 상황에서 남북한 간에도 교류와 경제협력을 위한 시도가 제대로 이뤄지지 않고 있다. 한국은 북한에 가해지고 있는 유엔 경제제재에 동참하면서도 북한과의 대화를 활성화하기 위한 창의적인 방안을 마련하기 위해서 다양한 시도를 하고 있다. 하지만 촘촘하게 죄어오는 국제연대의 제재 속에서 뚜렷한 성과를 내기는 어려운 구조가 되고 있다.

중·미관계가 우호적 분위기로 돌아서고 남북한 간에도 관계개선 조치가 이뤄진다면(우측하단 ① → ②), 한반도를 둘러싼 동북아 정세는 안정되고 지속적인 평화가 깃들 수 있을 것이다.[23] 한반도 평화 프로세스의 여정은 멀기만 하다.

트럼프 대통령과 김정은 위원장이 상대방의 심중을 오판함으로써 제2차 북·미정상회담이 결렬되었듯이 코로나19 팬데믹 이후 동북아 정세에 대한 불확실성을 경계하며 면밀히 대처해야 한다. 상위구조 중·미관계가 하위구조 남북대화에 미치는 영향에 대한 역학관계를 이해해야 한다. 이에 대한 냉철한 분석을 통해 현실성 있는 대책을 마련할 수 있어야 한다.

## 제2장 한 · 중 국교정상화 이후 (김영삼 정부)

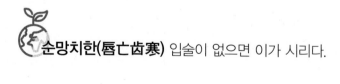
순망치한(唇亡齒寒) 입술이 없으면 이가 시리다.

1992년 8월 24일 한·중수교를 기점으로 동북아 국제질서와 남북한관계가 새롭게 형성되고 있었다. 1988년 7·7선언에 따라 노태우 정부에서 추진한 '북방정책'의 정점으로 인식되었던 한·러수교(1990)에 이어 마침내 한·중 간의 국교가 정상화되었다. 주요 4개국(미·일·러·중)과 모두 수교를 이루려는 한국의 노력이 결실을 맺었다. 한국은 러시아와 중국을 거쳐서 한반도 통일을 위한 평양의 문을 두드리겠다는 구상에 다가가고 있었다. 반면 북한은 중국과 혈맹관계, 러시아와 수교를 이어가고 있지만 미국, 일본과의 국교정상화를 달성하지 못하고 있다. 1991년 9월 남한과 북한이 동시에 UN 회원으로 가입했다. 궁극적으로 남북한이 주변 4개국과 모두 수교한다면 상호 교차승인(cross recognition)에 따른 평화공존의 단계로 들어갈 수 있다.

북한과 일본이 국교 정상화에 이루지 못한 이유로는 주요 쟁점에 대한 입장 차이를 들 수 있다. 하지만 그동안의 협상 과정을 살펴보면 양국 간에 상당한 수준의 합의가 이뤄졌다. 적대적 과거를 가진 국가들 사이에 서로 만족할 만한 협상으로 나아가지 않더라도 국교 수립에 합의한 사례가 많다. 일본이 소련, 한국, 중국 등과 수교할 당시 영토문제를 비롯해서 과거사 문제, 배상문제 등으로 난항을 겪었다. 다만 미해결 문제는 후일로 미루는 방법 등 협상을 마무리할 수 있었다. 북·일관계를 단순히 쟁점 사항에 대한 이견만으로 설명한다면 충분하지 않다. 북한과 일본, 양자관계는 단순히 협상과정에서의 쟁점뿐만 아니라, 양국이 상호 접근하게 된 동인과 결별을 겪게 되는 과정에서 나타나는 한계 상황을 살펴보아야 한다.

1991년 1월 제1차 수교회담부터 북·일 간에 1992년 11월 제8차 수교회담까지 이어졌다. 세계적인 탈냉전 상황에서 양국관계 정상화를 위해서 본격적으로 수교회담을 시작했다. 양국은 회담 초기 현격한 의견 차이에 대해 협상과정에서 쟁점을 상당 부분 해결했지만 제8차 수교회담에서 파국을 맞았다. 이 회담이 파행된 주요 쟁점은 제3차 회담에서부터 제기된 북한의 일본인 이은혜 납치문제로 모아진다. 그는 1987년 KAL기 폭파범 김현희를 가르친 일본어 선생이다. 일본은 이은혜가 납치된 일본인일 가능성을 제기하고 이에 대해 조사해 줄 것을 요청했다. 북한은 이 문제가 수교회담 의제에 포함되어 있지 않고, 국제적으로 신용할 수 없는 국가로 북한을 선전하는 음모라며 반발했다. 결국 일본인 납치문제가 제기되자 제8차 회담에서 북한이 회담 결렬을 선언하고 퇴장해 버렸다. 이후 양국 간 수교회담은 2000년에 재개될 때까지 8년간 열리지 않았다.

북한과 미국은 수교 직전 단계까지 이르렀던 놀라운 경험이 있다. 클린턴 행정부 1기 말기였던 1994년, 제네바 협상을 위해 전 국방부 장관 윌리엄 페리(William Perry)를 비롯해서 이 협상의 미국 대표 로버트 갈루치(Robert Gallucci), 현 〈38 노스〉의 경영자 조엘 위트(Joel Witt) 등이 북한을 방문했다. 이를 계기로 북·미관계가 개선될 수 있다는 기대가 있었지만 지속되지 않았다. 그해 7월 김일성 주석 사망 이후 남한에서 불거진 조문외교 논란으로 김영삼 정부는 조문 사절을 파견하지 않아 북한이 외면하게 되었다. 이후 김 대통령 임기 말까지 남북한관계는 냉랭한 분위기를 극복할 수 없었다.

이와 같이 남한과 북한은 주변국과 교차승인에 이르지 못하고 남
북한관계도 개선되지 않았으며 불안정한 상황이 이어지고 있었다.
남한과 북한은 각각의 통일방안을 추진해 왔다. 제2장에서는 통일
을 지향하는 방안에 대해서 구체적으로 검토해보고 양측 통일방안
을 비교해 본다. 상위구조로서의 중 · 미관계와 하위구조로서의 남
북한관계의 역학구조를 실증적으로 검토하고자 한다.

한 · 중수교(1992. 8. 24)

# 통일방안 : 연합제 vs 연방제

한반도에서의 통일방안은 남측이 주장하는 한민족공동체 통일방안(1989)과 북측이 주장하는 고려민주연방공화국(1980, 이하 고려연방제)이다.[1]

1989년 9월 11일 노태우 대통령은 국회 특별연설에서 한민족공동체 통일방안을 제안했다. 분단된 남한과 북한은 '자주, 평화, 민주'의 3원칙을 바탕으로 남북연합의 중간과정을 거쳐 통일민주공화국을 실현하고자 한다.[2] 통일은 무력행사를 배격하는 평화적 방법으로 민족대단결을 도모하여 민주적으로 실현되어야 한다. 남과 북은 상호 다른 두 체제로서 존재를 인정하고 공존하면서 민족 사회의 동질화를 통한 통합을 촉진시키고자 한다. 이를 위해서 양측이 연합하는 기구를 설치한다.

통일의 과정으로 남과 북이 공존공영을 이루기 위해서 남북연합 단계에서 단일민족 사회를 지향한다. 단일민족국가로서 통일민주공화국 건설을 목표로 한다. 최고결정기구인 남북정상회의에서 남

북한 간의 모든 현안과 민족문제에 대한 협의를 한다. 주요기구로
는 쌍방을 대표하는 100명 내외로 남북 동수의 남북평의회를 구성
하고 주요 안건에 대한 결의가 가능하다. 비무장지대(DMZ) 내에
평화구역을 설정해서 남북연합기구 시설 등을 설치하고 통일평화
시(Unification peace city)로 발전시킬 수 있다. 한민족공동체 통
일방안은 중간단계로서 남북연합체제를 구체화 시켜 남북대화→남
북연합→평화통일의 3단계를 제시한다. 이전 통일방안과의 차이점
이다. 그러나 이 방안에 대해서 북한은 즉각적인 반응을 보이지 않
았다.[3]

　남북연합 구상은 김영삼 대통령이 1994년 8월 15일 발표한 '한민
족공동체 건설을 위한 3단계 통일방안'으로 계승되었다. '화해협력
단계→남북연합단계→통일국가 완성단계'로서 3단계 통일과정으로
구체화했다. 북한이 주장하는 고려연방제를 의식해서 남북연합이
라는 과도기를 설정해서 대안으로 제시한 측면이 있다.

　한민족공동체 통일방안은 한국정부가 일관되게 견지해 온 '통일
원칙'을 재확인한다. 통일은 자주 · 평화 · 민주의 3원칙에 따라 추
진한다. 7 · 4공동성명에서도 명시된 '자주 · 평화 · 민족대단결'의
원칙과 합치한다. 이 방안은 이전의 통일원칙을 수용하면서 내용면
에서는 시대 상황을 반영하여 보완 · 발전시키고 있다.

　통일은 한국이 자본주의를 포기하거나 북한이 사회주의를 포기함
으로써 남북한 간에 가치공동체가 형성되어야 합의할 수 있는 매우
어려운 과제다. 북한이 개혁 · 개방을 통해서 외국자본유치에 성공
하고 이에 따라 수요 · 공급에 따르는 시장경제가 활성화되어야 한
다. 이후에 통일을 위한 기반이 마련될 수 있다.

〈표 3-1〉 남북 통일방안 비교

| 구 분 | 민족공동체 통일방안 | 고려연방제 통일방안 |
|---|---|---|
| 통일철학 | 자유민주주의 | 주체사상 |
| 통일원칙 | 자유, 평화, 민주 | 자주, 평화, 민족대단결<br>(남조선혁명, 연공합작, 통일 후 교류협력) |
| 통일주체 | 민주 구성원 모두 | 프롤레타리아 계급 |
| 전제조건 | – | 국가보안법 폐지, 공산주의 활동 합법화, 주한미군철수 |
| 통일과정 | 화해·협력 → 남북연합통일국가 완성 (3단계)<br>※ 민족사회 건설 우선 (민족통일 → 국가통일) | 연방국가의 점차적 완성 (제도통일은 후대에)<br>※ 국가체제 존립우선<br>(국가통일 → 민족통일) |
| 과도통일체제 | 남북연합<br>– 정상회담에서 남북연합 현장을 체택, 남북연합 기구 구성 운영<br>※ 남북합의로 통일 헌법초안 → 국민투표로 확정 | – |
| 통일국가 실현절차 | 통일헌법에 의한 민주적 남북한 총선거 | 연석회의 방식에 의한 정치협상 |
| 통일국가의 형태 | 1민족 1국가 1체제 1정부의 통일 국가 | 1민족 1국가 2제도 2정부의 연방국가 |
| 통일국가의 기구 | 통일정부, 통일국회(양원제) | 최고민족연방회의, 연방상설위원회 |
| 통일국가의 미래상 | 자유복지인간존엄성이 보존되는 선진 민주국가 | – |

출처 : 통일부 통일교육원, 2012, 「2012 통일문제 이해」

고려연방제를 주장해 온 김일성 주석은 남한이 "'한민족공동체통일방안'이 연방제와 비슷하다는 소리를 계속하고 있다"고 평가하고 이를 일축했다. 연방제통일방안은 사상과 이념, 제도의 차이를 초월하는 통일이라고 주장한다. 남한이 제기하는 내용은 '민족분열의 고정화'를 위한 제도통일론이라고 지적한다.[4] 북한은 한민족공동체통일방안이 '두 개의 조선을 추구하는 방안'이며 법적으로 "서로 우리끼리 살자"는 것이라고 비난한다.[5]

북한은 남북연합의 중간단계는 통일로 접근해가는 것이 아니라 분단 현상을 고착하고 분열을 심화시킬 뿐이라고 지적한다. 남북통일을 위해서는 주한미군 철수가 선행되어야 하며 연방제를 실시해야 한다는 주장이다.[6]

독일통일은 동독이 붕괴하면서 서독에 의한 흡수 통합형이라고 전제한다. 동독인들의 탈동독에서 비롯되었으며 동독인들의 선택으로 이뤄졌다. 독일은 구체적 대안이 마련되기 전에 통일을 맞아 아직도 부작용을 완전히 극복하지 못하고 있다. 그러나 유럽이 경제위기를 겪는 상황에서도 통일 후 축적된 경제력을 바탕으로 독일은 유럽경제부흥을 위한 리더로서의 역할을 자임하고 있다. 서독인과 동독인 간에는 심리적 이질감을 해소하고 치유하기 위한 대책이 중요하다고 지적된다. 분단국 통일은 정치·법 등 제도적 문제뿐만 아니라 주민들의 심리상태도 고려하는 접근이 필요하다. 독일의 통일과정을 교훈 삼아서 한반도 통일방안에 반영해야 한다.

# 상위구조 중·미관계

1972년 데탕트로 호혜적 관계를 지속해가던 중국과 미국은 소련 붕괴 이후 상호 전략적 가치에 대한 인식이 이전과 같지 않게 되었다. 중·미 간 상호 국익이 상충되는 상황이 발생하면서 상대국의 영향력 확대를 견제하고자 한다. 그렇지만 미국과 중국은 경제·안보 측면에서 상호보완성을 배제할 수 없다. 이에 따라 중·미관계는 화해와 소원이 되풀이되며 이어지고 있다.[7]

중국은 주변 국가들과 우호적 협력관계를 더욱 발전시키고 역내 영향력을 유지·확대해나가는 동북아 전략으로 중·미관계를 설정하고 있다. 중국과 미국이 긴장관계를 유지하지만 상호 화해를 모색한다는 기본 인식을 공유한다. 양국의 갈등 요인이 되고 있는 타이완 및 인권 문제, 핵실험 및 무기 판매, 지적소유권 문제 등에서 조심스러운 행보를 보여 왔다.[8]

첫째, 중·미 간에 타이완문제를 둘러싸고 상호 불신과 첨예한 대립이 있어왔다. 자칫 타이완 문제로 군사적 출동이 야기될 가능성도 배제할 수 없다. 1994년 말 미 공화당이 의회를 장악하게 되자 타이완에 대한 동정적 입장이 강화되는 분위기였다. 이는 리덩후이 (李登輝) 전 타이완 총통의 개인적인 미국 방문을 허용한다는 미 국무부 발표로 이어졌고, 중·미관계 악화에 기폭제가 되었다 (1995.5.22). 중국은 타이완 독립을 지지하는 세력들에게 경고하기 위해서 타이완 선거가 진행되는 동안 타이완해협에서 무력시위를 벌였다. 이로써 미국이 중국의 군사 대국화를 더욱 경계하도록 만드는 빌미를 주는 결과를 낳았다.

둘째, 미국은 중국에 대해서 인권과 통상을 연계하는 정책을 펴고 있었다. 미국은 일본과 EU 등 여러 서방국가들과 제휴해서 인권개선을 통한 중국의 개방화와 민주화를 유도하고자 했다. 1989년 톈안먼사태 이후 미국은 UN의 대중국 인권규탄 결의안을 주도해 왔고, 지속적으로 중국의 인권 문제에 관심을 표명했다.[9] 미국은 팡리지(方勵之)를 비롯한 양심수 석방문제, 죄수들이 만든 물건의 미국 내 반입 금지 등을 요구해 왔다. 여전히 인권 문제는 중·미 간 주요 마찰 요인이다. 중국은 인권 문제에서 미국이 바라는 수준의 괄목할 만한 개선에 대해서 내정간섭과 주권침해를 내세워 응하지 않고 있다.[10]

셋째, 중·미 간에 중국의 핵실험 및 무기 수출 문제를 둘러싸고 갈등을 빚어 왔다. 미국은 핵무기확산 방지를 위해서 주도적인 노력을 기울여왔다. 중국은 영향력 확대를 꾀하기 위해서 제3세계 협력을 명분으로 원전 공급과 미사일 판매를 추진했다.[11] 미국은 군사적 측면에서 봉쇄정책이 미국의 정책이 아니며 중·미 간 관계지속을 추구한다는 입장이다.[12] 그러나 중국은 미국이 타이완에 대한 무기판매, 대일본 안보유대강화, 그리고 베트남과의 관계개선 등으로 이미 대중국 봉쇄정책을 펴고 있다고 인식한다.

넷째, 중·미 간에 경제적 마찰 요인으로 극단적 조치를 취하는 조짐이 있었다. 세계무역기구(WTO) 가입을 원하고 있던 중국이 미국의 요구를 수용함으로써 지적재산권 협상에 따라 지적재산권보호협정이 체결되었다.(1995.3.11) 지적재산권 문제는 WTO 가입 교섭의 핵심 사항이다. 중국은 덩샤오핑 이후 시대로 이행하는 과도기에 협상이 결렬된다면 권력 안정이 절대적으로 필요한 시점에 전혀 도움이 되지 않는다고 판단했다. 미국은 중국의 지적재산권 협상거부를 반미 신호탄으로 받아들이므로 중국도 이에 동의하게 되었다.

덩샤오핑이 요양하는 동안 중국의 실권을 쥐게 된 최고 지도자들은 민족주의적이고 보수적 성향을 띠고 있었다. 미국은 중국의 권력 구조 변화가 경제 및 정치에서 전반적인 관계에 영향을 미치게 된다면 덩 사후 미국의 영향력이 줄어들 가능성에 대해 우려했다.[13]

미국은 닉슨이 중국과의 수교를 위해 중국을 방문했을 때와는 전략적 인식을 달리한다. 중·미 간의 불화는 위험한 수위로까지 발전한 적도 있지만 상호 갈등관계가 양국의 국익에 도움이 되지 않는다고 판단한다. 중국과 미국은 정상회담을 통해서 정국 경색을 타개하고 화해국면에 들어서더라도 갈등적 요소가 완전히 해소되지 않았다.

중국에 대한 미국의 입장은 첫째, 소련이 붕괴된 마당에 중국이 오히려 환태평양 역내 세력 균형을 깰 수 있는 유일한 도전 세력으로 본다. 클린턴 행정부는 〈동아시아 전략보고서〉(EASR, 1995.2)

를 통해서 적극적으로 동아시아 참여–확장 정책을 표명하고 있다.

둘째, 냉전 종식으로 이전보다 중국의 전략적 가치는 감소되었지만 국제문제해결과 지역분쟁해결에서 중국의 협조가 필수적이다. 그렇지만 중국이 지속적인 경제 발전을 이뤄서 정치 · 군사 대국으로 부상하는 것을 경계한다. 중국의 미래 진로가 미국의 국가이익에 부합되는지 여부는 불확실하다고 인식한다.

미국에 대한 중국의 입장은 첫째, 미국이 인권문제에 대해서 티벳에서는 사자와 같이 강한 어조로 반격하지만, 옐친의 체치니아 공격에는 생쥐와 같은 반응을 보인다고 불만을 토로한다.

둘째, 탈냉전기 동북아 질서재편과정에서 중국은 미국이 유일 초강대국으로서 전반적인 영향력 확대를 꾀한다는 불만을 품어왔다. 북한의 강력한 반대에도 불구하고 한반도에서 영향력을 증대시키기 위해서 중국은 한국과의 수교를 받아들였다. 북한에 대한 무조건적인 지지보다 핵개발을 포함한 비이성적 정책에 대해서는 이를 철회하도록 요구해서 균형적인 영향력을 행사하고자 한다. 그러나 북 · 미관계개선으로 중국의 영향권에서 북한이 이탈하게 될 가능성이 있다고 의심한다. 장기적으로 중국은 미국이 사회주의체제를 '화평연변(和平演变)'시켜서 자본주의체제로 전환시키려는 의도가 있다고 경계한다.

이러한 반미패권전략의 일환으로 중국은 아시아 · 태평양 강대국으로서의 지위를 확보하고 동북아에서 영향력 확대를 추구한다. 중국은 개혁 · 개방정책을 꾸준히 추진해서 국력 신장과 군사력 증강으로 역내 발언권을 강화해 왔다. 1990년대 이후 중국은 소극방어전략에서 적극공세전략으로 전환하고 있다. 중국은 미국의 단일패

권주의와 미·일 '신안보선언' 등 안보전략 재조정을 견제하기 위해
서 러시아와의 유대관계를 중시한다.

중국은 미국의 패권을 견제하면서도, 한편으로 미국과 견고한 경
제·안보협력관계를 모색하는 것이 자국의 이익에 부합된다고 판
단한다. 중국이 GATT 가입을 위한 미국의 지지를 얻고자 노력했고
결과적으로 중국은 미국의 지원을 받았다.(1993.11) 또한, 중국이
원하는 WTO 가입을 위해서도 미국의 도움이 절대적으로 필요한
상황이었다. 아울러 미국의 발달된 기술과 자본뿐만 아니라 중국이
최대 무역흑자를 기록하는 미국시장을 놓칠 수 없다. 군사적 측면
에서도 1994년 윌리엄 페리미 국방장관의 중국방문을 계기로 상호
군사협력을 시도해 왔다.[14)]

지구적 탈냉전기에 동북아 지역에서도 역내 국가 간 경제협력 및
상호의존도가 심화되고 있다. 동북아 지역구조는 기본적으로 냉전
적 속성이 유지되면서도 탈냉전적 속성이 교차되어 나타나는 이중
성을 보인다.[15)] 동아시아 문제에 있어서 미국은 적어도 역내 질서
유지와 분쟁 해결에 중국과의 협력을 필요로 하면서도 동시에 영향
력 확대를 봉쇄하고자 한다. 중국은 때로는 경쟁적 행태로 미국과
의 관계를 설정하고 종합국력을 확대하기 위한 다양한 외교정책을
구사하며 경제성장에 주력했다. 중국의 부상은 협력과 경쟁이라는
양면 전술을 적절하게 활용하면서 결과적으로 미국의 패권적 지위
의 쇠퇴를 가져왔다.[16)]

중국이 강대국으로 성장하기 위해서는 적어도 지역 차원에서 영
향력을 확대할 수 있어야 한다. 중국은 미국이 중국을 에워싸는 봉
쇄전략을 구사함으로써 동북아 지역에서 중국의 역할이 제한받고

있다고 인식한다. 중국이 역내 역할을 강화하려는 시도를 하면서 미국은 기존 지역 질서를 새롭게 재편하려는 움직임을 보인다. 기존 패권국인 미국은 현재의 주도적 상태를 계속 유지하거나 도전적 요인을 제거하려 할 것이다.[17] 이러한 동북아 안보구조는 새로운 질서를 형성해 나가는 과도기적 상태로 볼 수 있다. 미국은 중국의 시장경제체제로의 전환을 기본으로 참여·확장 정책을 표방한다. 이처럼 중·미관계에는 협력요인과 견제요인이 상존한다.

미국 클린턴 대통령의 첫 번째 임기에는 중국에 대해 인권문제를 제기하고 타이완에 무기 수출 등을 통해서 상호 이해관계가 충돌하는 상황이 적지 않았다. 1997년 재임 이후 클린턴 대통령은 중국을 건설적인 '전략적 동반자(Strategic partner)'로 일컬으며 우호적인 중·미관계 속에서 중국의 역할을 인정하고자 했다. 중국과 미국은 상호보완적 경제발전으로 중국이 부상하는 국가로서의 발판을 마련하게 되었다.

20세기 초 영국은 독일의 증대되는 힘을 두려워하고 독일은 영국의 봉쇄를 두려워해서 양측이 대립으로 치달았다. 중국과 미국 사이의 불편한 관계는 과거 영국과 독일의 관계에 대입해서 비교해 볼 수 있다. 중국의 반미패권전략은 국제무대에서 자국의 지위 향상과 영향력 확보라는 차원에서 지속되고 있다. 따라서 중·미관계는 과거의 밀접한 베이징-워싱턴 관계로 되돌아가기보다는, 양국의 현실적 이해관계를 바탕으로 동북아 상위구조로서 한반도에 영향을 미치고 있다.

# 하위구조 남북한관계

1989년 2월부터 대화를 준비해 온 남측과 북측은 1990년 9월 서울에서 남북 고위급 회담을 개최했다. 5차에 걸친 남북 고위급 회담으로 1991년 12월 남측 정원식 총리와 북측 연형묵 총리 회담으로 〈남북기본합의서〉가 채택되고, 〈한반도비핵화선언〉에 합의했다. 이를 계기로 남북한관계는 급속한 긴장완화 단계에 접어들게 되었으며 1992년 1월 남측은 92팀스피리트훈련을 중단한다고 발표했다. 남북한 간의 해빙 분위기가 무르익으면서 상호 물자교류도 급속히 증대했다. 그렇지만 양자관계 발전에도 불구하고 남한과 북한은 외교관계에서의 경쟁을 늦추지 않았다.

남북한관계가 개선되고 한반도에서 긴장완화의 기운이 감돌고 있었지만 북한은 한·러 수교와 한·중 수교에 따른 외교적 열세를 확인할 수밖에 없었다. 또한 핵개발에 대한 국제적 의혹이 강화되면서 북한은 국가 안보를 위한 최후의 수단을 상실할지도 모른다는 불안감에 빠졌다. 한편으로 북한은 일본 및 미국과의 관계개선을

통해 한반도에서의 외교적 균형을 달성하고, 다른 한편으로 확실한
안보보장을 위해서는 남북한 간의 관계개선에만 의존할 수 없다고
판단했다. 북한은 극단적 방안을 모색하지 않을 수 없는 상황에 처
하게 되었다.

1993년 3월 12일 북한이 핵확산금지조약 탈퇴를 선언하여 한반
도에서 긴장이 조성되고 북한 핵 개발 사실은 국제 문제화되고 있
었다.[18] 북한은 핵문제가 남북한 핵통제공동위원회(South-North
Joint Nuclear Control Commission)나 국제원자력기구(IAEA)에
의해서 해결될 수 없으며, 북 · 미 간 직접 접촉에 의해서만 해결할
수 있다고 주장했다.

북 · 미대화를 통해서 핵문제를 논의하자는 북한의 주장을 미국이
수용해서 고위급 회담이 1993년 6월 2일 뉴욕에서 열렸다. 공식적
으로 북 · 미회담의 틀 내에서 핵문제를 포함한 북 · 미 관계개선 및
한반도 안보와 관련한 내용을 포괄적으로 협의하게 되면서 북한은
남한과의 직접대화에 비중을 두지 않았다. 남북한관계 개선만으로
는 북한체제와 세습정권의 실질적인 안정을 얻을 수 없다고 판단했
다. 오히려 북한은 미국과의 접촉에서 더 많은 것을 얻어내기 위해
한반도 긴장을 조장하는 강경전술을 구사하기도 했다. 북한은 사회
주의권 붕괴에 따른 체제불안정을 타파하기 위해서 서방과의 관계
개선을 서두르고 남북대화를 수단으로 삼고자 했다.

소련 붕괴 이후 중국의 부상이 예견되면서 동북아 상위구조에서
불균형이 형성되고 있었다. 이러한 불안정한 상황에서 남북한 간에
직접대화의 필요성이 대두되었고 관계개선이 이뤄졌다. 그러나 북
한은 체제유지를 위해서 필요한 미국 및 일본과의 교차승인을 확보

하지 못했다. 북한의 심각한 경제난을 극복할 만한 경제적 지원과 계기도 마련할 수 없었다. 이러한 정황들로 미뤄볼 때, 북한이 극단적 외교수단, '벼랑끝전술' 등을 통해서 열세를 타파하려는 전략을 선택하지 않았을까 추측할 수 있다.

동북아에서 하위구조로서의 남북한관계는 남한의 북방정책에 따라 한·러 수교와 한·중 수교로 이어지면서 불균형적 불안정기가 도래하고 있었다. 남북한은 때로는 직접적으로 관계를 맺지만, 때로는 적대적 대립으로 '관계 없는 관계'를 지속해 온 경우가 대부분이다. 직접 접촉이 없는 상태에서 남한과 북한은 주변국들과 연계되어 한반도 질서를 변경시키려는 일종의 외교적 경쟁 형태를 보였다. 이는 남북한이 각자 상위구조 국가들을 중재자로 삼으려는 간접외교의 방식으로 전개되기도 했다.

동북아 상위구조인 중국과 미국이 중요 행위자로서 상호 협력과 견제를 통한 균형 질서를 형성하려는 움직임이 있었다. 반면 하위구조인 남북한관계는 오히려 경색되면서 교착상태에 이르고 상위구조와의 관계 강화를 위한 간접외교에 치중하는 형태를 띠고 있었다. 한반도를 둘러싼 북·미관계, 한·미관계, 한·중관계, 북·중관계를 통해서 남한과 북한은 간접 접촉에 의존하게 되었다. 남북한의 간접외교를 통한 중국과 미국과의 상호 연계정책을 살펴본다.

## 1) 중국과 남북한관계

동구 및 소련의 몰락과 함께 중국은 탈냉전기에 사회주의 종주국으로서의 역할을 담당하게 되었다. 중국과 유일한 혈맹관계를 맺은 북한은 한·중 수교를 고비로 중대한 전환점을 맞았다. 군사적 측면에서 중국은 '긴장유발가능세력'인 북한을 '현상유지세력'으로 끌어안으려는 구도로 대한반도 정책을 추구하고 있었다. 중국이 북한 체제유지와 체제변화에 가장 큰 영향력을 미칠 수 있을 것으로 인식되었다.

중국은 경제발전을 통한 현대화라는 목표 달성을 위해 국내정세 및 대외환경 안정의 필요성을 절감하여 주변국과 '선린우호관계' 강화를 우선적으로 추구한다. 이념과 체제상의 상이성보다 공통이익 존재 여부가 대외관계의 초점이 되고 있다. 따라서, 중국은 자주독립외교 원칙에 입각해서 남북한과 동시에 수교를 맺어 평화와 안정을 꾀하고자 한다.

중국은 '전방위적 평화외교'[19]로 북·미 대화를 통한 관계개선을 권장하면서 북한이 '현상유지세력'으로 남기를 바란다. 그러나 북한이 중국의 영향권을 벗어나는 것을 경계한다. 중국은 러시아와의 정상회담을 통해 중·러 변경문제가 포함된 안보협력 약속으로 관계 정상화를 도모한다. 또한, 중·일 간의 정치·경제 협력강화를 모색하면서, 과거 갈등관계에 있던 인도 및 베트남 등과의 국교정상화를 추구한다. 톈안먼사태 이후 중국은 유럽 국가들과 미국의 제재정책에 실망해서 아시아 중심외교에 역점을 두게 된다. 이러한 중국의 외교활동은 주변국과의 선린관계 강화를 통해 자국의 경제발전을 위한 안정적이고 평화로운 대외환경을 조성하기 위한 노력의 일환이다.

중국은 탈진영, 탈이데올로기를 통한 실리추구 정책을 바탕으로 자주독립외교를 주창하고 있다. 중국이 한반도에서 남북한과의 관계를 개선하고 현상유지를 꾀하고자 하는 의도도 같은 맥락에서 이해할 수 있다. 중국의 동북아 외교정책에서 한반도 평화와 안정이 최우선 목표다. 중국은 북한과는 정치·안보적 측면에서, 남한과는 경제적 측면에서 밀접한 관계를 맺고 한반도에서의 영향력을 유지·확대한다는 전략으로 한반도에서의 현상유지를 통한 균형 질서를 추구한다.

## 2) 미국과 남북한관계

북한 핵이 국제적 사안이 되면서 북한은 미국과의 직접 협상을 통해서만 핵문제를 논의하겠다고 주장했다. 미국은 UN을 통한 대북한 압박보다는 북한과의 직접대화를 통해 문제를 해결하겠다는 입장으로 전환했다. 이에 따라 남북한 간의 비핵화공동선언 및 핵통제공동위원회는 유명무실해졌다. 남한과 북한은 직접대화보다는 미국을 매개로 하거나, 혹은 중국을 매개로 의견을 교환하는 간접 외교로 선회하게 되었다. 북한의 대미국 접근을 위한 전략에 따른 것이지만, 남한이 실질적으로 북한에 대해 외교적으로 영향력을 미칠 수 없다는 점을 북한이 간파했다는 사실을 반영한다. 남한은 북·미 회담이 진전되면서 미국을 통해 남북한 관계개선을 일정한 협상 타결의 조건으로 제시했다. 하지만 북미제네바협의 과정에서도 나타나듯이 별다른 성과를 거둘 수 없었다. 남한이 배제된 채 북·미간에 협상과 타협이 이뤄지고 있었다.

북한이 미국과 직접 접촉해서 북·미관계가 개선되어감에 따라, 한반도에서 미국에 의한 분단관리질서의 형태가 정착되기 시작했다. 미국주도의 한반도 질서, 나아가 동북아 질서가 형성되는 조짐이 나타났다. 한국은 북한과 관련된 주요 사안에 대해서 한 · 미 공조를 기본 정책기조로 삼으면서도, 미국의 대북한 정책에 대해서 일정한 견제를 하게 되었다. 남한을 통해서만 북한을 인식하던 미국과는 확고한 한 · 미 공조체제가 가능했으나, 북한과 직접대화를 하면서 오히려 한국의 요구를 중재하는 입장이 된 미국과는 대북한 정책을 둘러싸고 미묘한 갈등이 표출되기도 했다.

이러한 상황에서 북 · 미 대화는 평화협정체결문제와 연계하지 않아도 가능해졌다. 북한은 북 · 미 간의 연락사무소 설치문제를 비롯한 미군 유해송환문제, 미사일 수출 지속 여부 등에 대한 협상을 통해서 경제제재 완화 조치를 획득한다는 전략을 세우고 있었다. 미국과 직접 대화로 북한은 한반도에서의 입지 강화를 꾀하고 일본과의 협상에서도 유리한 고지를 점하려는 노력을 기울였다. 북한은 상위−중위 구조를 형성하고 있는 미국, 일본과 교차승인을 이뤄서 한반도를 둘러싼 동북아에서 균형 질서를 추구하고자 한다.

# 민족우선주의와 조문논쟁

김영삼 대통령은 민주적 선거절차에 따라 한국사에서 최초의 문민정부를 수립했다는 자부심이 대단했다. 온갖 고초를 겪으며 민주화를 이뤄낸 동지들과 함께 그는 대한민국 정부의 정통성을 부여하고 북한과의 교류에 앞장서고자 했다. 김영삼 정부는 임기 초반에 북한 '포용'을 위한 적극적 의지를 내세웠지만 북핵이라는 외적 변수에 휘둘려 대북 강경책으로 급선회할 수밖에 없었다. 그 결과 일관성 없는 대북한 정책을 펼쳤다는 평가를 받는다.

김 대통령은 1992년 취임 후, "어떤 무엇도 민족보다 더 중요한 것은 없다"며 북한과 적극적인 대화를 추진할 뜻을 밝혀 국내외에서 주목받았다. 급진적 재야인사로 알려졌던 한완상 서울대 교수를 부총리 겸 통일부 장관에 임명하고 한승주 고려대 교수를 외무부 장관에 기용했다. 사상 처음으로 민간인 학자 출신인 김덕 외국어대 교수를 안기부장에 임명해서 파격적인 인사 조치가 이뤄졌다. 과거 신군부 중심의 이전 5, 6공화국 정권과는 다른 대북한 정책이 추진될 것임을 암시하는 행보를 펼쳤다.

김영삼 대통령은 박애주의(인도주의) 입장에서 비전향 장기수 이 근모 노인을 아무 조건 없이 북한으로 돌아가도록 배려했다. 그가 판문점을 넘어 이북으로 가는 모습이 TV로 생중계 되면서 많은 관 심을 끌었다. 그러나, 그 이후에도 북한에서 남북한 교류를 위한 별 다른 조치가 없어서 아무런 진전을 보지 못했다.

오히려 북한은 1993년 3월 비확산조약(Non Proliferation Treaty, NPT) 탈퇴 선언을 했다. 한반도 문제는 온통 북핵문제로 귀 결되고 있었다. 미국은 NPT를 유지하는 것이 급선무였다. 북한을 대화상대로 인정하고 협상테이블에 앉게 하려면 북한의 요구조건을 알아야 했다. 북한 핵문제는 미국과의 직접 대화와 북·미 수교를 위한 협상용으로 꺼내든 카드로 간주하는 분위기였다.

북한의 NPT 탈퇴선언으로 한반도의 위기가 고조되고 있었다. 윌 리암 페리 전 미 국방부 장관은 1994년 초반에 미국이 영변 핵시설 에 대한 제한적 정밀 타격을 실제로 고려했던 사실을 털어놓았다. 그러나, 무력행사에 따르는 미국과 한국이 입을 희생이 너무나 크 고 모험적이어서 이 계획은 실행되지 않았다.[20] 김영삼 대통령을 비롯한 한국 측의 무력사용불가 입장도 반영해야 했다. 당시 북· 미간에 극한 대립으로 치달을 위험이 도사리고 있을 때 지미 카터 (Jimmy Carter) 전 미국대통령 부부가 1994년 6월 북한을 방문해 서 평화적 해결책을 모색하게 되었다.

미국의 중재에 의해서 남북정상회담 실무협상이 한창 진행 중이 던 1994년 7월 8일 북한에서 김일성 주석의 서거 소식이 갑자기 날 아들었다. 김 대통령과 김 주석이 남북정상회담을 개최하기로 합의해서 추진하고 있던 상황에서 남한 사회는 충격에 빠졌다. 뉴욕 타임즈는 김일성 사망이 최악의 시점에 발생했다고 보도했다. 제네바에서 개최하기로 예정된 북·미 대화가 연기되었을 뿐만 아니라 새로 들어서는 북한 정권이 대화국면으로의 정책 선회를 그대로 이어갈지도 미지수라고 전망했다.[21]

7월 11일, 한완상 부총리는 북한 김용순 대남담당 비서가 정상회담 연기를 통보해 왔다는 보고를 했다. 북한이 한국정부에 조문할 의사가 있는지 타진했는데 4개의 전제조건이 있었다. ① 북한체제와 대화를 하고자 한다면, ② 김정일 후계체제의 안정이 대화와 협상을 위해 필요하다고 정부가 인식한다면, ③ 남북정상회담이 계속 추진되어야 한다면, ④ 우리 국민의 양해가 설립된다면, 등이 제시되었다.[22]

7월 12일 여당인 민주자유당(민자당)은 "수백만 명을 죽인 전범은 조문해야 하고, 광주사태에 대해 끝까지 책임지라는 것은 논리적인 모순"으로 비판하고 "김일성은 실정법상 여전히 반국가 단체의 수괴"로 결론을 내렸다. 또한, 동아일보는 "김일성의 반민족 범죄는 결코 용납할 수 없으며, 정서상 논리상 김일성 조문은 절대 불가하다"라는 내용의 사설을 실었다.[23]

김영삼 정부는 신공안정국을 조성하고 조문논쟁에 개입했다. 이영덕 총리는 7월 18일 국무회의에서 김일성을 "동족상잔의 전쟁을 비롯한 불행한 사건들의 책임자"로 규정하며 정치권의 조문 움직임에 '유감'을 표명했다. 보수언론들은 대한민국 정통성에 의문을 제기하는 의식상의 문제라며 일제히 반박했다. 이와 같은 논란 때문에 국제적 외교관례에 따라 야당 이부영 의원이 제기한 이른바 '조

문외교'가 사라진 채 북한은 외면하고 국내에서는 소모적인 색깔 논쟁만 무성했다.[24]

반면 클린턴 행정부는 김일성 사망 직후 "미국 국민을 대신해 북한 주민에게 심심한 애도를 전한다"는 내용의 성명을 발표했다.[25] 동시에 제네바에서 북한과 핵 협상을 벌이던 로버트 갈루치(Robert Gallucci) 차관보가 제네바 현지 북한 대사관에 가서 조문했다.

한국 조문대표단의 방북은 끝내 이뤄지지 않았다. 김 대통령은 김 주석 사망으로 남북정상회담의 첫 상대가 될 수 있는 기회를 잃어버렸다. 이미 한국정부는 김 주석을 대화의 상대로 실체를 인정하고 정상회담의 파트너로 대접했는데도 불구하고 조문 논쟁은 너무나 미숙한 외교적 실패로 남았다. 북한 당국이 분을 참지 못하고 다시는 김영삼 정부를 상대하지 않는다는 강경 자세를 보이는 바람에 남북대화는 중단되었다.

만약 김일성 주석이 살아서 김영삼 대통령과 최초의 남북정상회담이 이뤄졌다면 한반도 역사는 다시 써야 했을 것이다. 역사에 가정은 없다지만 갑작스럽게 북측 대화 파트너 부재 상황이 되고, 이후 남측 뒷수습이 제대로 처리되지 못하는 바람에 남북대화 분위기에 찬물을 끼얹고 말았다. 여당 주도의 조문 파동으로 인해서 북한이 철저하게 외면하게 되면서 한국정부는 북한의 NPT탈퇴 선언에 따른 핵문제를 해결할 수 있는 수단이 마땅치 않았다. 북·미 간에 직접 대화가 이뤄졌지만 남한은 소외되는 상황에서 재정적 부담을 질 수밖에 없는 구도로 내몰리고 있었다. 이러한 사실은 북·미관계와 남북대화가 동시에 개선되어야 한다는 교훈이 되고 있다. 결과적으로 한반도 평화구축을 위한 절호의 기회를 놓친 셈이다.

# 북 · 미 제네바합의

　한반도 정세가 급박하게 돌아가면서 위기 상황으로 치닫게 되자 북한과 미국은 협상테이블에 마주 앉아 합의를 이끌어냈다. 1994년 10월 북 · 미 제네바합의는 과거 핵 활동을 해체하지 않고 핵개발이 이뤄진 현재 상태로 동결하기로 했다. 이에 따라 미래에도 북한에서 더 이상 핵물질이 생산되지 않아야 하므로 북한은 IAEA 사찰을 받게 되었다. 한반도에너지개발기구(KEDO)를 설립해서 북한이 핵시설을 동결한다면 2003년까지 100만Kw급 경수로 2기를 제공하고 완공 전까지 대체에너지로 중유를 제공하기로 북 · 미 간 합의를 했다.

　그러나, 북 · 미 제네바 합의 과정에 북핵문제 해결이라는 대의와 미국의 압력으로 한국은 경수로 건설비를 부담하면서도 대북한 영향력은 행사하지 못하는 상황이 발생했다. 사업비용 문제에 대한 협상의 결과로서 KEDO이사회는 1998년 11월 한국이 총공사비 46억 달러의 70%, 일본은 22%를 각각 부담하고, 미국이 중유공급과 나머지 부족분 조달에 지도적 역할을 수행하기로 비용분담 결의안

에 합의했다.[26)]

미국은 1991년 북한에 대한 경제제재가 핵개발을 무력화시킬 수 단으로 적합하지 않다고 판단해서 결과적으로 1994년 북미제네바합의가 이뤄졌다는 분석이 나왔다. 대북한 경제제재가 충격을 줄 수 있지만 오히려 북한 핵개발을 정당화하고 가속화시킬 수 있다고 우려했다.

1991년 12월 미국 국가정보위원회(NIC) 보고서에 따르면, "미 정보 당국이 1990년대 초반 이미 조선(북한)에 대해 경제제재가 이뤄져도 핵 개발을 포기하지 않을 것"으로 결론지었다.[27)] 북한은 약속에 따라 미국이 제공하는 중유를 받고 핵동결을 선언했는데 미국이 북한을 불신해서 약속을 지키지 않았다는 지적이다.

양측이 합의한 '북미평화협정', '한미연합훈련 영구적 중단', '북한에 대한 핵무기사용(핵우산) 중단 선언' 등이 이행되지 않고 약속을 위반했다는 것이다. 이에 따라 북미제네바합의가 궁극적으로 비핵화로 연결되지 못한 원인을 제공했고 북한은 미국의 합의 위반을 빌미로 공개적인 핵무기 개발에 나서게 되었다는 분석이다. 따라서 1994년 북미제네바합의를 파기한 것이야말로 미국측의 실책이라는 자성이다.

1994년부터 2003년까지 이행하기로 합의된 북미제네바합의를 북한은 그대로 이행하고 영변 핵시설도 봉인을 한 상태로 국제원자력기구(IAEA) 사찰단 입회 아래 감시도 받아왔었다. 하지만 미국이 합의이행 완료를 앞두고 2002년 당선된 부시 대통령이 북한을 '악의 축'으로 지칭하며 불량배국가로서 상대하지 않았다. 2002년 10월 북한의 HEU 프로그램이 알려지자 2003년 1월 북한은 NPT 탈퇴를 선언하고 IAEA 사찰단을 영변에서 내보냈다. 북한 핵개발이 공개적으로 알려지면서 2006년 10월 첫 번째 핵실험을 하기에 이르렀다.[28]

그렇다면 당시 협상에 참여하고 북한과 합의한 미국 전문가들의 판단은 어떠했는지 복기해 볼 필요가 있다. 90년대 초 사회주의권이 붕괴하면서 고립무원의 처지가 된 북한에 제재와 압박을 가하게 되면 10년 이내 북한도 붕괴될 것으로 예상했다고 로버트 갈루치 제네바합의 협상대표가 회고한 적이 있다.[29] 10년을 기한으로 합의사항을 이행하기로 기대하며 합의에 서명했다는 것이다. 이에 따르면 먼저 중유를 제공하고 경수로 원전 초기 공사까지 진행하면서 실질적인 진전이 이뤄지지 않았던 배경을 짐작할 수 있다. 북한에 제재를 가하면 바로 북한이 핵개발에 돌입할 우려가 있으므로 제네바합의에 서명은 했지만 실제 이행할 의지가 애초 없었다는 의구심이 있다. 1990년대 후반 고난의 행군 시기에도 자립경제체제로 버티며 세습체제를 이어간 북한의 생존전략에 대해 제대로 이해하지 못한 측면으로 볼 수 있다.

북한핵문제가 본격화되자 김영삼 대통령은 "핵을 가진 자와 악수할 수 없다"며 대북강경입장으로 선회했다. 심지어 클린턴 행정부와 북한의 일괄타결협상마저도 반대한다는 입장을 표명했다. 김일성 주석의 급서로 인해서 김정일 후계체제의 취약성이 부각되면서 붕괴 가능성마저 제기되는 상황이었다. 이를 기회로 한국의 외교안보팀은 대북한 정책에서 주도권을 가질 수 있다고 잘못된 판단을 하고 있었던 셈이다. 그나마 이 합의는 결실을 맺지 못하게 되어 한국은 엄청난 손실을 감내해야만 했다.

# 동상이몽

  1996년 4월 김영삼-클린턴 대통령은 제주도에서 정상회담을 갖고 '4자회담'(남·북·미·중) 개최를 공동으로 제안했다. 한반도 평화정착을 위해서 한국과 미국이 4자회담에서 마주앉게 된다면 중요한 의미를 지닌다. 한·미 양국이 공동으로 제안한 것에 주목한다. 북·미 관계개선으로 북한과 미국이 주도적으로 참여하는 동북아 신질서 형성 과정에 한국은 미국과 공동으로 목소리를 낼 수 있는 계기가 되었다.

  상위구조로서 중국이 차지하는 한반도에서의 영향력을 고려할 때 당사국으로 포함된 중국은 4자회담 성사를 위해서 적극적인 노력을 했다. 중국의 북한 입장 지지 여부는 북한의 대미국 정책에 상당한 영향을 미칠 수 있다. 4자회담 제의에 대하여 신중한 자세로 일관하면서 중국은 한반도 문제는 일차적으로 당사국인 남북한 간에 논의되어야 한다고 밝혔다. 이러한 중국의 태도는 북·미 간 평화협정 체결을 통해 한반도 평화체제로의 전환을 모색하려는 북한의 입

장과는 차이를 보였다.[30] 따라서 중국의 4자회담 참여 문제와 관련
북·중 간에 갈등이 표출될 가능성도 배제할 수 없었다.

4자회담에 참석하지 않으려는 북한은 중국이 설득에 나선 후에야
1997년 협상테이블에 마주 앉게 되었다. 이후 2년 동안 열린 회의
에서 4개국은 한반도 평화협정체결을 위한 협의에 집중했다. 협상
을 통해서 협정에 담기게 될 내용(신뢰구축 등)에는 북한이 별로 관
심을 보이지 않았다. 2년 내내 참석한 회의마다 북한은 미군을 철
수하고 북·미 평화협정에 사인하자고 주장했다. 1998년 3월 제네
바 4자회담 2차 본회담에서도 북한은 주한미군철수 외에는 관심이
없었다고 이 회담에 참석했던 데이비드 스트라우브(David Straub)
전 미 국무부 한국과장은 회고했다.[31]

중국은 북한에 대한 지원을 지속함으로써 북한과 타이완 관계개
선에 제동을 걸고 북·미 간 관계개선을 통한 미국의 동북아 영향
력 확대를 견제하고자 한다. 중국과 북한이 우호관계를 유지해야
유리하다는 입장이다. 중국은 미·일 '신안보선언'(1996.4.17)에 따
라 21세기 잠재적 적대국으로 부상하게 된 일본을 의식해서라도 한
반도에서의 교두보 확대가 필요하며 대북한 지원도 지속하고 있다.
이는 중·미 상위구조가 남북한 하위구조에 영향력을 확보함으로
써 탈냉전기에 안정기를 지향하려는 움직임으로 파악할 수 있다.

북·미 간 평화협정체결을 고집한 북한은 당시 4자회담 제의에
대해서 거부, 수용, 수정제의, 수용지연 등 다양한 반응을 보일 수
있었다. 북한이 연방제 수정, UN 가입을 통한 '하나의 조선' 논리
포기, 반미주의 수정 등 이미 많은 정책 전환을 실행해 왔으므로 4
자회담을 수용할 가능성도 있었다. 그러나, 북한은 4자회담을 형식

화시키고 실질적으로는 미국과 직접협상을 요구했다. 북한은 각국
의 이해관계가 일치하지 않는 상황에서 북한의 요구가 관철되지 않
으면 4자회담을 결렬시켜 버리는 행태를 보이기도 했다.

북한은 전통적으로 대립관계에 있는 강대국들에 대해서 '등거리
외교'를 표방한다. 북한은 중·미 간에 전개되는 갈등구조를 최대한
활용해서 국익을 극대화시키는 전략을 취할 수 있다. 이것은 상위
구조의 대립적 상황에서 오히려 정치·경제, 군사적 이익까지도 추
구하려는 의도다.

북한은 대미 관계개선을 통해서 경제지원을 확보하고 북·미간
평화협정을 체결하기 위한 노력을 기울이고자 했다. 미국이 대북한
연착륙정책에 따라 이를 받아들인다면 북·미관계는 더 진전될 것
으로 전망되었다. 북·중관계는 이데올로기적 유대관계보다는 국
가 대 국가의 일반적 관계로 전환되고 있었다. 북한은 경제적 지원
이 필요하고 중국은 대북한 영향력을 유지하려고 해서 북·중관계
는 한·중수교 직후보다 더 긴밀해졌다.

4자회담은 2년간 지속되었지만 별 성과가 없었다. 미국과 함께
이를 제안한 한국은 2+2=4 형식을 선호한다. 남북한이 대화의 주
체로서 2가 되고, 미국과 중국이 이를 지원하는 +2의 역할을 맡아
서 결과적으로 4자회담이 되어야 한다는 꿈이다. 반면 북한은
4-2=2 형식을 내세운다. 4개국이 회담을 시작하지만 -2, 한국과
중국이 빠져야 하며 궁극적으로 2, 북한과 미국 간에 직접 평화협
정을 체결하자는 꿈이다. '동상이몽'일 수밖에 없다.

동북아에서 소련의 몰락으로 나타나기 시작한 탈냉전적 불안정기
에 활발하게 이루어졌던 남북한 접촉은 중·미관계가 패권적 갈등

을 겪는 대립 형태를 보이는 소원기에 오히려 퇴색해서 교착상태에
이르렀다. 또한, 북한은 대서방국가와의 관계개선을 통해 경제난에
서 탈피하고 체제유지를 위한 돌파구를 찾으려는 노력으로 직접 협
상에 나서게 되었다. 이에 따라, 남북대화는 북·미 간 직접 협상의
수단으로 전락하면서 간접외교 형태로 나타났다. 남한은 한·미동
맹에 따른 공조체제를 우선적으로 내세워 미국에 한국의 입장을 전
달하고 이를 통해서 북한에 영향력을 행사하고자 했다. 이러한 간
접외교는 남북한 간에 상호 불신의 벽을 높이는 결과를 초래했다.
결국 북·미 제네바합의 과정에서도 한국은 배제된 채 경수로건설
의 부담만 안게 되었고 이마저도 결실을 맺지 못하고 말았다.

김영삼 정부는 남북정상회담을 열기로 한 김일성 주석 사망 후
조문외교 실패로 북한에 외면당하게 되자 미국과 중국의 중재 역할
에 기대를 걸었다. 하지만 4자회담이 열렸지만 북·미 간에 직접
접촉을 원하는 북한이 남한과 중국을 배제하려는 의도를 드러내면
서 성과를 볼 수 없었다.

남한과 북한은 각각 '남한의 이해'와 '북한의 이해'를 앞세우면서
향후 통일 한국을 기약하면서도 남북한이 함께 통일을 향한 '한반
도의 이해'를 간과해 온 측면이 있다. 소련의 몰락에 따른 탈냉전
적 안정기에 접어들면서 중·미 간의 상위구조와 남북한의 하위구
조가 위계적 질서로 자리 잡아가고 있다. 이러한 시기에 남북한 양
측이 전향적인 관계개선을 위한 노력이 필요하다. 남북한 간의 직
접대화를 통한 관계개선은 주변국과의 관계에서 지렛대 역할을 할
수 있다.

# 제3장 햇볕정책 (김대중 정부)

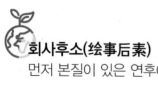

**회사후소(绘事后素)**
먼저 본질이 있은 연후에 꾸밈이 있다.

# 중 · 미 전략적 동반자

"바보야, 경제야!"(It's economy, Stupid!) 빌 클린턴(Bill Clinton) 미국 대통령이 당선되었다. 1993년 1월에 시작된 그의 첫 번째 임기 동안 경제회복에 중점을 두어 미국 경제가 활황을 이뤘다. 1989년 톈안먼사태 이후 중국의 인권문제를 빌미로 가해지고 있었던 경제제재가 지속되고 타이완과의 관계를 중시하는 발언이 이어졌다. 클린턴은 여러 가지 스캔들에도 불구하고 1996년 재선에 성공하면서 미국의 일국체제 전성기를 이끈 대통령으로 기억된다. 일반적으로 미국 대통령의 경우 일단 재선되면 다음 선거를 의식하지 않고 소신껏 정책추진을 하면서도 역사적 평가에 더 신경을 쓰는 경향이 있다. 대외정책에서도 유연성을 보이며 대범한 제안을 하기도 한다.

중국의 부상이 예견되는 상황에서 중 · 미관계의 중요성을 간파한 클린턴 대통령은 재임한 후 중국을 '전략적 동반자(strategic partner)'로 대접하면서 상호 보완적 관계로 상생하고자 했다.[1] 중 ·

미 간의 상호 현안에 대한 긴밀한 협력이 필요한 시점에서 양국관계
가 한반도 안보에 미치는 영향을 사려 깊게 살펴보아야 한다.

클린턴 대통령 재선 이후, 미국과 중국은 관계개선을 위한 접점
을 찾기 위해 부단히 노력했다. 1999년 11월 클린턴 대통령과 장쩌
민(江澤民) 주석은 뉴질랜드 오클랜드의 APEC 정상회의를 계기로
단독 정상회담을 가졌다. 그동안 중단되었던 중국의 WTO 가입협
상도 재개하기로 했다. 그러나 타이완해협을 둘러싼 긴장이 가시
지 않고 있었고 양국 간의 구조적 문제들이 얽혀 있어서 부분적인
봉합에 그칠 것이라는 전망도 있었다. 중국은 북한 핵보다 타이완
독립을 동북아 평화와 안정을 깨뜨릴 수 있는 더 큰 위협요인으로
받아들인다.[2]

사실상 중국은 미국과 타이완을 향해서 무력행사를 경고하면서 탄
도미사일 발사실험 강행, 중성자탄 보유 선언 등 강경 노선을 취해
왔다. 또한, 중국이 러시아와 '전면적 전략적 협력동반자' 관계를 맺
고 미국과 나토(NATO)에 맞서려는 입장을 보였다.

미국도 중국과의 관계개선을 위한 행보를 내디뎠다. 1997년 10
월 워싱턴에서 개최된 양국 정상회담은 클린턴 대통령이 장 주석
에게 직접 전화를 걸어 성사시킨 성과였다. 여전히 타이완해협 문
제가 중·미 간에 풀어야 할 가장 큰 걸림돌이다. 중국은 클린턴
대통령에게 3불(不)정책 ① '하나의 중국', ② 타이완독립 불인정,
③ 타이완의 국제기구 가입 불인정을 확인했다. 타이완의 양국론
을 용납하지 않겠다는 입장이다. 장 주석은 타이완해협 문제에 외
세개입을 경고하고 중국이 무력사용을 포기하지 않는다고 천명했
다. 미국은 일단 이를 포용하지만 중국의 무력행사는 용인할 수 없

다고 분명히 밝혔다. 미국은 중·러 밀착을 사전에 봉쇄하고 WTO 협상에서 중국의 관세인하와 시장개방 계획을 확실하게 보장받겠다는 속셈을 내보였다.

장쩌민 주석을 중심으로 중국 상층부의 대미국 강경 분위기가 누그러지는 조짐이 나타났다. 중·미관계가 더 이상 악화된다면 현실적으로 이로울 것이 없다는 판단을 하고 있었다. 이에 따른 조치로 중국은 미국의 해군함정 티피커누호의 홍콩 기항을 허가했다.[3] 새로 지명된 주중국미국대사 조지프 프루어(Joseph Prueher) 사절단을 즉시 승인함으로써 미국에 우호적으로 발 빠르게 대처했다.

이와 같이 중국과 미국은 상호 견제하면서도 클린턴 대통령이 제안한 '전략적 동반자'로서 호혜적인 분위기 속에서 다양한 화해의 조치들을 시행했다. 미국은 전 세계에서 가장 많은 인구가 살고 있는 중국이라는 거대한 잠재적 시장을 놓치고 싶지 않다. '하나의 중국'을 상호 견지한다는 원칙이 지켜진다면 중국도 자본과 기술을 받아들이고 엄청난 무역흑자를 기록하는 미국과의 관계가 가장 중요하다.

클린턴 대통령은 중국이 WTO에 가입하면 미국 제품을 더 많이 수입하고 중국 인민들이 자본주의를 알게 되면 중국도 미국처럼 변화할 것으로 믿었다. 이로써 중국이 2001년 WTO에 가입할 수 있는 기반이 만들어졌고 세계경제대국이 될 수 있는 전환점이 되었다. 중국은 세계 공장 역할을 하면서 엄청난 인구를 활용해서 전 세계의 자본을 블랙홀처럼 흡수할 수 있게 되었다. WTO에 가입해서 개발도상국의 지위를 부여받게 되면 선진국과 무역할 때 많은 관세인하 혜택을 받을 수 있게 된다.

# 페리 프로세스

김대중 대통령은 생사를 넘나드는 인생역정을 거치며 한반도 평화정착을 추구해 온 공로를 인정받은 대한민국 최초의 노벨평화상 수상자다. 4번의 대통령 도전이라는 기록을 남기면서 포기하지 않고 남북평화통일을 향한 집념을 드러냈다. 김 대통령은 '햇볕정책'으로 명명되는 대북한 포용정책을 표방하며 남북한 교류에 물꼬를 텄다. 이솝이야기에 한 일화가 있다. 구름과 해가 지나가는 나그네의 옷을 벗기기로 내기를 한다. 구름이 내뿜는 강력한 바람에는 옷깃을 여미지만 따뜻한 햇볕으로 더워진 나그네가 옷을 벗게 된다. 김대중 대통령은 바람보다 햇볕이 더 유효하다는 가르침을 활용했다. 북한과 남한에서 햇볕정책이라는 용어에 모두 반발하기도 했다. 북측은 햇볕을 개방과 동의어로 받아들여 체제붕괴를 이끌려는 의도로 의구심을 나타냈다. 남측에서는 햇볕을 북한에 퍼주기로 받아들여 비난받기도 했다.

남북한 간의 긴장관계를 완화하고 북한을 개혁·개방으로 유도하기 위해서 김대중 정부는 대북한 포용정책을 추진했다. 북한은 장기간 과도한 군비를 지출하고 있는 상태에서 극심한 경제난을 겪고 있었기 때문에 경제위기 극복을 최우선 과제로 삼고 있다. 김일성 주석 사망 후, 자연재해에 따른 대규모 아사자가 속출하는 상황에서 김정일 위원장은 '고난의 행군'을 이어갔다. 김 대통령 이전 남한 정부는 이러한 북한에 대해서 강경정책으로 압박했다. 북한체제는 바뀌지 않았고 여전히 가난에 허덕이고 있다.

햇볕정책을 내세운 김대중 정부는 북한이 개혁과 개방의 길로 나아갈 수 있도록 남북기본합의서에 따라 협력과 화해를 통한 평화공존을 추구했다. 1998년초 김 대통령은 북한에 대한 투자 규모 제한을 완전히 폐지하고 투자제한 업종을 최소화하는 '경제협력 활성화 조치'를 택했다.

1998년 8월 북한이 대포동 미사일을 발사하고 금창리 지하 시설에 대한 의혹이 퍼지고 있었다. 이에 북·미 간 갈등이 고조되면서 11월 클린턴 대통령이 공화당이 지배하는 미국 의회가 바라는 윌리엄 페리를 대북정책조정관에 임명했다. 그는 미 국방부 장관 시절인 1994년 봄 제1차 북한 핵위기가 터지자 전면전을 감수하더라도 영변 핵시설을 공격하자고 주장했다. 처음부터 페리는 대북한 포용정책을 지지하지 않는 강경론자인데 미국의 대북한정책을 총괄하게 되었다. 김대중 정부로서는 곤혹스러워서 여간 고심하지 않을 수 없었다.

당시 임동원 청와대 외교안보수석은 '한반도 냉전 구조 해체를 위한 포괄적 접근 전략'을 김 대통령에게 보고했다. 이 전략의 핵심은, "북한의 핵 미사일 개발의 동기는 한반도 냉전 구조에 기인한다. 한반도 냉전 구조를 해체하려면 남과 북이 화해해야 하며 미국 일본이 북한과 적대관계를 해소하고 관계 정상화를 이뤄야 한다. 미국이 북한을 적대시하고 북한이 위협을 느끼는 한 북한은 대량파괴무기 개발의 유혹에서 헤어나기 어렵다.”는 내용을 포함한다.[4] 김 대통령은 임동원이 자신과 생각이 일치되어 마치 자신의 속으로 들어온 것 같았다는 느낌을 회고한 적이 있다.

한달 후 12월 7일 페리가 청와대를 방문했다. 김 대통령이 한 시간 넘게 페리를 설득했지만 아무런 반응도 없이 그가 미국으로 돌아가자 속마음을 알 길이 없었다. 김 대통령은 임동원을 특사로 임명해서 미국으로 보냈다. 다음해 1999년 1월 페리를 만난 임 특사는 대북한 포용정책을 설명했다. 이후 그는 자신의 관점과 너무나 다른 임동원의 구상에 대해서 “어안이 벙벙하다”고 표현할 정도였다. 하지만 페리는 김대중 정부의 대북한 정책을 받아들이게 되었다.

3월 초 김대중 대통령은 페리 특별조정관의 방문을 받았다. 1시간 30분에 걸쳐 그는 ‘포용정책을 위한 포괄적 접근 방안’으로 명명된 자신의 대북한 정책의 전반적인 구도를 내보였다. 3가지 방안을 담은 ‘페리 프로세스’를 설명했다. ‘현상유지’, ‘체제전복’, 그리고 ‘상호위협감소를 위한 협상’을 내세운 방안 중에 ‘협상’을 가장 현실적인 대안으로 제시했다. 이 구상을 통해서 포괄적 대화의 필요성을 지적하면서 북한이 주장하는 적대관계를 해소할 수 있다고 제안하기에 이르렀다. 이로써 북한 핵 미사일 위협이 감소할 수 있고 대북 경제제재를 풀어야 한다는 것이다.[5] 1999년 5월 북한을 방문하고 돌아온 페리는 10월에 보고서를 미국 의회에 제출하고 공개했다.[6] ‘페리 프로세스’로 불리는 이 로드맵은 내용면에서 사실상 ‘임동원 프로세스'로 볼 수 있다.[7] 이 보고서에서 페리는 북한을 있는 그대로 보자는 전제로 3단계 접근방식을 제시하고 있다. 1단계로 북한 미사일 발사 중지 및 미국 대북 경제제재 해제, 2단계로 북한 핵과 미사일 개발 중단, 3단계로 북·미, 북·일 관계 정상화가 이뤄져서 한반도 평화체제가 구축될 수 있다고 권고한다.

햇볕정책이 마냥 따사로울 수만은 없다. 조심스레 쌓아올린 대북 '포용'이 난관에 부딪치기도 하고, 개선될 것만 같았던 남북한관계가 정체되기도 한다. 6·15 정상회담 이전인 1999년 6월, 북한 경비정이 어선을 보호한다는 미명하에 해상의 NLL을 무시하면서 이를 침범했다가 철수하기를 반복했다. 한국 해군은 교전규칙과 국제법에 따라 퇴각을 강력하게 요구했으나 북한은 경비정 3척을 추가로 투입해서 군사적 행동을 지속했다. 북한의 침범이 계속되자 한국 해군은 자위권 차원에서 즉각적으로 대응사격에 나서서 쌍방 간 교전이 약 14분간 진행되었다. 6월 15일 제1차 연평해전이 발발했고 북한 경비정이 침몰했다. 2001년 북한 상선이 제주해협과 NLL을 무단 통과하는 도발을 했다. 이는 북한이 유사시에 군사적으로 이용할 지형을 탐색하고 전략적 거점을 확보하기 위한 의도적 행위일 가능성이 크다.

김대중 정부의 햇볕정책과 남북정상회담으로 북한의 무력시위는 없을 것으로 예상했다. 그러나 2002년 6월 29일, 한·일 월드컵이 막바지에 다다른 시점에 북한은 NLL을 다시 침범해서 무력 충돌이 일어났다. 남측 고속정이 침몰되고 6명의 전사자와 18명의 부상자가 발생하는 비극을 겪어야 했다. 제2차 연평해전도 햇볕정책의 실효성을 의심케 하는 사건이었다. 6·15 정상회담 이후 자취를 감췄던 북한 삐라가 7월 9일 경기도 파주시 교하면에서 발견되었다. 이미 시작된 경의선 복구 사업이 북한의 비협조로 전면 중단되기도 했다.

햇볕정책에 대한 평가는 엇갈리지만 분단 이후 50여년 대부분의 세월을 적대적 대립관계로 일관했던 상황에서 벗어나 처음으로 체계적인 남북교류가 지속되었다. 김대중 정부에서 포용정책이 일관되게 추진될 수 있었던 것은 외교안보부처를 섭렵한 임동원 통일부장관의 컨트롤 타워 역할을 꼽는다. 김정일 위원장과의 귀엣말로 주목받으며 신임을 얻었다. 북한과의 주된 교류협력 사업으로는 남북한 비료협상을 비롯해서 1998년 현대그룹 정주영 명예회장의 두 차례에 걸친 1001마리 소떼와 북한방문, 금강산 관광개발사업, 2000년 개성공단조성 합의를 대표적 성과물로 내세운다. 육로와 해상을 통해서 금강산 관광객이 비약적으로 증가하면서 이를 남북한관계 개선의 척도로 삼았다. 이 사업은 일반 민간인을 대상으로 한 남북문화교류로서 의의가 있다. 개성공단은 남측 자본과 기술, 북측 토지와 인력을 동원해서 남북교류협력의 새로운 장을 마련한 진일보한 협력방식이다.

김대중 정부는 포용정책을 실현시키기 위해서 미국에 이를 제안하고 한미동맹의 중요성을 강조하면서 미국과 보조를 맞추어 대북한정책을 펴고자 했다. 페리 조정관의 방북에 대한 답방을 기대하며 북한 고위관료가 1999년 가을경에 워싱턴을 방문해서 북·미관계개선을 논의할 것으로 예상하고 있었다. '페리 프로세스'는 미 행정부와 의회를 비롯해서 평양에도 전달돼서 북측의 긍정적 반응을 기다리고 있었다. 김대중 정부와 클린턴 정부의 진보성향이 서로 호응하면서 '페리 프로세스'가 권고되고 북한에 대한 포용정책으로 남북한 화해무드를 이끌었다.

북한은 1년이 지나도록 반응이 없다가 클린턴 행정부 임기가 끝나갈 무렵인 2000년 10월에 이르러 조명록 차수가 백악관을 방문했다. 하지만 11월 초에 공화당 조지 W. 부시 후보가 차기 대통령으로 당선되면서 북·미관계개선의 기회를 놓쳐버렸다. 클린턴 대통령이 북한을 방문할 의지가 있다고 알려졌지만 부시 캠프의 반대로 성사되지 못했다.

소떼 방북 후 김정일 위원장과 정주영 회장(1998. 10)

# 베를린 선언

　2000년 3월 9일 김대중 대통령은 '베를린 선언'에 획기적인 내용을 담아 세계적으로 주목을 끌었다. 베를린자유대학이 제정한 '자유상' 수상 소감 연설에서 한반도 평화정착과 남북통일을 위한 제안을 했다. 민간 경협차원에 머무른 남북협력의 범위를 정부 차원으로 확대한 4개항을 발표했다. 남북한 간의 화해 및 협력을 본격화하고, 이산가족상봉, 남북기본합의서 이행을 위한 당국자 간 대화 등으로 세부적인 내용은 아래와 같다.

　첫째, 본격적인 남북경협 실현을 위해서 도로, 항만, 철도, 전력, 통신 등 사회간접자본을 확충해야 하며, 당국 간 '투자보장협정'과 '이중과세방지협정' 등을 마련해야 한다. 북한 식량난 해결을 위한 비료, 농기구 개량, 관개시설개선 등의 근본적인 농업구조 개혁이 필요하다. 정부는 북한 당국의 요청이 있다면 이를 적극적으로 검토할 준비가 되어 있다.

　둘째, 당면 목표는 통일보다 냉전종식과 평화정착이다. 남측 정

부는 화해와 협력의 정신으로 힘이 닿는 대로 북측을 도와주고자
한다. 북측은 남측의 참뜻을 의심하지 말고 남측의 제안에 적극 호
응하기 바란다.

셋째, 북측은 인도적 차원의 이산가족 문제해결에 적극적으로 응
해야 한다.

넷째, 이 모든 문제를 효과적으로 해결하기 위해 남북한 당국 간
의 대화가 필요하다. 북한은 2년 전 제안한 '특사교환' 제의를 수락
할 것을 촉구한다.

김 대통령은 이미 1998년 취임사에서 남북기본합의서의 이행을
위해서 특사교환을 제의했는데 이를 북한이 수락하라는 것이다. 지
구상에서 유일한 냉전 상태로 남아있는 한반도에서 냉전질서 종식
과 더불어 남북한이 화해와 협력을 통한 공동번영을 추구하자는 내
용이다. 당장 통일을 추구하기보다는 남북한이 상호 위협을 감소시
키고 화해 협력을 바탕으로 평화공존을 달성하고자 한다. 상호이익
이 되고 도움이 되는 상생관계로 남북한관계를 전환시키자고 한 것
이다. 전쟁이 아닌 평화, 대결이 아닌 협력, 불신이 아닌 화해를 추
구해서 상호안전을 보장하자는 '대북포용정책'의 기본입장이 반영
되었다.[8] 이 선언은 3개월 후 역사적인 첫 번째 남북정상회담과
6·15 공동선언의 밑거름이 되었다.

김대중 정부는 박재규 통일부 장관 주도로 남북정상회담 추진을 위
한 행보를 서둘렀다.[9] 베를린 선언 이후 3개월도 채 안 되는 기간 동안
남북한관계는 빠르게 호전되어 남북정상회담과 6·15 공동선언까지
이뤄냈다. 역사상 전례 없는 남북교류로서 우호적인 대북한 정책을 함
축한 베를린 선언으로 북한과의 만남에 물꼬가 트이는 계기가 되었다.

# 6 · 15 공동선언

6 · 15 공동선언서에 서명한 김대중 대통령과 김정일 국방위원장은 한반도 통일을 위한 새 역사의 장을 열고 있었다. 근본문제와 실천문제에 이르기까지 남북한 정상은 21세기 한반도가 나아가야 할 이정표를 마련했다는데 의미를 부여했다. 남북한은 최고 당국자 간에 신뢰를 구축하고, 화해와 협력, 평화와 통일문제에 관해 솔직한 의견 교환으로 상호 합의에 이르고자 했다. ① 민족화해와 통일문제, ② 긴장 완화와 평화정착 문제, ③ 남북한 간 교류 · 협력 활성화 문제, ④ 이산가족문제 등 4가지 과제에 대해서 김 대통령과 김 위원장이 서명했다.[10] 2002년 통일백서에 실린 남북공동선언의 요지는 다음과 같다.

첫째, 나라의 통일문제를 서로 힘을 합쳐 자주적으로 해결한다.

둘째, 남측 연합제 안과 북측 낮은 단계의 연방제 안이 서로 공통성이 있다고 인정해서 앞으로 이 방향에서 통일을 지향한다.

셋째, 8 · 15에 즈음하여 흩어진 가족, 친척 방문단을 교환하며 비전향장기수 문제를 해결하는 등 인도적 문제를 조속히 해결한다.

넷째, 경제협력을 통해 민족경제를 균형적으로 발전시키며 사회, 문화, 체육, 보건, 환경 등 제반 분야의 협력과 교류를 활성화한다.

다섯째, 이와 같은 합의사항을 조속히 실천에 옮기기 위해 빠른 시일 안에 당국사이의 대화를 개최한다.[11]

남북정상 첫 만남

한반도가 처한 역사적 특수성과 지정학적 위치는 주변국과의 조화로운 관계 속에 남북한이 자주적 입장을 취하기가 얼마나 어려운가를 실감나게 한다.[12] 5개 항목 중에서 제1항 한반도 문제의 자주적 해결은 양측의 첨예한 이해관계에 따라 서로 다르게 해석할 수 있는 여지를 남겨 놓았다.

첫째, 7·4 공동성명에 이어 남북기본합의서에서도 재확인한 만큼, 남북대화의 기본정신을 승계한다는 의미로 한반도 문제의 자주적 해결에 합의했다. '자주' 정신에 대해 남측은 당사자 해결원칙으로, 북측은 '반외세자주'를 주장한다. 상호 간 해석의 차이는 대화 단절의 불씨를 안고 있다. 양측의 합의에 따라 상호 불신이 완전히 걷히고 같은 의미를 지닌 용어로 '자주'를 공유하게 되었는지 의문이다. 김 대통령이 파격적인 김 위원장의 제스처 뒤에 가려진 냉철한 계산을 제대로 읽어서 '반외세자주'를 포기하는 단서를 포착했는지 관심이 모아졌다. 그렇지 않다면 북측의 근본적인 정책전환이 이루어졌다고 판단하기 어렵다.

둘째, 남북한 간의 통일을 위한 자주적 문제 해결의지에 따라 주변 주요국들이 동북아정책을 재검토 할 수 있다는 사실을 직시해야 한다. 남북한의 자주적 의지에 따라 평화체제가 구축된다면 오히려 주변 국가들이 국방정책 수립 시에 딜레마에 빠질 수 있다. 미국은 불량배국가(rogue state)로 규정한 북한 등의 탄도탄 미사일을 격추하기 위해서 국가미사일방위(National Missile Defense, NMD) 체제 개발의 정당성 확보가 어려울 수 있다. 일본은 남북한 간의 긴장완화가 이루어진다면 과연 중국 미사일 위협에 대처한다는 명분만으로 자체방위력 증강이 필요한지 검토해야 한다. 중국은 일본 국방력 강화라는 원하지 않는 결과를 감수하면서까지 미군 철수주장에 동참할 것인지 고심해야 한다.

셋째, 남북한 간에 자주적 관계개선은 주변국들과도 윈-윈할 수 있는 방향으로 추진되어야 시너지 효과를 낼 수 있다. 중국은 만주지방을 포함한 동북3성을 중심으로 남북한과의 환황해경제권을 활성화해서 자국의 경제적 이익을 도모할 수 있다. 또한 일본은 비교적 낙후된 관서지방을 중심으로 남북한과의 환동해경제권을 활성화해서 경제적 목적을 이룰 수 있다. 러시아는 남북한을 잇는 철도가 시베리아를 관통한다면 물류비용절감 효과를 동시에 누릴 수 있다.[13]

남측과 북측은 남북한 문제의 자주적 해결이 주변 국가에 대해 지렛대로 작용할 수 있다는 인식을 공유해야 한다. 한반도 문제의 자주적 해결의지를 천명함으로써 주변국들의 안보전략 변화를 가져올 수 있다. 주변국들과도 경제적 이익을 함께 향유할 수 있어야 한다. 이와 같은 근본적인 주변정세 변화는 외세를 배척하는 '반외세자주'로 이루어지는 것이 아니라는 사실을 북측은 깨달아야 한다. 오히려 외세를 적절히 활용하는 자주적 자세를 견지하면서 주변국과의 공존공영을 누릴 수 있다는 실사구시가 필요하다. 다음은 이에 대한 나의 생각을 담은 칼럼 내용이다.[14]

운명적으로 강대국에 둘러싸여 살아야만 하는 한민족에게 자주의 문제는 생존의 문제다. 하지만 자주는 결코 주변 강대국들의 대한 반도정책과 분리되어 논의될 수 없다.

한반도 질서는 19세기부터 주변 강대국들이 펼치는 대북대남 정책의 직접적인 영향 하에 놓이게 되었다. 1902년 영 · 일의 동맹조약, 1905년 미 · 일의 가쓰라-태프트 밀약, 2차 세계대전 종전 무렵 카이로 및 얄타 국제회담 등은 한반도의 식민지화와 분단을 설명하는 기본적인 역사적 사실이다. 한반도의 운명이 주변 강대국들의 손에 의해서 결정되었다. 아무리 자주적으로 자신의 운명을 결정해야 한다고 다짐해도 그럴만한 능력이 뒷받침되지 않는다면 소용없다는 깨달음이다.

남북정상회담 이후 공동선언 제1항에 김대중 대통령과 김정일 국방위원장이 합의한 한반도 문제의 자주적 해결에서 밝힌 '자주'에 대한 해석이 구구하다. 김 대통령이 한반도 문제의 자주적 해결은 배타적 의미가 아니라고 설명해서 혼돈을 일으켰다. 과연 배타적이지 않으면서 자주적일 수 있느냐는 의문이다. 외세를 배척하는 '反외세'로 국제사회에서의 고립을 자초하기보다 오히려 주변국을 한반도의 이해에 적절히 활용하는 '用외세' 로서 자주를 모색할 수도 있다.

일찍이 19세기 청(青)은 황준헌(黃遵憲)의 '조선책략(朝鮮策略)' 에 나타난 바와 같이 러시아로부터 방어(防俄)하기 위해서 '친(亲)중국, 결(结)일본, 연(联)미국'을 권고하면서 조선이 이웃 열강 속에서 취해야 할 생존전략을 제시한 바 있다. 이후 당시 조선에서 자신들의 이해관계에 따라 각각 다른 외세에 의존하려는 파당들 때문에 나라를 송두리째 팔아먹었다. 이것은 위정자들이 쇄국정책이라는 '反외세' 에서 외세를 끌어들여 자신들의 입지를 굳건히 다지기 위해 '亲외세' 로 갑자기 돌아서면서 자초한 결과였다.

해방이후 냉전기에 어쩔 수 없이 외세에 의존해야 했던 한반도 운명은 20세기 말 탈냉전기가 가져다 준 기회로 새롭게 개척되어질 수 있다. 100년의 세월을 두고 한민족이 받아야 할 교훈이 있다면 '反외세' 와 '亲외세' 가 가져온 비극을 되새기는 일이다. 북측이 남북정상회담에 임하게 된 의도 중 중요한 요인으로는 김정일 체제유지를 위해 '反외세' 에 따른 폐쇄사회 유지가 오히려 체제붕괴 요인이 될 수 있다고 인식하게 된 것을 꼽을 수 있다.

당면한 식량난과 에너지난 등 총체적 경제난에 처한 북측은 자립할 수 없다면 생존마저 자주적으로 해결될 수 없는 현실을 너무나도 생생히 체험했다. 그토록 주장하던 '反외세' 이지만 북측은 외세의 도움을 통해 경제난 극복을 도모하게 되었다. 이에 따라 실질적인 경제원조가 가능할 것으로 판단되는 국가를 대상으로 북측은 나름대로의 '用외세' 를 모색하기 위해 북·미 직접회담, 북·일 수교협상에 임하게 되었다.

북측의 '벼랑끝외교'로 시작된 안보와 경제를 담보로 한 협상은 북측의 입장에서는 어느 정도 성공했다고 자평할 수 있다. 그러나 남북한 간의 대결과 반목이 해소되지 않은 상황에서는 남북한 당사자의 자주적 입지가 극히 제한될 수밖에 없다. 오히려 주변국들의 영향력이 커지게 되며, 따라서 '用외세' 전략은 성공하기 어렵게 된다는 점을 간과해서는 안 된다.

한반도 문제의 자주적 해결을 언급한다면 가장 먼저 떠올리게 되는 것은 역시 주한미군이다. 미국의 NMD 전략과 함께 북측의 위협에 대처한다는 명분을 앞세우고 있지만 한반도에서 평화체제가 보장된다면 외국 군대 주둔은 그 정당성을 상실할 수 있다. 남북정상회담 이후 주한미군의 지위를 평화유지군으로 변경해야 한다거나 NMD 전략을 수정해야 한다는 주장들이 제기되고 있다.

한반도에서 남북한이 공영하려면 평화체제 구축을 통한 안정이 절실하다. 이러한 구도가 형성돼야 비로소 주변국들은 남북한과 화합하기 위해 경쟁적으로 노력하게 될 것이다. '反외세'를 지양하자는 것이 '亲외세'를 지향하자는 것은 아니다. 한반도 문제의 궁극적 해결을 위해서 평화체제에 기반을 둔 남북한의 자주적 입지가 바탕이 되어 주변국 활용을 위한 상호 윈-윈 전략이 필요하다. 21세기 한반도의 미래는 '用외세'의 성공 여부에 직결된다고 해도 과언이 아니라는 주장이다.

제2항에서 '낮은 단계의 연방제'와 '남북연합제' 유사성에 합의했다. "남과 북은 나라의 통일을 위한 남측의 연합제 안과 북측의 낮은 단계의 연방제 안이 서로 공통성이 있다고 인정하고 앞으로 이 방향에서 통일을 지향시켜 나가기로 하였다"고 명기하고 있다. 이처럼 양측 통일방안의 공통성에 대해서 『통일백서 2002』에 다음과 같이 열거하고 있다.

첫째, 두 방안은 통일의 형태가 아니라 통일 준비과정 단계를 일컫는다. 통일과 통합을 준비해 나가는 과정에서 접근 방법을 의미한다.

둘째, 두 방안은 공통적으로 2체제 2정부를 유지하고 두 정부 간에 필요한 협력 체제를 인정한다. 남북한 정부가 정치·군사·외교권을 각각 보유하고 상호 협력기구를 운영한다는 공통점을 명시했다.

셋째, 우선적으로 정치, 군사, 경제, 사회 등 각 분야에 걸쳐서 대화와 교류협력을 통해서 통일기반을 확대하는 방안이다. 학술적으로 '기능주의적 접근'으로 볼 수 있다.[15]

제2항은 남북정상회담 합의사항 중에 가장 많은 논란을 불러일으켰다. 북한이 주장하는 연방제(federation)와 남한의 연합제(confederation)에 대한 차이점을 명확하게 이해해야 한다. 미국은 50개 주(state)로 이뤄진 연방제를 채택하는 국가다. 각 주마다 독립성이 있고 자주적인 의사결정을 할 수 있다. 각 주를 대표하는 선거인단이 대통령 1인을 선출해서 통합된 국방 및 외교권을 행사한다. 남북한이 선거를 통해서 1인의 최고지도자를 뽑는다면 남과 북, 어느 한쪽은 이를 포기해야 연방으로서 존재할 수 있다.

연합제는 영국 여왕을 중심으로 이를 인정하는 캐나다, 호주, 뉴질랜드 등의 국가들과 비교할 수 있다. 각국은 총리를 중심으로 국방 및 외교를 독립적으로 행사하지만 상징적으로 영국 여왕이 최고 수반이다.

남한과 북한이 상당히 오랜 기간 동안 각각 최고 지도자를 중심으로 자주적인 정책결정을 하는 독립정부를 보존하면서 동질성을 회복해서 하나의 공동체를 지향해 나아갈 수 있다. 상호 연합제를 유지하는 것이 하나의 국가로 통합되는 연방제보다 상호 반목을 감소시키는 방안이 될 수 있다.

북한은 '반외세자주'를 강조하면서 미군철수를 주장한다. 북한식 고려연방제를 관철하기 위해서 적화통일을 목표로 한다고 의구심을 받기도 한다. 아직도 남과 북은 상호 불신에 사로잡혀 통일을 향한 접근방식에 대한 논의는 엄두도 내지 못하고 있다.

그 외에 이산가족상봉, 남북경제협력과 이를 실천하기 위한 당국 간의 대화는 빠른 진척으로 실현되었다. 그렇지만 6·15 공동선언 마지막에 명기된 '적절한 시기'에 김정일 위원장이 답방을 약속한 문구도 모호하다. 한국 방문 시에 경호문제를 비롯한 신변안전에 대한 보장이 확실하지 않다는 우려가 있다. 김 위원장이 한국을 방문하겠다고 언급했다지만 안전문제를 걱정하지 않을 수 없다. 그를 몹시도 기다린 김대중 정부로서는 너무나 아쉽지만 결코 남한 땅을 밟지 않은 김 위원장이 적절하지 않아서 답방하지 않았다면 약속을 어긴 것은 아니다. 그는 한국에 올 계획이 아예 없었다.

김대중 정부의 햇볕정책으로 2000년 최초의 남북정상회담에 이어서 9월 매들린 올브라이트(Madeleine Albright) 미 국무장관이 평양을 방문했다. 이에 대한 답방으로 10월에는 김정일 국방위원장의 특사로 조명록 국방위원회 부위원장이 정복 차림으로 워싱턴 백악관에서 미 대통령을 만나는 등 북·미관계가 급격히 개선되고 있었다. 클린턴 대통령도 북한을 방문해서 김 위원장을 만날 용의가 있었지만 공화당 진영의 부시 후보가 당선되면서 그의 행보에 제동이 걸려 성사되지 못했다. 만약 당시 북·미정상회담이 이뤄졌다면 수교교섭이 진행될 수도 있었다. 그러나 공화당 부시 행정부는 클린턴 행정부에서 추진했던 북·미 간의 약속을 모두 백지화해서 상호 관계개선은 물거품이 되고 말았다.

# 신사고

2001년을 맞으면서 북한은 신사고의 필요성을 새롭게 주장한다.[16] 그동안 고수해 온 체제유지전략의 오류를 부분적으로 인정한 것이다. 북한이 중국이나 러시아처럼 사회주의체제의 근간을 수정하는 체제개혁의 방식을 도입한다고 볼 수는 없다. 오히려 북한식 사회주의 체제를 고수하면서도 북한 경제정책방향의 핵심은 과학기술을 육성하고 정보기술IT산업을 발전시켜서 '단번도약'을 하겠다는 변화를 의미한다.

김정일 위원장을 중심으로 신사고를 내세우고 김정일 우상화에 활용하고 있다. 북한은 정보기술산업을 주력산업으로 특화함으로써 북한경제를 회생시켜 선진국으로 올라서고 경제적으로 강성대국을 건설하겠다는 목표를 내세운다. 김 위원장은 이러한 마스터플랜을 고안하고 실천하는 지도자로 부각된다. 신사고의 핵심 내용은 4가지로 나눠 볼 수 있다.

첫째, 경제회생 정책을 중시한다. 2000년 김 위원장의 경제부문

현지지도 횟수가 1998년 이래 처음으로 군사부문을 앞섰다. 1998
년에는 총 70회의 현지지도 중 경제부문이 8회에 그쳤으나 1999년
에는 67회 현지지도 가운데 23회, 2000년에는 총 71회 현지지도
중 26회 경제부문 현지지도를 수행했다.[17]

둘째, 중국 등 다른 사회주의 국가처럼 농업을 비롯한 전통적 산
업을 통해서 경제를 회생시키는 것이 아니라 첨단산업을 주력산업
으로 육성해서 단번에 도약한다. 북한은 과거와 상이할 뿐만 아니
라 다른 사회주의 국가 개혁 · 개방과도 다른 '우리식'이라고 강조한
다. 2001년 1월《노동신문》에 따르면 새로운 연대에 들어서 "우리
는 지난날 다른 나라식의 낡은 틀과 관례를 전면적으로 검토하여
보고 모든 사업을 우리식대로 전개해나가야 합니다."라고 밝혔다.
그러면서도 '우리식'의 의미를 '단번도약'이라고 해석하며 스스로를
정치강국, 군사강국이라 칭하고 이 전략이 향후 희망의 길로 인도
해주리라고 굳게 믿는다.

셋째, 정보기술산업에 주력하라고 요구한다. 북한이 단번도약 할
것이라고 굳게 믿었던 근거는 정보기술을 통해서 선진국을 추격할
수 있다는 자신감 때문이다. 1998년 하반기부터 북한은 정보통신산
업에 적극적인 관심을 보였다. 그해 8월, 광명성 1호 시험발사가 이
뤄졌다. 9월에 개정된 헌법 27조는 기술혁명에 대해서 "사회주의경
제를 발전시키기 위한 기본 고리"로 규정했다. 2000년 5월 김 위원
장은 18년 만에 중국을 방문해서 중국의 실리콘 밸리에 해당하는
베이징 소재 중관춘(中关村)을 둘러봤다. 이후 정책 방향이 점차 구
체성을 띠고 있다.

넷째, 자본과 기술을 유치하기 위해서 대외개방을 가속화 하자는

의미다. 북한의 새로운 경제발전 전략을 살펴보면 국제사회와 외국
기업과의 협력 없이는 불가능하다. 이에 대외관계를 적극적으로 개
선하려는 의지를 나타낸다. 그 일환으로 2000년 서방 4개국과 수
교를 맺었고 이어 2001년에도 서방 4개국과 국교정상화를 이뤘다.
북한이 외국 자본과 기술 유치를 위해 이전과 다르게 적극적으로
개방하고자 한다.

이와 같이 신사고를 통한 경제난 극복이 북한의 새해 화두가 되
었다. 하지만 북한이 중국모델 그대로 개혁 · 개방을 답습한다면 경
제발전을 이루고 '고난의 행군'에서 벗어날 수 있을 것인지에 대한
의구심이 있다. 오히려 김정일 위원장이 중국 방문을 통해서 북 ·
중간의 발전전략 차이점을 간파해서 실질적인 경제발전을 이룰 수
있어야 한다.[18] 북한식 신사고에 의한 북한 특색의 발전전략을 수
립하고 이행해야 한다. 왜냐하면 중국과 북한은 체제 목표, 수단,
성과에서 상이한 모습을 보이기 때문이다.

중국과 북한의 발전전략은 목표와 수단이 다르다. 중국은 경제건
설을 목표로 이를 달성하기 위해 개혁 · 개방을 수단으로 삼아 발전
의 도약을 거듭해 왔다. 2000년대 중반까지 중진경제국 건설을 이
룩하기 위해 향후 1백 년이 지날 때까지 이러한 체제목표를 바꾸지
말라고 덩샤오핑이 제시했다. 중국에서는 장쩌민, 후진타오, 그리
고 시진핑 세대로 권력이 이양되더라도 경제정책 기조가 바뀌지 않
으리라는 믿음을 가질 수 있다.

반면 북한은 김정일 체제유지가 당면 목표이며 이를 달성하기 위
한 수단으로서 재원확보가 절실하다. 북한의 경제난 심화에 따른
재원을 확충하기 위해서 북 · 미 직접회담, 북 · 일 수교협상, 남북

정상회담을 활용하려는 노력을 기울여 왔다. 현금을 확보할 수 있는 금강산관광, 개성공단 운영으로 통치자금을 마련하고자 한다. 해외에서 불법적인 무기밀수입, 자금세탁 등도 마다하지 않는다고 알려진다. 북한은 지속적인 경제발전을 위한 장기적인 비전을 제시하기보다 김정일 체제 하에서 주민들의 불만 무마가 급선무다.

경제발전에 따른 혜택을 전 인민들이 향유하기 위해서는 파급효과를 동시에 누릴 수 있어야 한다. 개방 초기 중국은 4개 경제특구와 14개 해안도시를 중심으로 발전전략을 수립했다. 이어서 해안선을 따라 경제발전을 우선적으로 도모해서 해안지방과 내륙의 빈부격차를 감수해 왔다. 이후 '서부대개발(西部大开发)'을 비롯해서 내륙지방으로 경제개발의 파급효과(spillover effect)를 꾀하는 전략을 폈다. 해안 도시로부터 시작해서 해안선을 따라 개발하고 궁극적으로는 전체대륙의 경제발전을 꾀한다는 '점-선-면' 발전전략이다.

북한도 나진·선봉지역을 비롯해 자유무역지대를 설정하기는 했으나 오히려 자본주의 경향이 침투하는 것을 막기 위해 더 많은 관심을 쏟아왔다. 외국자본이 용이하게 투자할 수 있는 지역을 선정하기보다는 주민들과 차단할 수 있는 일부 지역(나진·선봉, 신의주 등)에 한정했기 때문에 자본유치 성과는 미미할 수밖에 없다.

중국은 획기적인 발상의 전환을 통해 외국자본을 적극적으로 유치하고 경이적인 경제발전을 이룩했다. 중국은 세계 제조업의 블랙홀이라고 일컬을 만큼 외자유치에 성공했다. 그러나 북한은 정책의 투명성과 일관성이 결여되어 외국자본유치를 제대로 시행하지 못하고 있다. 당장 눈앞에 보이는 이익을 추구하기보다 장기적으로 북한의 총생산을 향상시킬 수 있는 안목을 길러야 한다.

| | 중 국 | 북 한 |
|---|---|---|
| 체제목표 | 경제건설 | 세습체제, 경제난 극복 |
| 정책수단 | 개혁, 개방 | 통치자금확보 (개성공단, 금강산관광 등) |
| 성과차이 | 점 → 선 → 면 파급효과 | 파급효과 차단, 제한적 |

중국과 북한은 서로 다른 체제목표, 정책수단, 그리고 성과차이를 보인다는 점에서 북한이 '제2의 중국'으로서 개혁·개방 모델을 그대로 따라갈 것이라는 예측은 성급한 판단이 될 수 있다. 북한식의 신사고를 바탕으로 북한은 상하이(上海) 푸둥(浦东)지역과 선전(深圳)특구를 둘러보고 중국의 교훈을 되새겨야 한다. 북한 주민들의 진정한 삶의 질을 향상시키기 위한 방안을 고안해야 한다.

## 1) 경제관리개선조치

김대중 정부의 햇볕정책은 북한체제의 개혁·개방을 이끌겠다는 의미를 담고 있다. 하지만 북한에 대한 체제개방 요구는 체제붕괴를 바라는 의도로 받아들여져서 부정적이다. 북한은 중국이 사용하는 개혁·개방이라는 용어로 표현하지 않는다. 나름대로 북한경제의 특색을 반영한 '경제관리개선조치'를 공식 용어로 사용해서 시행한 것으로 알려졌지만 정식으로 공표되지 않았다.

1978년 말 덩샤오핑이 4개 현대화를 위한 개혁·개방을 공식화하면서 중국은 단계적으로 일정한 싸이클을 그리며 개혁기–조정기

(reform-retrenchment)를 거쳐 왔다.[19] 그 과정에서 정책대립과 정책경쟁에 따른 권력이양과 하방(下放)이 있었고 치열한 권력투쟁이 일어나기도 했다. 개혁 · 개방 초창기에 농촌을 대상으로 경작능률 향상을 위한 동기부여를 위해서 농가책임제를 실시하여 괄목할 만한 성공을 거뒀다. 대지는 정직해서 뿌린 만큼 거둬들인다. 열심히 경작하면 일정한 세수를 납입하고 나머지는 개인이 소유할 수 있다. 개인 소유권을 인정하게 되자 노동에 대한 동기부여로 농산물 생산량이 빠르게 늘어났다.

북한도 '텃밭'을 통해서 일부 개인 소유를 인정하면서 경작효율성을 높이는 조치를 취했다. 그러나 산비탈까지 모두 경작지로 만들어서 비가 오면 쓸려버리거나 나무가 없어서 홍수가 나는 구조가 되어 버렸다. 북한이 만성적인 식량부족에 시달리고 있는데 산지형인 특성도 있지만 텃밭을 무리하게 조성해서 경작할 수 없게 된 원인도 있을 것이다.

2001년 1월 중순 상하이를 방문한 김정일 위원장은 '천지개벽(天地開闢)'이라며 놀라움을 금치 못했다.[20] 대규모 북한 경제사절단과 둘러본 푸동경제특구(浦东经济特区)는 그야말로 신천지를 이루고 있었다. 1990년대 초 푸동지구에는 오로지 동방밍주(东方明珠)라는 높은 탑만 우뚝 서 있을 뿐 아무것도 없는 사막과 같았다. 바로 그곳에 비행장을 닦고, 골프장을 만들고, 빌딩 마천루가 들어섰다. 인민들의 얼굴에 활기가 넘쳐나고 하루가 다르게 고층빌딩이 즐비하게 늘어서는 발전상에 김 위원장은 몹시도 부럽고 감회가 남달랐을 것이다.

김일성-김정일 부자가 중국을 방문해서 확인한 중국식 개혁 · 개방의 달콤한 결실을 몰랐을 리 없다. 두 눈으로 직접 확인하면서 북한의 경제발전을 위한 구상에 몰두했을 것이다. 그러나, 김 위원장의 진정한 관심은 북한에서 개혁·개방을 일정한 구역에 제한하고 그 효과가 다른 지역에 미치지 못하도록 파급효과를 최소화하는 방안이었다.

1990년대 중반 이후 북한 생산부문 현황을 보면 국가 예산이 대폭 감소했다. 공장 기업소의 생산 활동에 대해서 국가자금이 지급되는 지원 규모가 축소되었다. 지속되는 경제난 속에서 북한 공장 가동률이 저하되어 계획한 경제목표를 달성하지 못하고 계획경제체제의 한계가 노출되고 있었다. 소비부문에서는 국가 배급체계가 붕괴되고 각자 가계의 자력으로 생존해나가기 위해서 장마당 등 시장에 의존할 수밖에 없었다. 부분적으로 사유화된 경제부문이 확산되면서 계획경제체제가 기형화되고 갈등이 발생했다. 이러한 상황을 극복하기 위해 북한에서 2001년 10월에 경제관리제도 개선지침이 내려졌고 계획경제와는 질적으로 다른 시장경제적 요소가 가미된 조치들이 실시되었다.

북한은 2002년 7월 1일 '경제개선관리조치'를 발효하고 나름대로 변화를 시도했다.[21] 북한 당국은 '경제 관리의 개선' 명목으로 다섯 가지 사항을 중심으로 경제정책 변화를 시도했다. 물자·임금·환율 등 가격 현실화와 함께 배급제 부분 수정, 국가계획 분권화와 기업부문 자율성 확대 등이 포함된 내부 개혁적 조치를 담았다. 신의주 특별행정구역의 경우 행정장관으로 임명된 어우야(欧亞)그룹의 양빈(楊斌) 회장이 해임되는 등 시행초기에 어려움을 겪었지만 경제특구를 설정하고 시장 경제적 요소를 부분적으로 도입

하는 경제개방을 추진했다.[22)]

'경제관리개선조치'의 의도는 크게 세 가지로 볼 수 있다.

첫째, 노동에 따른 보수체계를 개선해서 이를 동원하기 위한 수단으로 변화시키고자 한다. 이러한 조치는 사회주의 사회보장제에서 임금노동제로의 변화를 가져온다.

둘째, 임금제도 개선을 통해서 암시장으로 유출된 노동력을 공식 경제영역으로 복귀시키며 동시에 중앙계획경제를 복원한다.

셋째, 국가가 무료나 저렴한 가격으로 제공해온 재화와 서비스 종류를 최소화해서 국가의 재정확충에 기여한다.[23)]

2002년 7월 중순경 통일부에서 회의가 열렸다. 7월 1일부터 시작된 북한의 경제관리개선조치에 대한 내용을 입수해서 평가하는 자리였다.[24)] 중국이 십수년에 걸쳐 시행한 조치들을 북한은 경제관리개선조치로 일시에 적용하고자 서두르는 듯 보였다. 북한이 한꺼번에 너무 많은 개혁적 조치를 취하면 이에 대한 반발로 인해서 부적응 현상이 따를 수 있다. 그래서 북한이 성공할 가능성이 오히려 희박해 보였다.

중국이 1978년부터 단계적으로 적용하고자 했던 개혁·개방정책을 동시에 이루고자 한다면 반드시 심각한 부작용이 나타나고 경제난을 극복하기가 더욱 어려워질 수 있다. 사회주의경제하에 개인의 경제적 효율성을 높이기 위해서 국가 보조금을 일괄적으로 주지 않고 각자의 성과에 따라 인센티브를 줄 수 있다. 반면, 이 목표에 미치지 못하여 해고한다거나 파산법을 적용하게 되면 대량 실업사태가 발생한다. 사회주의가 추구하는 평등한 노동과 동일한 분배원칙에 위배된다. 이는 사회주의가 신봉하는 '평등주의'에 반하는 정책을 시행하는 것이다. 동일한 배급제는 시장의 수요와 공급을 제대로 반영하지 못한다. 그래서 시장원리가 작동할 수 있도록 가격개혁을 단행한다면 수요와 공급에 따라 필수품목에 대한 엄청난 가격 상승으로 인플레이션을 불러올 수 있다.

중국의 경우 적극적인 개혁정책을 실시하면서 이에 대한 부작용이 나타나면 상당한 적응 기간을 가지면서 조정기를 거치게 했다. 그래서 파도와 같은 주기적 패턴(wave-like cyclical pattern)을 나타내는 개방정책을 시행해 나갔다.[25] 그렇지만 북한의 경우 모든 조치를 일괄적으로 적용하려는 조급함이 배어나고 있었다. 결과적으로 북한의 경제관리개선조치는 성공하기 힘든 구조일 수밖에 없다.

북한이 경제발전을 위해서 관리를 개선시키려는 노력을 기울였지만 경제상황은 크게 나아지지 않았다. 시장경제체제를 부분적으로 수용하면서도 국가의 가격제정권을 비롯해서 계획경제의 근간을 이루는 제도들을 그대로 두고 시장의 원리를 근본적으로 인정하지 않았다. 일련의 개선조치를 통해서 경제난을 해소하고 성장을 도모하고자 했지만 많은 현실적 제약에 맞닥뜨릴 수밖에 없었다. 가령 만성적인 물자 공급부족 상태에서 가격과 임금을 급속도로 인상한다면 엄청난 인플레이션을 유발하는 함정에 빠져 버린다.

결과적으로 북한은 근본적인 개혁과 대외개방정책을 추구하지 않고 기존의 계획경제체제를 답습하면서 단순하게 경제관리에 대한 개선조치를 시도한 셈이다. 이는 북한이 직면한 만성적 경제난과 식량부족에 따른 기근으로부터 헤어날 수 없다는 반증이다.

북한의 사정에 비추어 볼 때 남북경제협력이 절실한 상황이었다. 이를 활성화하기 위해서 남북한 간에 남북경협추진위원회와 장관급 회담 등 고위급 회담이 지속적으로 추진되었다. 평양은 경제재건을 위한 남한의 일정한 역할을 인정하고 대규모 고위급 경제시찰단을 파견하는 등 보다 적극적인 자세로 임했다.

2002년 10월 북한은 장성택 단장을 앞세워 남한의 대규모 산업단지를 시찰했다. 울산공업단지에 들어선 현대자동차, 중공업시설, 거제도 조선단지 등을 돌아보며 그들은 무슨 생각에 젖었을까. 북한 대표단들이 한국에서 산업시찰을 하고 떠나면서 말했다는 소문이 농담처럼 널리 알려졌다. 통일만 되면 남한의 모든 산업시설을 북한이 차지할 수 있다는 것이다. 마치 남한의 일부에서 통일만 되면 북한의 핵능력이 모두 우리의 것(한국)이 된다는 생각과 마찬가지다. 물이 반쯤 담긴 컵을 보고 누구는 반만 부으면 물이 가득 차게 된다고 보지만, 또 누구는 반을 마셔버리면 아무 것도 남지 않게 될 것으로 생각한다. 똑같은 컵을 보면서도 서로 상반되는 현상을 떠올리는 것이 남과 북, 똑같이 닮았다.

## 2) 개성공업지구

개성공업지구는 남북경제협력 모델에서 가장 성공한 사례로 평가된다. 북한은 군사시설이 밀집한 개성근교에 군부의 반대를 무릅쓰고 대규모 공단조성에 동의하고 이를 실행했다. 군사시설을 철수하고 100만 평에 널찍하게 자리 잡은 개성공단은 1차로 본래 계획보다 5%정도에 해당하는 5만 평 대지에 조성되었다.

2004년 12월부터 정동영 통일부 장관 시기에 개성공단사업은 본격적으로 생산가동에 들어가기 시작했다. 개성공단의 실적을 살펴보면 상업적 거래액이 전체 남북경협에서 차지하는 비중이 50%대를 돌파해서 2005년 말에는 65.4%에 이르게 되었다. 이는 2005년도에 전체 상업적 거래액에서 위탁가공 교역과 개성공단 사업이 합계 55.4%를 차지한다.[26]

2005년 18개 가동기업수를 시작으로 2011년 8월말 기준, 개성공단에는 총 123개 남한 기업이 입주해 있었다. 섬유 분야 총 62개사, 가죽·가방·신발 분야 10개사, 화학 분야 9개사, 기계금속 분야 23개사, 전기전자 분야 13개사, 기타 분야 6개사로 알려졌다.

북한 근로자 고용 추세를 보면 2005년 6,013명에서 매년 지속적으로 증가해 2011년 8월 기준 총 47,734명이 근무했다. 여기에 소수 남측 근로자 792명을 더하면 약 50,000명 근로자들이 개성공단에 참여했다.

남한과 북한은 산업생산을 위한 상호 보완성으로 상생하는 방안을 찾아야 한다. 남한은 수출주도 정책으로 경제성장을 이룩해서 자금이 있고 높은 기술력을 보유하고 있어서 투자할 수 있다. 북한은 풍부한 지하자원을 비롯해서 산업시설에 적합한 토지를 제공할 수 있다. 또한, 저렴한 임금을 받고 숙련된 북한 노동자들은 같은 언어를 사용해서 효율성을 높일 수 있다. 개성공단에서 북한 근로자들의 첫 봉급은 1인당 50달러에 보험료 7달러를 더해서 57달러로 정해졌다. 높은 임금과 노조들의 임금인상에 시달려 온 남한 기업들에게 가뭄에 물줄기와 같은 돌파구가 아닐 수 없다.

개성에서 일할 수 있는 북한 근로자들은 엄격한 자격 제한을 통과한 유능한 숙련공들이다. 남북한 근로자들이 함께 어울리며 그들은 남한 자본주의 사회의 선진적 문물과 자유스러운 분위기를 엿볼 수 있다. 남한에서 생산되는 초코파이는 북한 암시장에서 거래될 정도로 인기를 끌고 북한에서 짝퉁이 생산될 정도라고 한다.

　개성공단에 진출했던 중소 기업체들은 상당한 수익을 내며 성공적인 운영실적을 보였다. 초반에 미비했던 생산노무관리 등 제반여건이 안정되면서 입주 기업들 역시 좋은 성과를 낼 수 있었다. 대표적으로 100억 원 이상을 투자해서 기능성 매디컬 신발을 생산하는 (주)삼덕통상은 종업원 1,500여 명이 고부가 가치의 신발을 생산해서 유럽 등지로 활발한 판매망을 구축했다. 의류브랜드인 (주)신원에벤에셀은 개성공장에서 5개 브랜드의 의류를 생산하여 남쪽으로 들여와 'Made in Korea'로 원산지 표기를 해서 판매했다. 회사 관계자들은 잔업수당을 포함해 평균임금이 67달러로 중국의 절반에도 못 미친다고 했다. 남측 식사제공금지로 북측 근로자들이 도시락을 가져오므로 생산원가가 현저히 낮아서 베트남, 중국 등에 비해 여건이 상당히 좋다며 만족해했다. 개성공단에서 근무하는 근로자들은 북한 주민들에게 남한을 비롯한 외부의 상황을 있는 그대로 알리는 역할을 할 수 있다.

　개성공단에는 낮은 인건비로 섬유, 신발 등의 노동집약적 업종이 최적인 반면 전자 등의 첨단업종은 특별히 진출할 장점이 없다는 반응이다. 북한의 경제적 회생을 위해서도 상당한 기대 효과가 있다. 개성공단 생산품으로 직접 외화를 벌어들이고 공장을 건축하고 필요한 시설들이 세워진다면 사회간접자본이 확충되는 효과를 누릴 수 있다. 이는 실로 직·간접적인 경제적 효과를 불러일으킬 수 있는 기대를 갖게 한다.

# 김정일은 오지 않는다

평양에서 열린 남북정상회담에서 약속한 대로 김정일 국방위원장의 서울 답방을 애타게 기다리는 김대중 대통령의 호소가 헛된 노력이 되고 있었다.[27] 정상회담 이후 다음 해 2001년의 모든 대외정책이 김 위원장의 방한에 맞춰져 있다고 할 만큼 한국은 다른 외교문제에 무신경을 드러내기도 했다. 6·15공동선언에 명시한 대로 '적절한 시기'가 아니기 때문에 김 위원장이 답방하지 않았다.

미국 부시 대통령은 북한을 '악의 축'으로 불렀다. 기독교 근본주의자로서 '선과 악'을 구분하는 부시는 독재자 김정일의 실정으로 주민들이 굶어 죽고 있다며 북한 정권을 인정하지 않았다. 남북정상회담의 성과로 노벨평화상을 수상한 김대중 대통령은 햇볕정책의 전도사로서 미국의 대북한 정책을 변화시키고자 했다. 새로운 부시 행정부 등장 이후 2001년 3월 한·미정상회담이 열렸지만 북한에 대한 정책 차이만을 확인할 수 있었다. 남한을 통한 대미 관계 개선이 벽에 부딪치면서 북한은 나름대로 북·미관계 정상화를 위한 노력을 기울여 왔다. 북한은 이탈리아 외무상과 스웨덴 총리를 초청하고 유럽연합과의 협력관계를 바탕으로 대미 관계 개선을 위해 우회적인 방법으로 접근했다.

2001년 6월 6일 부시 대통령이 북한과의 전제조건 없는 대화를 내세워 3개 의제를 제의했다. 북·미 대화 의제와 관련해서 ① 북한 핵 활동 동결과 관련된 1994년 제네바 합의 이행 개선, ② 북한 미사일 개발에 대한 검증 가능한 규제 및 수출 금지, ③ 재래식 군비 태세 등이다.[28] 북한은 김 위원장의 중국·러시아 방문과 장쩌민 주석의 방북을 통해 대미협상력 강화를 위한 신동맹 삼각관계를 모색하기도 했다.

그러나, 뉴욕 세계무역센터 9·11 테러사건으로 북·미관계개선 노력이 수포로 돌아가면서 북한은 중대한 결정의 기로에 서게 됐다. 미국과 협력할 것인가, 아니면 테러국으로 남아 보복을 당할 것인가를 선택해야 한다.

북한은 테러에 반대한다는 성명을 발표하고 테러반대협약을 체결하겠다는 의지를 밝혔다. 미국은 이에 만족하지 않았다. 북한이 아프가니스탄에 있는 테러 캠프나 다른 테러 활동과 전혀 무관하다고 주장하기에는 지난날들의 행적을 감추기가 쉽지 않다. 이미 미국이 북한의 테러 관련 정보를 파악하고 북한을 압박할 수 있는 수단을 확보하고 있다면 오히려 북한은 더욱 어려운 처지에 빠질 수 있다.

더구나 오사마 빈 라덴을 보호하고 있는 아프가니스탄과 테러와의 전쟁을 수행 중이던 미국이 북한과 이른 시일 내에 관계개선을 시도할 가능성은 없었다. 북·미관계 진전의 기미가 전혀 보이지 않는 상황에서 남북한관계도 답보상태에 빠졌다. 2001년 9월 북한

은 통일부 임동원 장관의 해임안 통과 직전에 갑작스럽게 남북회담
을 제의했다. 한국은 신임 홍순영 통일부장관을 대표로 남북장관급
회담에 임했다. 그러나 당시 합의한 이산가족 재회는 아무런 이유
없이 연기됐고 부분적으로 금강산 관광대금 지불만이 이뤄졌을 뿐
이다. 북한 요구에 따라 금강산에서 11월에 열린 장관급 회담은 금
강산 관광대금 완불을 원하는 북한의 입장이 반영되었다.

햇볕정책을 통해 북한이 개혁·개방정책을 추진한다면 경제발전
을 이룰 수 있고, 이를 바탕으로 평화공존의 발판을 마련하고자 하
는 한국 대통령의 노력을 과소평가할 필요는 없다. 분단 이후 적대
적관계에 있던 북한에게 김 대통령은 가장 호의적인 대화 상대다.

미국에서 전임 클린턴을 이은 부시 대통령과의 대화가 얼마나 어
려운가를 절감하고 있던 경험에 비춰볼 때, 김 위원장으로서는 김
대통령 이후 다음 정권과의 대화가 더욱 힘겨울 수 있다. 당시 한국
정치권의 분열상이나 경제사정으로 김정일 위원장을 위한 거국적
인 환영분위기를 기대할 수 없었다. 그렇기에 김 위원장이 별다른
성과도 없이 답방카드를 써버린다면 오히려 다음을 기약할 수 없게
될 것이라는 계산을 할 수도 있었다.[29]

김정일은 오지 않는다. 김 위원장이 답방하지 않더라도 장관급
회담 등을 통해 북한이 실리를 취할 수 있다면 굳이 한국 대통령의
임기 말을 적절한 시기로 선택하지 않는다. 김 대통령을 상대로 김
위원장이 한국에 올 이유는 없다. 그래서 김 대통령도 본인이 아니
면 남북한관계가 나빠질 것이라는 생각을 버려야 한다. 이미 벌려
놓은 대북한 추진 업무를 마무리하고 다음 정권에 임무를 넘겨도
김 위원장은 남북한관계를 포기하지 않을 것이기 때문이다.

# 제4장 평화번영정책 (노무현 정부)

**연목구어(緣木求魚)**
나무에 올라가서 물고기를 구하듯 한다.

미국에 부시 대통령의 보수정부가 들어서면서 김대중 대통령이 대북한 정책에서 기대했던 만큼 남북한관계 개선이 진전되지 않았다. 부시 행정부는 미·일 동맹을 우선시하면서 중국을 '전략적 경쟁자(strategic competitor)'로 규정했다. 클린턴 행정부에서 중국이 '전략적 동반자(strategic partner)'로서 우호적 분위기가 조성되었던 상황과 비교된다. 북한이 '악의 축(Axis of Evil)'으로 불리면서 북·미관계도 악화일로를 치닫고 있었다. 이에 따라 노무현 정부가 '햇볕정책'의 계승자로 자처하지만 상위구조로서 중·미관계가 전략적 경쟁관계로 자리매김하면서 남북한관계도 교착상태를 벗어날 수 없었다.

진보 김대중 정부는 햇볕정책을 추진하면서 진보 클린턴 정부와 보조를 맞추고 페리 프로세스를 통해서 이를 실현하고자 했다. 한·미 양국에서 대북한 정책성향이 일치함으로써 효과를 극대화하고자 했다. 반면 이를 계승한 진보 노무현 정부는 평화번영정책으로 대북한 포용정책을 펼치고자 했지만 보수 부시 정부와 정책방향이 어긋나면서 오히려 반미성향으로 어려움을 겪는 시기가 있었다.

9·11 테러사건 이후 중·미관계는 갈등요인이 존재하지만 반테러 캠페인으로 동조하는 양상을 보이는 반면, 북한은 '불량배국가'로 인식되어 북·미관계가 나빠지고, 남북한관계도 진전이 이뤄지지 않았다.

미국과 중국에 대한 불필요한 편견이 아니라 한국의 이익을 극대화할 수 있도록 실리외교를 펴야 한다. 2003년 한국에서 진보정부가 출범하고 반미정서가 증대되는 상황에서 당시 미국보다 중국이 더 중요하다고 여기는 정치인과 일반인이 늘어나고 있었다.[1] 동북아에서 미국의 위상과 역할이 축소되고 북한핵 문제나 남북한관계 개선을 위해서 미국보다 중국의 영향력이 더 크다는 인식이 퍼지고 있었다.

부시 대통령은 집권 후반기에 임기 말이 다가오면서 중국의 역할과 영향력에 따라 중국을 '이해상관자(interest stakeholder)'로 인정하게 되었다. 이에 남북한관계에도 긍정적으로 받아들여져서 2007년 남북정상의 두 번째 만남이 성사되었다.

노무현 대통령은 남북한 관계개선을 위해서 굳건한 한·미동맹이 중심축이 되어야 한다는 현실을 이해하고 있었다. 임기 초반에 '균형자'로 자처했지만 국력의 한계를 절감하면서 미국과의 관계 개선을 위한 과감한 정책을 시행했다. 이라크 파병, 한·미 FTA 체결, 제주도 해군기지 건설 결정 등 보수 정권에서 채택될 수 있는 정책들을 추진했다. 오히려 진보진영의 반대에 부딪혀 혼란을 겪기도 했다.

북·미제네바합의를 지키지 않고 북한이 HEU프로그램을 개발하는 증후가 드러났다. 북한은 2003년 1월 NPT에서 탈퇴를 선언했다. 중국이 건설적 역할을 자처하며 6자회담을 통한 북한핵 해결을 모색하게 되었다. 북한핵 문제는 8장과 9장 전망에서 다루기로 한다.

# 1

# 중·미 전략적 경쟁자

상위구조로서 중·미관계가 '전략적 경쟁자'로 규정되고, 북·미관계 악화와 남한의 반미정서가 어우러지면서 하위구조에서 남북대화도 교착상태에 빠지게 되었다. 상위구조와 하위구조의 불일치를 의미하는 미국 보수정권과 한국 진보정권의 조합은 전임 정부와 비교하면 성과차이가 확연하다.

부시 행정부는 중국의 중요성을 인식하지만 핵심 우방 일본의 역할을 강조한다. 부시 외교안보팀은 중국에 대해 클린턴 대통령이 내세운 '전략적 동반자'가 아닌 '전략적 경쟁자'로 설정한다. 일본과의 협력강화로 동북아에서 중국의 힘과 야심을 견제하고자 한다.[2]

## 1) '악의 축'

미국은 기독교 근본주의자인 조지 W. 부시 대통령의 등장으로 보수주의 정권교체에 따른 대외정책기조에 뚜렷한 변화를 가져왔다. 중국을 '전략적 경쟁자'로 규정하고 일본과의 미·일 동맹에 중점을 두는 정책을 폈다. 북한은 '악의 축'으로 명명되어 북·미관계는 경색되고 남북대화마저도 교착상태에 빠졌다. 2001년 9·11 테러를 경험한 미국의 대외정책은 완전히 다른 패러다임으로 전환되고 북한의 농축우라늄(EU) 핵 개발로 새로운 국면을 맞았다.

취임 초기 부시 대통령은 미국 특유의 국제주의를 내세웠다. 고립주의는 지양하면서도 확고한 정책목표와 국가이익에 우선순위를 둔 대외정책의 필요성을 강조했다. '힘을 통한 평화'를 강조하며 부시 행정부는 군사력과 동맹국들과의 단합을 중시하는 외교정책을 표방했다.[3] 무분별한 군사 개입은 아니지만 군사력은 목표달성이 가능한 시기에 제한적으로 사용한다. 공화당 행정부는 북한이 미국의 필수적인 국익에 어긋나는 행동으로 레드라인을 넘었다고 판단되면 단호한 대응조치를 취할 가능성이 높아졌다.

부시 대통령은 백성을 굶주려 사망에 이르게 하는 집단을 경시했다. '악의 축' 북한 정권을 상대조차 하고 싶지 않았다. 클린턴 행정부의 모든 정책을 부정하면서 부시는 ABC(Anything but Clinton)로 일컬어질 만큼 전임자와는 반대로 갔다. 북한에 대한 유화정책을 전면 금지했다.

김대중 대통령은 최초의 남북정상회담에 이은 노벨평화상 수상으로 남북한 평화구도에 기여했다는 자부심이 있었다. 진보에서 보수로 정권교체를 한 부시 대통령에게 김 대통령은 남북한관계와 미국의 대한반도 정책에 영향력을 미치고 싶은 나름대로 복안을 가지고 있었다. 2001년 1월에 취임한 부시 대통령과 김 대통령은 그해 3월 가장 먼저 한·미정상회담에 임했다.

부시 대통령이 김 대통령을 "this man" 이라고 언급한 것을 두고 한국에서 논란이 되기도 했지만 오히려 내용이 문제였다. 두 정상의 한반도 평화에 대한 인식 차이가 워낙 컸다. 결과적으로 성공적인 한·미정상회담으로 평가받을 수 없었다. 미국의 보수적 대통령과 한국의 진보적 대통령이 서로 어긋나는 대북한 정책을 조율하기가 쉽지 않았다. 햇볕정책으로 북한에 대한 포용정책을 일관되게 시행하고픈 김 대통령이지만 미국 최고 지도자가 교체되면서 입장 변화가 불가피해졌다.

미국의 대북한 정책에 대한 태도 변화를 유도하고 결실을 맺도록 하자면 한·미관계가 공고함을 확인하면서 상호 신뢰가 형성되어야 한다. 북한은 북·미관계 개선을 최우선 과제로 삼고 있으므로 한국이 굳건한 한·미동맹을 통해서 미국이 귀담아들을 수 있는 조언자가 될 수 있어야 한다. 한·미동맹과 민족공조는 대립하는 개념이 아니다. 민족공조를 위해서 굳건한 한·미동맹을 활용할 수 있으며, 이는 대중국 관계에서도 지렛대가 될 수 있다는 전략적 사고가 필요하다.

## 2) 9·11 테러

2001년 9월 11일 오사마 빈 라덴의 지원을 받은 알카에다 대원들이 비행기를 납치하고 미국의 심장부인 뉴욕 무역센터 쌍둥이 건물에 충돌했다. 당일 CNN을 통해서 110층 건물이 잿더미로 무너져 내리는 장면을 목격했다면 누구라도 분노를 터뜨렸을 것이다. 영화보다 더 현실감 있는 드라마라고 생각하며 눈을 의심해야 했다. 화

면 속에서 이리저리 날뛰는 군상은 아수라장을 이뤘고 화재진압을
하던 소방수를 포함해서 6,000명 넘게 희생되었다. 지금도 그 끔찍
했던 현장을 기억하기 위해 영원히 그라운드 제로로 남아 세상을
향해 참상을 일깨워주고 있다.

미국 뉴욕의 그라운드 제로 (Ground Zero)

9·11 테러 사건으로 미국의 대외정책은 일대 전환기를 맞았다.
공산주의와 자본주의로 나누는 국제정치학적 구분은 별 의미가 없
어졌다. 테러집단에 맞서는 반테러 캠페인에 참여 여부가 미국의
적과 친구를 가르는 기준이다. 중국은 즉시 알카에다의 테러를 비
난하는 성명을 발표하며 반테러 캠페인에 동참했다. 1998년 핵실험
으로 서방으로부터 제재를 받고 있던 파키스탄도 미국에 협조했다.
저명한 핵물리학자인 압둘 카디르 칸 박사는 HEU 추출용 원심분
리기를 북한에 제공한 사실을 미국에 알려주었다. 적에서 친구가
되는 경계를 넘는 행보였다. 파키스탄은 알카에다를 비롯한 테러집
단에 대한 정보를 제공함으로써 미국의 반테러 캠페인에 동참했다.

북한은 테러요원 훈련에 참여하는 등 여러 정황이 드러났지만 이 캠페인을 외면했다. 소위 불량배국가로 불리는 테러국가의 오명에서 북한이 벗어날 수 없었으며 북·미관계 개선은 멀어져만 갔다.

이와 같이 중·미관계와 남북한관계의 비례적 상관성은 9·11 테러사건을 계기로 어긋나는 상황이 되었다. 미국은 반테러 캠페인에 가담한 중국과 관계개선에 나서는 반면, 오히려 2002년 HEU 보유를 시인한 북한과는 관계가 더욱 악화되었다. 이러한 상황에서 남북정상회담에 이은 관계개선의 기대는 교착상태에 빠진 채 별다른 진전을 볼 수 없었다.[4]

부시 대통령 출범 이후 대북한 강경 발언이 잇따르면서 북·미관계는 한 발자국도 나아갈 수 없었다.[5] 북한 주장을 요약하면 다음과 같다.

첫째, 부시 행정부가 북한의 선완전무장해제를 요구하는데 미국이야말로 북한의 안전을 위협하므로 우선적으로 북한의 완전한 안전보장이 필요하다.[6]

둘째, 미국은 경수로건설 지연으로 인한 피해와 중유 제공일정을 제시하지 않고 있는데 미국의 약속불이행에 따른 보상과 북·미 기본합의문을 철저히 이행할 것을 촉구한다.

셋째, 미 콜린 파월(Colin Powell) 국무장관이 북한의 미사일 문제와 재래식 군사력 감축 문제를 토의해야 하고 검증이 필요하다고 언급했는데 이는 북한에 대한 미국의 '압살정책'이며 조건이 있는 대화에는 응하지 않겠다.[7]

넷째, 북한은 미국이 의욕적으로 추진하는 미사일방어(Missile Defence, MD)는 평화를 파괴하는 행위이며 MD체제 수립은 우주

미사일 동맹전략이다.[8] 부시 행정부의 매파 세력들이 중국과 러시아가 정면대결로 도전해 오는 것을 피하기 위해서 북한을 불량배국가로 규정하고 MD를 추진하고 있다.[9]

북한은 중국과 러시아와의 정상회담을 개최하고 신동맹삼각 관계를 맺어 대미협상력 강화를 위한 적극적인 태도를 취해왔으나 별다른 효과를 보지 못했다. 2001년 3월 초 한·미정상회담 이후 북한은 남북한관계 개선에 대해 냉담한 반응을 보였다. 이에 따라 남한 내 대북포용정책을 유지해온 정책입안자들의 입지가 오히려 좁아질 수밖에 없었다.

이러한 상황에서 부시 대통령이 전제조건 없는 대화를 내세우며 3개 의제를 제안했다.(2001.6.6) 북한은 공정성과 자주성 원칙에 입각한 북·미 대화로 해결하자는 원칙을 밝혔다. 북한은 미국이 대북한 적대시 정책을 포기하라고 촉구했다.[10] KEDO를 통해 약속한 경수로제공이 지연되어 전력손실이 발생했으니 보상 문제를 우선적 의제로 삼아 협상하자고 주장했다.[11] 미 국무성은 제네바기본합의문을 지속적으로 이행하겠다고 약속하면서, 북측도 핵사찰 등 합의문에 따른 의무를 이행해야 하며, 전력손실에 대한 보상제안은 특별한 근거를 찾을 수 없다고 답변했다.

북한은 미국의 태도에 변화가 없으면 북·미 대화에 응하지 않겠다는 입장을 되풀이했다. 미국과의 대화 재개는 지난 클린턴 행정부가 제시한 마지막 입장 수준에 도달해야 논의할 수 있다고 언급하면서 북한은 부시 행정부에 대한 강한 불신을 드러냈다.[12] 북·미관계는 점점 악화되고 있었다.

미국 세계무역센터에 대한 9·11 사태 이후 북·미 대화가 순조롭게 진행될 가능성이 더 희박해졌다. 미국은 대테러전쟁으로 북한과 대화를 할 수 있는 여유가 없었다. 북·미관계 개선을 위한 규제를 완화하기 위한 대내적 명분이 없는 상황에서 북한과의 접촉은 사실상 중단되었다.

미국의 탈레반 공격은 북한에게 교훈이 되었다. CNN을 통해서 실시간 생중계된 전쟁 상황은 미국 최신무기의 우월성을 유감없이 드러내고 있었다. 북한은 심각한 공포를 느끼면서 주민들에 대한 사상교육을 강화하고 테러전쟁에 대해 비교적 상세하고 정확하게 사태를 전달했다. 북한은 테러를 반대한다고 공식적으로 재확인했다. 하지만 주민을 살해하고 지역안정과 평화를 파괴하는 무력행사나 전쟁의 방법은 정당화될 수 없으며, 테러와 보복의 악순환을 초래하지 않기 위해서 군사적 보복에 신중해야 한다는 입장을 보였다.[13]

북한은 반테러협약(테러 재정지원 억제협약, 인질반대협약)에 가입할 것을 약속했다. 원칙적으로 어떠한 테러 지원에도 반대한다면서,[14] 테러국 명단에서 북한을 삭제하라고 미국에 요구했다.[15] 미국의 보복이 두려운 북한은 미국이 신뢰회복을 위한 실천적 조치들을 실행하고, 전제조건 없는 대화를 원한다면 북한을 대화 상대로서 존중하기를 원했다.[16]

## 3) 적과 친구

9·11 테러사건을 계기로 중국이 미국주도의 반테러 캠페인에 가담하면서 국제테러리즘에 대항하는 군사협력문제를 포함해서 중·

미 관계개선을 위한 계기가 마련되었다. 미국은 '테러와의 전쟁'을 치르며 협조국가와 테러국가를 분류하고 협조한다면 어떤 국가와도 손을 잡을 수 있다는 입장을 밝혔다. 중국과 러시아는 미국의 대테러전쟁에 공조를 약속하고 미국과 긴밀한 관계를 유지하고자 했다. 중국은 MD계획이 반테러 대처에 별로 효과적이지 못하므로 미국이 MD에만 초점을 두지 않는다면 워싱턴과 협력할 의사가 충분히 있다고 밝혔다.[17]

중국이 단순하게 미국에 대해 도전자, 동반자, 방관자, 혹은 영도자 중 하나를 선택할 필요는 없다고 주장한다.[18] 오히려 다양한 문제해결의 가능성을 열어두고 문제의 성격과 상황에 따라 달라질 수 있다. 중·미관계의 평화롭고 안정적 발전이 향후 중국의 경제발전을 위해 필요하지만 양국 간에 협력과 갈등요인이 상존한다.

중국은 미국이 전 세계에서 가장 많은 핵무기 보유국인데도 북한 등 불량배국가들의 공격에 대비한다는 명분으로 MD계획을 세운다고 지적한다. 미국은 다른 국가의 공격위협에 대처한다는 명목을 내세우지만 실질적으로 중국이 주요 목표라고 의심한다. MD는 국제적 군축 노력에도 부정적 영향을 주며 21세기 평화를 지향하는 시대적 조류에도 완전히 위배된다고 중국은 비판한다.

중국은 기본적으로 MD계획에 반대한다. ① 전 세계적으로 전략적 균형과 안정을 위협하려는 의도로 간주하고, ② 국제적 비확산 노력에 역행하며, ③ 동북아에서 군비 경쟁을 촉발해서 아시아 태평양 지역의 평화와 안정을 저해한다고 본다. 미국은 한국이 MD와 전역미사일방어(Theater Missile Defense, TMD)에 가입하기를 희망하지만 중국을 의식해서 한국은 이를 선뜻 수락할 수 없다.

미국 상하원을 장악하고 있는 공화당은 타이완 안보강화법을 지지한다.(1999.10.26) ① 미국 · 타이완 간 군사교류 증대, ② 핫라인 설치, ③ 타이완에 대한 무기판매 증대를 결의했다. 미국은 중국의 강력한 반발에도 불구하고 타이완을 포함하는 TMD체제 구축을 추진한다고 밝혔다. 이에 반대하는 중국은 3개의 중 · 미 공동성명에 명시된 원칙과 '하나의 중국' 원칙에 따라 타이완 문제를 신중히 처리하라고 촉구했다.[19]

부시 대통령은 중국을 '전략적 경쟁자'로 인식하면서 전통적 미 · 일 동맹을 앞세워 일본을 중시하고 고이즈미 준이치로 총리와 친밀한 관계를 유지했다. 두 정상은 엘비스 프레슬리의 멤피스 고향에 들러 노래를 부르기도 하면서 깊은 우정을 과시했다.

고이즈미 총리는 치밀한 전략가다. 북 · 일관계개선은 일본의 중요한 외교적 전략카드다. 그는 직접 북한을 방문해서 김정일 위원장과 2번에 걸친 북 · 일정상회담에서 마주했다. 미 · 일동맹이 확고하다는 확신을 주고, 부시 대통령의 확실한 지지를 얻을 수 있어서 그의 방북이 가능했다. 북 · 미관계개선을 원하는 북한은 미국이 신뢰하는 일본과의 관계개선에 관심을 가진다. 굳건한 미 · 일동맹을 바탕으로 한 미국의 신뢰는 일본의 대외정책에 중요한 지렛대가 된다. 하지만 북한의 일본인 납치문제로 일본 내 여론이 악화되어 더이상 진전될 수 없었다.

2001년 10월 부시 대통령은 상하이에서 열린 APEC 회의에서 만난 장쩌민 주석에게 중국은 미국의 적이 아니며 미국이 중국과 건설적 · 협조적 관계발전에 기여해 왔다고 강조했다. 다음 해 2월 부시 대통령이 베이징을 방문해서 양국 간 관심사를 토의했다. 미국

의 대중국 정책을 조정하는 과정에서 양국에 이중성을 지닌 문제에 대해 폭넓은 이해를 구하고자 했다.[20]

도널드 럼스펠드(Donald Rumsfeld) 국방장관은 중국과 투명하고도 지속적인 '군 대 군(軍对军)'의 교류를 희망한다고 밝혔다.[21] 미 국무부는 중국에 대한 폭넓은 포용정책을 옹호하면서, 테러리즘과 지구상에서 일어나는 전쟁에 대항해서 중국과의 잠재적 파트너 역할이 매우 중요하다고 평가했다. 부시 대통령도 장쩌민 주석에게 '군 대 군' 교류 확대에 관심을 표명하며 미국의 국익에 부합하는 조치라고 했다.

후진타오 부주석은 2002년 5월 미국을 방문해서 중·미관계 발전을 위한 4가지 원칙을 제안했고 실질적 성과가 있었다. 후 부주석은 미국 측 인사들과 양안관계, 대테러리즘협조, 무기확산예방, 인권, 무역, 군사교류 등 민감한 사항까지 다양한 분야에 대한 의견을 교환했다.[22] 그해 10월 장쩌민 주석의 미국 방문으로 중·미관계의 협력 분위기가 무르익었다. 이후 부시 대통령의 중국방문(2005.11)과 후진타오 주석의 미국 방문(2006.4) 등 정상회담과 고위급 인사들의 교류를 통해 상호 이해를 높여 나갔다.

중·미관계는 여러 가지 곡절과 어려움을 겪었지만 전반적으로 긍정적으로 전개되었다.[23] 첸치천(钱其琛) 부총리는 2003년에 출판된 회고록인 『外交十记』에서 중·미관계에 대한 견해를 밝혔다.

첫째, 미국은 자국의 안보 및 경제이익을 지키기 위해서 중국의 거대한 시장과 국제 전략적 지위를 필요로 한다.[24]

둘째, 중·미 간 갈등은 절제하면서 제한적으로 처리한다. 향후 문제 발생 시에도 동일한 원칙이 적용될 수 있다. 지난 10년 동안 중·미 간 4번 대립적 상황이 발생했다. 1989년 톈안먼사태 이후 미국의 대중국제재조치, 1996년 타이완 리덩후이(李登輝) 전 총통 미국 방문허용, 유고슬라비아 중국대사관에 대한 폭격, 하이난성에서 양국 비행기 충돌사건 등이다. 그러나 이 문제들은 이성적 방향으로 처리되었다. 첸 부총리는 중·미관계는 투쟁만으로는 부족하며 한 손으로 투쟁하고 다른 한 손으로 합작하는 양손이 모두 필요하다고 피력했다.[25]

셋째, 중국은 미국 내 반중국 세력과 대항해 나가는 동시에 중·미관계 발전을 도모하려는 역량을 적극적으로 지지하고 공조해 나가야 한다. 이를 통해 양국의 합작을 강화하고 상호 발전을 이끌어 나가야 한다.[26]

넷째, 9·11사건 이후 미국은 중국에 대한 각종 압력을 완화했다. 미국이 반테러와 비확산정책을 위해 대국 간 협력이 필요하다는 인식을 하고 있기 때문이다. 미국의 주요 당면과제는 반테러와 대량살상무기 확산방지이며, 미국은 중국과 더 많은 협력을 원하고 있다.[27]

중국이 지속적으로 발전하기 위해서 미국과의 관계설정이 관건이라는 시각이다. 예즈청(叶自成) 교수는 중국은 외부적 문제(미국의 대중국 봉쇄전략)보다 내부적 문제(부패, 성장불균형, 소득불균형 등)가 더 심각하다고 지적한다. 미국의 대중국정책에서 부정적 요소를 과대평가할 필요가 없다고 강조한다.[28] 이는 미국의 대외정책에 중국이 협조할 수 있다는 가능성을 시사한다. 이와 같이 9·11 이후 중국이 반테러 캠페인에 동참하면서 중·미관계개선에도 불구하고 북·미관계나 남북한관계는 별다른 진전이 없었고, 핵심적 내용은 다루지 못하고 제한적으로 대화를 이어나갔다.

# 교착상태

　남북한관계의 가장 큰 관심사는 2000년 6월 김대중 대통령의 평양 방문에 대한 김정일 위원장의 남한 답방이다. 이 약속은 지켜지지 않은 채 기다림이 계속되고 있었다. 간간이 장관급회담과 이산가족 재회 등이 이뤄졌지만 뚜렷한 진전 없이 답보상태에 빠졌다. 권력 기반을 확고히 장악한 김 위원장은 심화된 경제난을 극복하기 위해서 적극적으로 외부의 경제지원을 받기 위한 노력을 기울여 왔다.

　부시 등장 이후 대북한 강경책에 가로막혀 남북한관계가 진전될 수 없었다. 한국의 야당인 한나라당을 규탄하면서 북한은 남북한 간 냉각 원인을 한국으로 돌렸다.[29] 이전에는 남북대화를 위해서 미국의 대북정책이 바뀌어야 한다고 했으나, 2001년 9월 2일 이후에는 자주적인 남북대화를 강조했다. 북한의 태도 변화는 다음날 9월 3일 장쩌민 주석의 방북과 연관이 있었다. 중국과 러시아가 북한을 대신해서 미국에 압력을 행사하기를 바라는 의도로 보였다.

남북한 간에 제5차 장관급 회담이 개최됨에 따라 공동보도문을 발표했다.(2001.9.18) 공동합의문 5개 항목 중 이산가족 재회문제 는 아무런 이유 없이 연기되었다. 이후 제6차 장관급 회담 (11.8~14)까지 금강산에서 열렸으나 아무 성과도 없이 결렬되고 말 았다. 2001년 11월 27일에는 DMZ에서 군사적 충돌까지 일어났다.

북한은 남한과의 관계개선에 별로 관심을 보이지 않았다. 9·11 사태로 인한 남한의 비상경계 태세에 대해 북한은 외세에 의존해서 정세를 극도로 악화시키는 행위로 비난했다. 남북정상회담의 6·15 공동선언 정신에도 위배된다고 했다.[30] 북한은 남한이 이러한 경계 태세를 해제하도록 지속적으로 요구했다. 금강산에서 열린 남북장 관급회담(2001.11.9~14)은 남측이 부정적이고 무성의한 태도로 대 화에 임해서 결렬되었다고 주장했다.[31]

6·15정상회담 이후 후속 조치가 제대로 이뤄지지 않았지만 2002년 4월 임동원 특사 방북을 계기로 남북 대화의 물꼬가 트이게 되었다. 그러나 6월 29일 한·일 월드컵 행사 진행 중에 발생한 서 해교전사태로 양측의 사상자가 생기면서 상황이 급랭되었다. 이 사 건은 한국 내 격렬한 반발을 야기했고, 국제사회의 비난을 샀다. 북 한이 오랫동안 기다려온 미국과의 대화는 즉각 취소되었다. 평양이 호전적인 행동을 취하지 않도록 유도하기 위해서 추진되고 있던 경 제지원 지속 여부에 의문을 갖게 되었다.

북한은 7월 25일 메시지를 통해 북방한계선(NLL)에서 발생한 무 력충돌사건에 대해 유감을 표명하고 중단된 장관급 회담 재개를 제 의했다.[32] 이 성명은 남북장관급 회담의 북측 수석대표로부터 남측 수석대표인 임동원 통일부 장관에게 서한 형식을 빌어 전달되었다.

이 서한은 남한 국민들에게 만족스러운 내용이 아니지만, 다음 3가지 측면에서 이례적이다. ① 북한은 최초로 남한 당국에게 직접적으로 유감을 표명했다. ② 이른 시일 내에 유감 표명이 이루어졌다. ③ 평양은 재발 방지를 위해 노력할 용의를 밝혔다. 북한은 정치적인 제스처가 아니라 상호 협력을 증진시키기 위한 진심어린 제의라고 강조했다. 이 제안이 남·북, 북·미, 그리고 북·일 간에 대화를 재개하는 계기로 받아들여져야 한다고 촉구했다.[33]

남북한관계를 화해, 협력, 통일을 향한 궤도에 올려놓기 위해서 북한은 6·15공동선언문 정신을 부활시켜야 한다고 제안했다.[34] 임동원 특사의 4월 평양 방문 시 합의한 공동합의문이 계획대로 진행되어야 한다는 주장이었다. 이에 6·15 공동선언문의 구체적인 실천 방안을 협의하기 위해 제7차 장관급 회담이 서울에서 개최되었다. 남북경제협력추진위원회 2차 회의에서는 추가적으로 구체적인 합의들이 이뤄졌다.(2002.8.27~30) 양측은 철도프로젝트에 대해 군사당국간에 협력하고 동해선, 서해선 철도 및 도로연결을 위한 착공식을 동시에 개최하기로 합의했다. DMZ 근처에서 개최된 착공식은 양측의 동 프로젝트 이행 의지를 잘 나타내고 있다.(2002.9.18) 이어서 평양에서 제8차 남북장관급 회담이 개최되어 경제관련 주요 조항에 합의했다.(2002.10.23)

이러한 북한 태도는 2003년에도 이어져 6·15 공동선언문을 준수하고 남한과 북한이 함께 이행해 나가자고 촉구했다. 1월에 열린 제9차 남북고위급회담에서는 6·15 공동선언 이후 발전하는 남북한관계에 대해 긍정적으로 평가했다. 핵문제로 인한 상호입장 이해와 평화적 해결을 위한 민족 간의 협력을 강조했다. 남북고위급 회담에 이어 2월에는 남북경제협력추진위원회의 제4차 회의가 서울에서 진행되었고, 경제 분야 교류와 협력을 지속적으로 확대하고 발전시켜 나가자고 합의했다.

그러나, 북한은 미국과의 관계에서 나타나는 남한의 태도를 여전히 강도 높게 비판했다. 2월 '한·미합동군사연습'과 5월 '해병대전시연합증원연습'에 대해 규탄했다. 한·미정상회담 공동성명에서 나온 '추가적 조치' 발언은 핵문제를 평화적 조치가 아닌 군사적 방법이나 제재 또는 봉쇄 정책으로 해결한다는 의미로 받아들였다. 북한도 이에 군사적 방법을 동반하지 않을 수 없다고 위협했다.[35]

김대중 정부를 계승한 노무현 정부에서 햇볕정책에 따른 대북한 송금여부에 대해 법적인 잣대를 들이대겠다는 판단에 대해 실로 북한은 실망하지 않을 수 없을 것이었다. 남한으로부터 현금을 확보할 수 있는 수단은 금강산관광, 개성공단 가동, 등과 더불어 남북정상회담에 기대를 걸 수 있다. 북한은 대북송금 관련 특검제 도입은 남북한 협력에 걸림돌이라며 남한 정부의 태도에 부정적 반응을 보였다. 한국에서 정권이양이 이뤄졌지만 대북한관계에서는 교착상태에 빠진 채 관계개선의 획기적인 기회가 마련되지 않고 있었다.

# 균형자

한국의 노무현 정부는 동북아에서 균형자 역할을 내세웠다. 국제정치학 시각에서 정의하는 균형자는 어떠한 경우에 해당하는지 관심의 대상이다. 이론적으로 19세기 프랑스-독일 분쟁 시 영국의 역할을 '균형자(balancer)'로 규정할 수 있다.[36] 영국이 프랑스 편을 들면 프랑스가 이기고, 독일 손을 들어주면 독일이 이기는 형국에서 영국은 국력을 바탕으로 '균형자'로 자리매김할 수 있었다.

프랑스와 독일은 이웃이다. 화해와 협력의 동반자이지만 20세기 이전까지는 숙적이었다. 두 나라의 관계는 적대와 증오로 가득 차 있었다. 19세기에 있었던 대표적인 프랑스와 독일의 갈등은 알자스와 로렌 두 지방의 귀속을 둘러싼 영토 분쟁이다. 농업 생산량이 풍부하고 산업 발전의 원천인 양질의 철과 석탄을 산출하는 이 지역은 프랑스와 독일 간의 경제적, 군사적 쟁탈지역이 되었다. 당시 프랑스와 독일 양국 간 균형자 역할을 감당했던 영국의 위상을 통해 중국과 일본 사이에서 과연 한국이 동북아 지역권 내 균형자 역할을 감당할 수 있을 것인지 가늠해 볼 수 있다.

19세기 외교사에 영광스러운 고립(Splendid isolation)을 주장하던 영국은 유럽권 '세력균형자'로서의 역할을 맡게 되었다. 영국의 유럽정책은 독일이 지나치게 약해지는 상황을 막고 독일과 프랑스가 유럽대륙에서 세력균형을 이룰 수 있게 하는 것이었다. 이러한 전략적 목표 아래 영국은 상당한 기간 동안 독일에 대해 유화정책을 펼쳤다. 그러나 영국 유화정책은 히틀러가 독일 총리에 임명되면서 빠르게 확산된 독일 제국주의 앞에 좌절될 수밖에 없었다. 영국은 국가이익이 충족됐다고 판단한 경우, 일정한 선을 넘지 않는 냉정한 외교로 일관해서 유럽대륙 내에서 '세력균형자'로서의 역할을 성공적으로 수행했다. 그러나 유럽대륙 내에서 제국주의가 등장하고 1차, 2차 세계대전이 발발하면서 결정적 한계에 직면했다.

그렇다면 동북아에서 중국과 일본이 대립할 때 한국이 균형자로서의 역할을 할 수 있을까. 영국의 사례에서 볼 수 있듯이, '세력균형자' 역할을 감당하기 위해서는 동맹관계에 적극 가담해서도, 지역권 문제를 둘러싼 이해관계가 지나쳐서도 안 된다. 한국은 동북아지역 내 가장 위협적인 존재로 고립되어 있는 북한과 직접적으로 대립하고 있다. 북한 핵 실험과 미사일 발사로 전 지구적으로 UN 제재가 북한에 가해지고 있다. 6 · 25 전쟁 이후 한국은 한 · 미동맹을 중심축으로 대외정책 기조로 삼고 있다. 북한은 반외세 자주의 기치 아래 미군철수를 주장한다. 이에 대한 중국과 일본의 이해관계가 같을 수 없다.

역외 균형자로서 미국이 대두되지만, 역시 진정한 균형자가 될수 있을지 의문이다. 냉전체제가 종식되었다고는 하지만, 여전히 중국에 대해 견제하고자 한다. 중국이 고도의 경제성장을 달성하고 군사력을 증강시킴에 따라 세계 패권국인 미국은 경제적, 안보적 측면에서 중국을 더욱 견제할 수밖에 없다. 이러한 상황에서, 미국은 오랜 기간 친밀한 관계를 유지해 온 한국과 일본의 편에 설 것이고 결국 중국과는 대립 구도를 이루게 된다.

중국은 2002년 2월부터 '東北边疆史与现状系列研究工程 (이하 '동북공정')'을 추진하면서 고구려사에 대한 연고권을 내세웠다. 중국은 고구려가 평양으로 천도하는 시점을 기준으로 이전은 중국사, 이후는 한국사로 인정해 왔다. 하지만 '동북공정'을 통해서 고구려사는 모두 중국사라고 주장한다. 중국이 광활한 고구려의 옛터에 눈길을 돌리는 것이 단순한 역사 왜곡이 아니라 정치적 목적을 지닌다면 그냥 넘길 일이 아니다.[37]

첫째, 중국이 내세우는 '동북공정'은 단순히 자국의 영토인 동북지역에 대한 역사연구나 정비사업이 아니다. 중국은 '한반도정세 변화에 대한 준비'를 하고 있다. 2003년 8월부터 중국은 북한과의 국경지역에 공안을 대신해 15만 명의 군대를 파견했다. 북한 붕괴 시 대규모 탈북자와 북한 핵심 공산당원들이 동북3성 지역의 조선족들에게 영향을 미칠 수 있는 위기상황을 관리하기 위한 준비가 시작되었다. 한반도 통일이 이뤄지는 과정에서 혹시 발생할 수 있는 국경지역의 불안을 사전에 대비하고 차단하려는 의도다.

둘째, '동북공정'은 중국의 대북한 지역에 대한 연고를 확보하기 위한 포석이다. 북한에 핵이 없다면 친중(亲中) 정권이 들어서도 미국이 양해할 수 있을 것으로 가정한다. 장쩌민 주석과 원자바오(温家宝) 총리는 미국 방문을 통해 반테러 캠페인을 계기로 이어지고 있는 중·미 간의 밀월기를 놓치지 않으려 한다. 중국은 핵문제를 해결하기 위해 북한에 영향력을 행사하고, 반면 미국은 타이완 독립 움직임을 저지하기 위해 노력하기로 양해가 이뤄졌다는 관측이 있다. 그러나 북한이 핵을 고집하게 된다면 어쩔 수 없이 '정권 교체'가 대안이 될 수 있다. 이 시점에 북한을 통제할 수 있도록 대비하기 위해서라도 중국은 북한에 대한 역사적 연고권이 필요하다는 시각이다. 남북한은 이러한 상황을 가장 경계해야 한다. 중국과 미국이 상호 현안을 바탕으로 물밑 접촉을 통해 자국의 이익을 앞세워 협상할 수 있다. 한반도 문제가 당사자들의 어깨너머로 강대국들의 이해에 따라 결정되는 상황이 벌어지도록 방치해서는 안 된다.

우선 남한과 북한이 함께 한 마음으로 공조할 수 있는 분야를 발굴하고 쉬운 것부터 풀어나가는 것이 중요하다. 한반도 역사문제에 대한 공동연구가 이뤄져야 한다. 남북한이 긴밀한 협조로 북한에 산재해 있는 고구려 유물에 대한 공동연구가 시행되어 중국의 공세에 철저히 대비해야 한다. 북한이 먼저 2002년 유네스코에 등재하고자 신청한 고구려 유물에 대한 판정이 보류됐다. 이에 중국도 고구려 유물을 유네스코에 등재하고자 신청함으로써 2004년 6월 중국의 쑤저우(苏州)에서 이에 대한 결정이 내려졌다. 제28차 세계유산위원회(World Heritage Committee, WHC) 총회에서 중국과 북한의 공동등재가 결정되었다. 중국의 고구려사 연고권이 공인되어 향후 이 문제에 대한 불씨를 그대로 안고 있는 셈이다.

이제까지 역사왜곡이 일본과의 문제로만 생각해 왔으나 중국의 '동북공정'은 한반도의 고대사를 전면 부인함으로써 오히려 더 위협적일 수 있다. 중국의 주장이 그대로 받아들여진다면 한반도 역사는 2000년으로 줄어들게 된다. 단군 이래 5000년 역사로 알고 있는 한반도 근간이 흔들릴 수 있다. 역사문제에 대한 남북한 협력이야말로 민족공조의 참다운 의미다. 조속한 시일 내에 고구려사 공동 연구에 합의할 수 있어야 한다.

셋째, 중국과 일본의 움직임에도 민감하게 대비해야 한다. 중 · 일 간에 훈풍이 불고 있었다. 후쿠다 야스오 총리 등장으로 '정치도 경제도 뜨거운(政热经热)' 시기가 양국 간에 도래했다.[38] 2007년 11월 중국 베이징에서 양국 여당교류협의회가 열렸고, 일본 도쿄만에서는 중국의 미사일 구축함 선전호가 110년 만에 일본 항구에 입항했다. 중 · 일 간 최초의 고위급 경제회담이 12월 초 베이징에서 개최되면서 '중 · 일 밀월'을 예고했다. 양국은 환경 · 에너지 절약기술 분야 협력, 지식재산권 보호를 위한 정보 공유에 합의했다. 중국은 12월 말까지 일본 쌀 150t을 추가로 수입하겠다는 성의를 보였다. 양국이 상호 국익을 찾아 협력을 강화해 나가기로 했다.

중국은 최대 수입국인 일본에 대해 엄청난 무역적자를 기록하고 있다. 경제발전을 위한 자본 설비와 기술을 일본에서 제공 받아왔다. 일본은 대중국 수출 증대에 힘입어 그동안의 불황을 극복했다. 양국은 서로의 경제발전을 위해 없어서는 안 될 상대국이 되었다.

그동안 중 · 일 양국은 역사 교과서, 야스쿠니 신사참배, 난징대학살 등의 문제로 갈등을 빚어왔다. 댜오위다오(센카쿠 열도)를 둘러싸고 자원 확보를 위한 영토 분쟁도 끊이지 않았다. 이 지역은 미 · 일 공동으로 해역에 반잠수함기지 건설을 위한 전략적 요충지로 꼽힌다. 아울러 중 · 일은 태평양 공해상의 산호초(오키노도리시마)에 대한 영유권을 두고도 대립해 왔다.[39] 중국과 일본은 동중국해 지역에서 해저 자원개발을 둘러싸고도 분쟁이 해소되지 않고 있다.

'경제는 뜨거우나 정치는 소원한(政冷经热)' 시기를 경험했던 중·일 간에 잠시 훈풍이 불게 된 이유를 살펴본다. 고이즈미 총리의 야스쿠니 신사참배 등으로 급속히 냉각됐던 양국관계는 2006년 10월 아베 총리의 중국 방문으로 화해 분위기로 바뀌었다. 일본은 자국 경제발전을 위해 결코 거대한 중국 시장을 놓칠 수 없다. 외교적 차원에서도 중국과의 협력 없이는 동아시아는 물론 세계에서 지도적 역할 수행이 불가능하다. 중국은 일본의 자본과 기술이 필요하다. 중국은 심화되는 미·일 군사 동맹과 점점 가까워지는 일본·타이완 관계를 적절히 견제하기 위해서도 대일 관계개선이 필요하다.

후쿠다 총리의 방중과 후진타오 주석의 방일을 통한 정상회담이 2008년 초에 이어지면서 중·일관계는 화해 무드로 전환되는 분위기다. 1998년 장쩌민 주석에 이어 10년 만에 이뤄진 후진타오 주석의 방일은 양국을 전략적 호혜 단계로 발전시키려는 노력이다.

중국과 일본은 미국과 함께 미·중·일 삼각 대화를 구상하기도 한다. 한국은 중·일관계개선 과정에서 동북아 지역 협력을 위한 새로운 계기를 만들 수 있도록 노력해야 한다. 한반도를 둘러싸고 한국과 북한이 배제된 채 협력 공조가 이뤄질 가능성이 있다. 이 경우 에너지 안보 측면에서 미·중·일이 러시아를 공동의 위협으로 간주하는 복잡한 구조로 전개될 수 있으므로 러시아는 찬성하지 않을 것이다. 중국은 일본이 아시아에서 지도적 위치에 서게 되는 것을 불편하게 여긴다. 일본은 중국의 그러한 역할을 곱게 보지 않는다. 중·일 양국이 미국을 매개자로 삼으려는 이유다.[40]

급변하는 동북아 정세 속에서 한국은 중국과 일본에 신뢰할 수 있는 우방이 되기 위한 전략을 세우고 차분히 대응해야 한다. 한국이 '균형자'로서의 역할을 자처하기에는 복합적 구조다.

누구와의 '균형'을 취할 것인가에 대한 의구심을 갖지 않게 해야 한다. 혹시라도 중국이 '동북공정'을 떠올릴 때 일본과 함께 중국을 견제하고, 일본 총리가 야스쿠니 신사참배를 한다면 중국과 함께 일본을 규탄하겠다는 의미로 받아들일 수 있다는 점을 경계해야 한다. 이솝이야기에 나오는 박쥐의 처지를 생각나게 한다. 날개 달린 짐승인 박쥐는 땅 위 동물에게 하늘을 나는 새를 흉보며 박쥐가 같은 짐승이라고 얘기한다. 새들에게는 날지 못하는 짐승을 흉보며 박쥐는 날개가 달린 새라며 같이 행동하고 싶어 한다. 이후 박쥐가 땅 위 짐승과 새들로부터 모두 따돌림을 당해서 외톨이가 되고 말았다는 교훈을 새기게 된다.

한국은 동북아에서 '균형'잡힌 외교를 할 수 있으려면 한 · 미동맹과 '한 · 중전략적협력관계'에서 '균형'을 잡을 수 있는 고도의 '전략적 신뢰성'이 쌓여야 외교적 지렛대로 삼을 수 있을 것이다.(12장) 강대국에 둘러싸인 한국은 '코끼리가 싸우든 사랑하든 풀이 짓밟힌다.'고 하는 외국 격언을 떠올리며 공생 방안을 마련해야 한다.

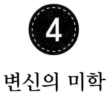

# 변신의 미학

발레의 명작 차이코프스키의 '백조의 호수'에서 백조로 등장하는 무용수는 전부 여자들이다. 이런 고정관념을 깨고 남자 무용수를 백조로 등장시킨 댄스 뮤지컬 '백조의 호수'가 국내에서 공연되어 화제다. 영국의 저명한 안무가 매튜 본(Matthew Bourne)이 제작해 ATM이라는 단체가 공연한 이 작품에서 '수컷 백조'들은 근육질의 웃통을 벗어젖히고 깃털바지를 입은 채 때로는 강렬한 몸짓으로, 때로는 방정대면서도 코믹한 몸짓으로 관객을 휘어잡는다. 두 명이 추는 '파 드 되(pas de deux)'와 군무(群舞) 등 격정적이면서도 현란한 발레 테크닉과 현대무용이 어우러지는 파격을 선보였다. 하얀 뛰뛰(tutu)를 입은 백조를 상상한다면 충격적인 변신이다.

이 작품에서 백조는 왕자의 보호 본능을 자극하는 가녀린 백조가 아니라 카리스마가 넘친다. 왕자의 현실을 위로해 주는 안식처가 된다. 백조는 왕자를 나쁜 백조들의 공격에서 보호한다. 지순한 사랑의 힘으로 변신한 백조는 죽음이라는 자기희생의 길을 택한다.

왕자의 연약함에 대해 사랑으로 감싸지 않고 냉정하게 대했던 왕비는 백조를 따라 숨진 왕자를 보고서야 자신의 잘못을 뉘우친다. 백조의 품에 평온하게 안겨 일체가 된 왕자는 마지막 장면에서 자신을 합리화한다.

매튜 본 '백조의 호수' 중 수컷 백조들의 모습

백조의 변신은 무죄다. 기존 이미지를 깨는 풍부한 상상력으로 차이코프스키의 웅장하고 힘찬 선율을 재해석하고 있다. 그런데 만약 안무가 매튜 본이 '변신의 변신'을 시도해서 기존의 연약한 백조로 되돌아가도록 무용 안무를 했다면 어떻게 될까. 다른 백조와 차별화도 되지 않을 뿐만 아니라 그가 쌓은 명성은 하루아침에 무너질지도 모른다. 그는 차이코프스키의 음악을 1년간 반복해서 듣는 노력 끝에 영감을 얻었다. '수컷 백조'는 '힘과 아름다움과 자유'의 상징으로 탄생했다. 이제 그는 '매튜 본스러운' 백조로 승부해야 한다.

노무현 대통령은 대외정책에서 오히려 파격적이라고 할 만한 변신을 꾀하고 있었다. 한반도 안보의 초석을 다진다는 의미에서 한·미동맹관계의 공고화를 위해 방미 기간 중에 보여준 변신의 언행이 주목을 끌었다. 지지층이 뒤바뀔지 모른다는 우려가 있을 만큼 국익을 위한 선택으로 비쳤다. 전략적 변신으로 일단 성공했다는 평가를 듣고 싶다면 '변신의 변신'을 경계해야 한다. 대외용과 국내용이 다르게 발표되고 해석된다면 양쪽에서 모두 신뢰를 잃어버리게 되는 결과를 초래하게 될 터이다. 노 대통령은 '변신의 미학'을 깨우치고 있었다.[41]

'코드'를 중시하는 노무현 정부의 핵심 보좌진들은 북한에 대한 강경일변도의 미국과 일본에 맞서 중국과 함께 견제 역할을 내심 기대했을지 모른다. 노 대통령이 한·미, 한·일정상회담에서 보여준 '변신'이 아쉽고, 또 다른 '변신의 변신'을 통해 코드를 되찾기를 바랄지도 몰랐다. 한·중정상회담에서 북한에 대해 유화적 입장을 취한다면, 그의 '변신'과 '실용외교'에 대한 비판과 소모적 논쟁이 확산될 것이었다. 노 대통령은 일련의 정상회담을 통해서 얻은 실용적 이미지를 일관되게 유지함으로써 국제사회에 신뢰를 심어 주어야 했다. 국익을 최우선시하는 사려 깊은 정책 판단이 요구되는 시점이었다.

노무현 대통령은 후보 시절 '사진 찍으러 미국에 가지는 않겠다'고 공언했다. '미국 안 가보면 어때'라고 할 만큼 정서적으로 반미성향을 보였다. 대선에서 노무현 후보는 한국에 광범위하게 펴져 있는 반미정서를 꿰뚫고 있었다. 이를 선거 전략에 활용해서 소위 '재미 좀 봤다'로 대통령에 당선되었다. 당시 훈련 중이던 미군이 두 여중생들을 미처 발견하지 못해 장갑차에 깔려 사망하는 불행한 사건이 발생했다. 미군은 장갑차 운전자가 훈련에 따랐다는 이유로 아무런 책임을 묻지 않고 미국으로 이송했다. 이에 한국 내 비난 여론이 들끓으면서 반미감정이 확산되고 있었다.

2003년 취임 후 노무현 대통령은 첫 방문 국가로 중국을 택하려고 한다는 보도가 있었지만 여론이 좋지 않자 미국, 일본, 중국 순으로 순방했다. 이전 대통령들은 한·미동맹강화를 내세우며 미국 방문에 심혈을 기울였다. 노 대통령은 취임 첫해 유례없이 빠른 속도로 주변 4강 지도자와의 정상회담을 진행했다. 2003년 7월에 열린 한·중정상회담은 중요한 의미를 지닌다.[42] 명분 못지않게 실리를 챙길 수 있어야 했다. 북한핵 문제해결을 위한 정책 조율 과정에서 일관성 있는 메시지를 유지하는 것에 주목했다.

한·미동맹의 굳건함을 통해서 북한과의 관계개선에 나선다면 지렛대가 될 수 있다. 한국을 메신저로 미국에 북·미관계 개선에 대한 메시지를 보낼 수 있을 때 북한이 남북한관계 개선에 더욱 관심을 보인다. 북한의 입장에서는 미국이 신뢰하지 않는 남한과의 대화에 별 관심이 없다. 부시 행정부 등장 이후 북·미관계가 악화되는 시기에 한·미관계도 돈독하지 못한 상태에서 남북대화도 아무런 진전을 보지 못하는 교착상태가 지속되고 있었다.

일본 고이즈미 총리는 친미적 제스처에 능하고 부시 대통령과는 매우 긴밀한 관계를 유지했다. 이는 고이즈미 총리가 북한을 2번 방문하고 김정일 위원장과 북·일정상회담을 개최할 수 있었던 자산이다. 그는 미·일동맹이 굳건하다는 사실을 만천하에 공개하면서 이를 외교의 기본 축으로 활용하는 지혜를 발휘했다. 한국이 반면교사로 삼아야 하는 교훈이다.

북한 핵문제는 2003년 6월 캄보디아 프놈펜에서 열린 제10차 아세안지역안보포럼(ARF)에서도 주요 의제로 다뤄졌다. 북한은 다자회담에 반대하지 않지만 여전히 북·미회담이 선행되어야 한다고 주장했다. 미국의 진의를 파악하고 핵 공격을 감행할 의사가 정말로 없는지 양자회담에서 확인하겠다고 했다. 반면 콜린 파월 미 국무장관은 다자회담을 고수했다. 미국은 북한에 대한 선제공격 의사가 없으니 대북한 경제지원도 핵 포기가 선행되어야 한다고 선을 그었다. 북한이 다자회담에 불응하면 핵 문제를 UN안전보장이사회에서 다루자는 미국의 제안이 공감대를 이루고 있었다.

북한이 핵을 포기하지 않을 때 치러야 할 대가는 이미 나타나고 있었다. 북한은 미사일, 마약, 위조지폐 수출 등으로 연간 10억 달러 상당의 외화벌이를 한다고 알려졌다. 6월 10일 미국은 호주, 일본과 함께 북한 선박에 대한 검색 감독을 강화하는 방안을 논의했다. 12일에는 대량살상무기 확산방지구상(Proliferation Security Initiative, PSI)의 실천 방안을 놓고 스페인 마드리드에서 10개국과 머리를 맞댔다. 미국 주도로 북한에 대한 다양한 봉쇄 가능성과 대비책이 논의되었다.

일본은 북한 선박에 대한 철저한 검색을 시작했고 만경봉호 등이 일본 입항을 포기했다. 1년에 북한 선박 1,500척 가량이 일본에 입항하고 있는 상황에서 상당한 경제제재 효과를 기대할 수 있었다. 일본은 조총련의 준 외교관 지위를 인정해서 면제하던 세금도 부과하기로 했다.

경제난이 심화되고 있는 상황에서 외부세계와 거래가 차단되면 북한체제는 결정적 타격을 받을 수 있다. 중국은 북한 식량 부족분의 절반 이상과 에너지 부족분의 대부분을 공급하고 있다. 미국은 중국이 대북한 경제제재에 동참하기만 한다면 군사제재는 필요하지 않으며 반드시 평화적으로 북한 핵 문제를 해결할 수 있다고 믿는다. 중국의 입장이 주목받고 있는 이유다. 그렇지만 대화를 강조하는 중국은 북한이 크게 반발하지 않을 방식으로 압박 수위를 조절하고 있다.

2003년 10월 한국 내에서 노무현 대통령의 재신임 발언으로 정국이 소용돌이에 휩싸였다. 이런 사태가 초래된 원인과 책임 소재를 놓고 의견이 분분했다. 노 대통령의 적절치 못한 언행 때문이라는 주장에서부터 거대 야당의 횡포 때문이라는 주장도 나왔다. 국론이 여러 갈래로 분열되는 양상을 보였다. 다음 해 총선을 겨냥한 노 대통령의 승부수라는 분석도 있지만 자칫 대통령 본인이 하야할 가능성도 배제할 수 없었다. 오죽했으면 이런 상황에 이르렀냐는 동정론도 있었지만 재신임을 얻더라도 국론이 통합되리라는 보장은 없었다.

노 대통령의 재신임 선언에 이어 대통령비서진과 내각 전원이 일괄 사의를 표명했다가 대통령에 의해 반려됐다. 이 파문으로 국정 공백을 초래하고 국민 불안을 가중시켰다는 비판을 피할 수 없었다. 노 대통령은 고건 국무총리를 중심으로 내각이 국정 중심에 서서 책임지고 이끌어 달라고 주문했다. 국정 혼란기에 책임총리가 가능할 것인지에 대해서도 의구심이 있었다. 내치(內治)는 총리가 총괄하지만 국익을 우선시하는 외교안보문제는 대통령이 중심이 되어 리더십을 발휘해야 한다. 대통령 자신이 재신임 문제를 제기한 초유의 사태로 외치(外治)의 중심이 흔들리고 있었다.

한국 국내 상황은 안보 현실에 적지 않은 부담이 되었다. 당장 발등에 불이 떨어진 이라크 파병 문제에 대해 지도력을 발휘해서 국론을 이끌어 나갈 수 있을지 걱정이었다. 적절한 파병 규모, 파병지역, 비용 분담에 이르기까지 민감한 사안들로 가뜩이나 국론이 양분되었다.[43] 합의점을 찾기가 어려워 이라크시찰단을 재파견하자는 의견이 있었다. 북한 핵문제를 다루기 위한 제2차 6자회담이 순탄치 않아 국내에서는 북한 핵 재처리 여부에 신경을 곤두세우고 있었다. 미군 재배치문제에 따른 용산 기지 이전 협상도 지연되었다. 재독일 송두율씨 문제는 이념논쟁까지 불러일으키며 논란이 가열되었다. 제주도 해군기지건설 문제도 진척에 어려움을 겪고 있었다.

노무현 대통령의 재신임 선언을 기정사실로 받아들이는 한편 재신임을 묻는 방식으로 국민투표가 거론되었다. 이 문제는 정치권에서 적절한 법률 정비를 통해 위헌적 소지를 없애는 조치가 선행되어야 할 사안이었다. 국민투표 시행 시기에 대해 당시 국내 신4당 체제에서의 합의가 쉽지 않았다. 이 기간은 주변 정세에 비춰볼 때 안보의 불확실성이 가장 고조될 수 있었다. 국가적으로 내우외환이 겹치게 되면 안보 불안은 가중 된다. 갈등을 통합으로 이끄는 지혜가 절실했지만 오히려 대립이 깊어 가고 있었다.

결과적으로 노무현 정부에서 한·미 FTA, 이라크 파병, 제주해군기지 건설 등을 이행해서 반미성향이라는 인식과는 다른 정책 결정들이 이뤄졌다. 당시 반기문 외교통상부 장관은 노무현 정부의 적극적인 지원으로 한국인 최초로 제8대 유엔사무총장에 선출되어 연임했다(2007~2016).

# 이라크 파병

　노무현 정부가 2003년 출범한 지 7개월이 지나도록 정치권이 계속 표류하는 가운데 산적한 국정과제들이 제대로 다루어지지 않고 있다는 불만이 표출되었다. 막대한 태풍 피해로 수많은 이재민이 신음하고 있었다. WTO 각료회의 여파로 농민들이 시름에 잠겼다. 미국의 이라크 파병 요청으로 갈등이 분출되고 있었다. 어느 문제 하나라도 제대로 풀리지 않는다면 국가적 위기를 불러올 수 있을 만큼 심각한 상황으로 빠져들었다.

　파병 문제는 이념논쟁까지 내포하고 있어 엄청난 파문을 불러일으킬 기세로 분열이 가중되고 있었다. 2003년 9월 미국이 독자적 작전 수행 능력을 갖춘 상당한 규모의 경보병 부대를 한국이 파견해 달라고 요청했다. 이미 전국에서 찬반양론이 뜨겁게 달아올랐다. 같은 해 5월 비전투병을 파견했던 결정보다 훨씬 민감한 사항들을 담았기에 해법을 찾기가 쉽지 않았다.

　노 대통령은 마치 파병이 확정된 듯한 언론 보도는 잘못이라며 여론 수렴을 통해 신중하게 결정하겠다고 다짐했다. 얼핏 듣기엔 민주적 자세로 보여 수긍하는 쪽으로 기우는 국민도 없지 않을 것이다. 그러나 대통령의 이러한 태도는 오히려 국론분열을 부채질할 수 있다. 외교안보 문제는 국가이익을 가장 앞세워야 하는 고도의 전문적 정책 결정을 요구한다. 국가의 장래에 큰 영향을 미칠 수 있는 외교안보 문제의 경우 지도자가 여론을 무시해서는 안 되지만 여론을 선도하는 것이 더 중요하다. 지도자는 여론을 이끌어야 (lead) 한다. 여론에 이끌려서는(led) 안 된다. 여론에 끌려다니면 이미 '리더(lead-er)'가 아니라 '레더(led-er)'일 뿐이다.[44]

이라크전쟁 발발 직전에 서방세계의 지도자들이 내린 정책 결정을 보면 리더가 취해야 할 행동 양식이 어떠해야 하는지 알 수 있다. 부시 미 대통령은 거센 반전론에도 불구하고 개전을 결심해 승전으로 이끌었다. 물론 미군 사상자가 늘어남에 따른 여론의 역풍으로 2004년 대선에서 재선을 장담할 수 없었지만 리더로서 소신을 바꾸지는 않았다. 영국의 토니 블레어 총리는 미국에 전폭적인 지지를 보내는 정책 결정으로 전쟁의 승리에 기여했다.

반면 전쟁에 반대한다는 소신을 처음부터 당당히 밝힌 리더들도 있었다. 독일의 게르하르트 슈뢰더 총리와 프랑스의 자크 시라크 대통령은 UN의 역할을 내세우며 미국 일방주의에 반대한다는 명분으로 자국의 반전 여론을 주도적으로 이끌었다.

리더는 일단 정책 결정을 내리고 나면 비전을 제시하면서 여론을 형성하고 설득하는 노력을 기울이고, 이에 따른 최종적인 책임을 져야 한다. 국민의 인식 수렴이 필요한 절차일 수는 있지만 올바르게 국민이 인식할 수 있도록 이끌어야 한다. 최고 지도자가 뒤로 물러나 있으면서 참모들을 통해 여론을 떠보려 한다면 당장은 편하고 여론의 화살을 피할 수 있을지 모른다. 그러나 그 시간이 길어질수록 국론은 갈라지고 통합의 길은 점점 멀어지게 된다.

　국익을 위한 불가피한 정책 결정의 의지를 보이고 반대자들을 앞장서서 설득해 나가는 진정한 리더의 모습이 아쉬운 상황이었다. 그렇다고 해서 일방적으로 내리누르라는 뜻은 결코 아니다. 중국인들이 즐겨 쓰는 구동존이(求同存异)라는 말을 되새길 필요가 있다. 서로 동일함을 추구하지만 또한 상이함을 인정함으로써 공존의 방식을 모색하라는 지혜다.

　다음은 2006년 이라크 방문 후 기고한 칼럼이다.

## 이라크 아르빌을 가다[45]

　마침내 노무현 대통령은 이라크 파병을 결정했다.

　자이툰부대의 교대 병력 300여 명과 함께 나는 이라크 북부 아르빌 지역을 방문했다. 김덕수 사물놀이패도 함께 가서 공연했는데 마침 잘랄 탈라바니 이라크 퍼스트레이디가 관람석 옆자리에 앉아 그와 이야기를 나눌 기회가 있었다.

　대통령 부인은 사물놀이 관람 후 "이라크 전통 공연과 이상하리만큼 비슷하다"며 친근감을 나타냈다. 자이툰부대 대원 등 한국인은 이라크 문화를 존중하고 배려할 줄 안다며 칭찬을 아끼지 않았다. 이어서 그는 이라크의 사회간접자본 건설에 한국이 참여할 수 있는 일이 매우 많다고 말했다.

　자이툰부대가 아르빌 재건을 위해 기울인 그동안의 노력은 현지인들에게 한국에 대한 우호적인 인상을 심는 데 성공했다. 아르빌의 각 마을에서 진행하고 있는 '그린에인절 작전'은 한국의 새마을운동을 연상시켰다. 이 작전은 도로와 하수도를 건설하고 마을 환경을 개선하는 등 각 마을에 따라 필요한 숙원사업을 해결해 주는 종합적인 민간지원 사업이다. 기술교육센터도 운영하며 이 지역 쿠르드인들의 자활을 돕고 있었다.

작전 항목 중에는 부대원과 주민들의 화합을 위한 마을 축제 개최도 있었다. 부대원과 주민들이 함께 줄다리기도 하고, 쿠르드족의 전통 춤(초피 댄스)도 췄다. 쿠르드족 어린이들은 어느새 '둥글게 둥글게…' 등 한국 동요를 부르고 춤을 추며 박수를 쳤다. 축제가 열리는 운동장의 인근 건물 지붕에 배치된 저격수와 3중으로 에워싼 경호만 아니라면 시골의 흥겨운 운동회 모습 그대로였다.

인구 약 400만 명인 이 지역은 충분한 노동력과 석유, 가스 등 풍부한 천연자원을 보유하고 영농지는 비옥하다. 이라크 타 지역보다 상대적으로 안전한 치안환경을 유지하며 주변국과의 물류체계도 비교적 양호하다. 그러나 전기, 통신망 등 사회기반시설이 턱없이 부족하고 주택 등 숙박시설은 열악하다. 금융시장이 제대로 발전하지 않아 기초적인 수출 서비스도 제한받고 있다. 이 때문에 쿠르드인들은 재건 과정에서 한국의 투자를 간절히 원하고 있었다. 탈라바니 대통령은 "한국 기업이 이라크에 투자하면 특혜를 줄 수 있다"고 공언했다.

이라크 정부는 전후 복구와 경제 활성화를 위해 아르빌에서 2004년부터 매년 '이라크 재건 박람회'를 개최했다. 정보 통신, 교통 수송 서비스, 관광 분야 등에 전방위의 투자 유치를 원했다. 한국의 기술 수준이라면 충분히 우위를 점할 수 있는 사업들이다.

하지만 한국 정부는 안전을 이유로 이라크에 대한 민간인 진출을 금지하고 있었다. 인질로 잡혀 안타깝게 목숨을 잃은 김선일 씨 사건 이후 이라크 직접 투자 기회가 봉쇄되었다. 아르빌 지방정부가 발주한 아파트 공사의 대부분은 터키 기업이 맡았다. 부호분할다중 접속(Code Division Multiple Access, CDMA) 방식의 휴대전화 사업은 중국 기업에 발주되었다.

그동안의 희생이 값지다는 사실을 입증하기 위해서라도 이라크에 활발한 투자를 해야 할 시점이라고 생각되었다. 한국 정부가 이라크 정세를 정확히 판단해서 민간 분야의 진출 시기를 긍정적으로 검토하기를 바라고 있었다. 이라크에서 많은 기회가 한국인들을 기다리고 있다.

'그린에인절 작전' 마을 축제의 마지막 순서는 태권도 시범이었다. 자이툰부대 장병이 멋진 발차기로 장대에 높이 매달려 있는 박을 깨뜨리자 캐치프레이즈가 쓰인 긴 천이 펼쳐졌다. '우리는 친구(We are Friends)' 양국의 진정한 우정을 위해서 한국이 이라크 경제발전에 동참해야 한다.

태권도 시범

이라크에서 참관

# 10 · 4 선언

부시 대통령은 중국의 중요성을 인식하지만 중국을 대아시아정책의 중심으로 설정하기보다는 핵심우방으로서 일본의 역할을 더욱 강조한다. 부시 행정부 내 외교안보팀은 중국을 '전략적 동반자'가 아닌 '전략적 경쟁자'로 규정한 바 있다.[46] 그러나 2006년 중간선거에서 미 공화당이 고배를 마시고 북한 핵문제를 해결하는 데 중국의 역할이 절대적으로 필요하다고 인식하게 되었다. 중국을 국제사회에서 책임 있는 '이해상관자(interest stakeholder)'로 평가했다.[47] 중장기적 관점에서 미국은 중국과의 경제적 상호의존을 통해 중국의 내부적 전환을 유도하고 일본과의 협력을 바탕으로 동북아에서 중국의 힘과 야심을 견제해야 한다고 판단했다. 경직되기만 했던 부시 행정부의 대중국, 북한 인식이 누그러지면서 남북대화도 여유를 가지고 재개될 수 있었다.

노무현-김정일 남북정상회담 개최가 2007년 10월 초로 예정되었다. 그동안 북한 핵 폐기와 관련된 북 · 미 간 논의에 상당한 접근을 보여 남북정상회담의 분위기가 무르익고 있었다. 그해 초반에 열린 6자회담에서 '2·13합의'도 이뤘다. 한·미정상회담에서 부시 대통령은 "북한이 핵포기를 약속대로 한다면 평화조약을 맺을 수 있다"고 했다. 남북정상회담을 통해서 남측은 북·미 간 협상을 진척시키는 역할까지도 할 수 있게 되었다. 부시 대통령이 남북정상회담에 대한 희망을 밝히면서 북·미관계가 순조롭게 개선되기를 바라는 과정에서 2차 남북정상회담이 진행될 수 있었다. 따라서 '북·미관계개선, 남북관계 발전, 동북아 안보협력 증대'로 이어지는 선순환 관계가 맺어지고 있다는 기대를 갖게 했다.

반면 2차 남북정상회담은 2007년 말로 예정된 남측의 대선을 겨냥한 정치적 고려일 뿐이라고 우려하는 측면이 있었다. 북한은 수년 전부터 반보수대연합을 외쳤다. 그렇지만 이러한 전략의 부작용을 감안한 탓인지 이를 북한이 강하게 주장하지 않았다. 또한 노 대통령이 대선에 유리한 환경을 만들기 위해 무리한 합의를 이끌어 냈다는 시각이 대두되기도 했다. 한국에서 정상회담에 대한 지지도가 높고, 미국도 이를 찬성해서 남북정상회담은 평화정착을 위한 노력의 일환으로 받아들여지고 있었다.

2007년 10월 2일 노무현 대통령은 판문점에서 도보로 노란표시를 해둔 군사분계선을 넘었다. 개성을 지나 자동차로 평양까지 가서 김정일 위원장과 조우했다. 노무현–김정일 2차 남북 정상회담에서 '10·4 선언'을 발표했다. 진보진영에서는 남북한관계를 되돌릴 수 없도록 '대못을 박기' 위한 합의라고 했다. 보수진영에서는 북한에 대한 '퍼주기'라고 규정지어 논란이 일었다.[48]

10·4 선언문에 표기된 서해 NLL 부근 활용을 둘러싸고 지속적

으로 문제점이 제기되었다. 서해교전 장병을 '악마'라고 지칭한 글이 대학교 통일학생회 이름으로 배포돼 물의를 빚었다. 국제법상 존재하지 않는 NLL을 주장해 북한과 무력 충돌이 일어났고 동포를 무참히 살해했다는 것이다.[49] NLL 포기를 약속했다는 폭로에 대한 진위여부가 논란을 불러일으키는 가운데 서해의 황금어장을 중국 어선에게 빼앗기고 있는 현실이 안타까운 상황이었다.

군사분계선을 통과한 노무현 대통령과 권양숙 여사(2007. 10. 2)

　10 · 4 선언은 NLL 서해어장에 대한 공동어로구역를 규정하고 있다. NLL로 인해서 우리 어민들이 겪는 불편은 이만저만이 아니다. 백령도와 연평도 어민들은 출어시간을 엄격하게 지키고 신고해야 한다. 또한 NLL을 중심으로 남북 2km에 이르는 완충해역은 황

금어장인데도 들어갈 수 없다. 북한 선박이 NLL 2km 전방에 들어오면 남한 해군이 출격하는데, 북한 해군의 출격을 유발하지 않으려면 남한 선박도 이 수역을 침범하지 말아야 한다. 2003년 연평도에는 53척의 꽃게잡이 배가 있고 당시 척당 연간 3억 원의 수입을 올린다고 했다. 이 지역은 어자원의 보고다.

서해 백령도 부근에 중국 어선이 500척 이상 떼를 지어 다니면서 남측 어장을 파괴하고 있다. 10km 이상 끝없이 펼쳐져 저인망으로, 어자원을 싹쓸이해 간다. 주로 NLL을 중심으로 군사 완충해역을 따라 이동한다. 남과 북, 어느 쪽도 충돌을 우려해 경비함 접근이 어렵다는 점을 교묘하게 이용한다. 중국 어선들은 남에서 쫓으면 북측으로, 북에서 쫓으면 남측 완충해역을 넘나들면서 조업한다. 7월이면 남북한은 꽃게 금어기로 출어하지 못하지만, 중국 어선들은 오히려 이 틈을 이용해 우리의 황금어장을 휘젓고 다닌다.

또다시 DMZ에서 총격 사건이 발발해 긴장을 고조시키고 있었다. NLL에서 희생된 젊은 장병들을 생각하면 한시라도 방심할 수 없다. 남북한 젊은이들의 목숨을 대가로 중국 어선이 '어부지리'를 얻고 있다.[50] 이 주변 수역 중 꽃게가 가장 많이 잡히는 구역에 남북한 어민이 접근할 수 없어서 중국 어선이 반사이익을 얻고 있으니 갑갑한 노릇이다. NLL 관할권을 확보하면서도 이 주변에서 긴장관계가 고조되는 문제를 원천적으로 해결하려면 남북한이 NLL을 기점으로 공동어로구역을 설정할 필요가 있다. 그러면 우리 장병의 값진 희생이 '악마'로 매도되는 어처구니없는 일도 더 이상 없을 것이다.

NLL을 둘러싼 논란은 역사적 사실을 바탕으로 외교적 지위나 협상력을 강화할 필요가 있지만, 그것만으로는 불가능하다. 이미 남북 기본합의서에서 합의한 NLL 문제를 평화적으로 해결할 수 있는 창의적 노력이 필요한 시점이다. 남북한 간에 서로의 희생이 헛되지 않고 또 다른 희생이 생기지 않도록 양측이 협상을 통해서 평화가 보장되는 협력지대를 만들어야 한다. 그러나, 10·4선언이 이뤄지는 배경에 NLL을 포기했다는 주장이 이명박 정부에서 불거지면서 이 해역에 대한 평화적 이용을 위한 실행방안은 진전을 볼 수 없었다. 당시 남북정상회담 기록물에 대한 이념논쟁으로까지 번지면서 혼란을 일으켰다. 노무현 정부를 계승하려는 문재인 정부는 김정은 위원장과 남북정상회담을 통해서 NLL주변을 평화적으로 활용하기 위한 방안에 대해 합의했다.(8장)

2007년 10·4선언의 직접적인 동기는 북한 통일전선부에서 노 대통령의 평양방문이 이뤄지면 남한 대선에서 진보진영이 승리할 것이라고 건의했기 때문이라고 알려졌다. 당시 북한 분위기는 12월 대선에서 보수 이명박 후보를 누르고 진보 정동영 후보가 당선될 것으로 믿었다고 한다. 2007년 12월에 실시된 한국 대선에서 보수 이명박 후보는 거의 두 배에 이르는 표 차이로 압승을 거두었다. 2006년 10월 북한 첫 핵실험은 한국국민들에게 안보에 대한 경각심을 불러일으켰다. 이후 예상이 빗나가자 통일전선부에 많은 간부들의 자리바꿈이 있었다.[51] 북측이 남측 대통령 선거에 영향을 미치려는 의도로 비치기도 했다. 결과적으로 역효과를 부른 셈이니 남측 유권자들의 의식 수준을 나타낸다.

# 제5장 북한 핵

동상이몽(同床异梦) 같이 자면서 다른 꿈을 꾼다.

건국 초기에 중국은 가장 가난한 국가 중의 하나였다. 1960년대 마오쩌둥 주석은 소련과의 갈등으로 대립하며 핵무기 개발에 성공했다. 강대국으로 부상할 수 있는 방안에 착안한 북한은 핵능력에 주목했다. 1950년대 말부터 북한 김일성 주석은 핵개발에 눈을 돌리고 자강의 최고 수단으로 간주하며 모든 역량을 쏟아왔다. 김정일-김정은으로 이어지는 세습체제에서 핵보유국 지위를 위한 핵능력 고도화는 생존전략이다. 결코 쉽게 포기할 수 없다.

한반도 문제해결을 위한 6자회담 국제협상에 남북한이 당사자로서 4대 주요 강대국들과 맞대고 앉았다. 100년 전, 50년 전 상황과 비교한다면, (인도차이나 문제와 한반도 문제를 함께 다뤘던 1954년의 제네바회담을 논외로 할 때) 처음으로 한반도 문제에 대해 우리 손으로 정책 결정에 영향력을 행사할 수 있는 기회를 맞이했다.[1]

2003년 시작된 6자회담은 북핵 문제 해결을 위한 첫걸음으로 길고도 험난한 협상 과정을 예고한다. 중국과 미국이 깊숙이 개입하고 있는 상황에서 우리의 입장을 반영하려는 노력이 절실하다.[2] 북한은 협상 전략에서의 우위를 점하기 위한 압박조치로 회담 불참을 거론하기도 한다. 중국 베이징에서 개최된 회담에서 6개국이 합의에 이르기도 했지만 제대로 이행되지 않고 있다. 우리의 운명이 또다시 남의 손에서 결정되는 일이 없도록 반드시 남북한이 함께 참여하고 주도적으로 해결해 나가야 한다. 북한은 핵 문제의 평화적 해결을 위한 결단을 보여야 한다.

# 고농축우라늄

중국은 북한이 위기상황에서 일방적으로 몰리게 되는 국면을 방치하지 않았다. 1993년 3월 북한의 NPT 탈퇴 선언으로 발생한 제1차 한반도 핵위기 시에 북한의 입장을 고려해서 중국은 당시 김정일과 동년배인 후진타오(胡錦濤) 부주석과 츠하오티엔(迟浩田) 국방장관을 북한에 파견했다. 북한 세습체제를 인정하는 제스처로 유화적 태도를 보였다. 1993년 초 영변 핵시설에 대한 미국의 제한적 정밀 타격설(Surgical Strike)까지 나오는 위급한 상황이었지만 중국은 북한에 대한 일방적인 압박보다는 미국의 양보와 타협을 요구했다.[3] 동북아 안정과 평화를 해칠 수 있는 어떠한 군사적 행동에도 반대한다는 단호한 중국의 입장을 견지해 왔다. 미국과 북한 간의 상호 협상과 타협으로 1994년 10월 북·미제네바 합의가 이뤄졌다.

그러나, 북한의 핵동결 약속은 지켜지지 않았다. 2002년 10월 북한을 방문한 제임스 켈리(James Kelly) 미 차관보는 북한 핵활동에 대해서 위성사진을 비롯한 증거물을 제시했다. 강석주 부부장이 핵

재처리를 통한 플루토늄 방식과는 별개로 고농축우라늄(Highly Enriched Uranium, HEU) 핵생산을 계획하고 있다고 시인했다. 북한은 이를 포기하라는 압력을 받았다. 북한은 두 가지 해법 중 하나를 선택해야 한다. 하나는 대외원조를 포기하면서 핵무기 보유를 공식화하고 핵 국가 지위를 획득하는 것이다. 다른 하나는 HEU를 포기하고 미국의 인정을 받아 대외원조를 기대할 수 있는 희망을 저버리지 않는 것이다.[4]

북한에는 첫 번째 선택이 더 매력적일 수 있다. 국제정치 현실은 우방인 러시아와 중국마저도 체제보장을 해줄 수 없을 만큼 냉혹하다. 김정일 체제유지를 위한 유일한 억지력은 핵 보유를 통한 자위만이 가장 안전하다고 판단한다. 두 번째 선택은 전략적 시각에서 보면 별로 당기지 않는다. 체제생존의 마지막 카드인 HEU를 적절한 보상도 없이 무조건 포기하기에는 너무나 아깝다. 미국과 군사대결을 하겠다는 자살행위를 각오해야 할지 모른다. 혹은 '핵국가'를 선언할 수 있을 때까지 끊임없이 핵실험과 미사일 발사로 도발을 하면서도 이를 바라보는 세계의 눈을 속이고 감추면서 소위 '파키스탄모델'이라고 할 수 있는 '사실상 핵국가(de facto nuclear state)'의 길을 가는 것이다.

켈리 미 특사의 방북 기간에 북한이 예기치 않은 HEU 계획을 시인한 것은 세 가지 경우로 분석해 볼 수 있다. ① 북한이 핵보유국이 되고자 한다. ② 북한이 미국을 협상테이블로 끌어들이기 위해 HEU 계획을 지렛대로 쓰려고 한다. ③ 미 정보기관에서 북한이 거부할 수 없는 결정적인 증거를 제시했을 경우다. 방북한 켈리 차관보는 위성사진으로 북한의 HEU 프로그램을 지적했다. 첫 번째 시나리오는 동북아 지역에서 핵무기 경쟁이 촉발될 수 있으므로 미국 입장에서는 전략적으로 악몽일 수밖에 없다. 미국에 대한 심각한 도전으로 받아들인다. 북·미 제네바합의는 북한의 잘못된 행위를 돈을 주고 산 것이라고 비난받아서 두 번째 시나리오도 북한의 의도대로 타결될 가능성이 높지 않다. 미국은 북한핵 개발계획을 보상의 대상이 아닌 응징해야 할 행위로 간주하므로, HEU 계획을 폐기하는 대가를 북한에 지불하려고 하지 않을 것이다.

켈리 특사의 방문과 관련해서 북한은 무장해제 후에 협상이 재개되어야 한다는 미국의 주장이 억측이라고 반박했다. 부시 행정부, 특히 켈리를 거명하며 고압적이고 오만한 외교 태도를 보이면서 사찰관처럼 행동한다고 비난했다.[5] 사실상 북한의 최우선 목표는 정권의 생존이다. 북한 당국자들은 안전보장을 요구한다는 사실을 숨기지 않는다. 미국의 '압살정책'에 굴하지 않을 것이며 핵무기는 군사적 목적이 아닌 정치적 무기다.[6]

HEU 프로젝트가 노출되면서 북한은 미국과 제네바합의를 이룰수 있었던 '벼랑끝외교(Brinkmanship diplomacy)'를 다시 시도해보고 싶은 유혹을 뿌리치기가 쉽지 않을 것이다. 그렇지만 핵 문제가 결코 협상 대상이 될 수 없다는 부시 행정부의 강경 입장은 수사적 의미가 아니라 제재조치로 나타날 수 있는 실제적 상황이다. 한반도에너지개발기구(KEDO)는 이미 선적한 11월분 중유만 북한에 보내고 2002년 12월 이후에 중단하기로 결정했다. 북한의 연간 가용전력 생산능력은 200만kW(남한은 4200만kW)로 석탄과 중유로 화력발전소를 가동하면서 소모되는 총 중유량이 약 100만t 정도다. 이를 감안하면 지난 8년 동안 미국이 1년에 50만t을 공급한 분량은 매년 총 소비량의 거의 50%에 이른다. 이 물량이 중단된다면 극심한 에너지난을 겪고 있는 북한 경제활동에 직접적인 악영향을 미칠 수 있다.

한·미 양국은 핵문제의 근원적 해결을 위해서 북한 핵활동에 대한 과거, 현재, 미래의 핵 투명성 확보가 필수적이라고 판단했다.[7] 미국은 KEDO의 활동과 관련해서 북한이 IAEA 핵사찰을 받아들이지 않으면 경수로 지원을 할 수 없다는 입장을 견지했다. 이에 북한은 북·미 간의 최대관심사는 핵사찰문제가 아니라 북·미기본합의문 유지라고 주장했다.[8] 합의문 핵심사항은 '북한 핵동결' 대 '미국 경수로 제공'이다. 이는 미국 측의 경수로 제공 지연으로 인한 북한의 전력손실 보상 문제를 우선적으로 논의해야하며 핵사찰 문제는 경수로 건설이 진척됨에 따라 자연히 해결된다는 것이다.

미국은 제네바 합의를 위반한 북한이 명시적으로 조건 없이 HEU를 포기하라고 요구한다. 북한은 핵사찰에 대한 입장을 바꾸지 않으려 한다. 미국이 이라크와의 전쟁을 준비하고 있고, 일본은 북·일수교를 원한다. 한국은 대선을 앞두고 정권교체가 이뤄지는 시점이라서 북한에 대한 섣부른 군사행동은 불가능하다고 판단할 수 있다. 북한은 일단 시간을 끌면 협상에 유리한 환경이 조성될 수 있을 것으로 생각할지 모른다.

현실은 북한에 결코 유리하지 않다. 북한 내부 경제 상황은 이미 7·1 경제관리개선조치에 따른 가격개혁으로 물가상승과 물자부족의 악순환이 나타날 조짐을 보인다. 농산물과 일상용품 등 원자재가 절대적으로 부족한 상황을 감안하면 외자유치를 통한 경제 활성화가 시급하다. 이를 위한 국제금융기관으로부터의 자본 유입은 미국의 승인 없이는 이뤄질 수 없다. 남북한 경협도 남한 내부의 여론

악화로 적극적으로 추진되기 어렵다. 일본이 식민지 보상을 하지 않으면 미사일 발사실험을 하겠다는 발상은 그만큼 북한에 외부자금이 절실하기 때문이다.

시간이 흐를수록 북한 경제상황이 악화되고 있다. 대외관계는 외부지원이 차단돼 경제체제뿐만 아니라 정치·사회체제까지 총체적으로 영향을 미칠 수 있는 위험을 내포하고 있다. 북한체제 보장의 담보를 위해 개발하고 있는 핵 프로그램이 오히려 역설적으로 체제붕괴를 가속화할 수 있다. 북한은 생존을 위한 선택을 해야 한다.

중국은 북한에 대한 일방적 요구를 하지 말라는 입장을 견지한다. 소련이 붕괴되기 직전 한국과 한·소 국교정상화가 이뤄졌다. 이후 소련을 계승한 러시아는 내부 경제사정으로 북한을 돌아볼 겨를이 없었다. 그래서 중국은 러시아가 북한에 대한 영향력을 상실한 것은 러시아의 대북한 정책이 한국의 정책과 별반 다르지 않기 때문이라고 지적한다. 중국으로서는 한국의 입장뿐만 아니라 북한의 입장도 감안하지 않을 수 없으며, 남북한 양측에 대한 협상력이 있어야 한반도에서 영향력을 행사할 수 있다고 주장한다.

6자회담이 성립되는 과정에 중국의 능동적 역할이 모색되는 시기를 살펴보면 일정한 패턴을 보인다.

첫째, 대화의 장이 깨어지고 한반도 위기가 예상되면 적극적으로 개입한다.

둘째, 일단 대화를 위한 환경이 조성되고 상호 만남이 이뤄지면 형식에 구애받지 않고 당사자들끼리 타협하도록 실질적 조건을 요구한다.

셋째, 만약 북한이나 미국이 대량살상무기를 보유하거나 제거하기 위해 핵무기를 내세워 군사조치를 취한다면 단호한 입장으로 이에 반대한다.

중국은 북한을 설득해서 3자회담을 통해 6자회담을 이끌어 냈다. 이 과정에서 2003년 초 중국이 북한에 대해 3일간 송유를 중단했다고 알려졌다. 이 시기에 중국 해관을 통과해서 북한에 수출한 물자가 없다는 관측도 있다. 중국이 공식적으로 경제제재를 언급하지 않지만 노후된 송유관 수리나 도로 및 철도시설에 대한 재보수를 구실로 막게 되면 자연스럽게 중단된다. 중국이 가하는 압박수단은 엄청난 효과를 낸다.

그러나 중국이 북한을 완전히 고사시킬 수 있는 능력이 있어도 집행할 의사가 없다면, 중국을 설득해서 북한에 대한 압박조치를 취하기가 쉽지 않다. 만약 극단적 방법에 의한 북한의 변고가 중국의 국익에 상응하지 않는다고 판단되면 중국은 이를 따르지 않을 것이다.

북한은 UN 대표부 대사를 통해 HEU 개발 계획을 폐기할 준비가 되어 있다는 입장을 표명했다. 북·미불가침협정이 체결되면 북한의 안보문제가 해결되므로 가장 현실적인 방안이라고 주장했다.[9] 2002년 12월 12일, 남한 대통령선거 일주일 전 북한이 갑자기 영변 핵시설에 대한 봉인을 제거하겠다고 선언했다. 1994년 제네바 합의에 따라 미국이 연간 50만 톤씩 공급하던 중유가 12월부터 중단된 것에 대한 북한의 대응이었다.[10] 북한은 미국이 제네바 합의를 위반했다고 비난하면서, 미국의 북한에 대한 중유 제공은 북한이 핵에너지 개발을 포기하는 데 대한 보상의 차원이지, 원조의 성격은 아니라고 항변했다.[11]

# 6자회담

## 1) NPT 탈퇴

IAEA가 미국의 입장만을 대변하는 결의안을 채택해서 신뢰성을 상실했으며, IAEA는 더 이상 북한에서 할 일이 없어졌다고 북한이 주장했다.[12] 2003년 1월 10일 북한은 IAEA에 NPT 탈퇴를 통지했다. 북한의 핵 억지력은 방위적 성격을 지닌 자주권수호 수단이며 미국에 대한 위협은 논리에 맞지 않다는 것이다.[13] 만일 미국이 북한을 공격할 의사가 없다면 불가침 협정체결을 거부할 이유가 없다고 지적한다.[14] 이는 북한이 미국을 협상테이블로 이끌기 위해 긴장을 증가시킬 수 있다는 강력한 시사다.

부시 행정부는 협박과 압력에 굴복해 북한과 협상하지 않겠다고 반복해서 강조했다. 북한이 HEU 프로그램을 완전하고, 검증 가능하며, 거역할 수 없는 방법으로 폐기(Complete, Verifiable, Irreversible, Dismantlement, CVID)하지 않으면 북한과 협상하지 않겠다고 밝혔다.

중국은 각각의 문제에 대해 국가 이익을 우선적으로 고려해서 전략적으로 유연하게 대응하고자 한다.[15] 역내 평화와 안정을 수호하고 경제를 발전시키기 위한 중국의 국익에 북핵이 밀접하게 연관된 문제라고 강조한다.[16] 2003년 11월 중국 왕이 부부장이 워싱턴을 방문해서 켈리 차관보를 비롯한 파월 국무장관, 콘돌리자 라이스(Condoleezza Rice) 안보보좌관, 폴 울포위츠(Paul Wolfwitz) 국방부 부장관 등과 북핵 문제를 논의했다. 중국은 각국 간의 이견 축소와 원만한 조정을 위해서 만전의 준비를 기하고 있다고 밝혔다.[17] 2004년 4월 딕 체니(Dick Cheney) 부통령의 방중 기간에 북한핵 문제의 평화적 해결을 위한 의견을 교환했다. 미국은 북한핵 문제 해결을 위해서 중국의 적극적인 역할을 요청했다.[18]

## 2) 5:1 성패

북한과 양자 합의가 실효성이 없다는 사실이 밝혀지자 북한핵 문제는 다자회담으로 새로운 전기를 맞게 되었다. 북·미 평화협정체결을 주장하는 북한과 선 핵포기를 주장하는 미국의 입장이 평행선을 달리고 있었다. 이에 중국의 중재로 6자회담이 구성되어 북한핵 문제의 평화적 해결을 위한 방안을 모색하게 되었다.

2003년 1월 북한의 NPT 탈퇴선언 이후 중국이 건설적 역할을 자임하면서 베이징에서 8월에 첫 번째 6자회담이 열렸다. 북한이 핵을 포기할 의도가 없다면, 핵무기가 곧 김정일의 목숨이요 정권의 생존을 의미한다면, 6자회담이든, 북·미 양자회담이든, 종전선언이든 아무 소용없는 일이다. 강석주 부부장이 표현한 대로 북한은 핵무기를 포기하기 위해서 만든 것이 아니다.[19]

남측 통일부 장관 정동영 특사의 중국 방문(2004.12.21~24) 이후 중국 고위급 인사의 방북이 이뤄졌다. 미국과 한국의 6자회담 대표들이 방북 직전의 왕자루이(王家瑞) 중국공산당 대외연락부장을 만났다.(2005.2.17.~18) 북한에 영향력을 행사할 수 있는 카드를 가진 중국이 북한을 설득해 달라는 주문이 있었다. 미국과 일본은 외교·국방 2+2 연석회의(2.19)를 열고 북한이 무조건 6자회담에 복귀하라고 요구했다. 중국에 중재자가 아닌 당사자로서 적극적인 역할을 해야 한다고 촉구했다. 북한을 방문한 왕 부장은 김영남 상임위원장을 비롯한 외무성의 핵 관련 고위 관계자들과 회담을 가졌다.(2005.2.20) 그러나 북한이 6자회담에 나오기를 기대할 수 없었다.[20]

북한 식량 부족분의 절반가량과 에너지 부족분의 대부분을 중국이 제공하고 있어서 북한에 지원을 중단한다면 확실한 영향력을 확보할 수 있다. 그렇지만 북한에 대한 영향력을 행사하려는 능력과 의지는 차이를 보인다. 북한체제의 붕괴를 원하지 않는 중국이 경제제재에 동참하려는 의지가 있는지는 미지수다. 중국이 원유공급을 중단하면서까지 북한을 압박할 것 같지 않다.[21]

북한의 핵 보유선언으로 관련국들의 행보가 빨라졌다. 북한을 6자회담 틀로 끌어들이기 위한 협상과 압박이 지속되었다. 북한에 정통한 인사는 중국 측 6자회담 대표에 우다웨이(武大偉) 전 주한국, 주일본·중국대사가 임명되어 북한이 호의적이지 않다고 했다. 6자회담 성공을 위해서 협조하지 않을 가능성이 크다는 것이다. 북측에 우호적인 다이빙궈(戴秉国)가 수석대표를 맡기를 원했는데 뜻대로 되지 않아서 북한이 실망하고 있다는 전언이었다.[164] 그런 연유 때문이었는지 결과적으로 6자회담은 북한핵 문제를 해결하는 기구로서의 기능을 제대로 하지 못했다.

중국의 건설적인 역할로 베이징에서 2003년에 이어 2004년, 2005년에도 6자회담이 이어졌다.[22] 북한 핵문제를 해결하기 위해서 6자회담은 낙관적 측면과 비관적 측면을 동시에 지닌다.

낙관적 전망을 낳게 하는 이유는 첫째, 북한이 다자구도 해결방식을 받아들였다는 사실이다. 미국을 포함해서 주변국이 평화적 해결을 위한 의지를 갖고 한자리에서 머리를 맞대게 되었다는 의미는 중요하다. 시기상조이기는 하지만 한반도를 둘러싼 안보문제를 상시적으로 협의할 수 있는 다자 틀을 마련하는 계기가 될 수 있다.

둘째, 미국은 북한이 핵무기를 포기하고 핵시설을 폐기할 때까지 협상할 수 없다는 강경 입장에서 단계적 방법으로 논의할 수 있다는 유연한 입장을 보였다. 북한이 핵을 포기하도록 유인책을 논의할 수 있고 핵 폐기가 시작되면 대북 인센티브가 가능하다는 단계적 접근의 가능성을 열어 놓았다. 미국은 북한이 원하는 서면 안전보장에 대해서도 다자간 문서 형태로 할 수 있다고 밝혔다.

셋째, 중국은 북한핵 문제에 대해 협상력을 발휘하여 2005년 4차 6자 회담에서 공동성명 합의에 결정적 역할을 했다.[23] 회담 장소를 제공하고 적극적인 중재로 만남을 주선해서 이전과 다른 협상 행태를 보였다. 중국은 북한에 실질적인 경제 원조를 제공하는 유일한 국가다. 이를 대북협상력의 지렛대로 활용한다면 북한의 양보를 이끌어 내고 미국의 협조를 얻는 전략을 구사하며 중재할 수 있다.

반면, 비관적 측면을 동시에 내포한다. 북한은 근본적인 태도 변화를 보이지 않는다. 북한이 체제안전보장을 확신할 수 있어야 핵을 포기할 수 있다는 입장이 명확해서 합의점을 찾기가 쉽지 않다. 2005년 9·19공동성명에는 병립할 수 없는 미국과 북한의 주장이 담겨져 있다. 1항에 '적절한 시기'에 '경수로 제공문제'를 논의한다고 되어 있다. 6·15공동선언에는 '적절한 시기'에 김정일 위원장이 답방하기로 했으나 이뤄지지 않았다. 향후 이를 시행할 절차와 방법을 합의하는 과정에서 많은 논란을 불러일으킬 가능성이 높다. 5항인 '말 대 말'과 '행동 대 행동'을 실천하는 과정에서도 사사건건 부딪칠 수 있다. 5차 6자회담에 참가한 북한의 김계관 외무성 부상도 11월 11일 '행동 대 행동' 원칙에 따라 동시행동 이행과 미국의 금융 제재 해제를 요구했다.[24]

6자회담에 임하는 북한의 목적은 다음 3가지로 볼 수 있다. ① 미국과 원칙적 수준에서 타협하여 불가침 약속과 경제 봉쇄 해제를 받아낸다. ② 중국 및 한국과의 경제협력을 지속한다. ③ 5개국으로부터 에너지 지원을 받아 체제내구력을 키워나가고자 한다. 북한의 의도를 간파한 미국이 6자회담을 통한 북한핵 문제 해결이 용이하지 않다고 판단한다면 UN이나 확산방지구상(Proliferation Security Initiative, PSI)을 통한 압력을 행사하려는 가능성을 배제할 수 없다. 비핵화를 위한 6자회담에 임하는 각국의 입장이 합의점을 찾기에는 많은 난관이 있다. 모멘텀을 찾아 일치된 정책 방향이 수립되기에는 각국의 이해관계가 달라 결코 쉽지 않은 과정을 거쳐야 한다.

중국은 미국이 북한핵 문제를 진정으로 해결하려는 것은 아니라는 시각도 보인다. 북핵 문제를 해결하지 않아야 미국의 이익에 부합한다고 본다.[25] 이유로는, ① 동북아에서 미군을 계속 주둔시키고, ② 미국 군수산업은 방대한 군비 증강을 원하며, ③ 미국이 북한을 포함하는 불량배국가를 겨냥하는 MD 등 계획에 차질이 생기는 것을 원하지 않는다는 인식에 기인한다.

6자회담에서 미국과 나머지 4개국이 북한에게 5대1로 핵포기를 요구한다. 북한이 핵을 고집하면 미국은 북한의 '정권교체(regime change)' 혹은 '정권변환(regime transformation)'이거나 어떤 형태로든 '지도자 교체(leadership change)'를 추구할 수 있다. 이 과정에서 미국은 북한에 핵이 없다면 부득이 친중국 정권이 들어서는 것을 묵인할 수도 있다. 중국의 경우 북한체제 붕괴가 아닌, 핵을 원하지 않는 지도자로의 교체가 이뤄진다면 굳이 이를 반대하지 않을 수 있다. 미국과 중국의 이해가 맞아떨어진다면 김정일 정권의 미래는 담보할 수 없다.

김정일 위원장은 오로지 핵무기만이 자신을 보호하고 정권을 유지할 수 있다고 믿는다. 정권유지를 위한 생존전략이라면 북한의 핵 포기가 결코 쉽지 않다. 오히려 북한은 핵보유국으로 인정받을 수만 있다면 군사적 위협에서 자유로울 수 있고 정권안정을 보장받을 수 있다고 여긴다. 핵보유국이라고 선언했기에 북한이 주변국의 초미의 관심사가 되고, 주변 주요국들이 북한과의 대화를 위해 협상하려는 노력을 기울인다.

6자회담을 통한 외교적 해결에 기대는 안이한 낙관론으로 북한의 생존전략에 맞설 수 없다.[26] 북한 세습정권의 핵보유 의지와 능력에 대한 정확한 평가를 바탕으로 일관성 있는 정책 수립이 필요하다. 북한은 국제사회의 변화와 김대중 정부와 노무현 정부의 화해정책에도 불구하고 핵문제 만큼은 강경한 입장이다. 6자회담은 구조적으로 북한에게 5:1의 불리한 대면이다. 6자회담이 북한에게 핵을 포기하라고 5개국이 압력을 넣는 구도로 인식한다면 북한은 내키지 않을 수밖에 없다.

# 3

# 핵포기 vs. 체제보장

2003년에 시작된 6자회담은 비로소 2005년에 6개국이 9·19공동성명에 합의할 수 있었다. 북한의 선 핵포기인가, 혹은 미국의 선 체제보장인가를 둘러싸고 양측 의견 차이가 좁혀지지 않았다. 한반도 주변 강대국들과의 역학관계가 재정립되는 21세기 동북아 신질서 형성 과정에서 6자회담은 중·미 간에 비핵화를 위한 공동의 목표가 일치하기 때문에 가능했다. 재선에 성공한 부시 대통령과 새롭게 출범한 후진타오 체제는 안정적인 중·미관계 속에서 북한핵 문제해결을 위한 압력과 협력에 보조를 맞추게 되었다.[27]

남북경협이 진행되고 있었지만 남북한 간 군사·안보 분야 협력은 이뤄지지 않았다. 북한 체제보장을 위해서 여전히 북·미관계개선이 핵심적 사항이라고 판단했으나 부시 등장 이후 북한 지도부의 불안감은 증대하고 있었다.

김정일 정권이 체제보장을 확실히 담보할 수 없다면 핵무기 보유 자체가 체제유지의 생존전략이 될 수밖에 없다. 9·19공동성명에 합의했지만 경수로 제공이 우선되지 않으면 핵을 포기할 수 없다는 북한의 주장은 그만큼 절박하다. 핵이 없는 북한은 굶주리는 주민들과 경제난에 허덕이는 가난한 제3세계국가로서 어쩌면 세계의 이목을 주목시키지 못하고 붕괴될 상황을 맞아 잊혀질 수 있다. 강대국과의 협상력을 높이기 위해서 북한이 핵보유 의지를 버리지 않는다면 각국의 경제 봉쇄로 극심한 경제난을 겪으며 주변국들의 외면 속에서 정권붕괴의 길을 걷게 될 수도 있다.

북한이 경제발전을 위한 개혁·개방을 추진하기 위해서 혁신적 경제개혁정책이 받아들여질 수 있는 정치환경이 필요하다. 중국은 경제건설을 위해 개혁·개방을 수단으로 삼아 발전의 도약을 이뤄왔다. 지속적인 경제성장을 위해 향후 이러한 체제목표를 바꾸지 말아야 한다는 덩샤오핑의 '유훈'이 있다. 반면 북한의 당면 목표는 김정일 체제유지이며 이를 달성하기 위한 수단으로서 재원을 확보해야 한다. 경제발전보다 선군정치를 앞세우며, 세습체제를 이어가라는 김일성의 '유훈'을 받들어야 한다.

북한은 2002년 7·1 경제관리개선조치 이후 부분적인 시장경제 도입으로 극심한 물자 부족과 엄청난 인플레이션으로 오히려 경제가 침체되었다. 이를 극복하기 위해서 미국 영향력 하에 있는 세계은행(World Bank)이나 국제통화기금(IMF) 등 금융기관으로부터 대규모 자금지원이 절실하다. 이러한 금융지원이 현실화되면 북한의 실질적인 경제발전에 직접적인 도움이 될 수 있다. 중국의 비약적인 경제성장은 실리주의에 입각한 대담한 발상 전환에 따른 결과다. 북한 지도부의 전략적 결단이 필요하다. 중국과 미국이 북한핵 문제를 평화적으로 해결하기 위해서 적극적인 의지를 보이고 있는 이 시점에 북한은 개혁·개방을 통한 경제발전이야말로 가장 확실한 체제보장 수단이라는 인식을 해야 한다.[28]

중·미 간에 긴밀한 협조가 이뤄지는 시기에는 상호 합의에 의해서 한반도 문제에 대한 양해가 묵인될 수도 있다. 2002년 10월 장쩌민 주석과 부시 대통령의 중·미정상회담 이후 타이완 독립에 대해서는 미국이, 북한핵 문제에 대해서는 중국이 영향력을 행사해 달라는 상호 요구가 있었던 것으로 알려졌다. 중국과 미국이 서로 갈등 관계를 유지한다면 양측에 등거리 정책을 통해서 중·미 간 상호 견제를 바탕으로 남북한에 유리한 협상을 이끌 수 있을지 모른다. 그러나 우호적인 관계를 유지하면서 중·미 간에 물밑접촉으로 서로 현안에 대해 양해하고 협상한다면, 주변 강대국의 의지대로 한반도 문제가 풀려나갈 가능성을 배제할 수 없다.

9·19공동성명 채택 이후에도 북한은 미국이 대북압박정책을 완화하지 않는다고 불만을 토로했다. 부시 행정부가 북한체제 변화보다 행동변화를 원한다고 하지만 실질적으로 북한체제 변환 혹은 정권 변화를 도모한다는 의구심을 보인다. 북한은 인권문제와 위폐문제에 관련된 부시 행정부의 일관된 대북압박 정책에 불안해한다.

그렇다면 북한이 왜 6자회담에 복귀하는지 짚어본다. 미국 6자회담 대표 크리스토퍼 힐(Christopher R. Hill) 차관보는 북한이 아무런 조건 없이 회담 테이블에 나와 2005년 12월 중에 6차 회담이 열릴 수 있을 것으로 희망했다. 반면 북한 김계관 대표는 미국이 델타아시아은행(Bank of Delta Asia, BDA)의 금융제재 문제를 6자회담에서 논의한다는 전제로 회담장에 나가겠다는 입장차이를 드러냈다.[29] 미국 재무부는 BDA에 김정일 비자금이 있다고 의심하고 미국과의 금융거래를 정지시켜서 북한은 이를 해제하라고 요구해 왔다.

미국의 선(先) 핵포기와 북한의 선(先) 안전보장이 평행선을 달려서 합의에 난항을 겪으며 이를 봉합하는 수준의 회담이 진행되었다. 2005년 6개국 합의로 9 · 19 공동성명이 어렵게 도출되었지만 하루가 지나지 않아 번복되는 과정을 지켜봐야 했다. 북한 외무성 대변인은 '선 관계정상화, 후 비핵화'를 주장하며 이는 곧 9 · 19 공동성명 합의의 이유라고 설명했다.[30]

남북한과 주변 4개국이 참여한 베이징 6자회담에 대한 북한의 실망감이 역력했다. 북한은 미국의 태도가 바뀌지 않는다면 백해무익으로 차기 회담에 응하지 않겠다고 불만을 터뜨렸다. 미국이 대북한 적대시 정책을 포기하지 않는다면 북한이 자위적 조치로 핵 억제력을 강화해 나가는 선택 이외에 다른 방도가 없다고 항변했다.

콘돌리자 라이스 미 국무장관과 로버트 졸릭(Robert Zoellick) 부장관이 중국 지도자들과 한반도의 경제와 정치적 미래에 대해 탐구한다(explore)는 보도가 있었다.[31] 한반도 현상유지(status quo)가 더 이상 가능하지 않은 상황에 대한 중국의 입장을 감안해서 미국이 대비하고 있다는 것이다. 한반도 통일이 이뤄진다면 미군의 압록강-두만강 전진배치를 막아주는 완충지대가 사라지는 '중국의 걱정(anxiety)'을 미국이 배려하는 모습이다. 남북한 분단의 현상유지가 아닌 새로운 상황에 대해 당사자인 남한과 북한이 소외된 채중 · 미 간에 논의될 수 있다. 한반도 평화체제구축을 위해서 이러한 상황을 가장 경계해야 한다.

# 첫 핵실험

북한은 미국 독립기념일에 미사일을 발사해서 미국을 자극했다.(미국 시간 2006.7.4) 중국을 포함한 주변국의 적극적인 만류에도 불구하고 북한이 핵실험을 강행하자 중국은 전례 없이 발빠르게 대응했다. 중국 외교부가 북한에 대해 '제멋대로(悍然)'라고 표현해서 중국의 심경을 단적으로 드러내며 실망과 분노감을 표시했다.[32]
7월 4일 북한의 미사일 발사로 중국도 UN결의안에 참여하라는 압력을 받았다. 북한은 "오직 힘만이 정의를 지킬 수 있고 UN도 어느 누구도 북한을 보호할 수 없다"고 발언해서 중국지도부를 놀라게 했다.

중국은 북한핵 문제가 제기되자 주도적으로 회담을 이끌어 왔지만 북한의 미사일 발사와 핵실험으로 벼랑 끝으로 몰렸다. 중국에서 공산당과 외교부를 중심으로 하는 국무원이 정책집행에 있어서 '정책경쟁'을 벌인 정황이 있다. 중국공산당이 조선노동당을 이해하려는 입장을 취하는 반면 중국 외교부는 미 국무부와 교감하면서 북한이 국제사회의 책임 있는 일원으로서 국제 규범에 따르는 행동 양식을 요구해 왔다. 전자를 '대북협상파', 후자를 '국제공조파'로 구분할 수 있다.

2006년 10월 6일 북한 첫 핵실험은 중국의 대북한 정책변화가 나타나는 분수령이 되었다. 중국 '대북협상파'가 북한에 등을 돌리고 국무원의 '국제공조파'와 동조해서 북한 핵포기에 한 목소리를 냈다. 북한 핵실험 직후 탕자쉬안(唐家璇) 국무위원이 후 주석의 특사 자격으로 북한에서 김정일 위원장을 만났다. 이후 그가 체니 부통령을 미국에서 면담한 후, 중국은 UN 대북제재 결의안에 동참했다. 대외적으로 후 주석이 내세우는 화해세계(和諧世界)를 이루겠다는 의지와도 일맥상통한다.

북한 핵실험 이후, "처벌이라는 부정적 문제"보다 "긍정적이며 적절한 조치"를 선호하던 중국이 단 몇 시간 만에 "확고하고, 건설적이며, 적절하지만 신중한 반응"과 심지어는 "징벌적 행동"의 필요성을 언급했다. 이는 중국의 전환적 정책변화 암시다.

북한이 첫 번째 핵실험 성공으로 발표한 9일 오전 중국 정치국 상무위원 회의에서 긴급논의가 이뤄졌다. 후 주석을 비롯한 중국 최고지도부는 공산당 제16기 중앙위원회 6차 전체회의에서 동북아 핵확산에 대한 깊은 우려와 함께 대북강경대응 방침을 결정했다.

핵실험 20분 전에야 북한은 노동당 국제사업부를 통해 중국 외교부에 전보로 통보했다. 중국공산당 중앙대외연락부는 조선노동당에 연락을 취했으나 북한이 중국 정부를 존중해준 만큼 북한의 주권도 존중해 달라는 취지로 답변한 후 핵실험을 강행했다. 반면 북한이 러시아에게 핵실험 통보를 한 것은 두 시간 전으로 알려졌다.

중국과 북한 간의 갈등이 드러났다. 북한의 전략적 가치가 감소되면서 북·중 우호협력 관계도 도전받고 있다고 간주할 수도 있었다.

미 국무부와의 교감을 통해 중국 외교부는 국제사회와의 공조를 모색해왔다. 중국공산당은 북·미 간의 직접 대화를 외면해서 사태를 악화시킨 책임은 정작 미국이라는 다른 시각을 보였다. 중국의 요구를 무시하고 핵실험을 강행한 북한의 행동은 중국공산당과 군부의 반발을 불러일으키며 북·중관계의 장래에 의문이 들게 했다. 북한 핵실험에 즉각적으로 중국정부가 격노한 반응을 보임으로써 중국이 북한을 대단히 불쾌하게 여긴다는 반증이었다. 10월 9일 중국 외교부 대변인은 핵문제가 북·중관계에 부정적 영향을 미쳤고 큰 견해차가 있다고 언급했다.[33]

중국은 국제사회로부터 북한핵 문제를 해결할 수 있는 역량에도 불구하고 실행 의지가 약하다는 의심을 받는다. 북한에 식량 부족분 절반과 대부분의 에너지 부족분을 제공하는 중국이 더욱 적극적인 역할을 하라고 요구한다. 북한 핵실험은 중국의 대북한 정책을 새롭게 읽을 수 있는 리트머스시험지가 될 수 있다.

북한의 핵실험 의도를 면밀히 살펴야 한다. 역사상 핵실험에 성공했다고 주장한 국가가 자발적으로 핵무기를 포기한 사례는 단 한 건도 없다. 리비아나 남아프리카의 경우 핵실험을 실시해 본 적이 없으므로 리비아모델로 북한 핵무기 해체를 주장하기는 어렵다. 인도와 파키스탄은 서로 상대방을 겨냥해서 경쟁적으로 핵무기를 개발하고 NPT에 가입한 적은 없으나 핵실험에 여러 차례 성공하면서 사실상 핵보유국으로 인정받고 있다.

이라크 사담 후세인은 핵무기를 만들지 못하고 권좌에서 쫓겨나 사형선고까지 받는 운명에 처해졌다. 반면 파키스탄은 1998년 핵실험을 했다는 이유로 미국으로부터 경제제재를 받았다. 하지만 3년 후 9·11 사태로 미국이 주도하는 반테러 캠페인에 동참했다. 이에 파키스탄 핵무기의 아버지로 불리는 압둘카디르 칸 박사는 북한에 농축우라늄원자탄을 만들 수 있는 원심분리기를 제공한 정보를 미국에 실토했다. 어느새 파키스탄은 사실상 핵보유국이면서도 미국의 제재대상에서 벗어났다.

북한핵이 경제 원조를 위한 목적이 아니라, 핵보유국 지위 인정이 목표라면, 중국은 크나큰 도전으로 간주한다. UN헌장 제7장을 원용한 강경한 대북제재 결의안에 반대하고, 대화와 협상을 통한 한반도 비핵화가 중국의 기본 입장이다. 표면적으로 대북정책에 큰 변화가 없다고 강조한다.

북한의 미사일 발사와 핵실험 이후 중국의 대북정책 기조가 바뀌고 있다는 것이 국제사회의 공통된 분석이다. 일본 아사히신문 칼럼니스트 후나바시 요이치(船橋洋一)에 따르면, 김계관 외교부 부상은 중국 6자회담 대표 우다웨이 부부장에게 중국이 가는 길과 북한이 가는 길이 다르며, 그래도 북한이 살아남을 수 있다고 주장했다.[34] 따라서 미사일 발사에 따른 북·중 간의 외교적 마찰은 양국의 균열과 결별의 신호탄으로 중국의 대북영향력에 근본적 한계를 드러냈다.

북한 핵과 관련해서 미국과 중국은 기본적으로 서로 다른 전략적 이해관계를 가진다. 미국은 핵무기를 가장 많이 보유하고 있지만 북한을 비롯해서 불량배국가에 의한 공격에 대비한다는 명목으로 MD 계획을 추진하고 있다. 그렇지만 중국은 미국의 구상이 실질적으로 중국을 겨누고 있다고 판단한다. 이에 동북아에서 전략적 균형이 깨어지고 군비경쟁이 확산될 수 있다고 우려한다.

북·미관계는 북한 근본주의와 미국 압박정책이 맞부딪쳐 긴장이 고조되고 있다. 북한 미사일시험발사는 저강도 압박정책을 펴는 미국에 대한 정치적 메시지다. 미국은 이를 북한 모험주의로 보고 강경하게 대응한다. 중국 내부에도 북한핵 문제와 관련한 미국의 태도를 부정적으로 보는 시각이 있다. 북한핵 문제 해결 과정에서 미국의 이익을 도모하고자 이를 활용(동북아에서 미군주둔의 정당화, 군비증강, MD계획 추진 등)한다는 의구심을 갖고 있다.

중국은 북한을 공식적인 핵보유국으로 인정하지 않는다. 일련의 제재조치로 북한의 근본적 태도를 변화시킬 수 있다고 여기지도 않는다. 오히려 상황을 악화시킬 수도 있다고 인지한다. 다만 북한은 핵실험 이후 중국의 예상치 못한 강력한 대응에 불안하다. 북·중 관계의 근간이 되고 있는 「조·중 우호협력상호원조조약」(1961.7.11)을 개정해야한다는 의견이 중국에서 제기된다. 북한이 스스로 핵무기를 개발한 잘못으로 군사무력제재가 행해지면, 이 조약에 따라 자동개입 조항을 지킬 의무가 없으며, 향후 중국은 북한핵 문제에 불가근(不可近) 입장을 유지하라는 주장이다.

북한은 핵실험 강행을 반대한 중국공산당이나 군부의 요구를 무시했는데 오히려 이들이 더욱 강경한 입장으로 선회해서 심각해졌다. 국가 간 관계에서 강경파들은 서로의 정책에 대해 비난하지만 서로를 필요로 하는 소위 '신성동맹(Holy Alliance)'으로 볼 수 있다. 상대국의 강경한 목소리는 자국의 강경파 입장을 강화하고 서로 존재감을 확인시키는 경향이 있다. 도널드 럼스펠드 미 국방장관을 비롯한 네오콘의 대북강경정책 일변도는 북한 군부 강경파들의 입지를 강화시키는 한편, 북한의 미사일 발사와 핵실험으로까지 내몰았다는 시각이 있다. 북한의 이러한 행위는 일본 보수 우익 강경파들의 입장을 강화시켜 아베1기정권 탄생에 일등공신이 되기도 했다.

그렇다면 핵실험으로 인한 중국 내부의 '신성동맹'은 어느 그룹으로 구분할 수 있는가. 북한은 중국 내부의 정책대립이나 혼선을 오히려 통합시켜주는 역할을 한다. 다만 대북한 제재의 범위와 속도에 이견이 있을 수 있지만 군사충돌 가능성을 배제한 대북한 압박에 중국은 한목소리를 냈다. 미국과 일본의 대북한 압박 공조에 이어 중국도 이에 가담해서 북한은 더욱 고립되고 있었다.

북한의 핵실험 강행 의지로 여러 가지 사정이 급변했다. 중국 관세청인 해관총서(海关总署)의 통계에는 2006년 9월 북한에 대한 원유 수출이 '0'으로 기록되어 있었다.(10월 30일 공개) 이러한 조치는 중국의 대북금융제재의 경우와 마찬가지로 북한의 핵실험 이전부터 이미 취해졌다. 그만큼 중국이 북한핵에 대해 심각하게 받아들이고 있었다.

국제사회의 반대 성명과 우려에도 불구하고 북한 핵실험 강행으로 미국과 일본은 UN안전보장이사회 대북제재결의안 1718호를 적극적으로 주도해서 10월 15일 만장일치로 채택할 수 있었다. 후진타오 주석은 부시 대통령과 양자 정상회담에서 6자회담을 진전시키기 위한 노력을 기울이기로 합의했다. 북한핵 문제에 미국 · 일본 · 중국이 공조로 북한에 압박을 가하는 모양새다

북한 첫 핵실험 이후, 중국 후진타오 주석 특사로 방북한 탕자쉬

안 국무위원은 10월 18일 김정일과 강석주에게 중국 측의 심각한
의중을 전달했다.[35] 김 위원장은 1992년 발효된 '한반도 비핵화공
동선언'을 이행하겠다는 입장을 밝혔다.[36] 1차 이후 추가 핵실험은
없으며, 김일성 유훈이 한반도의 비핵화 목표 추구라는 내용도 중
국과 일본의 언론을 통해 전달했다. 중국 외교부는 협상과 대화를
통한 문제해결을 호소하며 무력제재에 반대한다는 입장을 밝혔다.
북한의 약속은 지켜지지 않았다.

# 5

# 핵테러 방지구상

　중국은 미국이 주도하는 PSI에는 참여하지 않지만, 북한과 이란의 핵 물질이 과격테러집단에 유출되는 것을 방지하기 위해 '글로벌 핵테러 방지구상(Global Initiative to Combat Nuclear Terrorrism: GICNT)'에 참여하기로 결정했다. 이는 2006년 10월 31일 모로코의 수도 라바트에서 결성된 국제협의체로 PSI 활동과는 별도로 운영된다. GICNT에는 미국, 중국, 러시아, 프랑스, 영국 등 UN 안전보장이사회의 5개 상임이사국과 일본 등 총 12개국이 참여하고, UN 대북제재결의안에 찬성표를 던진 중국도 정식회원이다. GICNT 출범으로 북한 핵확산을 직접적 규제하고 통제하는 실제적인 국제적 포위망이 구성되었다.

　중국의 GICNT 참여가 주는 시사점이 적지 않다. 북한 핵보유와 확산을 인정하지 않겠다는 중국 정부의 강력한 의지표현이다. 미국을 포함하는 국제사회와 긴밀하게 공조해서 북한과 직접 대화를 병행하며 북핵 문제를 정면으로 해결하겠다는 정책변화이다.

중국은 북·미 간에 돈세탁, 금융제재로 인해서 6자회담이 교착 상태에 빠지고 첨예한 의견차이를 우려했다. 핵실험에 명백히 반대 하지만 북한이 6자회담 협상테이블에 나오는 것이 급선무라고 요청 했다. 왕광야(王光亞) UN 중국대사는 중국이 미·일과 대북한 제 재에 협력하지만 강도는 적절해야 한다고 지적했다.[37] 과거 중국이 제재안에 소극적이었던 모습과 대조적이었다. 제재수위에 대해 언 급하지 않고 다만 미국과 일본이 제안한 엄격한 화물 검역 규범과 전체 무기 거래 봉쇄보다 약할 것이라고 밝혔다.

북핵 실험으로 중국의 대북한 영향력에 대한 한계를 지적하는 시 각이 있지만 중국은 여전히 북한과의 대화를 중시한다. 중국은 특 사를 파견하고 대북한 무역 제재는 "상상할 수 없다"고 언급해서 북 한에 대한 설득 노력을 포기한 것으로 보이지 않았다. 중국은 6자 회담 복귀를 종용하며 북한에 한 번 더 기회를 주자고 했다.

마침내 2006년 10월 중국은 UN 안전보장이사회 대북제재안에 동의하고 북핵문제의 평화적 해결에 참여할 것을 명시했다. 하지만 중국은 화물 검역에는 응하지 않고 사태를 악화시키는 조치를 삼가 하는 책임있는 태도를 강조했다. 왕광야 대사는 "검열(inspection) 은 좋지만 차단(interception)과 금지(interdiction)와 차이가 있다" 고 밝혔다. 여전히 6자회담이 사태를 해결할 수 있는 현실적 수단 이며 무력 사용에는 확고히 반대한다는 입장을 밝혔다.

콘돌리자 라이스 미 국무장관은 일·한·중·러 4개국 순방을 마 친 후 중국이 기대 이상으로 협조적이라고 평가를 했다. (2006.10.25) 탕자쉬안 중국 특사도 미국과 러시아를 거쳐 북한을 방문해 김정일과 핵문제 해결방안을 논의했다. 탕 특사는 북한 핵실험에 반대한다는 명확한 입장을 전달하고 핵실험이 결코 북한에 이득이 되지 않는다고 분명히 지적했다. 크리스토퍼 힐 국무부 차관보도 북한 핵실험을 계기로 "중국이 매우 강력한 동반자로 떠올랐다"고 언급했다.[38] 북핵 문제를 둘러싸고 중·미 공조체제가 본격적으로 가동되기 시작했다. 부시 대통령은 중국을 매우 중요한 '이해상관자'인 동반자로 평가하며 중국이 북한에 대해 검증 가능한 방법으로 핵무기 포기를 설득하고 있다고 만족해했다.

미국은 북한핵 문제를 다루는 중국의 입장 변화를 중요한 진전으로 간주했다. 북핵 실험 이후 중국은 이전과는 전혀 다른 정책 결정을 내렸다. 국제사회는 UN헌장 7장을 원용한 대북제재 결의안이 중국의 반대로 통과되기 어려울 것으로 전망했다. 중국은 1718호 통과에 찬성표를 던졌고 이는 국제사회에 충격을 던지기에 충분했다.

중국의 입장 변화는 국제사회의 대북제재 움직임에 동참하는 것에 국한되지 않았다. 중국은행(Bank of China, BOC)의 단둥(丹東)지부 관련자는 "기업 대 기업, 개인 대 기업 등 북한과의 모든 거래가 중단되었다"고 밝혔다. 중국건설은행, 상하이푸동개발은행, 중국Citic은행도 북한과 거래를 중단했다. 마카오와 베이징, 홍콩의 다른 은행들도 북한 송금을 사실상 거부한다고 알려졌다. 중국의 대북금융제재 움직임과 관련해 주목할 점은 북한의 핵실험 이전에 제재가 이뤄졌다는 사실이다. 중국은 미국과 대북금융제재에 공조하고 북한 미사일 발사와 핵실험 강행은 중국의 정책 결정에 더욱 힘을 실어주었다. 중국이 북한에 가할 수 있는 압력은 금융제재, 국경무역검사, 석유수출감소, 베이징-평양 정기여객기중단 등이다.

2009년 5월 북한은 2차 핵실험을 단행했다. 한국정부는 성명을 발표하고 한반도 비핵화 공동선언과 6자회담 합의 의무를 저버리는 행위로 규탄했다. UN안전보장이사회 결의안 1718호를 명백히 위반한 북한에 대해 핵무기 관련 모든 계획 폐기와 NPT체제 복귀를 촉구했다. 한국은 2009년 5월 26일 PSI 원칙을 승인했다. 이는 대량살상무기와 미사일확산이 세계평화와 안보에 미치는 위협에 대처하기 위한 조치다.[39] 북한은 5월 27일 성명에서 한국의 PSI 전면 참여를 선전포고로 간주하고 "정전협정의 구속을 받지 않겠다"고 주장했다. 북한의 추가 도발 가능성이 제기되면서 북한이 동해안에서 사거리 130여 km의 지대공과 지대함 미사일을 발사해서 긴장을 고조시켰다.

중국 외교부는 5월 25일 제2차 북한 핵실험 단행을 비난하는 성명을 발표했다. 중국은 북한을 "견결히 반대한다"고 규탄했다.[40] 5월 27일 량광례(梁光烈) 국방부장은 북한 핵무기개발을 결단코 반대하며 북한이 상황을 악화시키지 않도록 강력히 경고했다. 시진핑 부주석도 같은 날 한국에서 온 이상희 국방장관과 베이징에서 만나 북한 핵실험이 중국의 국가이익에 위배된다고 밝혔다. 중국은 6월 1일로 예정되었던 전국인민대표대회(全国人民代表大会) 천즈리(陈至立) 부위원장의 방북을 전격 취소했다. 북한 핵실험에 대한 중국의 불만이 심각한 수준이라고 명확히 전달한 것이다. 제2차 북한 핵실험 이후 중국의 대북한 인식변화는 중국의 일반 인민들 사이에서도 확산되었다. 중국 '환구시보(环球时报)' 설문조사에서 2009년 "북한의 핵 실험이 어느 국가에게 가장 위협이 될 것인가?"라는 질문에 대하여 중국 인민들은 한국(42%), 일본(25.5%), 중국(25.2%)

의 순으로 대답했다.

북한의 2차 핵실험 배경을 몇 가지 추정해 볼 수 있다.[41]

첫째, 북한은 2006년 10월 제1차 핵실험에서 TNT 4킬로톤의 폭발력을 기대했지만 현실적으로 0.8킬로톤 정도의 결과를 얻었다. 북한 내부에서도 폭발력이 기대에 미치지 못하자 기술적 문제를 해결할 필요성이 절실했다.

둘째, 2008년 8월 김정일 위원장이 쓰러져 치료를 받게 되자 비핵화에 부정적인 북한 군부의 영향력 증대로 북한이 핵실험을 강행하게 되었다.

셋째, 2009년 4월 5일 북한 인공위성 로켓 발사에 대한 미국의 대응으로 UN 안전보장이사회를 통한 대북제재가 이뤄지자 북한 군부는 핵실험을 정당화하는 명분으로 내세웠다.

넷째, 북한이 2008년 말 혹은 2009년 초부터 김정일의 후계자 지도체계수립에 착수하면서 김정은이 대내외적으로 '대담성'과 지도력을 과시하기 위해서 핵실험에 관여했을 것으로 추측했다.[42]

북한 2차 핵실험은 과거와 다른 양상의 핵카드 활용 전술로 보상을 통한 핵포기 가능성이 낮아졌다. 빅터 차 교수는 북한이 궁극적으로 핵보유국으로 인정받고 미국과 핵군축 협상을 하려는 의도로 분석했다.[43]

2009년 6월 11일 남북당국 간 제1차 실무회담을 개성 남북교류협력협의사무소에서 개최했다. 6월 13일 UN 안전보장이사회에서 대북제제 결의안 1874호가 채택되었다.[44] 이에 북한은 2009년 6월 13일 외무성 성명으로 핵포기 불가 입장을 공식적으로 천명했다.[45]

① 새로 추출되는 플루토늄 전량을 무기화한다. 폐연료봉 총량의 3

분의 1 이상이 재처리되었다. ② 우라늄 농축작업에 착수한다. 자체 경수로 건설이 결정되어 핵연료 보장을 위한 우라늄농축기술개발 이 시험단계에 있다. ③ 미국이 봉쇄를 시도하면 전쟁행위로 간주 하고 군사적으로 단호히 대응한다. 북한은 "핵 포기란 절대로, 철두 철미 있을 수 없는 일"이며, "핵무기 보유를 누가 인정하는가 마는 가 하는 것은 우리에게 상관이 없다"고 발표했다.[46]

미국은 북한이 '도발적 행동(provocative actions)'을 중단하고 북한 핵문제를 논의 하기 위한 6자회담에 조건 없이 복귀할 것을 촉 구했다.[47] 이명박 대통령은 6자회담을 현 상태로 유지한다면 "시행 착오 되풀이"라고 지적하고 북한 핵포기를 위해서 5개국(한 · 미 · 일 · 중 · 러)과 논의하는 방안을 구상했다. 이 대통령은 2009년 6월 북한을 제외한 5개국이 모여서 북한 비핵화와 관련한 방법을 도출 하기 위해서 일치된 견해가 필요하다는 입장을 밝히고 오바마 대통 령에게 공식적으로 제안했다.[48] 5자 회담은 부시 행정부 시절 네오 콘들이 제기했는데 5대1로 북한을 압박하자는 것이다.

2009년 7월 16일 UN 안전보장이사회 결의안 1874호와 관련해 서 대북한 제재대상 단체와 개인 및 물자 목록을 선정했다.[49] 북 한은 7월 27일 외무성 대변인 담화에서 6자회담 불참 입장을 재 확인하고 북 · 미 양자대화를 촉구했다. 북한 외무성 대변인은 "조 선반도 비핵화를 위한 9 · 19 공동성명에 명시되어 있는 자주권 존중과 주권 평등의 정신은 6자회담의 기초이며 생명"으로 6자회 담의 존재의의가 상실된 마당에 참가하지 않겠다고 말했다.[50] 이 에 오바마 대통령은 북한과의 양자대화를 추진하기 위해 그해 11 월 19일 서울에서 이명박 대통령과 정상회담을 갖고 스테판 보즈워스(Stephen W. Bosworth) 대북정책 특별대표가 12월 8일 방북한다는 사실을 알렸다.[51] 보즈워스의 방북은 북한을 6자회담으로 이끌어내기 위한 양자 접촉이라고 강조했다. 북한과 구체적으로 논의할 내용이 무엇인지, 6자회담 영구불참을 선언한 북한이 만족할만한 대가도 없이 6자회담에 복귀할지, 모두 불분명했다.

보즈워스 특별대표는 2박 3일 평양 방문 후 2009년 12월 10일 서울로 돌아와 북 · 미 양국이 6자회담 프로세스 재개 필요성을 이해한다고 언급했다. 하지만 북한으로부터 6자회담에 복귀하겠다는 명확한 약속을 받아내지 못했다. 그는 북한이 6자회담 프로세스의 중요성을 받아들이고 9 · 19 공동성명 이행에 동의했다고 설명했다. 6자회담 당사국들이 한반도에서 정전협정을 평화협정으로 대체해야 한다고 인식하며, 6자회담이 재개된다면 한반도 평화체제를 논의할 준비가 될 수 있다고 기대했다.[52]

커트 캠벨(Kurt Campbell) 미 국무부 동아태차관보는 2010년 1월 7일 북한이 지난달 평양 북 · 미 양자대화에서 6자회담에 복귀하겠다는 '잠재적 의향'을 암시했다고 밝혔다. 전날 일본 요미우리 신문에 6자회담 재개가 머지않았다는 발언이 실리면서 6자회담 재개의 기대치를 높였다. 그는 12월 평양 방문에 대해 매우 좋았다고 평가하면서, 가장 적절한 다음 외교적 수순은 6자회담이지만 인내심을 가지라고 언급했다.[53]

김정일 위원장은 오로지 핵무기만이 자신을 보호하고 정권을 유지할 수 있다고 믿는다. 정권유지를 위한 생존전략이라면 북한의 핵 포기가 결코 쉽지 않다. 오히려 북한은 핵보유국으로 인정받을 수만 있다면 군사적 위협에서 자유로울 수 있고 정권안정을 보장받을 수 있다고 여긴다. 핵보유국이라고 선언했기에 북한이 주변국의 초미의 관심사가 되고, 주변 주요국들이 북한과의 대화를 위해 협상하려는 노력을 기울인다.

그러나, 북한 핵문제를 대화로 해결하기 위한 6자회담은 2008년 이후 개최되지 않았다. 북한의 핵 보유 의지는 6자회담으로 해결할 수 없다는 현실을 인식하면서 이미 무용론이 제기되고 있었다.

김정일 국방위원장을 승계한 김정은 국무위원장은 2013년 2월 3차 핵실험을 실시했다. 이어서 4~5차 핵실험으로 핵능력을 고조시키면서 6차 핵실험으로 '핵무력완성'을 선언하기에 이르렀다.(〈표 10-1〉 참조)

북한은 2016년 5월 1일 오전 외무성 대변인 담화로 지난달 30일 키리졸브-독수리 한미연합훈련이 종료되는 시점에 이를 "사상 최악의 군사적 도발"로 규정하면서 "9·19 공동성명이 최종적으로 사멸됐다"고 주장하기에 이르렀다. 북한은 "핵무기를 결코 포기하지 않을 것"이며 어떤 제재도 통하지 않으니 미국에 대북 적대시 정책을 중단하라고 거듭 요구했다.[54] 북한 조선중앙통신에 따르면, "미국과 추종세력의 핵전쟁 위협에 대응해 나라의 핵공격 능력을 최상의 수준에서 완비해 놓은 오늘 우리의 자주이고 존엄이며 생명인 핵을 두고 그 누구도 더는 딴 꿈을 꾸지 말아야 한다"고 일침을 놓았다. 북한이 9·19공동성명의 무효화를 선언한 것은 최근 중국과 러시아 외무장관들이 북의 핵포기와 북·미관계개선 병행추진 필요성 주장과 다시 9·19공동성명으로 돌아가 협상으로 한반도비핵화문제를 풀어야 한다는 주장에 대한 답변으로 한반도 비핵화를 주제로 한 어떤 협상도 있을 수 없다는 점을 다시 확인한 것으로 분석된다.

# 제6장 비전 3000 (이명박 정부)

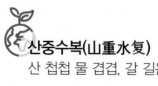
**산중수복(山重水复)**
산 첩첩 물 겹겹, 갈 길은 먼데 길은 보이지 않는다.

이명박 보수 정부는 김대중-노무현으로 이어진 진보 정부의 대외 정책을 부정하면서 전임정부와 차별화되는 정책을 예고했다. 이명박 정부는 인수위원회 시기부터 외교통상부와 통일부를 합쳐서 기능을 통합하고 통일업무의 효율성을 가져오겠다고 했지만 당시 야당의 반대로 통일부가 그대로 존속될 수 있었다. 이명박 정부는 김대중-김정일 정상회담에서 공동 서명한 '6·15공동선언', 노무현-김정일 정상회담에서 합의한 '10·4선언'을 계승하려고 하지 않았다. 오히려 박정희 시기의 '7·4공동성명', 노태우 시기의 '남북기본합의서'에 충실해야 한다는 입장을 보였다. 북한에서 김정일 위원장의 서명과 선언은 절대적 권위를 갖는데 이를 인정하지 않겠다는 이명박 정부를 상대하지 않으려는 북한의 태도는 어쩌면 당연한 수순이었다.

남북한 관계개선을 위해서 적어도 합의 내용 자체를 부인하기보다는 운영의 묘를 살려서 상호주의와 투명성을 내세우며 일단 북한을 협상 테이블에 앉힐 수 있어야 한다. 서로 별다른 실행방안을 제시하지 않은 채 상대방에게 책임을 묻는 행태를 보이면 진정성에 바탕을 둔다고 받아들이지 않는다. 이명박 대통령 임기 중 단 한 번의 남북 고위급 회담도 열리지 않았다.

미국 공화당 행정부와의 관계 복원을 위해서 이명박 대통령이 조지 W. 부시 대통령과의 친분에 치중하면서 대중국정책에서 균형을 맞추지 못한 측면이 있다. 한반도를 둘러싼 역학관계에서 중국과 미국 사이에서 줄다리기(hedging)를 하려는 대외정책은 양측으로부터 신뢰를 받지 못할 수 있다. 반면 어느 한 편에 치우쳐서 공조하게 되면 오히려 대북한 관계에서 별다른 진전을 볼 수 없었던 경험을 되새기게 된다.

# 비핵 · 개방 · 3000

2006년 10월, 북한의 첫 번째 핵실험으로 한국의 여론은 요동치고 있었다. 추석을 전후로 민심은 급변하기 시작했다. 여론조사에서 줄곧 선두를 달리던 한나라당 박근혜 의원은 여성 후보이기 때문에 안보문제에 굳건하게 대처하지 못할 것이라는 선입견을 극복하기가 어려웠다. 돌이켜보면 억울한 측면이 없지 않을 것이다. 하지만 일반 국민들의 인식의 흐름은 이를 대변하는 여론조사로 나타나고 투표로 이어지는 상황이 민주주의 국가 선거다.

이명박 후보는 건설회사 출신의 장점을 충분히 살려서 임기 말에 일약 국민적 관심을 끌었다. 그는 서울시장 시절 자신이 진두지휘해서 건설했던 청계천 고가다리를 철거하고 맑은 물이 흐르는 개천으로 복원하겠다는 공약을 실천했다. 이 후보는 눈에 보이는 청계천 복원사업과 교통체계 전환에 대한 긍정적인 평가로 언론의 각광을 받으며 점차 인지도를 높여갔다. 청계천 주변상인들과 4,000번이 넘는 협상을 거쳐서 이들을 이전시켰다는 비화도 관심거리였다.

또 다른 대표공약이라고 할 수 있는 서울시내 교통체제의 전면개편
은 서울시민들이 일상적으로 느낄 수 있는 편리한 교통수단으로 자
리 잡고 있었다.

국민이 체감할 수 있는 생활밀착형의 경제정책을 앞세운 이명박 대
선후보는 안보위기에 잘 대처할 수 있다는 인식이 겹치면서 막판 여
론조사에서 앞서나갔다. 이명박 시장은 아슬아슬하게도 1.5%p 표차
로 한나라당 대통령 후보 티켓을 거머쥐었다. 2007년 8월 대통령 후
보를 결정한 한나라당 전당대회에서 박근혜 후보는 명쾌한 승복연설
로 한국의 정치문화를 한 단계 높였다는 평가를 받았다. 이후 국회가
위치한 '여의도 대통령'으로 불리며 5년 후를 기약하게 된다.

한국 대선 1년 전에 불거진 북한의 첫 핵실험으로 안보 불안에 대
한 경각심을 불러일으키고 있었다. 남측에서 비핵화를 첫 번째 조
건으로 내걸어야 하는 상황에서 북측에서는 핵능력 고도화가 결코
포기할 수 없는 목표가 되고 있었다. 미국에서 재선된 부시 대통령
은 9.11 이후 지속하고 있는 반테러 캠페인을 앞세워 북한에 대한
적대시 정책을 거두지 않았다. 보수 부시 행정부와 보수 이명박 정
부의 정책성향이 일치되어 북한핵 포기에 대한 압박을 높여나가게
되었다.

이명박 정부는 '비전 3000'으로 대변되는 '비핵 · 개방 · 3000'을
핵심개념으로 내세웠다. 북한이 핵을 포기하고, 개혁 · 개방에 나
선다면, 10년 후에 1인당 국민소득이 3,000달러가 되도록 한국이
도와줄 수 있다는 것이다.[1] 당시 한나라당 후보의 선거공약은
'747'로 명명된 장밋빛 경제정책이었다. 한국경제가 매년 7%의 경
제성장을 달성한다면, 머지않아 1인당 국민소득 4만 달러 시대를

열 수 있으며, 세계에서 7위에 이르는 선진대국이 될 수 있다는 대
선 전략이다.

경제 사정이 아무리 어렵다 하더라도 북한은 김일성-김정일로
이어지는 세습체제에서 무엇보다 위대한 지도자로서의 체면을 중시
하는 공산주의 체제다. 핵으로 무장한 국력은 체제생존을 위해 절대
적으로 포기할 수 없는 북한의 전략목표다. '비전 3000'은 남한의 대
선 전략으로 남한 국민들에게 명료하게 설명할 수 있는지 모르지만,
대북한 정책은 북한 지도자와 주민들에게 호소할 수 있는 언어라야
설명력이 있다. 이명박 정부는 북한에서 절대 받아들일 수 없는 조
건(비핵화)을 전제로,[2] 전혀 사용하지 않는 용어(개방)를 내세우며,
장래에도 별로 반갑지 않은 구호(3000달러)를 외쳤다. 북한이 이를
덥석 받아들일 것으로 여겼다면 그야말로 북한의 생태를 모르는 '순
진한 생각의 발로'일 뿐이다. 북한이 결코 용인할 수 없다. 이에 따라
북한 언론매체의 남한 정부에 대한 성토는 날로 높아지고 있었다.
결과적으로 '비전 3000'은 실패를 자초할 수밖에 없었다.

실물경제의 경험이 풍부하다고 자부하는 기업인 출신이었던 이명
박 후보는 이전 노무현 시대와 차별화를 시도했다. 미국 민주당 클
린턴 대통령의 뒤를 이어 공화당 부시 대통령이 취했다고 알려진
ABC(Anything But Clinton) 전략에 빗대어, ABR(Anything But
Roh), 노 대통령의 정책이 아니면 된다는 식으로 회자되기도 했다.

# 전략적 사고

　선거공약에 따라 이명박 '경제대통령'으로 명명되며 실물 경제정책에 주로 관심을 쏟았다. 반면, 안보문제에는 별다른 족적을 남기지 못했다는 세평이 있었다. 이명박 정부 집권 초기에 대북한 관계 개선의 의지를 내보이기도 했다. 하지만 금강산에서의 남한 관광객 피살사건(1998), 천안함 침몰(2010)과 이어진 연평도 포격 등으로 한국 내 여론이 우호적이지 않았다. 마침내 같은 해 내려진 5·24 조치로 북한과의 대화는 단절되었다. 통일부는 남북장관급 회담은 커녕 제대로 남북대화의 장을 열어보지 못한 채 담당부처 역할에 대한 회의만을 남기고 5년을 허송했다는 비판에 직면했다. 대북한 정책에서 원칙을 지켰다고 내세우지만 담당 부처직원들의 사기는 마냥 떨어졌고 이명박 정부의 대북한 부처는 역대 최대 약체였다는 평가에서 자유로울 수 없었다.

　정부 내 외교안보분야에서 여러 부처가 따로 존재하는 의미는 각각의 역할분담이 필요하기 때문이다. 한국에는 4개 부처가 있다.

통일부, 외교부, 국방부, 국정원 사실상 다른 선진국에 존재하지 않는 통일부는 한반도 분단 상황을 고려해서 정권이 바뀔 때마다 직위가 부총리와 장관급으로 바뀌기도 했고 역할이 증대되거나 축소되기도 했다. 남북한관계를 어떻게 설정하는가에 따라 그 역할이 커지기도, 또 작아지기도 했다는 의미다.

통일부는 이명박 정부의 인수위원회에서부터 없어질 수도 있는 수난을 겪었다. 당시 외교통상부와 통일부를 통합해야 한다는 의견 제시가 있다고 보도되었다. 야당인 민주당의 반대로 통일부는 겨우 명맥을 유지할 수 있었지만 조직축소와 역할이전이 불가피한 상황에 처했다. 북한의 부정적 반응은 이미 예견되었다. 북한은 '비전 3000'을 도저히 받아들 수 없었던 만큼 남한 통일부에 대한 기대도 거둬버린 것처럼 보였다. 남북한관계에 경색국면이 풀릴 기미가 보이지 않았다.

이명박 정부의 편협된 외교안보 시각도 국익에 보탬이 되지 않는다는 지적이 있었다. 임기 초 이 대통령은 동일한 기업인 출신인 부시 대통령과 너무 밀착된 인상을 심어주려고 노력하는 것으로 비치기도 했다. 한·미동맹에 편착한 나머지 중국과의 관계에 소홀하다는 비판을 받았다. 북한과의 관계를 풀어나가지 못하고 국익 극대화를 위한 안보전략 부재에 대한 질타의 목소리가 만연했다. 전임 대통령의 외교안보전략과 차별화를 시도한 것이 오히려 전략 부재로 이어졌다.

북한이 '악의 축'이란 인식으로 북·미관계개선 의지를 꺾어버린 부시 대통령에 대해 이 대통령은 한·미동맹 강화를 기치로 밀착외교를 펼쳤다. 전임 정부에서 한·미관계가 소홀했다는 평판을 의식해서 양국관계 복원이라는 명제에 매달리는 듯 보였다. 부시의 텍사스농장 정상회담에서 카트를 직접 운전하는 등 이 대통령은 기업가 정신을 발휘했다. 한·미동맹이 강화되는 추세가 이어지면서 한국은 미국 무기수입과 주한미군 분담금을 늘리라는 요구에 대해 우려하기도 했다.

미국에서 오바마 정부가 들어서면서 미·일동맹은 코너스톤 (Corner stone) 한·미동맹은 린치핀(linchpin)으로 불려졌다.

반면, 중국은 한·미동맹에 치우치는 한국외교에 직설적으로 섭섭함을 표현하기도 했다. 이 대통령이 방중을 통해 한·중정상회담을 하는 기간 중 중국 외교부는 '한·미동맹은 냉전시대의 유물'이라고 언급했다.[3] 이는 중국 정부의 외교적 결례라고까지 지적되었지만 한·미관계를 더 중시하는 한국에 대한 중국의 입장을 대변했다.

한국·미국·일본으로 이어지는 삼각동맹 강화는 북한·중국·러시아의 연대를 강화시킨다. 냉전시대의 구도로 돌아가는 것이 아닌가 하는 우려를 낳았다. 북한의 두 차례 핵실험(2006.10.9, 2009.5.25) 이후 대북제재 강도가 높아지면서 북한이 중국의 지원과 협력에 의존할 수밖에 없는 구조가 고착되고 있었다. 북한의 대중국 무역의존도는 2000년 24.8%, 2001년 32.5%로 날이 갈수록 증가했다. 2007년 67.1%, 2008년 73.0%로 이명박 정부 들어와서 급증했다.[4] 북한은 중국과 경제교류를 확대해 나가는 데 치중했다. 북·중 양국은 2010년 고위급 인사 상호방문과 김정일 위원장의 방중을 통해 현안과 경제협력문제를 논의했다. 특히 5월과 8월 말 김위원장은 두 차례 중국을 방문하고 중국으로부터 경제지원과 협력을 보장받고자 했다.

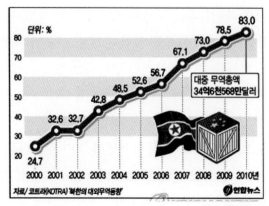

출처 : 《연합뉴스》, 2011-12-23.

〈그림 6-1〉 북한 대외무역 중국 의존도

북한 핵문제 해결을 위해서 중국과의 협조가 절대적인 상황에서 한·중관계가 소원해지면 북한과의 관계에서도 부정적 영향을 끼칠 수밖에 없다. 전략적 사고 부재로는 남북한관계를 풀어갈 수 없다는 인식이 점점 드러나고 있었다. 북한은 핵을 포기할 의사를 전혀 내비치지 않고, 비핵화를 요구하는 주변국들이 일치된 압력을 넣기가 점점 어려지고 있는 형국이었다.

# 금강산 관광

1992년 9월 6일 김일성 주석을 만나기 직전 한국 여성대표단으로 북한 방문에 동행한 나는 금강산관광을 할 수 있었다. 자연 그대로 보존된 아름다운 '금강산 찾아가자 일만이천봉'이 그대로 펼쳐지면서 장관을 이뤘다. 1998년 현대그룹 정주영 회장이 두 차례에 걸쳐 1001마리 소떼를 이끌고 북한을 방문하면서 금강산관광의 물꼬가 트이게 되었고 이후 한국 관광객에게 개방되었다. 관광자원개발로 편의시설을 설치하게 되면 관광객들의 편리함을 도모할 수 있지만 자연환경을 그대로 보존하기보다는 아무래도 훼손하게 되는 측면이 있다. 동해 배편으로 시작된 금강산관광이 육로로도 확장되어 남북한 간의 인적교류는 극적으로 확대될 수 있었다.

북측 관광자원을 현대아산이 개발해서 남측 관광객이 편리하게 방문할 수 있게 되었다. 금강산 청정해역의 해수욕장이 개방되어 해금강 호텔 주변에서 바다낚시를 할 수 있고, 금강산을 바라보며 노천탕을 즐기노라면 자연과 하나 됨을 만끽할 수 있다. 한결 부드러워진 북측 안내원의 미소와 친절은 동포의 따뜻함을 느끼게 한다.

1998년 11월 이후 2003년 7월까지 4년 8개월 동안 1094항차에 총 52만 9152명이 금강산을 찾았다.[5] 연평균 10만 명(여행경비 1인 당 54만 원 기준)이 관광을 다녀와야 손익분기점이 되지만 현실은 월평균 3000명에도 미치지 못해 매달 적자였다. 금강산관광개발은 남북경협의 상징성을 갖기에 더욱 애착을 갖고 추진한 사업이다.

개성공단을 비롯해서 북한의 사회간접자본 확충 등 다양한 남북 경협 사업이 구상되었다. 북측에 개성 특구를 조성하기로 한 총 2000만 평 중 5%인 100만 평의 착공식이 이뤄졌다. 개성공업지구는 남측의 축적된 기술과 자본, 북측의 저렴한 임금과 우수한 노동력 으로 세계적인 경쟁력을 갖춘 수출공단으로서의 잠재력이 있다. 고 려 500년 도읍지인 개성에는 선죽교, 왕건왕릉, 박연폭포 등 풍부한 문화유적지가 산적해 있다. 이를 발굴하고 관광지로 개발하면 외화 벌이도 가능하다. 그러나 북측의 협조 없이는 이 모든 사업이 수포 가 될 수밖에 없다.

금강산관광과 개성특구조성을 위해서는 철도신호, 통신, 전력계 통 등을 재설계하고 교류 활성화를 위해 경의선과 동해선이 연결되 는 등의 제반 정지작업이 이뤄져야 한다. 금강산 사업을 이끌었던 현대 아산 정몽헌 회장은 남북정상회담의 대가 지불에 대한 수사를 받다가 불행을 맞았다. 북측은 경제 논리를 무시한 남북경협이 남 측에서 많은 논란을 불러일으킨다는 사실을 직시해야 한다. 남측도 정치 논리로 매도된 남북경협이 어떤 결과를 낳고 있는지 되새겨야 한다.[6]

그나마 어렵게 명맥을 이어오던 금강산관광이 중단되었다. 2008

년 7월 11일 새벽 금강산 관광지구와 인접한 군사통제구역 내에서 북한 여군 초병의 총격을 받아 남한 관광객이 사망하는 사건이 발생했다. 즉시 다음날 12일부터 금강산관광이 잠정 중단되었다. 이명박 정부는 당국 간 협의를 통해 진상 규명과 재발 방지 및 신변안전보장 대책을 마련한 후에 관광을 재개한다는 원칙을 세웠다. 북한은 남측의 요구에 대해 소극적 태도를 보여 성과 없이 회담이 종료되었다. 마침내 한국정부는 금강산관광 폐쇄를 결정하기에 이르렀다. 남북한 간의 교류는 예기치 않은 사건으로 직접적인 영향을 받아 방해받고 반대의 결과를 낳기 때문에 서로 조심스럽게 접근해야 한다. 금강산에서 이산가족 면회를 비롯한 인도적 차원의 만남도 금지되어 남북한 대화는 이어질 수 없었다.

주요 외화벌이 수단이었던 금강산관광이 지속될 수 없게 되자 북한은 나름대로의 조치를 취했다. 북한은 금강산 사건에 대해 "유감"이지만 "책임은 전적으로 남측에 있다"고 현장 조사를 거부했다. 8월 9일 북측은 통지문으로 금강산 관광지구에 체류하는 불필요한 남측 인원에 대한 추방조치를 내렸다.[7]

금강산 관광객 피격 사망 사건으로 관광이 중단된 이후, 결국 관광사업을 주도한 현대아산은 혹독한 구조조정에 시달렸다.[8] 그나마 현대아산은 대기업 계열사라서 사정이 나은 편이었다. 금강산 관광사업에 투자한 중소 규모 기업들은 더 힘겨운 사투를 벌여왔다. 금강산에 투자한 현대아산 협력업체들의 모임인 금강산 기업인 협의회는 금강산관광 중단으로 시설 투자금 3000억 원, 매출 손실액 5300억 원 등 1조 원에 가까운 피해를 입었다고 주장했다.[9]

금강산에 남측 기업이 조성한 골프CC가 있는데 정식으로 개장하기도 전에 2008년 금강산관광이 중단되었다. 그 골프장에서 아직 단 한번도 라운딩을 한 적이 없는 창립회원들이 많이 있지만 10년 넘게 금강산에 들어갈 수가 없다. 하루라도 빨리 금강산관광이 재개되기를 바라지만 북한 핵문제로 인해서 전면적인 UN제재가 가해지고 있기 때문에 불가능하다. 이는 북한 비핵화가 이뤄져야 남북한 협력이 정상화될 수 있는 하나의 사례다. 수많은 민간부문에서 개인 재산상 피해를 입고 있는 상황에서 근본적인 문제해결에 대한 고민을 해야 한다.

북한은 2009년 5월 노무현 전 대통령 서거 당시 김정일 국방위원장 명의로 조전만 보냈다. 같은 해 8월, 김대중 전 대통령 서거 때는 김 위원장 명의로 조전을 보낸 뒤, 서거 사흘 뒤인 8월 21일 김기남 노동당 중앙위원회 비서와 김양건 통일전선부장 등 6명의 조문단이 고려항공 특별기로 김포공항에 도착해 빈소를 찾은 전례가 있다. 10년 후인 2019년 6월 10일, 이희호 여사가 별세해서 북한이 조문단을 파견할지 관심이 모아졌다. 김정은 국무위원장은 동생 김여정을 통해 이 여사에 대한 조의문과 조화를 판문점에 전달했다. 그동안 남북한 간 조문외교를 통한 남북교류협력 가능성은 제대로 실현되지 않고 있다.

동북아의 중심에 자리한 지정학적 이점을 살려 남북경협이 성공적으로 이뤄진다면 향후 우리 민족에 번영과 안정을 기약하는 핵심 역량이 될 수 있다. 북한은 풍부한 자원을 보유하고 있고 낮은 임금의 숙련된 노동자들을 고용할 수 있으므로 남한이 기술과 자본을 투자해서 상호보완적으로 경제발전을 이룩할 수 있다. 대북사업은 미래를 위한 투자로서 남북통일이 되면 엄청난 흑자를 가져다 줄 것이다.

# 4

# 천안함 사건과 전시작전권

2010년 3월 26일 서해에서 작전 중이던 천안함은 한국 해군 46명과 함께 가라앉았다. 이명박 정부는 국제적으로 권위 있는 인사들로 구성된 민군합동조사단을 조직하고 원인 규명을 위임했다.[10) 북한의 소행이라고 결론 내렸지만 북한은 수긍하지 않았다. 해역을 훑는 과정에서 발견된 '1호'라는 북한식 표기의 어뢰부품은 결정적 증거로 제시되었다. 이명박 정부는 5·24조치를 단행했다.

김태영 국방부 장관은 천안함 사태와 관련한 대북제재 발표문을 공표했다. 5·24 조치는 북한의 추가적인 도발 의지를 근절하고 불법적인 행동에 상응하는 책임이 반드시 따른다는 점을 분명히 하고자 다음과 같은 4가지 사항을 담고 있다.

첫째, 5월 24일부터 지난 6년간 중단된 대북심리전을 재개한다. 북한은 각종 매체를 통해 대통령과 정부에 대해 악의적으로 비난하고 남한 사회를 교란시키기 위해서 허위 조작과 비열한 선전 선동을 일삼고 있다. 남측의 대북심리전 재개는 정전협정, 남북불가침,

상호 비방·중상 금지 등 합의사항을 정면으로 위반하는 북한에 대해 엄중히 경고를 보내는 정당한 대응조치다.[11]

둘째, 정부는 북측 선박의 남측 해역 운항을 전면 불허한다. 한국군은 5월 24일 이후 북측 선박의 남측 해역 진입을 차단하고, 이에 불응하면 강제 퇴거 등의 조치를 취할 것이다. 이러한 조치는 북측군이 상선으로 위장해서 남측 영해의 해양정보와 작전환경을 정탐하며 해상침투용 모선의 기능을 수행하고 잠수함정의 잠항 침투 등을 획책하는 것을 근원적으로 제거하기 위한 목적이다.

셋째, 가까운 시일 내에 서해에서 한·미 연합 대잠수함 훈련을 실시한다. 이 훈련에는 한·미 최정예 전력이 참가해서 북한의 수중공격에 대한 방어 전술 및 해상사격 능력을 집중적으로 향상시키고자 한다.

넷째, '확산방지구상(PSI)'의 정신에 의거해서 북한의 핵 및 대량살상무기의 확산을 적극적으로 차단하고자 역내·외 해상차단훈련을 준비한다. 남측 해군이 주관하는 역내 해상차단훈련은 2010년 하반기 중에 실시될 예정이며, 9월 호주가 주관하는 역외 해상차단훈련에도 참가한다. 이 밖에도 국방부는 추후 북한의 반응과 태도에 따라 필료하다면 군사적·비군사적 조치를 강구할 것이라고 전했다.

5·24조치에도 불구하고 같은해 11월 북측의 서해 연평도 포격으로 남측 해병대원 2명이 전사했고 16명의 군인이 중경상을 입었으며 민간인 2명이 사망했다. 텔레비전을 통해서 보도되는 피격 실상에 한국 국민들은 분개했다. 대한민국 공군은 무엇을 하는가. 북한 땅에 들어가서라도 공습을 퍼부어야 한다고 흥분했다. 그러나 최종

전시작전권을 행사하기 위해서 한·미 간의 협의가 필요한데 시간
이 허락하지 않았다. 한국은 UN 교전수칙을 지키고 있었다. 이명
박 정부는 노무현 정부에서 약속한 전시작전권 반환 시한을 2015년
12월 말까지 연기했다. 다음 정부로 미루어 책임회피라는 지적이
있었다.

한국은 2010년 3월 천안함 격침에 이어 11월 북한의 연평도 포격
에 속수무책으로 당했다. 북한은 경험적으로 한·미동맹으로 묶여
있는 한국이 즉각적으로 대응하지 않으리라는 사실을 간파했다. 북
한의 핵실험과 미사일 발사도 한국은 물론이거니와 미국도 이를 저
지할 수 있는 의지와 힘이 미치지 못한다고 판단했기 때문에 가능
하다. 이스라엘이 주변국의 핵시설에 즉각 공습한 경우와 같이 한
국이 전시작전권을 휘두르며 초기에 공격할 수 있다고 인식한다면
달라질 수 있다. 어쩌면 전시작전권이 없는 한국은 주인의식이 없
다고 무시당하고 있는지도 모른다. 그렇다면 한·미동맹을 굳건히
하면서도 한국군이 전시작전권을 가져야한다는 주장은 타당하다.

한국의 진보는 전시작전권 전환을 주장한다. 반면 보수는 전시작
전권을 넘기면 한·미동맹에 균열이 올 수 있다고 걱정한다. 미국
에서의 보수적 입장과 진보적 입장이 거꾸로 된 셈이다. 한국의 진
보진영에서 추진하는 전시작전권 전환 의도가 만약에 일방적인 미
국의 북한 공격을 막기 위한 목적이라면, 그것이 과연 누구를 위한
방편인지 대답해야 한다. 북한 핵위협으로부터 무방비로 노출되는
우리 국민들의 기본적인 재산과 생명을 보호하겠다는 강력한 의지
를 보여야 한다.

미국에서 보수주의자들은 자신의 안위는 자신이 지켜야한다는 원

칙이 확고하다. 나와 나의 가족, 나의 조국을 위해서 끝까지 목숨을 걸고 싸우겠다는 결기야말로 가장 무서운 무기이다. 미국 공화당의 핵심 지지층은 미국총기협회(NRA)의 약 450만 회원이다. NRA는 미국의 건국이념과 전통적 가치관을 대변하면서 자유와 민주주의를 수호할 수 있다고 믿는다. 그들의 자금력과 로비력은 공화당 후보를 정하는데 결정적인 힘을 발휘하기도 한다. 자신을 방어하기 위해서 동맹은 물론이거니와 국가도 믿지 않는다. 궁극적으로 자신이 소유한 총기야말로 마지막까지 자신을 보호하는 방어막으로 여긴다.

미국의 보수 정권에게 한국의 보수주의자들이 미국으로부터 전시작전권 반환을 요구할 수 있다. 공산주의에 대항해서 나의 총기로, 나 스스로 지킨다는 결의야말로 보수주의 이념에 부합한다. 보수는 전쟁을 각오해야 전쟁을 막을 수 있다고 주장하지 않는가.

한국의 보수정부에서 전시작전권 반환이 이뤄졌다면 한·미동맹을 더욱 굳건이 할 수 있는 장치를 보완해서 적절한 시기를 선택할 수 있을 것이다. 그런데도 2015년 말로 기간을 정해서 다음 정부로 미뤄졌다. 만약 진보정부에서 전시작전권 반환을 추진한다면 오히려 더 많은 논란을 불러 일으킬 가능성이 높아지게 된다. 북한의 요구에 부합하는 조건을 받아들여 한·미동맹이 약화될 수 있다는 우려가 더 심각하게 제기될 수 있다.

# 북한 3대 세습체제

북한은 사회주의 역사상 유례가 없는 김일성–김정일–김정은 3대 세습체제를 이어가고 있다. 일반적 형태의 독재국가와는 다른 분석이 필요하다. 중국의 경우, 덩샤오핑은 마오쩌둥의 이념투쟁을 승계하지 않고 4개 현대화를 추진해서 경제건설을 목표로 한다. 국가개혁을 위한 체제전환(paradigm shift)을 통해서 경제발전의 기틀을 닦았다. 덩은 전임자에 대한 공칠과삼(功七過三)으로 비판을 딛고 개혁·개방의 설계사로 거듭날 수 있었다.

북한의 경우, 김정일의 전임자는 자신의 아버지이며, 그 아들이라는 사실만이 후계자로서의 정통성을 보장한다. 김 왕조 세습체제를 위한 우상화 정책으로 체제 공고화를 이루고자 '유훈정치'를 내세운다. 북한 내에서 철저히 폐쇄사회(closed society)를 유지해야만 외부세계로부터의 비판을 차단할 수 있고 주민들을 호도할 수 있다. 반면 북한이 극심한 경제난을 극복하고 경제발전을 하려면 외국의 투자유치를 위해 개방(open-door)을 해야 한다.

2011년 12월 17일 김정일 사망 이후 권좌를 물려받은 20대 어린 아들의 경험과 카리스마가 현저히 부족했다. 김정은이 2012년 4월 당대표자회의와 최고인민회의에서 당 제1비서와 국방위원회 제1위원장으로 등극하며 정권을 장악해 나갔다. 김정은 체제를 공고화하는 과정에서 그는 고모 김경희 남편 장성택도 잔인하게 제거하는 공포정치를 펴고 있다.

김정은 위원장은 김정일 사망 발표 전 전군(全軍)에 '김정은 대장 명령 1호'를 하달했는데 이는 그가 군권을 완전히 장악했다는 단적인 사례다.[12] 김정일 시대의 권력 실세들이 일사불란한 움직임으로 체제안정을 대내외에 과시했다. 북한 정권수립 이래 이어진 3대 세습체제에 길들여진 지도부는 김정은 체제 옹위에 사활을 거는 듯이 행동했다.

갑작스런 최고지도자 부재로 인한 북한체제 불안정성에 대해 다양한 시각이 있다. 장롄구이(张连贵) 중공중앙당교 교수는 북한 국내 정치의 불확실성을 예측했다.[13] 양시위(杨希雨) 중국 국제문제연구소 연구원도 포스트 김정일 시대에 외교정책 방향의 불확실성이 커질 것으로 전망했다. 김정은이 최고지도자의 자리에 올라서면 새로운 지도부에 중대한 시험이 될 것으로 간주했다.[14]

2012년은 동북아시아 정세를 가늠할 수 있는 중요한 기점이 된다. 북한은 김일성 주석 탄생 100주년을 맞아 '강성대국 완성의 해'로 공표했다. 중국에서는 후진타오 주석이 퇴진하고 시진핑 주석의 부상으로 지도부가 교체되었다. 미국에서 오바마 대통령이 연임되어 민주당이 집권세력으로 남아 정책의 연속성을 기대할 수 있게 되었다. 러시아에서는 메드베데프 대통령과 푸틴 총리 간에 자리바

꿈으로 지속적인 푸틴시대가 예견되었다. 일본은 허약한 민주당 정부의 집권이 정권불안으로 이어져 자민당 아베 총리로 교체되었다.

2011년 12월 개최하기로 했으나 김정일 사망으로 연기되었던 세 번째 북·미 고위급회담이 다음 해 2월 23~24일 베이징에서 개최되었다. 김계관 북한 외무성 제1부상과 이틀간의 회담을 마친 글린 데이비스(Glyn Davis) 미 대북정책 특별대표는 "다소 간의 진전이 있다"고 평가했다. 북한과 미국은 평양과 워싱턴에서 동시에 2012년 2·29 합의사항을 발표했다.

첫째, 미국은 대북한 적대 의사가 없으며 상호 주권 존중과 평등의 정신에 입각해서 양자관계를 개선할 조치를 취할 준비가 되어있다.

둘째, 미국은 9·19 공동성명 준수 의지를 재확인한다.

셋째, 북·미 양측 영양지원팀은 가까운 장래에 만나서 행정적인 세부사항을 확정한다. 지원 대상을 특정하는 미국 프로그램은 최초 24만 톤 영양지원을 하고 지속적인 필요에 따라 추가 지원 가능성을 열어놓는다.

넷째, 미국은 문화, 교육, 스포츠 분야 등 인적교류를 증대시키기 위한 조치를 취할 준비가 되어있다.

다섯째, 미국의 대북제재조치는 북한 주민들의 일상생활에 대한 제재를 목표로 하지 않는다.

이와 같이 미국이 24만 톤의 대북한 영양지원을 하면 북한은 미사일 발사를 유예하고 영변에서의 우라늄 농축을 중단하기로 했다. 그러나 2012년 4월 12일 김일성 탄생 100주년 기념으로 북한이 장거리 로켓을 발사하면서 이 합의는 이행되지 않았다.

2·29 합의 직후인 3월 초에 리용호 북한 외무성 부상이 뉴욕을 방문했고, 리근 외무성 국장이 로버트 킹 미 북한 인권특사와 영양 지원을 협의하는 등 순조롭게 후속 조치가 이어졌다. 2008년 12월 이후 중단된 6자회담 재개를 위한 기대감도 높아졌다. 다만 '장거리 미사일 발사 유예' 조항에 위성 목적으로 로켓 발사가 포함되느냐에 대해 북·미 양측 간의 이견으로 문제가 발생했다. 양측 이견이 해소되지 않았지만 3월 16일 발표하면서 북한은 4월 12~16일 사이 평안북도 철산군에 있는 서해 위성(동창리)발사장에서 남쪽을 향한 방향으로 지구관측위성인 '광명성-3호' 위성 발사를 예고했다.

이에 즉각적으로 미국이 경고했다. 북한의 시도가 '탄도미사일 기술을 이용한 북한의 모든 발사'를 금지한 UN 안전보장이사회 결의 1718/1874호를 위반하므로 북한이 발사를 강행한다면 2·29 합의에 저촉된다. 반면 북한은 '평화적 우주이용권'을 내세워 내외신 기자들을 초청해서 발사과정을 공개했다. 북한은 4월 13일 발사를 강행했으나 실패하고 이례적으로 이를 신속하게 시인했다.

미국은 UN 안전보장이사회를 통해 북한의 발사를 규탄하는 의장 성명을 도출하고, 관련국들에게 '2·29 합의 파기' 입장을 전달했다. 북한은 4월 17일 외무성 성명을 통해 안전보장이사회 의장성명을 전면적으로 반박했으며, 20일 우주공간 기술위원회 대변인 담화로 향후에도 실용위성들을 발사할 것이라는 입장을 천명했다. 이후 북한은 12월 12일 평안북도 철산군의 서해 위성발사장(동창리)에서 '은하-3호' 로켓을 발사했고 9분 27초만인 9시 59분 13초에 지구관측위성 '광명성-3호' 2호기가 궤도에 성공적으로 진입했다고 주장했다.

이와 같이 2012년 2·29 합의로 북한 비핵화에 대한 진전이 예견되었지만 실제 상황은 이를 뒷받침하지 못하고 있었다. 오히려 북한의 미사일 발사 능력이 고도화되고 있는 상황이 노출되면서 긴장이 고조되었다.

2010년 김정은 후계자 등극 이후 북한에서 후계체제가 불안정하다는 평가가 많았는데 군·행정 경험이 전무하고 심각한 경제난 속에서 3대 세습에 대한 부정적인 시각이었다. 이러한 비판과는 별개로 백두혈통을 내세운 김정은 체제는 안착해서 "김일성 조선의 대를 잇는다"고 명시되어 있는 헌법과 당규로 보장받고 있다. 김정은을 찬양하는 우상화 정책이 교과서 내용을 비롯해서 다방면에서 진행되고 있다. 공산주의 역사상 유례를 찾아볼 수 없는 3대 세습체제가 북한에서 이어지고 있다. 대내외적으로 존재감을 확인시키고 있는 김정은 정권에서 핵과 미사일 능력은 체제 안정을 도모하기 위해서 불가결한 수단으로 자리매김하고 있다.

# 서울 핵안보정상회의

"같이 갑시다."[15]

미국 버락 오바마 대통령이 한국에서의 연설 말미에 외쳤다. 그는 한·미동맹의 굳건함을 나타내기 위해 2012년 3월 25일 DMZ를 처음 방문하고 26일 오전 한국외국어대학을 찾았다. 연설장에 앉아 있던 나는 오바마 대통령이 '핵없는 세상(nuclear free world)'을 위해 우리 모두의 지혜를 모아 함께 나아가자고 언급해서 서울 핵안보정상회의 방향을 제시하는 것으로 여겨졌다.

1차 2010년 워싱턴, 2차 2012년 서울 핵안보정상회의 핵심의제는 '핵테러 예방'이었다. 오바마 대통령이 핵위협을 없애기 위한 구상을 하며 주도하고 있는 핵안보정상회의는 2010년 제1차회의에서 미국, 러시아 등이 핵물질 감축량(핵무기 2만 개 분량)을 약속하는 성과가 있었다.

2차 서울회의에서는 일본 후쿠시마 원전사고 이후 안전문제가 대두되었다. '핵테러 예방'과 '원자력발전소 안전'은 중대한 문제이지만 핵무기가 없는 세상은 21세기 인류사회가 추구해야 할 담대한 구상이다. 북한과 이란의 핵문제가 주목받고 있는 이유이기도 하다.

2012년 2월 28~29일 한국국제정치학회는 '글로벌 핵안보 레짐의 형성과 동아시아 핵문제의 전망'으로 국제회의를 개최했다. 기조연설자로 나선 박근혜 새누리당 비상대책위원장과 한명숙 민주통합당 대표는 핵안보에 대한 보수와 진보의 현격한 시각 차이를 드러냈다.

2012년 2월 28일 열린 '글로벌 핵안보레짐의 형성과 동아시아 핵문제의 전망' 이라는 국제학술회의에서 인사말을 하고 있는 안인해 한국국제정치학회 회장(좌)과 기조연설자로 참석한 박근혜 새누리당 비상대책위원회 위원장(중앙), 한명숙 민주통합당 대표(우).

보수진영은 북한 핵 보유는 결코 묵과할 수 없는 문제이며 이런 원칙을 바탕으로 상호신뢰 구축이 절실히 필요하다고 주장했다. 반면 진보진영은 북한 핵문제 악화는 이명박 정권의 대북강경정책에서 비롯되었다는 시각을 보였다. 남북대화가 단절된 상황에서 6자회담 재개를 위한 노력이 단편적으로 이뤄지기는 했지만 북한이 핵 포기를 위한 실질적인 행동에 나서기는 쉽지 않다. 북한은 오히려 경제발전의 필수적 요구로서 평화적 위성 발사를 절대 포기하지 않겠다고 공언했다.

2차 서울 핵안보정상회의를 종료하며 만장일치로 채택한 서울 코뮈니케(정상선언문)는 개정된 핵물질방호협약(Convention on the Physical Protection of Nuclear Material, CPPNM)이 2014년까지 발효될 수 있도록 추진할 것을 명시했다. 이번 회의에서 2010년 미국, 러시아 등이 약속한 바 있는 핵물질 감축량(핵무기 2만개 분량) 등 과거 성과가 부각됐지만 향후 추가 핵물질 감축량은 제시되지 못한 아쉬움이 있다. 또한 핵물질 감축 등을 강제할 수 있는 법적 구속력이 없다는 점에서 각국의 자발적 이행 약속에만 의존해야 하는 한계를 안고 있다.

미국과 중국은 북한 장거리 로켓 발사에 대해 동시에 우려의 목소리를 냈다. 오바마 대통령은 "핵물질을 더 감축하라"면서 다른 참가국을 독려한 반면, 후진타오 주석은 핵안보의 중요성에는 공감하지만 (개발도상국의) 평화적 핵이용 권리를 제한해서는 안 된다고 주장했다. 핵물질 감축이 각국의 자발적 참여를 통해 이뤄져야 한다고 명확히 지적했다.

서울회의는 핵안보, 핵안전의 중요성을 각인시켰으며, 글로벌 거버넌스로 다자협력을 통한 핵문제 해결 방향을 제시했다. 각국의 최고 정치지도자들이 함께 머리를 맞댄 회의인 만큼 핵문제를 푸는 정치적 모멘텀을 지속적으로 살려나가는 방안이 모색되었다. 2014년 네덜란드 핵안보정상회의에서는 오바마 대통령이 제창한 진일보한 '핵공포 없는 세상'이 실현될 수 있기를 기대했지만 요원한 바람일 뿐이었다. 2016년 오바마 정부 임기 내 워싱턴에서 제4차 핵안보정상회의가 재차 열렸지만 별다른 성과 없이 마지막이 되었다.

북한은 2012년 3월 서울 핵안보정상회의에 대한 비난을 퍼부었다. 북한 노동당 기관지인 노동신문은 3월 14일 '북핵문제와 핵포기를 떠들며 북한을 모해하기 위한 마당'으로 비난했다.[16] 남한에 핵무기가 남아있고 핵전쟁 연습이 계속되는 한 "북한의 핵 억제력은 백배로 강화될 것"이라고 주장했다.[17]

오바마 대통령이 '핵없는 세상'을 독려하지만 2013년 들어서 북한은 핵실험을 위한 명분과 효과를 극대화하기 위해서 선제공세를 강화하고 있었다.[18] 핵실험 분위기를 대내외적으로 고조시키고 김정은 위원장의 지도력을 부각시킴으로써 핵실험 강행을 예고했다. 미국이 적대시 정책을 버리지 않는다면 "조선의 핵보유 장기화는 불가피하고 비핵화 논의도 중단될 수밖에 없다"면서 오바마 대통령에게 최후통첩을 전달했다고 보도했다.[19] 오바마 대통령이 내세운 핵폐기에 어떤 보상도 하지 않겠다는 '전략적 인내(strategic patience)' 정책은 아무런 결실을 맺지 못한 채 북한의 핵능력 고도화가 현실화되고 있다.

2013년 1월 23일 UN 안전보장이사회는 2087호 결의안을 채택하고 북한 미사일 발사와 관련해서 북한에 대한 제재를 확대 · 강화하기로 결정했다.[20] 중국 외교부는 UN 결의와 관련한 입장을 발표하고 한반도 평화 유지에 도움이 된다고 지적했다. 정세를 악화시키는 어떤 행동도 자제하라고 명시해서 북한 핵실험에 대한 명확한 반대를 표명했다. 이에 북한은 1월 24일 국방위원회 성명을 통해서 미국의 비핵화를 포함해서 세계의 비핵화가 이뤄져야 한반도의 비핵화도 실현될 수 있다고 결론지었다. 대북제재 결의에 찬성한 중국에게 우회적으로 비판을 가했다.[21] 중국은 외교부 정례브리핑에서 북한은 정세를 격화시키는 행동을 번갈아가면서 하지 않아야 하며, 6자회담 틀을 유지하면서 당사국들의 접촉과 관계개선을 주문했다.

북한 조국평화통일위원회는 ① 남북 간 비핵화 논의를 중단('한반도 비핵화에 관한 공동선언' 무효화)하고, ② 반북적대정책을 추구하는 자와 상종하지 않으며, ③ "남한이 UN 제재에 직접 가담 시 물리적 대응조치"를 취하겠다고 위협했다. 북한 외무성 대변인은 북한 위성 발사는 부정하면서 남한 위성 발사를 감싸는 미국은 "이중기준과 철면피성의 극치"라고 비난했다.

2013년 2월 4~6일 한미연합해상훈련(핵잠수함, 이지스함 등 참여)이 실시되었다. 조선신보는 "남북이 화해·유무상통·통일과 번영으로 나가는 것은 우리 민족의 사명"으로 "이 길을 걷겠는가, 외면하겠는가" 대답하라고 했다.[22]

2월 12일 북한은 함북 길주군 풍계리 지역에서 3차 핵실험을 강행했다. 이에 한국은 북한의 도발행위는 UN 안전보장이사회 관련 결의(1718, 1874, 2087호)에 대한 명백한 위반으로 국제사회와 긴밀한 공조 하에 모든 조치를 강구하겠다고 공언했다.[23] 북한 전역을 사정권에 두는 미사일을 개발하고 조기에 배치해서 군사적 영향 확충에 박차를 가하겠다고 했다. 이에 북한은 핵실험이 미국 적대행위에 대한 치솟는 분노를 보여주고 자주권을 지키려는 "선군조선의 의지와 능력을 과시"하려는 목적이라고 했다.[24]

UN 안전보장이사회는 북한 3차 핵실험에 대해 강력히 규탄하면서 추가제재 논의에 착수한다는 언론성명을 발표했다. 미국은 백악관 성명으로 이를 심각한 도발 행위로 규정했다. 중국 외교부는 단호히 반대한다는 성명을 발표했다. 일본 총리는 매우 유감이라는 표현으로 반감을 드러냈다.

2월 23일 북한은 판문점 대표부를 통해서 주한미군사령관에게 전통문을 발송했다. 키리졸브·독수리훈련 계획과 관련해서 "침략전쟁의 도화선에 불"이라고 지칭하고 보복당할 것이라고 위협했다.

2006년에 이어 2009년 북한의 2차 핵실험으로 한반도에서 긴장상태가 지속되고 있었다. 2010년 3월 천안함 사건으로 한국은 5·24 조치를 발표하고 강경대응 방침을 견지해서 남북대화는 실종되다시피 했다. 같은 해 11월 연평도 포격으로 한반도에는 다시 전운이 감돌고 있었다. 실용주의를 내세운 이명박 정부는 대북한관계에서 상생·공영을 통한 전향적인 정책을 추진하고자 시도했지만 북한은 이에 아랑곳하지 않고 미사일발사, 핵실험 등으로 번번이 좌절되었다. 남북대화가 이어지기 위해서 북한이 관심을 가질 수 있는 아젠다를 찾아내고 이를 실행할 수 있도록 협상의 장이 펼쳐져야 하지만 아예 상대하지 않으려 한다면 더 이상 기대할 수 없다.

이명박 정부에서 남북대화가 단절되면서 당국자 간의 접촉이 없었고 고위급회담도 열리지 않았다. 전쟁 중에도 적군과의 대화와 협상 창구는 열어놓는데 한국정부는 전략적 마인드가 아닌 실용적 접근을 강조하는 탓에 눈앞의 사건전개에 연연하는 듯 보였다. 이명박 정부는 '비전 3000'으로 북한 경제발전을 약속했지만 북한의 비핵화 의지를 전제조건으로 내세우면서 아무런 진전도 없이 임기를 마쳤다.

# 제7장 한반도 신뢰프로세스 (박근혜 정부)

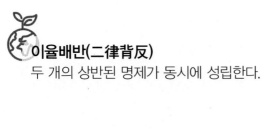

**이율배반(二律背反)**
두 개의 상반된 명제가 동시에 성립한다.

　박근혜 정부 출범에 따라 '한반도 신뢰프로세스'로 남북한 신뢰구축을 통한 관계개선을 기대했다. 하지만 북한이 '경제 · 핵병진정책'을 공식화하면서 이를 헌법에 명기하고, 핵능력 고도화에 나서면서 남북한관계는 오히려 더욱 악화되는 상황을 맞게 되었다. 한 · 중정상회담 이후 '전략적 협력동반자' 관계발전과 한반도 비핵화 방안에 대한 심도 있고 허심탄회한 대화가 이뤄졌다. 한국과 중국은 한반도 평화와 안정을 위한 목표를 추구는 데 이견이 있을 수 없다. 그렇지만 어떤 수단을 통해 목적을 달성할 것인지에 대한 전략적 접근은 다를 수 있다.

　대북한 정책에 있어서 중국은 한국이 추구하는 관점에 귀 기울여야 한다. 중국은 한국뿐만 아니라 북한과도 가까워서 양측의 균형을 맞출 수밖에 없다고 한다. 한국은 균형도 필요하지만 북한의 행동 양식에 대해 국제적 규범에 맞도록 이끌어 달라고 요청한다. 북한이 핵개발에 매달리는 독자적 행태를 납득할 수 없기에 UN까지 나서서 제재를 원한다. 이는 국제적으로 통용될 수 있는 방법이 아니라는 것이고, 북한 핵을 막아 달라는 요구다.[1]

　북한과 대화를 하겠다면서 협상 테이블에도 앉지 못한다면 상대방을 배려한다고 할 수 없다. 북한은 1953년에 맺은 정전협정을 평화체제로 이행해서 궁극적으로 북 · 미관계 정상화가 목표다. 굳건한 한 · 미동맹을 바탕으로 한국이 미국의 유력한 조언자로서 북한의 대미국 관계개선에 긍정적인 영향력을 미칠 수 있다고 북한이 인식할 수 있어야 한다. 이 과정에서 북한이 국제사회의 책임 있는 일원이 되기 위해 투명성이 보장되고 상호주의가 적용될 수 있도록 철저한 대비가 필요하다.

중국 측에서 질문한다.[2] 한반도가 통일된다면 중국이 누릴 수 있는 이익이 무엇인지 설득해 보라는 것이다. 통일을 향한 과정과 통일 이후 상호 간의 이해관계에 대한 논의를 발전시켜 통일외교의 근거를 마련해야 한다. 한·미동맹에 대한 중국의 전략적 고려를 감안해 역내 세력균형을 어떻게 맞추어 갈 것인가 고민해야 한다. 통일 후 주한미군의 역할을 포함해 폭넓고도 솔직한 대화를 나눌 수 있어야 한다. 통일된 한반도가 결코 중국과 적대적 관계가 되지 않을 것이란 확신을 할 수 있는 전략적 이해가 필요하다. 북한에 대한 일방적 흡수통일이 아니라 점진적으로 북한의 자생력을 키워 상호 보완적 관계를 이룰 수 있어야 하며, 중국의 협조가 절실하다.[3]

전임 이명박 대통령이 보수 정부로 정권교체를 이룬 이후 그 이전 노무현 대통령의 친중 정부라는 인식을 불식시키기 위해서 미국과의 한·미동맹에 치우친다는 인식이 있었다. 이에 따라 이명박 정부에서 한·중관계에서의 서운함이 드러나기도 했다. 박근혜 대통령은 중국 시진핑 주석과 개인적 호감을 바탕으로 한·중관계 복원을 위해서 각별한 노력을 기울였다. 시 주석은 이에 화답하듯 평양보다 서울을 먼저 방문해서 깊은 인상을 남겼다. 하지만 북한 핵문제로 인해서 양국 간의 조율이 순조롭지 못한 시기를 보내기도 했다.

박근혜 정부가 추구한 한반도 신뢰프로세스와 이를 실천하기 위한 드레스덴제안, 동북아공동체구상을 살펴본다. 그러나, 박근혜 대통령 탄핵으로 미완으로 남았다.

# 1

# 신뢰프로세스

2002년 5월 평양에서 만남을 가진 박근혜 의원과 김정일 위원장은 남북한에서 2세 정치인으로 주목을 받았다. '유훈정치'를 가슴에 새기고 있는 차세대로서 상호 포용정책으로 남북대화를 이끌 수 있을 것으로 기대를 모았다.

 2013년 2월 박근혜 정부가 출범하기 직전 북한은 3차 핵실험을 감행했다. 남북한관계는 경색국면에서 좀처럼 해빙될 기미를 보이지 않는 가운데 대내외적으로 산적한 문제가 쌓이고 있었다. 한반도에 기회와 도전의 창문이 함께 열렸다는 의미다. 박 정부는 굳건한 안보태세를 갖추어 어떠한 북한의 도발도 용납하지 않겠다는 강력한 의지를 피력했다. 확고한 안보대비로 국민의 안전을 담보하고, 그 바탕 위에 유연한 남북대화의 문을 열어 나가고자 한다. 원칙을 지키고 신뢰를 구축해서 국제사회의 모범적 규범에 부응한다는 것이다. 국내 산적해 있는 현안에 원칙을 지켜나가고 남북한 문제에서도 원칙적 대응 과정에서 오히려 신뢰를 쌓아 갈 수 있다는 구상이다. '한반도 신뢰프로세스'는 상대국과의 신뢰구축을 외교의 우선적 가치로 내세웠다.[4]

신뢰프로세스가 효율적으로 작동할 수 있도록 정부 거버넌스 전반이 신뢰의 가치를 바탕으로 새롭게 조율되어야 한다고 강조한다. 중장기적으로 공감할 수 있는 전략적 미래비전이 필요하다. 북한이 국제사회에 책임 있는 일원으로서 참여할 수 있도록 안팎의 환경을 조성해야 한다. 대북한 정책에서 원칙과 유연성, 비핵화와 신뢰구축, 비판과 지원을 동시에 이루고자 한다. 6자회담을 비롯한 다자회의에 대비하면서 평화 의제를 내세운다. 탈북자를 지원하면서 통일 교육에 신뢰프로세스 정신을 불어넣고자 한다. 한반도 평화와 통일을 위해 신뢰구축이 우선시되어야 하므로 전략적 비전과 시대적 소명감을 일깨우겠다는 것이다. 그렇지만 임기 초반에 의욕적으로 시작한 신뢰구축을 위한 노력은 오히려 남북한 간 불신의 벽을 높이 쌓고 있었다.

박근혜 정부는 남북한이 통일을 준비하고 통일을 이룩해야 하는 시기가 도래했다고 공표했다. 하지만 일관성 없는 대북한 정책으로 그 빛은 바래고 말았다. 2013년 독일에서의 '드레스덴 선언'은 전임 정부에서 남북교류 단절을 가져온 5·24 조치를 그대로 둔 채 북한과의 협력을 제안해서 아무런 성과를 얻을 수 없었다. 북한의 3, 4, 5차 핵실험이 이어지면서 핵개발에 쓰이는 현금을 차단한다는 의미로 개성공단마저 완전히 폐쇄하기에 이르렀다. 북한의 핵능력 고도화가 현실화되는 동안 남북대화는 꽁꽁 얼어붙어 돌파구를 찾지 못한 채 표류하고 있었다.

남북대화 재개를 제의하면서 박근혜 정부는 신뢰구축을 위한 원칙을 내세웠지만 북한은 핵실험과 미사일 발사를 멈추지 않으며 남한 정부를 상대하지 않았다. 미국을 비롯한 국제사회는 북한에 대해 강력한 압박을 예고하면서 한국정부의 대화재개 의도는 메아리 없는 울림이 되었다. 한반도 평화정착을 위해서 남북한관계뿐만 아니라 주변국과의 구조적 역학관계를 꿰뚫을 수 있는 전략적 사고를 해야 한다. 김정은 정권이 추구하는 전략적 목표를 제대로 알아야 적절한 대응을 할 수 있다.

2013년 초부터 북한발 핵실험으로 위기국면을 맞은 신뢰프로세스는 기대한 만큼의 효과를 발휘할 수 없었다. 북한 핵무장에 반대하고 신뢰구축 필요성에 대한 국제사회의 공감대가 재확인되었다. 북한도 6자회담을 비롯해서 대화의 장에 참여할 뜻을 밝혀 남북한 간에 대화 정국으로의 전환 가능성이 탐색되기도 했다. 하지만 여전히 상호신뢰의 수준은 낮고 정책적으로 뒷받침되지 않았다.[5]

한반도 신뢰프로세스의 진화를 위해서 "복합을 위한 새로운 공진 (共進)"이라는 새로운 시각으로 대북정책, 더 나아가 통일정책이 제시되기도 했다.[6] 21세기 복합변환의 시대에 억제, 관여, 신뢰를 복합적으로 추진해서 진화·발전시키려는 노력이다. 보수정부에서

악순환을 거듭하는 남북한관계에 돌파구를 마련해서 향후 불가역
적인 통일한국의 미래를 견인하려는 의도로 제안됐다.

　한반도 신뢰프로세스는 굳건한 안보를 바탕으로 상호 대화를 통
해 낮은 수준부터 점진적으로 신뢰를 구축해간다는 구상이다. 남북
한 상황에 비추어 현실성을 담은 정책이지만 북한이 호응하지 않거
나 구조적 문제에 맞닥뜨리면 동력을 상실할 수밖에 없다. 신뢰구
축을 위해서 신뢰프로세스를 내세웠지만 북한 핵실험으로 남북대화
의 명분을 찾기가 쉽지 않다. 오로지 핵보유국으로 인정받고 싶은 김
정은 체제를 향해 죽음으로 느껴질 핵포기를 통한 비핵화에 나서라는
외침은 허공의 메아리가 되고 있다.

# 주변국 반응

박근혜 정부는 핵실험의 최대 피해자는 북한이 될 것이라고 경고했다. 오로지 핵국가를 목표로 내세우며 '경제·핵무력건설병진정책'을 추구하는 북한을 상대로 대화의 장으로 이끌 수 있는 방안이 마땅치 않았다. 2013년 4월 존 케리(John Kerry) 미 국무장관은 한국·중국·일본 순차방문으로 북한 비핵화를 위한 정책을 조율하고 북한의 대화 참여를 촉구했다. 하지만 북한은 '교활한 수작'이라며 남북대화의 창을 걷어차 버렸다. 핵개발의 유혹에서 북한이 벗어나 남북대화에 응하도록 유인할 수 있는 탈출구를 찾아야 했다.[7]

오바마 대통령은 취임 초 북한과 직접대화를 결심한 것으로 알려졌다. 북한은 중·미정상회담이나 남북회담에서 북·미 회담에 대한 희망을 가질 수 없어서 직접 북·미 회담의 계기를 만들고자 했다. 북한이 미국을 압박하기 위해서 핵 실험이든 미사일 발사든 추진한다는 견해가 있다. 북한의 무력도발은 대화를 요청하는 북한식 언어로 협상을 위한 지렛대라는 시각이다. 김정은의 목표는 핵무기

보유국으로 인정받고 미국과 동등한 '힘의 균형'을 이루는 것이다.

중화민국(타이완) 외교부는 북한이 3차 핵실험에 대해 성명을 발표하고 북한이 무모한 도발 행위를 강행했다고 비난했다. 타이완은 동아시아 지역 비핵화와 평화적 대화를 통한 한반도 문제해결을 지지한다고 재천명했다. 북한이 UN 안전보장이사회의 관련 결의를 철저히 준수하고 역내 안보에 위해한 행위를 즉각 중지할 것을 호소했다.

중국은 외교부 성명을 발표하고 핵실험에 대해 단호히 반대하며 한반도 비핵화 실현과 핵확산 방지, 동북아 평화와 안정 수호가 일관된 입장이라고 강조했다. 한반도 비핵화에 대해 냉정하게 대응하고 대화와 협상을 통해서 6자회담 틀 내에서 풀어나가자고 호소했다. 시진핑 총서기가 방중한 한국의 대통령 특사단을 접견한 자리에서 비핵화와 대량살상무기확산 반대를 공개적으로 천명했다.(2013.01.23) 중국이 국제공조에 본격적으로 참여하겠다는 의사를 밝혔다. 북한의 미사일 발사 이후 중국은 강화된 UN 제재결의안에 찬성했다. 북한 핵실험 이후에는 구속력이 강화된 UN 제재결의안(2087호)에도 동참했다.

시진핑 시대 중국 외교정책의 핵심은 안정유지(维稳)다. 중국내 산적한 현안을 해결하는 데 중점을 두고 화평발전(和平发展)과 주권수호(维护主权)를 핵심으로 안정적 강대국 관계 구축을 지향하는 '신형대국관계(新型大国关系)'를 내세운다. 중국의 대한반도 정책과 밀접한 관련이 있는 부분은 강대국 관계, 중·미관계다.

리커창(李克强) 총리는 중국이 평화 발전의 길을 견지한다고 천명하고 이는 2013년 시진핑 주석의 전국인민대회 폐막식 연설에서

도 재차 확인했다. "중국은 발전 중인 대국"으로 규정하고 이에 상
응하는 국제적 의무에 대한 충실한 이행을 약속했다. 과거 중국은
자신을 개도국으로 규정해서 이와 대조되는데 리 총리는 두 가지를
지적했다.

첫째, 중국 경제는 지속적인 발전을 유지할 수 있는 여건을 갖추
고 사회 발전을 추구하고 있으며 13억 인구를 가진 대국으로서 현
대화를 이루기 위해서 아직도 갈 길이 멀다고 답했다.

둘째, 중국이 근현대사를 통해서 강대국의 패권이 주변국에 주는
아픔을 잘 인지하고 있으므로 "영원히 패권을 추구하지 않을 것"이
라고 전했다.[8]

양제츠(杨洁篪) 외교부장은 2013년 3월 9일 기자회견에서 "상호
존중, 호혜공영의 협력적 동반자 관계인 중·미관계 구축과 양국이
상호 간 핵심이익과 중대한 관심사항을 존중한다"고 강조했다. 특
히 타이완 문제와 같은 민감한 이슈와 더불어 아태 지역에서 중·
미 간 이익이 가장 밀접하게 중첩되고 있다고 강조했다. 미국이 아
태 지역에서 대한 건설적 역할을 하고, 이 지역에서 중국의 이익를
존중하며 중·미 양국 간의 대화와 협력을 증진해 나가자고 강조했
다. 북한 3차 핵실험에 따라 통과된 안전보장이사회 2094호 결의안
이 국제사회의 반대입장이라고 언급했다. 그렇지만 제재는 안전보
장이사회 행동의 목적이 아니므로 대화와 6자회담만이 한반도 비핵
화와 장기적 평화를 이룰 수 있는 방안이라고 지적했다. 중국의 입
장에서 북한 핵문제는 '중대한 관심사항'이다.

중화민국(타이완) 외교부는 북한이 3차 핵실험에 대해 성명을 발
표하고 북한이 무모한 도발 행위를 강행했다고 비난했다. 타이완은

동아시아 지역 비핵화와 평화적 대화를 통한 한반도 문제해결을 지지한다고 재천명했다. 북한이 UN 안전보장이사회의 관련 결의를 철저히 준수하고 역내 안보에 위해한 행위를 즉각 중지할 것을 호소했다.

2013년 5~6월 이어진 한·미·중 3국 간의 연쇄 정상회담 후 가장 큰 성과는 북한의 핵개발을 용인할 수 없다는 원칙에 대한 합의다. 5월 7일 양국정상회담 후 '한·미동맹 60주년기념선언'을 통해 한반도와 동북아 평화와 안정에 북한핵이 심각한 위협이므로 깊은 우려를 표명했다. 6월 7일 오바마–시진핑 정상회담에서 '북한핵무기 불용' 입장을 밝혔다.

북한이 북·미 대화를 제안한 직후인 2013년 6월 17일 오바마 대통령은 G8 정상회담 참석차 북아일랜드로 가는 비행기 내에서 박근혜 대통령에게 전화했다. 구체적인 대화 내용은 밝혀지지 않았지만 왕이 중국 외교부장이 케리 미 국무장관과의 전화통화에서 "최근 한반도 정세에 긍정적인 변화가 일어나고 있다"고 언급했다. 북한 김계관 제1부상이 18일 방중에서 중국 외교분야 고위관리들을 연달아 만나고 이어서 러시아까지 방문하겠다고 발표했다. 6자회담 재개를 위한 여건이 무르익어 가고 있다는 신호로 해석되기도 했다.[9]

6월 19일 오바마 대통령은 푸틴 대통령에게 핵무기를 감축하자는 제안을 했지만 거절당했다. 러시아는 미국이 이란 핵개발을 핑계대지만 사실상 러시아를 겨냥한 MD라고 인식한다. 핵무기 감축을 제안하면서 '방어'라는 명목으로 MD를 추진하는 미국의 진정성에 의구심을 갖는다. 동북아에서 미국이 북한 핵 활동을 내세워 일본과 한국을 MD 체계에 편입시키려는 의도라고 중국은 경계한다. 미국

이 이란 핵을 방어하기 위해서 유럽에 MD 체계 구축을 시도한다지
만 러시아를 목표로 한다고 의심한다. 이러한 상황 인식으로 오바
마가 푸틴에게 핵무기를 3분의 1로 감축하자는 제안은 진정성 있게
받아들여지지 않았다.

러시아 메드베데프 총리는 북한 핵실험에 대한 러시아의 입장이
다른 나라들과 다르지 않다고 말했다.[10] 러시아는 북한의 핵실험이
국제적으로 통용되는 규범과 법을 어긴 행위이며 한반도 정상화에
아무런 도움이 되지 않는다고 규탄했다. 푸틴 대통령도 북한의 3차
핵실험을 "절대로 용납할 수 없는 일"로 치부했다.

박근혜 정부에서 '통일대박' 슬로건으로 통일외교를 향한 여정이
시작되고 있었다. 6월 23일 시진핑 주석은 중·미정상회담 후 "중국
측은 궁극적으로 자주적 (남북)평화 통일을 실현하는 것을 지지한
다."고 언급했다.[11] 미국과 중국이 모두 한반도 통일에 찬성한다는
의사를 표시했다.

2013년 6월 27일 박근혜–시진핑 한·중정상회담 직후 어떤 상황
에서도 북한 핵보유를 용인할 수 없다는 인식을 공유했다고 밝혔
다.[12] 세부사항에 아직 해결해야 할 부분이 많이 남아 있지만 전반
적 비핵화 문제에 대해 한국, 미국, 중국이 지지 입장을 표명했다.

2014년 시진핑 주석은 전임자들과는 달리 평양보다 서울에 먼저
오는 기록을 남겼다. 7월 4일 서울대 강연에서 "이웃집 친구를 만나
러 온 것(串串门, 看看朋友)"으로 표현하며 박근혜 대통령과의 개인
적 친분을 표시했다.[13] 중·한 양국은 가까운 이웃으로 "세닢 주고
집을 사고, 천냥 주고 이웃을 사며, 좋은 이웃은 돈으로도 바꿀 수
없다"는 말을 인용했다. 중국 국민들은 중국 특색 사회주의의 길을

따라 중화민족의 위대한 부흥을 위한 "중국의 꿈"을 실현하고, 한국 국민들도 '국민행복시대'로 '제2의 한강의 기적'을 실현해서 '한국의 꿈'을 이루기 위한 노력에 전력을 다하여 중·한 양국 간에 협력을 강화해 나가자고 했다.

천하의 하천을 가리지 않고 받아들이는 바다처럼(海納百川) 개방적이고 포용적인 마음가짐으로 중국은 '화이부동(和而不同)' 정신으로 각기 다른 문명의 다양성을 상호 존중하고 조화로운 공존을 적극 추진하자고 제안했다.

박 대통령 2013년 방중시 '중·한 비즈니스 포럼' 연설에서 중국어로 "先做朋友, 再做生意(장사보다 친구가 먼저 되어야)"라고 한 말을 상기하면서 국제관계에서도 의로움(義)와 이익(利) 관계를 추구하자고 제안했다. 중국은 한반도에서 핵무기를 반대하며, 대화와 협상을 통해서 핵문제가 포함된 한반도 관련 문제해결을 주장했다. 상호 선의(善意)를 가지고 비핵화 및 지속적인 평화안보 프로세스가 실현되기를 적극 추진할 것을 제안했다. 남북한 양측의 지속적인 '남북관계 개선 프로세스'를 추진한다면 한반도 국민들이 자주평화통일의 숙원을 실현시킬 수 있을 것으로 전망했다.

안중근 의사가 남긴 "세월을 헛되이 보내지 말라, 청춘은 다시 오지 아니한다"는 글귀대로 청년들이 청춘을 소중히 여겨서 중·한 양국 우호의 충실한 계승자로서 아시아 부흥에 적극적으로 참여할 것을 당부했다. "거센 바람 물결 헤칠 그날은 꼭 오리니, 구름 같은 돛을 달고 창해를 건너리다(长风破浪会有时, 直挂云帆济沧海)"는 중국 당나라 시인 이태백(李白)의 유명한 시구를 인용하면서 시 주석은 호혜공영을 위한 중·한 우호협력으로 평화와 번영으로 나아가자고 제안했다.

노벨평화상 수상자로서 미국에서 재선된 오바마는 세계평화에 기여하고 역사에 길이 기억되는 대통력이 되고 싶을 것이다. 빌 클린턴 대통령이 임기 말에 북·미정상회담을 넘보았듯이 그도 임기 후반기에 이르러 한반도 문제의 극적 해결을 위한 시도를 할 수 있었다. 그러나 오바마 대통령이 내건 '전략적 인내'는 '전략적 불인내'가 필요했다는 비판만을 남긴 채 성과를 내지 못했다.

한국은 중국의 대북한 정책을 전환시킬 수 있는 방안을 고심하고, 중국을 설득하기 위한 단계적이고 체계적인 노력을 기울여야 한다. 미국과의 '포괄적 한·미동맹'과 중국과의 '전략적 협력동반자'로서의 균형점을 찾아야 하는 과제를 안고 있다. 한·미동맹을 강화하는 것이 중국을 멀리함이 아니고, 그 반대의 경우도 마찬가지라는 점을 진솔하게 밝힐 수 있어야 한다.

북한은 핵문제를 포함하는 평화체제 논의의 대상을 미국으로 제한하면서 북·미 회담을 먼저 하고, 이후 6자회담 모양새를 갖추고자 한다. 북한은 중국이 북한을 외면하기 시작했다는 시각은 신기루일 뿐이라고 주장한다. 중국은 철저히 국익에 따른 의도로 북한을 압박한다. 북한은 핵을 유일한 협상카드로 생존을 보장받고자 하므로 주변국들이 강경 자세를 취하면서도 실제 전쟁을 할 요량이 아니라면 협상 테이블에 앉아야 한다.

청샤오허(成曉河) 인민대 교수는 북한 3차 핵실험과 각종 도발 이후 중국에 세 가지 변화와 세 가지 불변을 지적했다.[14] 중국의 세 가지 변화는 ① 중국 지도자 공개적 대북 경고, ② 중국 매체 잇따른 북한 비판, ③ 국제 협력 통한 북핵 문제해결이다. 중국의 불변 세 가지는 ① 완충 지대인 북한 전략적 가치, ② '북한을 포기하지 않는다', ③ 한반도 비핵화 정책이다. 뉴쥔(牛军) 교수는 한반도에서 가장 큰 변화는 북한 핵보유라고 지적했다. 이는 중국에 직접적인 안보 위협이 되므로 한·미동맹을 바라보는 중국의 시각이 긍정적으로 변화될 수 있는 가능성을 언급했다.

북한의 잇따른 도발로 시진핑 체제가 외교적으로 곤경한 처지에 빠지게 되면 북한 비핵화를 위한 강압적 조치를 취할 가능성이 커진다. 중국 정부가 북한 정전협정 체결 60주년(2013.7.27) 행사에 리위안차오(李源潮) 국가부주석을 보냈지만 북·중관계 변화를 되돌리기에는 늦었다는 인식이 적지 않았다.[15]

진찬룽(金灿荣) 교수는 북한에 대한 중국 내 여론이 분열되고 비난여론이 고조됨에 따라 북·중관계가 악화되고 중국 책임론이 부각됨으로써 중국이 외교적 난제에 봉착했다고 지적했다. 북·중 간 특수관계 유지를 옹호하는 전통주의 계열과 북한을 전략적 부담으로 간주하는 수정주의 계열이 중국 정부 내에 대립하는 분위기가 있다고 전했다.

시진핑 시기에 북한 비핵화에 대해 강하게 경고하므로 후진타오 시기와 차이가 있다고 시사했지만 '미세조정'이라고 주장한다. 시진핑 시기라고해서 북한의 가치가 하루아침에 돌변하지는 않을 것이란 해석이다. 박근혜 대통령과 시진핑 주석 간의 상호친분은 마치 1980년대 영국 마가렛 대처 수장과 미국 로널드 레이건 대통령 간의 개인적 친분에 바탕을 둔 친밀감의 분위기에 비교되기도 했다. 하지만 당시 영국과 미국에 모두 보수정당이 집권한 민주주의 가치 동맹에 비해서 한국 민주주의와 중국 사회주의가 보여주는 차이를 넘어설 수 없었다.

# 드레스덴 선언

박근혜 대통령은 독일 드레스덴 공대에서 '한반도 평화통일을 위한 구상'을 발표했다. 2000년 3월 김대중 대통령의 '베를린 선언'은 남북정상회담과 6·15 공동선언으로 이어졌지만 2014년 3월 드레스덴 선언은 북한의 호응을 이끌지 못했다.

통일기반 조성을 위한 드레스덴 구상은 3대 제안을 담고 있다. ① 인도적 문제 우선 해결, ② 민생 인프라 구축, ③ 남북 주민 간 동질성 회복을 위한 구체적 방안들이다.[16] 그 어느 것 하나 북한의 협조 없이는 제대로 실행할 수 없다. 북한 생존전략의 걸림돌은 비핵화 요구와 5·24 조치다. 천안함 폭침을 사죄하라며 내린 5·24 조치로 인해서 남북한관계는 단절되다시피 했다. 드레스덴 연설에는 이에 대한 언급이 없다.

김정은 국방위원회 제1위원장의 최우선 목표는 3대째 내려오는 세습체제를 안전하게 유지하는 것이다. 김일성 주석−김정일 국방위원장 직위를 영구히 비워 두고 후계자로서의 정통성을 세우고자 한다. 김정은 여동생인 김여정 노동당 중앙위원회 제1부부장은 실질적인 비서실장 역할을 수행하면서 '백두혈통'의 순수성을 내세운다. 세습후계자의 지위로서는 그의 할아버지, 아버지를 결코 부정할 수 없다. 김일성 일가의 지속적인 우상화를 위해서 모든 대내외 정보를 철저히 통제해야 한다.[17)]

북한은 세습체제 유지를 위해 '폐쇄사회(closed society)'로 통제해야 하지만 경제난 타개를 위해서는 '개방정책(open door)'을 펴야 하는 '체제패러독스(system paradox)'를 안고 있다. 완전히 다른 방향으로 날고 있는 두 마리의 새를 동시에 잡으려 한다. 정권 보장의 안전판으로 핵국가로 인정받고 이를 바탕으로 대외경제 환경을 개선해서 경제개발을 추진하려 한다. 러시아의 침공을 받은 우크라이나 사태는 구소련에서 분리될 때 핵무기를 포기한 대가로 볼 수 있다. 이라크 사담 후세인의 최후도 핵무장을 하지 않아 정권 수호에 실패한 사례로 교훈을 삼고 있을지 모른다.

경제발전을 위한 대외경제협력의 상대국으로는 위험부담을 안아야 하는 남한이 가장 마지막 순서일 수 있다. 북한을 흡수통일 할수 있는 유일한 국가인 남한을 배제하고 싶다는 의미다. 오히려 정권 붕괴의 직접적인 위협이 되지 않을 중국, 러시아, 심지어 일본, 미국, 서방국가들과 무역을 하고 경제 원조를 받고자 한다. 남한과는 개성공단 확대와 금강산관광 재개 등을 통해 북한 정권의 통치자금을 확보할 수 있다면 안전한 거래라고 여길 것이다.

북한은 2014년 3월 31일 NLL 인근 해상으로 포탄 500여 발을 쏘아댔다. 이 가운데 100여 발은 NLL 이남 수역으로 날아왔다. 이에 남측은 3배에 달하는 300여 발로 응수했다. 더 이상 사태 진전은 없지만 엄중한 정세다. 북한은 추가 핵실험 가능성도 열어두고 있었다. 핵국가 지위를 인정받아 체제보장을 확실히 하겠다는 의지를 숨기지 않았다. 6자회담이 재개된다고 해도 북한의 핵무장 포기는 여간 어려운 일이 아니다.

동독 출신인 앙겔라 메르켈 독일 총리는 통일의 상징적 인물로 유럽에서 최강국인 독일을 이끄는 롤모델이 되고 있다. 반면 북한은 동독이 무너질 때 쫓겨난 독재자 에리히 호네커 서기장을 떠올리고 있을 것이다. 통일된 한반도에서 존엄이 보장되지 않는 최고지도자의 모습은 김 위원장에겐 악몽이다. 북한은 대량살상무기의 전쟁억지력을 내세우며 정권안정을 위해 정전체제의 평화체제로의 전환을 요구한다. 북한이 절실히 원하는 목표를 달성하기 위해서 한국이 도움이 된다고 상대방이 느낄 수 있어야 한다. '신뢰'의 시발점이다. 한반도에서 평화체제가 정착되지 않는다면 평화통일 구상도 실현될 수 없을 것이다.

드레스덴 선언에도 불구하고 한반도의 2014년 4월은 잔인한 달을 예고하고 있었다. 백령도에서 전단 살포, 서해상 북한어선 나포, 한미연합군사연습이 이어졌다. 김일성 주석 탄생을 기념하는 태양절(15일)과 북한군 창건 기념일(25일)이 4월에 있다. 지피지기(知彼知己)의 지혜를 발휘하려면 상대방의 속마음을 꿰뚫는 안목으로 냉철한 판단을 할 수 있어야 한다.

박근혜 정부는 드레스덴선언을 성공적으로 이행하기 위해서 전방위적인 노력을 기울였다. 이에 대해 북한 국방위원회는 4월 12일 드레스덴 선언을 강하게 비난하는 성명으로 사실상 거부 의사를 밝혔다. 조선중앙통신에 따르면 대변인 담화에서 독일을 '흡수통일'로 이뤄진 나라로 지칭하면서 "통일에 대해…불순한 속내"를 드러냈다면서 공식 기관이 처음으로 반대 입장을 밝혔다. 드레스덴 3대 제안에 대해서도 남북 관계개선과 발전과는 거리가 멀어서 "부차적이고 사말사적인(자질구레하고 중요하지 않은) 것들뿐"이라고 주장했다. 북한은 '상봉'이라든가 '지원'을 바라는 인도주의적 문제해결이 우선적으로 고려되는 것이 아니며 (7 · 4 남북 공동성명, 남북기본합의서, 6 · 15 공동선언, 10 · 4 선언에서 합의를 보았으나) 최우선적 과제는 "정치군사적 대결 상태의 해소"라고 주장했다.

김대중 정부는 2000년 베를린 선언 이후 남북정상회담이 이어지는 과정에서 북한과 긴밀한 교감을 한 것으로 알려지고 있다. 북한의 긍정적인 반응이 그대로 반영되어 남북한 간에 획기적인 관계개선이 이뤄질 수 있었다. 반면 박근혜 정부의 2014년 드레스덴 선언은 발표 전에 북한이 사전에 이를 감지하고 대응했는지에 대해서 회의적이다.

2014년 9월 19일~10월 4일 동안 개최된 인천아시안게임 폐막식에 당시 북한 최고 실세 3인으로 김양건 노동당 통일전선부장 겸 대남담당 비서, 최룡해 노동당 비서, 그리고 황병서 군 총정치국장이 참석했다. 북측 대표단은 인천국제공항을 통해 남측에 도착하자마자 김관진 국가안보실장, 김규현 국가안전보장회의 제1차장, 류길재 통일부 장관 등의 남측 대표단과 오찬 회담을 가진 뒤, 폐막식 참관을 위해 선수촌으로 이동했다. 당시 북측 대표단의 청와대 예방을 기대했으나 북측은 시간 관계상 어렵다는 입장을 밝혔다. 당시 북한 대표단의 방한 목적은 인천아시안게임에 참가한 북한 선수들을 고무하고 격려하는데 있었으므로 박근혜 대통령을 예방하지 않았다고 알려졌다. 남북대화는 더 이상 이어지지 않았다.

# 유라시아 이니셔티브

한국의 '유라시아 이니셔티브'는 물류 및 에너지 네트워크 구축을 통해 '하나의 대륙'을 목표로 한다.[18] 국제적 차원의 창조경제 추진과 문화인력교류 확대를 통한 '창조의 대륙'을 만들고자 한다. '한반도 신뢰프로세스'와 '동북아평화협력 구상'으로 경제통상과 문화교류의 큰 장벽인 평화와 안보 위협을 해결해서 평화와 번영의 유라시아를 주창하는 내용이다.[19]

중앙아시아 경제는 근래 세계 평균보다 높은 경제 성장률을 보이고 있다. 2009년 이후 2013년까지 투르크메니스탄과 우즈베키스탄은 평균 성장률이 각각 10%, 8%를 상회하는 높은 경제발전을 이뤘다.[20] 한국과의 경제협력은 지속적인 경제성장을 위해서 충분히 상호 이익이 될 수 있다. 러시아는 푸틴 대통령이 '신동방정책'을 내세우며 극동지역개발에 중점을 두고 있는 만큼 한국의 유라시아 이니셔티브와 연계되어 상호 시너지효과를 낼 수 있다고 주장한다.

한국과 중국이 양국의 중장기 대외발전 전략인 '유라시아 이니셔티브'와 '일대일로'의 정책을 연계해서 강화하기로 합의했다.[21] 2015년 10월 31일 박 대통령과 리커창 총리의 정상회담에서 이 내용이 담긴 양해각서를 체결했다. 한국 '유라시아 이니셔티브'와 중국 '일대일로'의 연계 가능성에 주목해서 정책공조, 기반시설연결, 무역·투자활성화, 금융협력 등 다방면으로 경제협력을 확대하고자 했다. 이를 통해서 인프라 건설과 금융 등 양국 간 협력을 강화하고 아시아인프라투자은행(AIIB)을 활용해서 한국 기업의 해외 진출도 촉진할 것으로 예상했다.

유라시아 이니셔티브에 대한 비판도 외면해서는 안 된다. 당면한 북한 핵문제에 모든 외교력을 소진한다면 유라시아 국가들과 양자, 다자 관계를 발전시키지 못하고 수사(Rhetoric)만 반복할 수도 있다는 우려가 있다. 또한 이를 제창함에 있어서 정밀한 로드맵이 없고 구상 차원에 그친다는 지적이다. 유라시아 협력을 주도적으로 이끌 수 있는 컨트롤 타워가 보이지 않고 핵심 채널도 형성되어 있지 않다. 예측하기 힘든 대북관계 변화에 따른 다양한 시나리오를 만들고 이에 대처하는 전략수립이 중요하다.

유라시아지역에 포진해 있는 러시아, 중앙아시아 등 북방지역은 아직 시장보다 정부가 더 큰 영향력을 미치는 국가들이다. 이에 정책 결정에 직접 참여하는 고위급 채널을 확보해야 한다.[22] 유라시아 구상을 내놓으면서 이를 추진할 수 있는 여러 가지 장치가 제대로 작동하고 있었는지에 대한 의문이 있었다. 동북아개발은행을 만든다는 구상도 발표했지만 자금 마련을 위한 로드맵은 보이지 않았다.

# 경제 · 핵 병진정책

북한은 스스로 '핵국가'라고 공표하고 '경제 · 핵병진정책'을 내세웠다. 북한은 채택 1주년이 된 2014년 3월 31일 노동신문에 노동당 중앙위원회 전원회의에서 '핵 포기 없다'고 강조한 내용을 실었다. 신문 사설에서 '당의 병진 노선을 높이 받들고 강성국가 건설의 최후승리를 앞당겨 나가자'는 제목으로 북한 핵보유에 대해 미국이 핵전쟁 도발책동으로 일촉즉발의 초긴장상태가 지속되었다고 지적했다. 북한은 "병진노선을 생명선으로 꿋꿋이 틀어쥐고 자주의 길"로 나아가겠다고 주장했다. 미국이 '선 핵포기'를 강요하고 있지만 북한은 "미제의 압력에 절대로 굴복하거나 타협하지 말아야 한다"는 결기를 보였다.[23] 북한이 병진노선을 재차 부각한 이유는 한 · 미 연합군사훈련에 맞서 미사일을 발사하고, 이에 유엔 안전보장이사회 제재가 시작되면서 긴장감이 높아지게 되자 병진노선을 강조함으로써 핵개발을 지속하겠다는 의도를 나타냈다.

허를 찌르듯 2016년 9월 5차 핵실험을 전격적으로 단행한 북한이 미국 본토에 다다를 수 있는 핵능력을 갖게 되었다고 선전한다. 북한의 무력시위와 이를 저지하려는 UN 제재가 이어지고 또다시 북한이 강력히 반발하면서 점점 더 강도를 높여가고 있다.

김정은 위원장 주도 하의 북측 주장은 다음 세 가지로 요약된다.

첫째, 근본적 위기를 유발한 원인은 미국의 대북한 적대시 정책이다. 북한의 위성 발사와 핵실험은 외부에서의 위협에 대항하는 정당한 '주권적' 행위로서 국제사회의 제재는 부당하다.

둘째, 국가적 전략목표는 경제건설과 핵무력 건설을 동시에 이루는 병진노선이다. 핵무기 보유는 중요한 전략자산이므로 결정적으로 체제존립에 기여한다. 어떠한 경제적 유인이 있더라도 핵을 포기할 수 없다.

셋째, 김 위원장을 중심으로 공고한 유일지도체제를 유지한다. '체제의 존엄'이 훼손되는 일은 결코 용납할 수 없으며 무력분쟁도 불사할 준비가 되어있다.

북한은 핵보유국으로 인정받으며 북·미관계를 개선하고자 한다. 한국전쟁으로 맺은 정전협정을 평화협정으로 대체하고 평화체제로의 전환을 통해 궁극적으로 북·미관계 정상화를 목표로 한다. 이를 위해 남한의 도움이 필요하다고 인식한다면 북한이 남북한 대화에 응하게 되는 모멘텀이 마련될 수 있다. 중국이 내세우는 북한 비핵화와 평화협정을 위한 대화를 병행하는 형식이 될 수 있다.

북한은 '이밥에 고깃국'을 인민들에게 충분히 제공하지 못하고 식량난과 소비재 부족에 시달리고 있다. 풍부한 천연자원을 보유하고 있지만 아직은 산업화할 수 있는 기술과 자본이 턱없이 부족하다. 산업발전의 뒷받침이 돼야 할 사회간접자본은 미미하다. 외국자본

유치를 통한 경제발전을 위해서는 투명한 '개방정책'이 필수적이지만 자금이 지하경제로 숨어들고 있다.

북한에서 일상화된 생필품 부족과 영양결핍에 직면해서도 김 부자에 대한 충성맹세는 변하지 않는다. 엄격한 정보통제하에 대부분의 북한 주민은 신격화되고 있는 김일성–김정일에 대한 우상화로 세뇌되고 있다. 많은 탈북자들은 남한으로 와서야 김 부자의 실체를 알게 된다. 이들은 우상화를 통해 습득했던 이전의 사고를 부정해야 하는 상황이 가장 힘들다고 고백하기도 한다. 한국 TV에서 탈북자들이 출연해서 생사를 넘나드는 북한 탈출의 경험을 털어놓는 프로그램이 인기를 끌고 있다. 그들이 처절한 시련에도 불구하고 희망을 잃지 않고 자유를 찾아온 굳은 의지가 감동을 준다.

1990년대 '고난의 행군' 이후 북한의 경제 상황은 매우 열악하다. 배급제가 제대로 시행되지 못해서 주민들은 일상생활에 필요한 물품들을 암시장을 비롯한 시장 경제에 의존해야 하는 상황이다. 최근 500개가 넘는 장마당이 북한 경제에 필수적인 역할을 맡아서 북한 경제발전에 기여하고 있다고 알려진다. 이에 '장마당 세대'가 출연해서 눈길을 끈다. '돈벌이에 관심이 많고 부모세대에 비해 북한체제에 대한 충성도가 낮은 세대'로 규정된다.[24] 이러한 어려움을 헤쳐 나온 장마당 세대는 시장경제체제에 친숙하다. 자고 일어나면 굶어 죽는 사람이 늘어나는 상황에서 장마당에 나가서 물건을 팔아 살길을 찾아야만 했다. 이 세대는 패션에 민감하고 소비 지향적이며 외부 문화에 대한 개방도가 높아서 북한체제 변혁의 주축이 되고 있다.

장마당을 경험한 탈북민들에 따르면 북한 2030 장마당 세대의 보

편적 사고를 이해할 수 있다. 장마당 세대는 '자립자족'한다는 측면
에서 기성세대와 상당한 차이가 있어서 자생적으로 살아남아야겠
다는 생각이 강하다. 배급 체제가 무너졌고 이 과정에서 국가에 대
한 믿음이 사라졌으며 자력으로 경제활동을 하게 되니 정부에 대한
소속감과 충성심이 옅어지게 되었다.

 장마당에 대한 국가 차원의 규제가 있었지만 '고난의 행군' 이후
지역별 농민 시장이 10일장으로 열리던 것이 매일 열리게 되면서
당국이 일일이 막을 수 없다. 장마당 세대에게 '고난의 행군'은 큰
의미가 있다. 한국에서 경제 상황을 IMF 전후로 나누어 분석하듯
이 북한은 '고난의 행군'을 기점으로 나눌 수 있다. 1990년대 초반
까지만 해도 국가가 꾸준히 배급을 해서 주민들의 생계를 책임졌
다. 1992년부터 점점 그 양이 줄어들었고 1994년 이후 배급이 절반
밖에 이뤄지지 않았다. 1996년부터는 아예 소량의 배급마저 중단되
고 말았다. 특히, 1997~8년에 이르러서 가장 큰 고비를 맞게 된다.
식량을 충당할 수 있는 능력이 되지 않는 가정의 사람들은 대부분
아사했고 1999년부터 살아남은 사람들은 각자 생존방식을 찾아야
했다. 바로 이 시기에 장마당이 활성화되는 가장 큰 계기가 되었다.

 2000년대 초에 이르러서는 장마당이 없으면 생계를 이어나가기
힘들 정도가 되었다. 생필품을 비롯해서 가전제품, 식료품, 의류
등 모든 물품이 거래되고 시장기능을 담당했다. 북한은 잦은 화폐
개혁으로 돈 가치가 고르지 못해서 장마당에서 이뤄지는 가격체계
도 일정하지 않다. 이를 보완하기 위해 장마당은 북한 화폐보다 국
제시장 가격대로 움직여서 가격체계로는 세계에서 가장 개방적인
시장이라고 일컬어지기도 한다.[25)]

북한의 총체적 난국은 2013년 2월 3차 북한 핵실험으로 국제사회의 새로운 대북제재를 필두로 악화될 조짐을 보였다. 일본 아사히 신문은 중국의 4대 국유 상업은행(中国银行, 建设银行, 农业银行, 工商银行) 모두 대북송금 업무를 중단했다고 보도했다. 북한 핵실험 이후 2월부터 3월 사이 대북송금을 중단했으며 중국 정부/기관이 직접 지시한 것으로 알려졌다.[26]

오바마 대통령은 2013년 6월 의회에 보낸 통지문에 북한이 미국에 '비상하고 특별한 위협'이므로 '국제비상경제권법'에 따라 1년간 더 북한을 '국가비상' 대상으로 지정했다. 이는 '국가 안보를 위협하는 특정 국가에 대해 경제제재를 부과할 권한을 대통령에게 부여하는 법'으로 1년마다 대상 지정을 연장해야 한다.[27] 북한의 핵실험과 미사일 발사가 지속되면서 국제사회의 강경한 제재로 북한의 경제와 생활 수준이 악화될 가능성이 높아 졌다.

북한이 핵문제로 경제적 제재를 받는다면 실질적으로 가장 피해를 보는 주민들은 여성과 아이들이다.[28] 북한에서 이미 배급제가 무너졌다고 알려졌지만 일정하지 않은 배급이라도 수령하기 위해서 남성들은 일터를 지키고 있어야 한다. 반면 여성들은 부족한 식량을 마련하기 위해 감자전 등을 만들어 팔아서 유용한 식량으로 바꾸어 먹을 수 있어야 한다. 지방에 있는 친척이나 친구 집에 가서 빌어오기도 한다. 더 어려운 상황이라면 중국으로 넘어가 장사를 해서라도 부족분을 메꾸려고 애쓴다. 어린 아이들은 굶주림으로 '꽃제비' 생활을 하면서 식량을 얻어먹기도 하고 정처 없이 떠돌면서 가족해체 상황으로 내몰리기도 한다.

박근혜 정부의 대북 인도적 지원 액수가 전임 정부시기보다 훨씬 줄어 들었다. 2016년 9월 통일부 자료에 의하면 2016년 6월까지 3년 4개월여 동안 지원 액수는 648억 원에 그쳤다. 이는 같은 보수 정권인 이명박 정부 5년간 대북 인도적 지원 2,575억 원의 25.1% 수준에 불과하다. 정부 차원에서 인도적 지원 1억 원, 민간 차원 15억 원 등 총 16억 원이다. 또한, 박 정부에서 인도적 지원 목적의 방북 신청은 428건으로 이명박 정부 7,277건의 5.8%에 그친다. 2016년에 동일한 목적의 방북 신청이 한 차례도 없었는데 대북 강경정책으로 인해서 인도적 지원이 실질적으로 위축되었다.[29]

2016년 영국 북한대사관에서 탈출한 태영호 공사와 많은 탈북자들은 김정은을 향한 충성도가 외부에 알려진 것보다 훨씬 약하다고 증언하고 있다.[30] 북한 주민들이 김정은에게 충성하는 이유는 순전히 두려움 때문이라고 강변한다. 북한의 생활 여건이 갈수록 어려워지고 있어서 속으로 김정은 리더십을 비판하지만 공개적으로 감히 이런 견해를 드러낼 수 없다고 전한다.

지구상에서 다른 국가로부터 경제제재를 받았다고 해서 붕괴된 국가는 찾아보기 힘들다. 오히려 대내 결속력을 강화시키고 주민들의 투쟁의식을 고조시키는 경향이 있다. 북한에 대한 제재를 강화하게 되면 고위 지도층이 아니라 결국 일반 주민들이 더욱 고통을 받게 된다. 북한에 대한 지원은 인도주의적 입장에서 최고지도층과 일반 주민을 분리해서 최소한으로라도 이뤄져야 한다. 특별히 다뤄야 하는 어린이와 청소년에 대한 지원은 한반도 미래에 대한 투자다. 미래의 인권을 보호해야 하는 우리의 임무이기도 하다.

# 6

# 개성공단 폐쇄

2000년 6·15 선언에 이은 남북경제협력의 구체적인 방안으로 휴전선과 가장 가까운 도시이면서 북한의 군사시설이 있는 개성에 공단이 조성되었다. 김정일 위원장은 군사시설을 지키려는 군부의 강력한 반대에도 불구하고 개성공단 조성을 위한 결단을 내렸다. 원래 계획대로라면 100만㎢를 조성해야 하지만 전체 5%인 2000㎢에 남북경협 실험이 시작되었다. 남북경제상황에 비추어 보면 개성공단은 상호 보완적 관계의 장점을 살릴 수 있는 협력 모델이다. 북측은 저임금의 숙련공과 공장시설을 위한 부지를 제공한다. 남측은 자본과 기술력을 가지고 제조공장을 세워 노동력 제공에 대한 임금을 지불한다. 개성공단 입주기업 현황을 보면 2012년 3월에 섬유 72개, 화학 분야 9개, 기계금속 23개, 전기전자 13개, 식품 2개, 종이 목재 3개, 비금속 광물 1개 등으로 모두 123개 업체가 가동됐다. 생산현황은 2008년에 2억 5000만 달러, 2009년 2억 5000만 달러, 2010년 3억 2000만 달러, 2011년 4억 달러 등 누계 생산액이 12억

6000만 달러를 돌파했다. 근로자 현황은 북측 근로자에 한해서 2005년 6000명, 2006년 1만 1000명, 2007년 2만 2000명, 2008년 3만 8000명, 2009년 4만 2000명, 2010년 4만 6000명, 2011년 4만 9000명 등이었고, 2012년 1월에는 5만 명이 되었다. 남측 근로자는 700~800명 정도를 유지하고 있었다.

박근혜 정부는 '비정상의 정상화'를 내세우며 초반에 외교정책에서 후한 점수를 받기도 했지만 일관성을 지켜내지 못했다. 북측에 의해서 폐쇄되었다가 개성공단이 재가동되는 과정에서 남측은 북한의 책임이라는 견해였고, 북측은 남북한 공동책임이라는 입장을 피력했다. 개성공단이 재개되면서 북측 주장이 명문화되었다.

북한이 2013년 4월 3일 개성공단 출입금지에 이어 무력시위의 가능성까지 거론하면서 전쟁도 불사할 듯 위기국면을 맞았다. 김일성 주석의 101번째 생일인 4월 15일 태양절을 경축하면서 김정은 체제의 권위를 내세우고 내부결속을 위한 강경노선을 걷고 있었다. 북한은 이미 정전협정 무효화와 남북불가침합의 폐기를 선언했다. '핵국가'라고 헌법 조항에 삽입하고 핵보유국으로서의 의지를 밝히고 있는 만큼 김정은 정권은 핵주권을 명확히 하고 있다. 향후 남북대화의 험난한 여정을 예고하듯 양측은 마주 달리는 기차처럼 경종의 메시지를 주고받았다.

2016년 북한 4차 핵실험(1.6)과 이후 미사일 발사(2.7)가 이어지면서 박근혜 대통령은 시진핑 주석과의 직접 통화를 시도했지만 한 달여 동안 이뤄지지 않았다. 박근혜 정부는 2016년 2월 10일 오후 5시 이후 개성공단 폐쇄를 결정했다. 남한 입주기업들이 물품을 철수할 수 있는 시간적 여유도 주지 않은 채 통치행위를 내세워 일방적으로 통보했다. 남한 기업들은 장비와 물품들을 그대로 남겨둔 채 당일 철수해야 했다.

통일부는 '개성공단 전면 중단 관련 정부 성명'(2.10)을 통해서 북한의 도발이 한반도와 국제사회의 평화와 안정에 대한 정면 도전으로 규정짓고 결코 용납할 수 없는 행위로 단정했다. 역내 안보 지형에 근본적인 불균형과 위협이 초래될 수 있고 결국 "핵도미노 현상에까지도 이를 수 있다"는 우려를 제기했다. 이에 핵심당사국인 한국이 국제사회의 제재가 추진되고 있는 상황에서 주도적으로 참여할 필요가 있다고 밝혔다.

개성공단에 총 6,160억원(5억 6천만불)의 현금이 유입되었고, 2015년에 1,320억원(1억 2천만불) 유입되었으며, 정부와 민간부문에서 총 1조 190억원의 투자가 이루어졌다. 결과적으로 한국정부의 지원이 평화를 가져오는 길이 아니라 북한 핵무기와 장거리미사일 고도화에 악용되었다고 보았다. 이는 한국정부와 개성공단에 입주한 124개 기업들의 노력을 무위로 만들었으므로 부득이 개성공단을 폐쇄하게 되었다고 했다.[31] 한국기업들의 피해가 2조 원이 넘을 것으로 예상되기도 했는데 결과적으로 남측의 손실도 엄청났다.[32] 이미 남북경협보험은 자본금 잠식에 들어간 상황이어서 제대로 보상받을 수 있을지 우려되었다.

한국이 잠정 폐쇄조치를 해제하더라도 개성공단이 재가동되기는 어려워 보였다. 경수로 사건이나 금강산관광지와 유사한 상황이 발생했다.[33] 2월 11일 북측은 ① 개성공단 폐쇄 및 군사통제구역 선포, ② 남측 인원 추방, ③ 남측 자산 전면 동결, ④ 군 통신 및 판문점 연락통로 폐쇄, ⑤ 북측 근로자 개성공단 철수 등의 조치를 단행했다. 북측에서 개성공단 내 시설을 활용해서 일부 공장가동이 이뤄지고 있다고 보도되기도 했다. 개성공단 폐쇄로 북측에 대한 남측의 유일한 협력의 지렛대를 잃어버리고 박근혜 정부에서 남북한 관계는 돌이킬 수 없게 되었다.

남한과 북한은 내전을 겪고 상호 주적으로 적대시하며 직접적으로 총칼을 겨눠 왔다. 하루아침에 신뢰를 쌓을 수는 없는 일이다. 그동안 금강산관광, 개성공단 등의 합작을 통해서 조금씩 신뢰를 쌓고 있었다. 그러나 북한은 핵에 매달려야 할 만큼 체제 안전에 대한 불안감을 떨쳐버리지 못하고 상호불신의 골이 깊어지고 있다.

북한은 개성공단을 모델로 하는 경협으로는 대남관계에서 경제적 열등성을 벗어날 수 없다고 판단할 수 있다. 개성공단, 금강산관광 등이 북한의 주요 현금확보 수단이지만 핵개발을 포기할 정도의 비중은 아니다. 북한은 핵개발이 결코 다른 유인목적을 위한 협상용이 아니며 비핵화를 전제로 하는 어떤 대화도 참여하지 않겠다고 선언했다. 북한체제내구력은 제재에 의해서 붕괴될 수 있는 상황은 아니다. 오히려 강력한 제재는 외부의 적을 공통분모로 내부결속을 강하게 할 수 있는 빌미를 줄 수 있다.

이명박 정부와 박근혜 정부를 거치는 10년 동안 보수 정권에서 소위 종북주의에서 벗어나 오히려 더 대범한 대북한 정책을 추진할 수 있을 것으로 기대했다. 중국과 소련을 상대하면서 세계질서를 바꾼 미국 닉슨과 레이건 대통령이 보수 공화당원이었던 전례를 상기하게 된다. 북한을 인정하면서도 상호주의 원칙을 지키고 투명한 거래가 이뤄질 수 있는 환경이 만들어져서 북한과 협상할 수 있기를 바라는 염원은 이뤄지지 않았다.

# 제8장 신한반도체제 (문재인 정부)

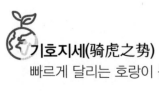
**기호지세(騎虎之勢)**
빠르게 달리는 호랑이 등에 탄 형국이다.

2017년 9월 3일 북한은 '대륙간 탄도로켓(ICBM)' 장착용 수소탄 시험을 성공적으로 단행했다고 발표했다. 북한의 6차 핵실험으로 5월에 취임한 진보 문재인 정부는 남북대화에 앞서 역대 최강의 대북한 제재조치에 동참해야 하는 상황이 되었다. 도널드 트럼프 대통령 등장 이후 첫 북핵실험으로 한국은 한·미동맹에 따른 긴밀한 협의를 통해 공조하면서 대처해 나가야 한다.

문 대통령은 주변 4개 주요국과 남북한 관계개선을 위해서 '중재외교(mediatory diplomacy)'를 내세운다. 한반도 주변국에 국한되는 대외정책이 아니라 '신북방정책'과 '신남방정책'으로 외교의 지평을 넓히고 확장시킴으로써 균형 잡힌 외교를 펴나갈 수 있다고 설명한다. 국력이 뒷받침되지 않으면 균형을 잡을 수 없을 뿐만 아니라 모든 관련국들로부터 오히려 불신을 키울 수 있다.

문재인 정부는 적극적인 '촉진자(facilliator)'로써 한반도 문제에서 운전대를 잡고자 한다. 한반도 평화프로세스를 기치로 남북한 평화체제를 구축하고 남북경협이 정상화되어 북·미관계-남북한 관계개선의 선순환이 이뤄지기를 기대한다. 김정은 위원장과 남북정상회담을 비롯해서 북·미정상이 만날 수 있도록 중개외교(bridging diplomacy)로 성과가 있다.

하지만 2019년 2월 트럼프 - 김정은 하노이회담 결렬이후 북한, 미국, 중국으로부터의 호응이 거의 없어서 교착상태에 빠진 상황이다. 문 대통령 임기 내에 이를 타개할 방도를 찾고자 하지만 주변환경이 결코 녹록치 않다.

# 1

# 정전협정에서 평화협정으로

북한은 6차 핵실험을 거치면서 핵능력 고도화를 이루고 '핵무력 완성'을 선언하기에 이르렀다.(2017.11.29) UN 안전보장이사회의 경고와 제재에도 불구하고 북한은 다양한 형태의 미사일을 수없이 발사했다. 2017년 7월 4일 미국 독립기념일에는 보란 듯이 '화성-14형' 미사일 발사를 단행했다. 북한은 미국 본토를 겨냥할 수 있는 ICBM 발사 성공을 대대적으로 자축하며 선전했다.

시진핑 주석이 쑹타오(宋涛) 특사를 북한에 보냈지만 김정은 위원장을 만나지도 못하고 별 성과를 얻지 못했다. 이에 실망한 트럼프 대통령이 북한을 테러국가로 재지정하자마자 '화성-15형' 미사일을 발사하고 미국 본토를 타격할 수 있는 능력을 과시했다. 트럼프는 '로켓맨'이 결코 용인할 수 없는 행동에 대한 죄값을 치르게 하겠다는 엄포를 연발하고 있었다. 북한 미사일 발사에 따르는 위험 수위가 높아질수록 한반도 평화가 위협받게 된다. 한·미동맹의 공동대처 방안에 대한 논의가 물샐틈없이 이뤄지고 있다고 확약하고 있다. 그렇지만 한국과 미국 양측 정부 간에 대북한 정책에 대한 근본적인 시각 차이를 보인다.

## 1) 정전협정과 한 · 미동맹

한 · 미 상호방위조약이 체결되지 않은 채 정전협정만 이뤄졌다면 한반도 평화가 지켜지지 않았을 것이라는 주장이 있다. 만약 정전협정이 체결되지 않았다면 한 · 미 상호방위조약만으로 한반도 평화가 보장될 수 있을지에 대한 의문이 있다. 결국 정전협정(외교적 협약)과 한 · 미 상호방위조약(군사적 방어역량)은 상호 보완적으로 작용한다. 이 조약도 정전협상 과정에서 한 · 미 양국이 맺었다. 남북한관계는 군사력만으로 해결할 수 없고 외교협상만으로도 풀리지 않는다.

정전협정은 역사적 수명이 다하였는가. 정전협정이 일방적으로 폐기될 수 없지만 당사자들의 정치적 결단이 중요하다. 남북 기본합의서와 9 · 19 공동성명 정신에 따라, 실제적 정전상태를 유지하면서, 정전협정을 넘어서는 평화체제를 형성해 나가야 한다.

북한은 1974년부터 평화협정 체결을 요구했다. 정전협정 체결 60주년이 되는 2013년에 북한은 북 · 미 회담을 제의하면서 정전협정을 평화협정으로 전환하고, UN사령부 해체를 요구했다. 다만 '미군 철수'라는 표현을 쓰지 않아서 북한은 평화협정체결 후 미군 주둔을 용인하는 것으로 해석되기도 한다.[1]

한 · 미 상호방위조약에 따라 한 · 미동맹을 굳건히 하기 위해서 매년 합동훈련을 실시해 왔다. 북한은 이 훈련을 매우 위협적으로 간주하여 이에 대응해서 군사력을 유지한다고 주장한다. 연합군사훈련이 지속되는 상황은 미국이 북한 적대시정책을 버리지 않고 있다는 반증이므로 이를 중단하라고 요구한다. 한국과 미국은 북한의 핵과 미사일에 대비해서 연합훈련을 하고 있으므로 북한이 도발을 멈추어야 한다고 경고한다.

북한 핵위협에 대비해서 고고도 미사일 방어체계(THAAD, 사드)가 2017년 3월 한국에 배치되었다. 미군과 그 가족들, 군 시설을 보호하기 위해서 미국이 예산을 책정해서 한국에 들여왔다. 한·미동맹을 맺고 있는데 무슨 명분으로 이를 반대할 수 있는가. 다만 한국 측이 2년 가까이 3무(요청, 상의, 배치)로 안심시키다가 중국 측에 돌발적으로 사드도입을 통보한 과정에 대한 절차상 잘못은 짚고 넘어가야 한다. 그렇지만 사드배치에 대한 중국의 전방위적인 보복은 한국민들이 '라오펑요우(老朋友)'로 여겼던 중국을 다시 돌아보게 한다.

되돌아보면, 1992년 '한반도 비핵화선언'으로 노태우 정부는 일방적으로 한국에서 모든 전술핵무기 철수를 결정했다. 한국은 북한의 비핵화를 이끌 수 있는 주요한 전략적 카드를 일방적으로 포기했다. 반면 북한은 1993년 3월 NPT 탈퇴 선언으로 핵무장의 길을 걸었다. 김정일-김정은 정권은 핵무기보유를 생존전략으로 인식해서 핵능력 고도화를 추구해 왔다.

북한은 미사일 발사, 핵실험으로 도발한다. 정전협정 백지화, 남북한 체류 외국인 철수 요구 등으로 긴장을 고조시켜왔다. 그동안 극심한 경제난을 겪으며 북한 주민들이 최저생계를 걱정해야 하는 빈곤의 나락으로 떨어졌다. 남북한 간 정치, 경제, 군사적 격차가 돌이킬 수 없는 수준으로 벌어졌다. 1990년대 초반에 사회주의 국가들이 잇달아 붕괴되고 동맹국인 중국과 소련이 뒤돌아서는 상황에서 북한은 핵무장만이 흡수통일을 막고 정권유지를 위한 유일한 안전판이라는 인식을 굳히게 되었다.

북한은 지난 20여년 핵협상과정에서 핵무장에 대한 강력한 의지를 드러냈다. 1992년 한반도비핵화공동선언, 1994년 북·미 제네바합의, 2005년 9·19 공동성명 등에 합의했지만 결국 한반도 비핵화 약속은 지켜지지 않았다. 북한은 지속적으로 '종전선언'을 요구한다. 만약 북한 비핵화가 이뤄지기 전에 남·북·중·미를 포함하는 '종전선언'을 한다면 이어서 UN사 해체, 미군 철수 등의 주장이 이어질 것으로 전망된다. 정전협정의 대가로 맺어진 한·미동맹이 구조적으로 해체될 수 있다고 우려한다.

## 2) 쌍중단과 쌍궤병행

북한 핵을 반대하면서도 한반도 평화체제 문제에 중국이 조정자 입장에서 교량역할을 하려면 남북한 어느 한쪽을 일방적으로 지지하기 어렵다. 중국은 북한과 협상 분위기를 조성하기 위해서 '쌍중단(双中断)'과 '쌍궤병행(双轨幷行)'을 주창한다. 북한은 핵실험과 미사일 발사를 중단하고, 한국과 미국은 군사연합훈련을 중단하는 '쌍중단'이 선행 조건이 되어야 한다는 것이다. 한국과 미국은 2018년 2월 평창동계올림픽에 맞춰 군사훈련을 연기했다. 중국과 미국이 장단을 맞춰야 남북대화의 장이 열릴 수 있다는 과거 경험에 비추어 한·미 간의 조율을 통해서 중국과 북한이 요구하는 군사연합훈련 중단을 검토한 결과다. 트럼프 대통령은 2019년 3월,

키리졸브 연습, 독수리 훈련, 을지프리덤가디언(UFG) 한·미 연합훈련 중지 결정을 발표했다.

중국이 미국을 견제하기 위해 북한 핵보유를 사실상 용인한다는 관측이 있지만 중국은 북한 핵보유를 결연히 반대한다고 주장한다.[2]

첫째, 동북아 핵무장 열풍을 불러올 수 있다. 북한의 핵무기 보유는 직접 중국 안보에 위협이 되고 주변국 한국과 일본의 핵무장 명분이 될 수 있다.

둘째, 비핵확산체제가 흔들릴 수 있다. 중국은 이미 1992년 NPT 일원으로 가입했다. 만약 중국이 북한 핵을 용인하면 사실상 핵무기 보유국 지위를 누리는 파키스탄과 인도, 이스라엘의 핵무기 인정 여부에 모순이 생긴다.

셋째, 안전에 대해 방심할 수 없다. 예측 불가능하고 호전적인 북한 정권의 특성상 북한 핵실험에 따른 방사능 유출 위험이 있다. 동북3성은 북핵실험의 영향권으로 유사시 방사능 오염 물질이 중국에 유입될 수 있다. 최악의 경우, 북한 핵으로 미국이 아니라 중국을 타격할 수 있다. 만약 북·중관계가 더욱 악화되면 김정은이 중국을 향해서 핵무기를 겨냥할지도 모른다는 것이다.

2017년 9월 23일 제72차 UN 총회 기조연설에서 이용호 북한 외무상이 거론한 '힘의 균형'은 전략적 현상변경을 의미해서 매우 도발적인 발언이라는 평가다.[3] 중국 입장에서는 수용하기 어려운 발상이라고 볼 수 있다. 이 외무상 입을 통해 드러난 김 위원장의 의도는 핵미사일을 완성시켜서 중국의 지원 없이도 중국 통제권 밖을 벗어나 미국과 핵에 의한 세력 균형을 이루려는 의도로 파악할 수

있다.[4]

2017년 10월에 개최된 중국 19차 당대회 이후 쑹타오 공산당 대외연락부장이 시진핑 주석 특사로 북한을 방문했지만 김정은 위원장을 만나지 못했다.[5] 북한 미사일 발사와 핵실험으로 중국이 대북한 압박정책에 공조하면서 북·중관계의 변화를 되돌리기에는 늦었다는 인식이 힘을 얻고 있었다. 중국 특사가 빈손으로 돌아오자 미국은 북한을 테러지원국으로 재지정했다. 이에 반발해서 북한이 '화성-15'형 미사일을 발사하고 11월에 '핵무력 완성'을 선언했다. 트럼프 대통령은 더욱 강력한 조치 발효를 경고하지만 이미 제재와 압박으로 핵포기를 유도할 수 있는 임계선을 넘어가고 있었다. 북한은 미국이 핵보유국으로 인정해야만 대화에 나서겠다고 못 박았다.

시진핑 체제는 한반도 비핵화를 달성하기 위한 국제적 연합전선을 구축하고 공조하는 데 적극적이고 확고한 의지를 보인다. 2017년 10월, 중국과 러시아가 북한 미사일 발사와 핵실험 이후 UN 안전보장이사회 결의안에 동의함으로써 국제사회에서 협력관계를 유지하려는 결의를 보였다. 왕이 외교부장이 한반도 정책의 핵심으로 밝힌 '세 가지 입장'은 ① 한반도 비핵화, ② 한반도 평화유지, ③ 대화를 통한 분쟁 해결이다. 트럼프 대통령이 전쟁도 불사한다며 무력행사를 하게 되면 북한을 파괴하는 것에 그치지 않고 남한과 중국까지도 상상할 수 없는 피해를 입게 될 것이 자명하다. 중·미관계는 악화될 수밖에 없고, 남북대화가 열릴 길이 멀어진다.

중국이 내세우는 '쌍중단'의 조건이 충족되어 북한이 협상테이블에 나오면 한반도 비핵화와 북·미 평화협정을 위한 협상을 동시에 진행하는 '쌍궤병행'이 이뤄져야 한다고 주장한다. 중국의 입장을 미국에 설득하기 위해서는 먼저 사드배치 단계를 거쳐야 한다. 한·미동맹의 이름으로 사드를 도입했는데 만약 중국의 압력으로 이를 철회한다면 한·중관계에도 악영향을 미칠 수 있다. 한·중 전략적 협력동반자로서 맺은 중요한 약속이 장차 미국의 압력으로 철회될 수 있다는 가능성을 내포하기 때문이다. 중국이 내세우는 비핵화와 평화협정 동시 추진을 미국이 받아들이게 하기 위해서라도 미국의 입장을 고려해서 사드를 배치하는 전략적 선택이 필요하다.

'쌍중단'과 '쌍궤병행'은 중국이 조정자 역할을 자임하면서 북과 남에 동시에 요구하는 조건이다. 북한은 평화협정에 대한 논의가 이뤄지지 않는다면 협상테이블에 앉으려 하지 않을 것이다. 북한 핵문제에 치중했던 6자회담이 별다른 성과를 보지 못하고 이어지지 않고 있다. 현실적으로 중국이 내놓은 쌍중단, 쌍궤병행이 아니라면 회담이 성사되지 않을 가능성이 높아졌다. 한국과 미국은 굳건한 한·미동맹을 바탕으로 조건을 진지하게 검토해서 북한과 협상테이블에 마주할 수 있어야 한다. 북한의 요구대로 북·미 평화협정을 추진하고 이를 체결한다면 미국이 북한을 핵보유국으로 인정하는 것이므로 2개 원칙을 견지할 필요가 있다. ① 북한 핵폐기와 동시에 진행한다. ② 평화협정은 한반도 관련 국가가 함께 서명한다.

한반도 평화체제는 한반도를 규정하는 휴전체제를 전쟁의 위협이 없는 항구적인 평화상태로 바꾸어 놓는 것을 의미한다. 이를 위해서 평화협정이 체결되어야 하고 이를 구체적으로 보장할 수 있는 조치가 필요하다는 관점이다.[6]

# 2

# 한반도 신경제지도

## 1) 신북방정책

문재인 정부는 러시아 블라디보스토크에서 개최된 제3차 동방경제포럼 기조연설에서 동북아시아에서 지정학적 긴장과 경쟁구도를 타파하고 역내 장기적 평화협력환경조성을 위한 신북방정책을 제시했다.(2017.9.6~7) '한반도신경제지도' 구상 실천방안으로 남북경협과 동북아경협을 활용한 역내 평화정착과 공동번영을 모색하고 있다. 한국을 비롯한 러시아, 중국, 몽골 등 주변국이 유라시아 협력 필요성에 공감함으로써 커다란 기회요인이 될 수 있다.

한국의 신북방정책은 "러시아 신동방정책, 중국 일대일로 구상, 몽골 초원의 길 이니셔티브 등 주변국의 대외경제협력정책과 상호 연계할 수 있어서 다양한 경제 안보적 기회를 제공" 한있다. 신북방정책을 추진해서 유라시아 경제권의 잠재력을 활용하고, '동북아 플러스 책임공동체' 구축 토대를 바탕으로 따르는 균형외교 추진의 기반을 마련할 수 있다는 의미를 내세운다.

　북핵 문제 미해결에 따르는 지정학적 리스크 등 위협요인도 간과해선 안된다. 국제사회의 대북제재강화는 신북방정책 추진에 있어서 제약요인으로 작용할 수 있다.[7] 신북방정책에 대해 북한은 비판적 입장이다. 조선중앙통신에 따르면, 한국은 '신북방정책' 이름으로 북방정책의 추진범위를 유라시아대륙의 많은 나라로 확대해서 전임 정부보다 수준을 높이고 있다고 논평했다. 이어 미국의 핵전략자산을 수시로 끌어들여 북침전쟁연습을 벌려놓아 한반도 지역의 정세를 극도로 긴장시키고 있으면서 평화와 안보를 내세운다는 것이다. 이는 "위선적 정체를 스스로 드러내 보이는 것"으로 "외세에 대한 과대망상증"이라고 비난했다. 따라서 "반역의 구렁텅이로 더 깊숙이 떨어진다"는 점을 명심하라고 경고했다.[8]

　문 대통령은 신북방정책을 발표하며 9개의 다리(Nine Bridges) 전략을 제시했다. 9개 분야인 가스, 철도, 항만, 전력, 북극항로, 조선, 일자리, 농업, 수산분야에서 동시다발적인 협력을 추진하고자 한다. 특히 에너지난을 겪고 있는 한국에 가스와 전기 등 러시아의 광활한 자원은 긴요한 협력분야다. 나아가 동북아 에너지 공동체 개념인 '동북아 슈퍼그리드'를 구축하자고 러시아에 제안했다. 물류와 에너지 협력을 넘어 경제·안보 협의체로 발전할 수 있는 플랫폼이 될 수 있다고 한국 정부는 예상한다.[9]

　동북아 국가들이 협력해서 극동개발을 성공시킨다면 근본적으로 북핵 문제를 해결하는 해법으로 극동을 중심으로 한 협력의 고리에 북한의 참여를 유도하고자 한다. 이를 바탕으로 남북한 관계개선을 도모한다는 구상이다. 한국에서 중국과 몽골, 나아가 유럽까지 에너지와 수송의 길이 뚫린다면 역내 국가들이 경제적 이익을 누리며 북핵으로 인한 리스크를 상쇄할 수 있다. 모두에게 윈-윈이 된다는 접근방식이다.[10]

동북아지역의 지정학적 긴장과 경쟁구도를 타파하기 위한 '신북방정책'의 주요 내용은 다음과 같다. ① 유라시아국가들과 협력 강화를 위한 대륙전략, ② 나진·하산물류사업 및 철도 전력망 등 남·북·러 3각 협력 추진 기반 마련, ③ 러시아·카자흐스탄-키르기스스탄 등 회원국 유라시아경제연합(EAEU)과의 자유무역협정 추진, ④ 중국 일대일로(一帶一路) 구상 참여 등이다.

2017년 11월 23일 우즈베키스탄 대통령과 첫 정상회담에서 문 대통령은 '신북방정책'의 목표는 한반도를 넘어 유라시아 대륙의 평화와 번영이라고 천명했다. 유라시아 국가들과의 협력을 위해서 '북방경제협력위원회'(송영길 위원장)를 통한 다양한 협력사업을 추진하며 이 중심에 중앙아시아 핵심국가인 우즈베키스탄이 있다고 전했다.

한·러협력을 강화하기 위해서 북극항로 공동개척과 에너지방면의 협력확대문제도 포함된다. 이는 부산에서 네덜란드 로테르담까지 수에즈운하를 통과하는 기존 항로와 비교하면 획기적 물류 혁명이다. 러시아 극동지역 해안을 거쳐 북극항로를 이용하면 거리상 7000㎞, 운항 일수 10일이 단축된다. 북극항로로 가는 관문이면서 북극에 국경을 인접한 러시아는 북극항로에 최대면적을 접하고 있어서 러시아와의 협력이 필수적이다.[11]

## 2) 신남방정책

문재인 대통령은 인도네시아 국빈 방문에서 ASEAN과 한국의 관계를 한반도 주변 4 주요국(미·중·일·러)과 동일한 수준으로 격상시키겠다는 희망을 피력했다.(2017.11.8~15) '신남방정책'은 ASEAN과 획기적인 협력관계를 추진하기 위한 구상으로 경제외교의 영토를 대폭 넓히겠다는 의미다. ASEAN 회원국은 인도네시아·말레이시아·싱가포르·필리핀·베트남 등 10개국에 이른다. 문 대통령은 사람(People)·평화(Peace)·상생번영(Prosperity) 공동체, '3P'를 중심으로 '신남방정책'의 기치를 들었다. 강대국 중심 외교에서 오는 딜레마의 돌파구를 모색하고 한국 외교의 지평을 넓혀서 동북아플러스 책임공동체를 구축하고자 한다. 궁극적으로 국정목표인 '평화와 번영의 한반도 구축'을 위한 핵심전략이다.[12] ASEAN과의 협력관계는 주로 상품교역 중심인데 기술·문화예술·인적교류로 확대한다. "사람과 사람, 마음과 마음이 이어지는 '사람 공동체', 안보협력을 통해 아시아 평화에 기여하는 '평화 공동체', 호혜적 경제협력을 통해 함께 잘사는 '상생번영 공동체'"를 만들고자 한다.

문 대통령과 조코 위도도 인도네시아 대통령은 정상회담을 마치고 '한·인도네시아 공동번영과 평화를 위한 공동비전성명'을 발표했다.(2017.11.9) 양국은 전략적 동반자관계(2006년 체결)를 통해서 역내와 세계의 평화, 안정 및 번영을 유지하는 데 기여해 왔으며 양국 관계를 '특별전략적동반자관계'로 격상하기로 합의했다. 이로써 기간산업과 사회간접자본, 방위산업 등을 포함한 제분야에서 협력을 강화한다. 양국은 차세대 전투기 개발사업을 추진하고 있는데 방산 분야에서 심도있게 협력한다. 향후 2022년까지 양국 교역액 이 현 수준의 두 배에 이르는 300억 달러 규모로 늘리고자 한다.[13]

2017년 ASEAN 국가들과의 무역은 한국의 대외교역 중 16.1%를 차지할 뿐만 아니라, 한국 교역 흑자의 54.1% (2017년 515.4억 달러)를 점유하는 중요한 지역이다. 한국은 4강 외교 기조를 중심으로 해서 ASEAN 국가들과의 관계는 상대적으로 소홀히 다루어진 경향이 있다.[14] 또한, 한·아세안, 한·인도관계는 중상주의적 경제관계 중심으로 접근해서 장기적 비전이 결여된 측면도 있다.[15]

신북방·신남방정책 추진의 문제점으로 많은 전문가들이 정책 집행 전담조직의 부재를 지적한다. 대통령직속으로 신북방정책을 전담하는 '북방경제협력위원회'가 조직되어 있고, 신남방정책의 성공적 추진을 위해 2018년 3월 외교부에 '신남방협력추진위원회' 가 출범했다.[16] 나아가 미국과 일본이 주도하는 '인도·태평양 전략'이 현실에서 구체적으로 전개될 경우, 한국의 신북방, 신남방정책과 어떻게 연결될 수 있는지 비전이 불명확하다. 또한, 북방협력 추진에 걸림돌이 될 수 있는 북핵문제의 리스크를 장기적으로 해결하지 않는다면, 이를 안정적으로 추진하기에는 어려움이 있을 것이다.

한국의 신북방·신남방 정책과 중국의 일대일로(一帶一路: 육상실크로드+해상실크로드) 전략이 연계될 수 있도록 정책 추동력을 키워나가야 한다.[17] 문 대통령은 한·중 제3국 공동진출 산업협력 포럼에서 두 구상의 연계를 위한 한·중 4대 협력 방안을 발표했다.(2017.12.16)[18] 일대일로 전략은 19차 당대회에서 중국 공산당

당장에 포함된 시진핑 시대의 핵심 이익인 만큼, 신북방·신남방 정책과의 경계와 접점을 찾아내는 작업이 시급한 과제다.

## 3) 신동방정책 (러시아)

푸틴 대통령은 러시아 블라디보스토크에서 열린 3차 '동방경제포럼'에 각별한 공을 들여왔다.(2017.9.6~7) 주빈으로 초대된 문재인 대통령은 기조연설을 통해서 남북한과 러시아 협력이 가져올 시너지효과를 역설했다. 하지만 대북제재에 동참하는 의미로 러시아가 북한에 대한 원유공급을 중단하라고 요청을 했지만 푸틴은 이를 거절했다. 러시아의 원유제공분은 북한 전체 제공분의 4%에 지나지 않아 별 효과가 없다는 이유다.

북한은 2016년 2차 동방경제포럼에 참석하지 않았다. 2017년에 김영재 대외경제상을 단장으로 북한 대표단은 러시아와의 경제협력 문제를 논의했다. 러시아는 극동지역의 노동력 부족 해결의 일환으로 많은 북한 노동자들을 받아들이고 있으며 경제적 유대도 강하다. 그러나 2017년 UN 안전보장이사회가 북한 노동자의 추가 수용을 금지함에 따라 북한은 러시아의 의중을 타진할 필요성이 있었다.[19] 북한을 압박하는데 러시아가 동참하지 않는다면 제대로 된 효과를 기대하기 어렵다. 러시아의 신동방정책이 성공하기 위해서는 러시아·북한·남한을 잇는 협력관계를 구축해야 한다.

2018년 9월 블라디보스토크에서 개최된 제4차 '동방경제포럼'에는 이낙연 국무총리와 100여 명의 기업인 및 경제전문가들이 참석했다. 이 포럼을 통해서 문재인 정부의 신북방정책과 러시아의 신동방정책을 함께 추진할 수 있는 전기가 마련되었다고 언급했다. 한·러가 공동으로 극동지역의 교통·물류 및 에너지·인프라 등을 개발하기 위한 '9개 다리 행동계획'이 사실상 타결됐다.

## (1) 신동방정책의 주요 내용

러시아 신동방정책은 ① 에너지·자원 분야, ② 교통·물류 분야, ③ 산업협력 분야로 나눌 수 있다.

첫째, 러시아는 에너지·자원 협력으로 극동지역에서 에너지 자원공동 개발 및 아시아 국가 판매를 확대하고자 한다. 이를 위해 2014년 러시아와 중국은 시베리아 천연가스를 개발해서 2018년부터 연간 약 380입방미터(㎥)를 30년간 공급하기로 합의했다. 이는 중국 소비량 23%, 가스프롬 수출량 16%에 달하는 수치이다.[20] 나아가 러시아는 아시아에서 최대의 에너지 소비국인 한국과 일본 등의 에너지 개발과 파이프라인 건설을 위한 인프라 투자에 참여할 계획이라고 밝혔다.

둘째, 유럽과 아시아를 연결하는 지정학적 장점을 지렛대로 러시아는 교통·물류 협력을 추진하고 있다. 시베리아횡단철도(TSR)와 한반도종단철도(TKR) 연결 프로젝트의 시범사업으로 '나진·하산' 철도 개보수 사업 및 향후 TSR의 복합 물류기지 건설이 포함된다. TSR과 TKR 연결로 아시아와 유럽에 새로운 복합운송 루트가 완성된다면 러시아는 운송루트의 핵심적이고 주도적인 역할을 할 수 있다.

세 번째 주요 과제는 극동 주요 거점 도시 개발이다. 러시아는 2015년 7월에 '블라디보스토크 자유항법'을 발효시켰다.[21] 블라디보스토크를 포함해서 보스토치니, 자루비노, 연해주, 캄차카 등 2017년 10월 기준 21개 지역이 자유항 구역으로 지정되었다.[22] 자유항법에 속해 있는 지역은 상당한 수준의 기업적 혜택을 받을 수 있고 특혜를 누릴 수 있다. 이 외에도 비자발급 간소화, 24시간 통관업무, 거주자에 대한 각종 세금혜택 등 기존 러시아 대외경제정책에서 찾아보기 어려운 파격적 내용들이 포함된다.

### (2) 남·북·러 협력의 한계

러시아 '신동방정책'은 한·러 협력을 질적으로 한 단계 성장시키는 데 기여할 수 있다. 2008년 9월 29일(현지시간), 이명박 대통령과 드미트리 메드베데프 대통령은 모스크바 크렘린 궁전에서 정상회담을 갖고 양국관계를 '전략적 협력동반자관계'로 격상시키고 에너지·자원·경제 분야 협력을 대폭 강화하기로 발표했다.[23] 새로운 협력의 단계를 설정했으나 양국은 그에 걸맞은 성과를 내지 못했다.

문재인 정부가 출범하면서 양국 관계개선의 기대감이 높아졌다. 남·북·러 3각 경제협력 모델의 주요 사업으로 대륙철도 연결사업, 나진항 종합개발사업, 남·북·러 송전망 연결사업, 광역두만강개발계획 추진사업, 두만강 국제관광구 조성사업, 연해주 농업협력사업, 남·북·러 가스관 연결사업 등을 제안했다.[24]

철도연결 사업의 경우, 2012년 10월 러시아가 약 1억 달러 투자로 '나진·하산(54km)' 구간을 완공했다. 북한과 러시아는 당시 나진·하산 간 시설 현대화가 종료되면 이 철도노선은 러시아와 중국의 석탄을 나진항으로 수송하는 데 활용하기로 합의했다.[25] '나진·

하산' 철도연결은 유라시아 교통, 물류 협력 프로젝트의 첫번째 성과물이다. ① 남·북·러 3각 협력 기반을 조성하고, ② 중국의 나진 지역에 독점적 진출을 견제하며, ③ TKR-TSR 연결사업의 동력을 부여한다는 의미다.

지난 20여년 간 남·북·러 3각 경제협력에 대한 논의와 추진 과정을 되돌아볼 때, 실제로 '한·러'와 '북·러'로 서로 분리된 2개의 양자 협력을 통해 진행되어왔다. 남·북·러 3자가 함께 협력하는 '3각 경제협력'이 이뤄지지 않았다. 그동안 3국 간 경제협력의 성과는 대부분 러시아가 협력사업을 제안하고 주도적으로 남한 및 북한과의 양자 간 협력을 진행해 온 결과다. 이러한 기형적 형태의 '3각 경제협력'은 그 자체로서 매우 비효율적 의사결정 체계라는 문제점이 있다. 이러한 상황은 남북한 간의 협력이 불가능하다는 현실에 기인한다.'[26]

# 평창 넘어 평화

    2017년 11월 14일 통일부는 'UN총회 평창올림픽 휴전결의 관련 통일부 입장'을 알렸다. UN총회에서 평창동계올림픽 기간동안 휴전결의가 만장일치로 채택되었으며 북한의 평창올림픽 참가를 요청했다. UN 회원국들은 2018년 평창동계올림픽 대회가 스포츠와 올림픽의 이상을 통해서 "평화를 촉진하고 인류에 대한 이해를 증진하며, 한반도와 동북아시아에 평화를 조성하는 의미 있는 기회"가 될 수 있기를 바라는 기대를 표명했다. 1988년 서울올림픽이 동서 진영의 화해와 냉전 구도 해체에 기여했으며 평화는 올림픽의 근본정신이다. 평창동계올림픽과 패럴림픽을 주관함으로써 한반도 평화를 넘어 전 세계의 평화와 협력을 증진해 나갈 수 있다. 북한이 이에 호응해서 한반도의 평화, 동북아와 세계의 평화를 함께 만들어가자고 호소했다.[27] 평창올림픽을 앞두고 발표된 휴전결의에 대해서 북한도 긍정적인 사인을 보냈다.

    2018년 신년사 연설에서 김정은 위원장이 북측은 조선민주주의 공화국 창건 70돌을 맞게 되고 남측은 동계올림픽대회를 개최하는 의의가 있는 해라고 지적했다. 평창동계올림픽은 민족의 위상을 과시하는 좋은 계기가 될 것이므로 많은 성과를 바탕으로 개최되기를 진심으로 바란다는 심경을 피력했다. 김 위원장은 남북한관계와 관련해서 "첨예한 군사적 긴장 상태를 완화하고 조선반도의 평화적 환경부터 마련"해야 하며 양국 사이에 정세를 격화시키는 일이 없어야 한다고 주장했다.

한편 김 위원장은 2017년 11월 ICBM 발사 성공으로 '핵무력 완성'을 선언했다. 이어서 신년사에서도 미국본토 전역이 북한의 핵타격 사정권에 들어있으며 "핵 단추가 내 사무실 책상 위에 항상 놓여 있다"고 위협하기도 했다.[28] 이에 트럼프 대통령은 "나는 그가 가진 것보다 더 크고, 강력한 핵 단추가 있다"고 응수했다.[29]

김 위원장의 신년사 이후 북한은 연일 남북관계 개선을 위해 노력하겠다는 입장을 밝혔다.[30] 남북 간의 접촉이 이뤄지고 하루가 다르게 바쁜 일정이 이어졌다. 신년사 직후, 청와대는 대남 유화 메시지를 환영한다며 평창동계올림픽 대표단 파견을 위한 남북 당국 간 만남을 긍정적으로 평가했다. 2018년 1월 3일, 2016년 2월에 중단된 이래 1년 11개월 만에 판문점 남북연락사무소 간의 연락 채널이 재가동 되었다. 1월 4일 문 대통령과 트럼프 대통령의 전화통화를 통해 올림픽 기간 중 한·미 연합훈련을 연기할 것에 합의했다. 1월 9일 판문점 남측 지역인 '자유의 집'에서 남북 고위급 회담이 개최되어 3가지 합의 사항에 대한 공동보도문이 채택되었다.[31]

평창동계올림픽을 통한 남북관계 복원을 위해 ① 남북관계를 정례화한다. ② 교류협력을 재개한다. ③ 인도적 분야 협력을 한다고 합의했다. 이로써 한반도 평화와 안정 확보에 있어서 기회요인과 도전요인이 공존한다. 기회요인은 북측의 올림픽 참여 및 남북교류 재개를 통해 남북한 간 신뢰를 회복하고 한반도 긴장 완화에 기여할 수 있다. 올림픽 전후 남북대화를 확대하고 북핵문제를 평화적으로 해결하기 위해서 대화를 추진할 수 있는 여건을 조성할 수 있다.[32] 반면 도전요인은 북한이 핵무력 완성을 주장하며 북핵 관련 대화를 거부하는 입장에 변화가 없고, 추가 도발이 이어진다면 긴장이 다시 고조될 수 있다.

## 1) 베를린 구상

2017년 7월 6일, 문재인 대통령은 독일 쾨르버 재단 연설에서 '베를린 구상'을 발표하고 한국 정부가 추구하는 일관된 3가지 목표를 내세웠다: ① 북한에 대해 적대시 정책을 갖지 않는다, ② 북한의 붕괴나 흡수통일을 추구하지 않는다, ③ 핵과 전쟁 위협이 없는 평화로운 한반도를 만든다. 북한이 올바른 길을 선택한다면 국제사회와 협력해서 북한과 밝은 미래를 함께 열어나가고자 한다는 의지를 밝혔다.[33]

베를린 구상에 포함된 대북제안의 후속 조치 일환으로 이산가족 상봉을 위한 남북적십자회담과 군사분계선 상의 적대행위 중지를 위한 남북군사당국회담을 북한에 제안했다.[34] '베를린 구상'의 5대 기조는 다음과 같다.[35]

첫째, 통일이 아닌 한반도의 평화를 추구한다. 남북한이 2000년 6·15공동선언과 2007년 10·4선언의 정신을 되살려 평화로운 한반도 실현을 위해 협력하고 북한의 붕괴를 꾀한다거나 흡수통일 및 인위적 통일을 지향하지 않을 것이다.

둘째, 북한체제의 안전을 보장하는 한반도 비핵화를 추구한다. 국제사회와 함께 완전한 북한 핵폐기를 추구하고 평화체제를 구축해서 북한의 안보·경제 우려를 해소할 것이다. 또한, 북·미, 북·일관계개선을 통해 한반도를 비롯한 동북아 현안의 포괄적인 해결책을 제시한다.

셋째, 한국적인 평화체제를 구축한다. 남북합의 법제화를 통해 평화의 제도화를 추진하고 남북한과 관련국이 완전한 비핵화와 평화협정체결을 병행하는 사안을 두고 포괄적으로 논의할 것을 제안한다.

넷째, '한반도 신경제지도' 구상을 추진한다. 북한 핵문제의 진전을 바라고 여건이 조성되었을 때 비핵화를 추진하며 평화 및 공동 번영의 경제공동체를 형성할 것이다.

다섯째, 비정치적 교류협력은 정치·군사적 상황과 분리해 일관되게 지속한다. 이산가족 문제의 해결을 지속적으로 강구하고 접경지역의 수해, 병충해 등 재해로 인한 피해에 남북한이 공동으로 대응하며 민간·지역 간 교류를 지원한다. 또한, 인도적 문제인 북한 인권개선 관련 협력을 확대할 것을 포함한다.[36]

북한은 베를린 선언에 대해 한반도 평화와 남북한관계 개선에 도움이 되기는커녕 장애가 될 뿐이라고 지적했다. 다만 '평화구상'에 6·15공동선언과 10·4선언에 대한 존중과 이행을 위한 다짐이 있어서 다행이라고 총평했다.[37] 전반적으로 베를린 선언에 대해 비판하면서도 일부에 대해 긍정 평가를 내렸다. 또한, 문 대통령의 베를린 선언에서 이른바 '한반도평화구상'이 남측에서 공식적으로 발표되기는 처음이라는 논평으로 관심을 표명했다.

북한이 베를린 선언에 대한 반응을 보인 형식도 주목된다. 노동신문은 전체적으로 비판적 기조를 유지했다. 문 대통령이 베를린에서 북한이 흡수통일로 받아들이는 '독일 통일의 교훈'과 북한 비핵화 문제에 대해서 언급한 것을 조목조목 반박했다. 그러나 '조남수'라는 개인 명의 논평형식으로 나름대로 비판 수위를 조절하는 모습을 보였다.

북한이 베를린 선언에 대해 비판하면서도 즉각 배격하지는 않아서 남측의 추가 반응을 지켜본 뒤 최종 입장을 정리할 것으로 관측되었다.[38] 이후 9일이 지나 반응을 보였다. 북한의 고심이 그만큼 깊다는 반증이다. 문 대통령이 북한 체제보장을 약속하고 상대적으로 유화적인 대북한 인식을 보여 왔다는 점을 감안한 입장표명이다.

한국은 2017년 7월 27일까지 남북 군사 회담과 적십자 회담을 하자고 제의했다. 문 대통령은 이미 밝힌 대로 상호 적대적 행위를 중단하자고 제의하고 '대북전단 살포금지'를 검토하라는 지시를 내렸다.[39] 일방적으로 먼저 북한에 대한 유화 제스처를 보였다. 이에 대한 불신이 있을 수 있지만 일단 운전대에 시동을 걸었다.

반면 트럼프 대통령은 '북한과의 대화는 답이 아니다'고 단정했다. 미국은 북한의 '완전한 전멸(total annihilation)'을 경고했는데 이는 북한 영변에 대한 폭격의 위기보다 더 심각하게 받아들였다. 제임스 매티스(James Mattis) 미 국방장관이 2017년 9월 3일 백악관 국가안보회의를 마치고 미국은 '한 국가의 완전한 전멸을 바라지 않는다'고 언급했다. 한반도 안보위기가 최고조에 이르고 있다는 우려를 자아내고 있었다. 북한이 6차 핵실험을 강행하자 미국은 괌을 포함하는 미국 영토, 또는 미국과 동맹국에 대한 어떤 위협일지라도 엄청난 군사적 대응에 직면하게 될 것이라고 경고했다. UN 안전보장이사회는 한반도 비핵화 의지에 대해 통일된 입장을 가지며 북한의 위협을 확인했다고 밝혔다. 트럼프 대통령은 미국의 대북한 군사공격에 대한 질문에 '두고 보자(We'll see)'라며 군사옵션을 배제하지 않았다.

북한 핵에 브레이크가 걸리지 않는다면 영변에 대한 제한적 정밀타격(Surgical Strike)과 같은 상황이 발생할 가능성이 크다는 우려를 낳았다. 사실상 북한을 도와주는 중국을 제재하기 위한 방안으로 '세컨더리 보이콧'이 거론되었다. 또한 대북한 원유공급 차단 등 외교 및 경제제재가 효과를 발휘하지 못한다면 미국은 차선책으로 '군사옵션'을 실행할 가능성을 배제할 수 없었다. 만약의 경우 핵탄두를 탑재한 북한 ICBM이 미국 본토로 직접 날아올 수 있다는 가정만으로도, 상황이 훨씬 더 엄중해진다. 미국의 군사옵션은 북한 핵 시설에 대한 대규모 예방타격(Preventive Strike) 혹은 선제타격(Preemptive Strike) 등이다. 한반도에서 제한적이나마 전쟁의 전운이 감돌면서 일촉즉발의 위기상황에 대한 붉은 신호등이 켜지고 있었다.

## 2) 중개외교

한국의 대북한정책에 대한 미국 측 입장은 문 대통령 당선 초기에 다소 불안감이 있었지만 한·미 양측이 '강한 동맹'의 중요성에 공감한다. 2017년 6월 말 문재인−트럼프 한·미정상회담은 대북한 정책에 대한 양국의 격차를 줄이고자 했다. 하지만 'FTA 재협상 동의' 및 '대한민국 주도적 역할'에 대한 인식의 차이로 인해서 아직은 넘어야 할 산이 많아 보였다. 트럼프 대통령은 한·미 FTA 재협상을 직접적으로 요구해서 이를 진행했다.

양국 공동성명에서 '남한주도의 통일에 합의'한다는 내용이 있지만 이에 대한 이해정도가 서로 다른 발표를 했다. 문 대통령은 대북정책 제반의 사항들을 남한이 주도적으로 이끌어나가도 된다는 의미로 받아들였다. 미국은 장기적 과제인 통일과 관련해서 자유민주주의적 가치에 따라 대한민국이 주도적 역할을 해야 한다는 의미로 지지를 표시했다. 다만 트럼프 대통령의 발언에 핵 및 군사안보와 관련한 사항까지 모두 포함된 것은 아니다.

북한에서 감금되었다가 미국으로 돌아온 직후 사망한 대학생 오토 웜비어(Otto Warmbier) 사건으로 미 국민들의 감정이 몹시 상했다. 더구나 북한 6차 핵실험과 ICBM 발사로 인해 대북한 압박수위를 높여야 한다는 입장이 강화되었다. 북한은 지속적으로 미사일 발사 등 도발을 감행하면서 문재인 정부가 제안한 민간교류나 인도주의적 도움은 받아들이지 않았다. 이러한 북한의 태도는 남한의 보수 정부 시기와 달라진 것이 없었다. 부시−오바마−트럼프로 이어지는 미국 정권교체에도 불구하고 북한은 핵무력 완성을 위한 노력을 멈추지 않았다. 남북한관계에도 별다른 변화를 가져올 기미가 보이지 않는 상황이었다.

남측의 이산가족 상봉 및 체육교류 제안 등에 대한 북측의 반응은 이중적이다. 이미 문재인 정부가 제안한 군사 회담과 적십자 회담을 거절했다. 북한 핵문제로 인해서 압박과 제재 국면으로 전환되고 있는 시점에 북한이 대화를 제안했으므로 그 효용성에 대해 회의적이었다. 핵·미사일 문제와 관련해서 실질적인 성과를 기대하기보다 북한은 경제를 희생하더라도 안보를 지키려고 한다.

대북한정책으로 유화 및 압박정책이 모두 성공하지 못한다면 더 강하게 압박하겠다는 수사적 대책 외에 다른 실질적인 조치를 취하기가 쉽지 않다. 일반적으로 외교와 제재가 상충되는 것처럼 보일 수 있지만 두 방책이 '당근과 채찍'으로 가해져야 한다. 대화 노력도 미사일 방어, 북한 인권 등 제반 사안에 대한 대응과 함께 진행되어야 한다는 의미다. 트럼프 행정부의 대북한 정책은 ① 압박, ② 미국방제재강화, ③ 미사일 방어체계, ④ 외교, ⑤ 협상 등이다. 제재로 대변되는 '압박'은 비핵화라는 목적만 보면 실패로 보이지만 다른 목적을 감안해야 한다. ① UN 결의안 및 미국 법률 집행, ② 잘못된 행동에 대한 처벌, ③ 핵무기 재료 공급 저지, ④ 비확산, ⑤ 북한이 약속을 지키도록 하는 것이다. 이상과 같이 압박 조치와 다른 제안들이 함께 적용될 수 있어야 한다.[40]

트럼프 대통령은 중국의 대북한 정책에 불만을 표출한다. 중국이 북한의 자금세탁 등을 눈감아 주고, UN 결의안을 성실하게 이행하지 않아서 문제를 해결하기보다는 문제의 핵심이라고 인식한다. 2017년 중국은행에 대한 제재가 시작되었는데 이는 추가 제재의 일부다. 미국이 북한에 대해 쓸 수 있는 압박카드는 아직 많이 남아 있다. 만약 북한이 추가적 핵실험을 감행한다면 미국은 더 많은 기업, 은행, 개인에 대한 제재를 집행할 것이다. 미 행정부는 이들에 대한 리스트를 확보하고 있다.

트럼프 행정부에서 군사적 대응의 실행 가능성에 대해 예방적 타격에 대한 논의가 있다고 알려진다. 2018년 4월 위기 시에 렉스 틸러슨(Rex Tillerson) 국무부 장관의 발언으로 인한 우려가 있었지만 그 이후 언급을 자제하고 있다. 미 행정부 내 외교안보팀 간에 대북한 메시지 전달을 위한 정책조율이 제대로 이루어지지 않았다는 관측이 있다. 매티스 국방부 장관은 미국의 대응은 '외교'와 '압박'이 주가 될 것이라고 강조한다. 물론 북한이 공격을 한다면 이와 전혀 다른 상황이 될 수 있다.

한·미 측과 중국 측은 북한의 위협에 대해 다르게 인식한다. 전자는 핵, 미사일 등에 초점을 맞추고 북한을 안보 위협으로 인식하지만, 중국은 북한이 붕괴될 경우 자국 내 다수의 피난민이 유입되는 것이 가장 큰 위협이다. 북한도 이를 잘 간파하고 있으며, 북한의 약점을 중국에 대해서는 강점으로 활용하고 있다.

또한, 중국이 방공식별구역(Air Defense Identification Zone, ADIZ)을 서해뿐만 아니라 대마도 및 한반도 남부까지 확장하고 있다. 최근 사드 관련 조치에서도 드러났듯이 중국은 한국의 국익을 인정해주기보다는 한국이 중국의 이익을 존중하라는 것으로 인식될 수 있다. 중국은 북한에 대한 제재를 공언하지만 수개월 동안 지속한 후 조용히 제재를 거두는 행동 패턴을 보여 왔다.

한국은 남북한 문제를 풀어나가기 위한 중재를 성공적으로 추진하고자 '촉진자' 역할을 자임한다. 한국이 외교 역량을 발휘하려면 미국·중국·북한에 대한 영향력을 확보할 수 있는 안목과 지렛대로 활용할 수 있는 책략을 갖추고 있어야 제대로 작동할 수 있다.

## 3) 3차 남북정상회담

2017년 연말까지도 북한과 국제사회의 줄다리기가 팽팽하게 이어졌다. 미국의 선제적 군사옵션이 거론되면서 한반도에서 전쟁위기가 고조되고 있었다. 2018년 새해 신년사를 통해서 김정은 위원장이 평창동계올림픽 참가의사를 밝히면서 한반도 평화를 위한 대전환의 신호탄이 되었다. 문재인 정부 특사단의 방북과 방미를 계기로 한반도 정세가 급변하고 있다. 한국에서 진보정부가 등장하고 북한의 병진노선이 한계를 드러내는 상황에서 트럼프 대통령의 군사옵션을 앞세운 최대한 압박이 현실화되고 있었다. 이에 북한 입장이 급선회하면서 대화의 물꼬가 트이기 시작했다.

김 위원장은 '경제·핵병진노선'을 헌법에 명기하고 핵개발에 국력을 집중해 왔다. 북한은 자칭 '수소폭탄' 핵실험과 ICBM 발사 성공으로 '핵무력완성'을 선언했다. 그러나 이는 오히려 미군 전략자산 추가 투입과 선제 예방공격 논리에 힘을 실어주게 되었다. 나아가 북한에 대한 추가 경제제재와 석유 전면공급 중단 필요성까지 제기되는 등, 북한은 막다른 골목으로 몰리고 있었다. 북한이 군사옵션을 피하고 시간을 벌기 위해서라도 남·북, 북·미정상회담에 응하면서 한반도 문제에 일대 전환기를 맞게 되었다.

### (1) 판문점 선언

북한 핵을 둘러싸고 지난한 갈등과 반목의 과정을 거쳐 2018년 4월 27일 11년 만에 3차 남북정상회담이 개최되었다. '판문점 선언'은 한반도를 둘러싼 동북아 질서 패러다임을 바꾸는 이정표로서 긍정적으로 평가된다.[41) 남과 북은 남북정전협정 체결 65주년이 되는 2018년 하반기에 종전을 선언하고, 정전협정을 평화협정으로 전환해서 궁극적으로 한반도에 항구적 평화체제를 구축하기로 일치를 보았다. 또한, 서해 NLL 일대 평화수역 추진, 단계적 군축과 확성기 방송중단, 5월 중 장성급 군사회담 개최, 개성 남북공동연락사무소 설치, 적십자 회담을 비롯한 8·15를 계기로 이산가족 상봉 진행 등을 합의했다. 나아가 문 대통령은 '평양 가을답방'을 약속하며 정기적 회담과 직통 전화를 통해서 민족의 중대사를 수시로 진지하게 논의하자고 했다.

판문점 정상회담 당시 문 대통령과 김 위원장이 도보다리에서 산책을 한 뒤 30여 분간 단독회담을 진행해서 큰 화제를 모았다. 도보다리 중간에 마주 보고 앉아 양측 회담이 예상보다 길고 진지하게 이어져 전 세계적으로 이목을 끌었다. 또한, 김 위원장이 평양에서 유명한 옥류관 냉면을 정상회담 만찬에 선보여 역시 주목받았다. 북측은 판문점으로 옥류관 수석 요리사를 파견해서 다양한 요리와 함께 평양냉면을 맛보게 했다. 양국 정상의 만찬 장면이 언론에 보도되면서 서울 시내 냉면집들이 문전성시를 이루기도 했다.

김 위원장은 사상 처음으로 생방송을 통해 자신을 전 세계에 노출하는 파격을 용인했다. 3차 남북정상회담 합의문은 과거 2번의 정상회담에 비해 공동서명과 공동발표의 형식을 갖춤으로써 '정상적인 정상회담'을 연출했다. 김 위원장은 문 대통령과의 대화에서 북한의 열악한 도로 사정에 대해 언급하는 등 솔직한 태도를 보이며 남북경협 재개 가능성을 시사했다. 판문점 선언문에는 완전한 비핵화에 남북한이 합의했다는 데 의의가 있으나 구체적 이행방안과 시기 등이 포함되지 않았다. 이에 북핵 폐기를 위한 구체성이 결여되었다는 비판과 우려의 목소리도 있다. 양 정상이 비핵화보다는 민족공조에 초점을 맞췄다는 것이다.[42] 이로써 시급한 현안인 북핵문제보다 남북한 간의 민족공조와 평화체제에 대부분을 할애하여 이행과정에서 한국이 많은 부담을 갖게 되었다. 비핵화 이행조치는 보이지 않으면서 이와 상반되게 남북관계개선과 관련한 부분들은 구체적인 행사 및 날짜가 적시되었다.

### (2) 향후 과제

존 볼턴(John Bolton) 미 국가안보보좌관은 2018년 5월 ABC 뉴스 인터뷰에서 "북한 핵무기를 미국 테네시로 가져갈 것"이라고 언급하며 '선핵포기 후보상'의 '리비아식 해법'을 북핵문제에 적용하자고 주장했다.[43] 북한은 과거에도 이미 리비아 해법에 대해 강한 거부감을 드러냈다.[44] 로버트 킹(Robert King) 전 미 국무부 북한인권특사는 2011년 방북 당시 김계관 제1부상에게 리비아 모델을 따르라고 설득했으나 거절당했다고 미국 자유아시아방송(RFA)을 통해 전했다.

무아마르 카다피 대통령은 2003년 12월 핵개발 포기를 선언하고 미국으로부터 체제보장과 경제지원을 약속받았다. 하지만 카다피 장기집권과 철권통치에 반발한 반정부 시위로 인해 2011년 비참한 죽음을 맞이한 사실을 기억하는 북한은 리비아식 모델을 절대 받아들일 수 없다. 또한, 김계관은 2018년 5월 16일 발표한 담화에서 '선핵포기 후보상', '핵·미사일·생화학무기 완전폐기'는 붕괴된 리비아나 이라크의 운명을 북한에 강요하려는 불순한 기도라고 강도 높게 비판했다. 5월 8일 미국이 이란핵 합의(Joint Comprehensive Plan of Action, JCPOA) 탈퇴를 발표함에 따라 북한은 미국을 협상파트너로 신뢰하기 어렵다고 인식해서 북·미 간 협상에 일정 부분 영향을 줄 가능성이 있었다.

우선 주의할 사항으로 북한이 6월에 열릴 북·미 싱가포르 정상회담에 응했다고 해서 이러한 북한의 노선 변화를 제재로 인한 굴복으로 오인하지 말아야 한다. 북한체제 안정성에 대한 민감성과 제재압박에 대한 내구성을 간과한다면 대화의 노력이 수포로 돌아갈 수 있다.

다음으로 3차 남북정상회담이 국제사회의 제재 국면을 완화하고 시간을 벌기위한 북측의 기만술일 수 있다. 북핵문제에서 가장 핵심이 되는 쟁점은 검증과 사찰이다. 이와 관련된 합의도출 여부에 따라 북한 비핵화에 대한 진정성과 회담의 성과가 판가름 나게 될 것이다. 2018년 11월 중간선거에서 내세울만한 성과를 원했지만 트럼프 대통령은 이미 시간에 구애받지 않아야 한다고 언급했다.

평창동계올림픽 이후 남북한관계가 급격한 해빙기에 접어들고 있었다. 김 위원장은 종전의 핵포기 불가 입장에서 '비핵화는 선대의 유훈'이며 자신들이 납득할 수준의 체제보장이 이루어진다면 비핵화를 수용할 수 있다고 밝혔다. 이는 남측의 대북특사에게도 언급했을 뿐만 아니라 3월에 가진 북·중정상회담에서도 재확인했다. 북측은 대화와 협상에 매우 적극적으로 진지하게 임했다. 김 위원장이 직접 대화국면 전반을 지휘하면서 남·북 및 북·미정상회담이 시간끌기나 상대를 기만하기 위한 행동이 아니라고 강조했다.[45]

북한의 행보를 객관적으로 바라볼 필요가 있다. 2018년 초 북한

은 국제사회에 비핵화 의사를 밝혔으며 '판문점 선언'에 완전한 비
핵화를 명문화했다. 북한의 태도 변화에 대한 배경을 살펴본다.

첫째, 북한은 핵 기술 확보에 대해 자신감을 갖고 있다. 북한은 6
차례 핵실험을 통해 핵폭발 매커니즘에 대한 이해와 핵탄두 제조
관련 기본기술을 확보했다. 운반 수단인 중장거리 탄도미사일 기술
의 한계에도 불구하고 '잠재적 핵능력국가(Nuclear Capable
State)'가 되어 협상 국면에 임한다.

둘째, 국제사회의 고강도 대북제재와 압박이 효과를 나타내고
있다. 북한 수출 90% 이상을 금지하고 석유류 수입을 절반 이하로
제한하고 있는 대북제재는 사실상 경제봉쇄에 가깝다. 북한 노동
자의 해외송출에도 근본적인 제약이 가해져서 북한 외환보유고가
바닥날 상황에 놓여 있다. 공개적으로 북한 지도부를 겨냥한 미국
의 고강도 군사적 압박도 상당한 부담으로 작용한다. 이러한 제재
는 북한 지도부에게 가하는 끊임없는 경고다.

셋째, 김 위원장의 집권 2기 전략 노선이 수정되었다. 북한은
2017년 하반기까지 핵을 중심으로 하는 안보체제 확립에 주력했으
나 2017년 10월 3일, 노동당 중앙위원회 7기 2차 전원회의를 통해
권력 구도 재편을 마무리했다. 김여정 제1부부장을 선두로 기존 김
정일 국방위원장 시절의 권력 핵심들이 김정은이 직접 택한 인사들
로 대체되었다. 이제 집권 2기를 맞은 김 위원장은 권력 구도 완성
과 국가 핵무력 완성 선언을 기반으로 경제에 방점을 둔 새로운 전
략 노선을 추구하고 있다.

북한의 입장뿐만 아니라 한국과 미국 또한 북핵문제 해결을 위한
이해관계가 일치하면서 화해 모드가 급속도로 진전되었다. 문재인

정부 출범 이후 북한에 일관된 메시지를 보내고 있다. 한·미 간 대북한정책에 대한 의견 조율에 주력하면서 한반도 평화와 비핵화에 대한 평화적, 외교적 해결을 강조한다. 한반도 문제해결을 위해서 굳건한 한·미동맹을 바탕으로 공동의 정책목표와 수단을 추진해야 한다고 분명히 밝히고 있다. 이를 위해 2018년 5월까지 총 4차례 한·미정상회담을 추진하는 등 다양한 외교채널을 활용해 오고 있다.

트럼프 행정부도 북핵문제 해결에 대한 강한 의지를 표명한다. 미국이 러스트 벨트를 중심으로 한 경제문제에서 뚜렷한 성과를 거두지 못하고 있는 상황을 감안할 때, 2018년 11월 중간선거 승리를 위해서 북핵문제에서의 실질적 성과가 필요해 보였다. 정치적 요인에 더해서 2017년 북한의 ICBM 발사 실험 성공이 미국 내에 큰 위협으로 작용했다. 상승하는 불안감과 위기의식은 트럼프 행정부에 상당한 압박요인이 되고 있었다.

남·북·미 모두 핵문제의 실질적 진전에 대한 공동의 이해관계가 있다. 향후 일련의 정상회담으로 동아시아 지역의 냉전 질서를 허물고 평화체제를 형성할 수 있는 역사적인 기회로 삼을 수 있어야 한다. 남북정상회담에서 실질적 이해당사자들 간에 연쇄적으로 정상회담이 열릴 가능성이 제기됐고 근본적 문제인 북핵문제에 대한 실제적 타결 가능성을 확인하고자 했다.

첫째, 북핵문제 해결과 한반도 비핵화를 위해서 포괄적·단계적·동시적 해결에 합의했고 단계적 접근이지만 속도감 있게 진전시키기로 약속했다.

둘째, 항구적 평화정착을 위해서 3자 혹은 4자 간 종전 선언을 통

해 휴전선 인근에서 무력충돌을 방지하고 군사적 긴장을 완화시키
기로 합의했다. 또한, 다자간 안보협력체제를 구축해서 한반도와
동아시아 평화체제를 지향하자고 동의했다.

셋째, 남북관계발전 및 제도화를 위해서 정상회담을 정례화하고
다양한 채널로 정부 간 대화체계를 구축하자고 합의했다. 이외에도
이산가족상봉 등을 비롯한 인도적 차원의 협력 방안과 민간 교류사
업도 논의했다.

남북정상회담 이후 다음과 같은 과제가 있다. ① 정상회담 결과
에 대해 미국을 비롯한 국제사회로부터의 충분한 지지를 확보한다.
② 국회 비준을 통해 법적 효력을 확보한다. ③ 정상회담 결과에 대
한 국내적 합의 기반을 확대한다. ④ 정상회담의 합의이행을 위해
후속 실무회담을 준비한다. ⑤ 남 · 북 · 미 혹은 남 · 북 · 미 · 중 정
상 간 종전 선언을 고려한다. ⑥ 북한 비핵화 조치를 위한 실질적
이행이 이뤄졌을 때, 이에 따른 제재 완화와 보상 방안을 강구한다.

3차 남북정상회담 이후 비관적으로 전망하는 관점도 적지 않다.
정상회담 결과에 대한 부정적 여론이 조성되어 국제협력이 불확실
해질 수 있다. 만약 합의이행을 위한 후속 회담이 조속히 이뤄지지
않고 지연된다면 합의사안이 이행되지 않을 것으로 예측하기도 한
다. 미국을 비롯한 국제여론이 악화되어 북한이 추가적인 도발을
감행할 수 있다는 우려도 이어지고 있다.

이러한 부정적 관측에도 불구하고 관련국 최고지도자들 간에 합
의가 이뤄졌고, 각 정상들이 임기 초반으로 상당 기간 정책 일관성
이 유지될 가능성이 있다. 정상회담이 참가국 모두에게 윈-윈이 될
수 있어야 한다.

첫째, 4·27 남북정상회담은 한국 주도로 북한 비핵화와 한반도 평화정착, 지속 가능한 남북관계 형성의 계기를 만들었다. 2017년 말까지 이어진 일촉즉발의 위기상황을 협상 국면으로 전환시켜 문재인 정부의 한반도 '운전자론'이 동력을 확보할 수 있도록 한다.

둘째, '판문점 선언' 핵심은 '완전한 비핵화'이며 북한 최고지도자가 명문화된 합의 형식으로 이를 표명함으로써 한반도 문제해결의 출발점이 된다.

셋째, 이미 채택된 기존 합의들을 철저히 이행하기로 약속했다. 예를 들면, 2007년 10·4 선언에서 합의된 사항을 이행한다면 남북한은 사실상 하나의 경제공동체를 형성할 수 있다.

넷째, 통일 이슈에 대한 국민 인식이 획기적으로 전환되고 있다. '판문점 선언'에 대한 국민적 지지는 압도적 수준이며 이는 과거 두 차례 남북정상회담에서는 찾아볼 수 없는 사례다.

## 4) 연쇄 정상회담

### (1) 북·중정상회담

2018년 3월 25일부터 나흘 동안 베이징에서 진행됐던 첫 시진핑-김정은 정상회담에 이어 40여 일 만인 5월 8일, 전격적으로 다롄에서 북·중정상회담이 이뤄졌다. 시진핑 주석은 "조·중 두 나라는 운명 공동체, 변함없는 순치(唇齒: 입술과 이) 관계"라고 확인했다. 그동안 제기된 '차이나 패싱' 우려를 불식시키고 굳건한 우호관계를 과시했다. 시 주석과 김 위원장이 방추이섬 영빈관 앞바다의 해변과 공원을 나란히 산책하는 모습이 관영 중국 CCTV를 통해

장시간 보도되었다. 이 연출은 판문점 회담의 도보다리 회동을 연상시킨다. "북한에는 한국뿐 아니라 중국도 있다"고 보여준다.[46]

6월 12일 정상회담을 앞두고 북·미 간 막판 기 싸움이 최고조에 달하는 시점에 북·중정상회담이 개최되었다. 2018년 3월 김 위원장의 중국방문이 전통적 북·중관계의 복원을 알리는 차원이라면, 5월 회담에는 중국통 리길성 부상 대신 대미통 최선희가 참석해서 북·미 대화 준비형 실무회담으로 진행되었다.

북·미정상회담의 성패는 비핵화 의미, 범위, 절차에 대해 트럼프 행정부의 CVID와 김정은 정권의 '단계적 동시적 비핵화' 간 온도 차이를 얼마나 좁혀나갈 수 있느냐에 달렸다. 김 위원장은 평화실현을 위한 '단계적이고 동시적인(段階性, 同步) 조치'를 주장하면서 한반도 비핵화 문제를 해결하기 위한 중국의 지지를 이끌어 내고자 했다.[47] 시 주석은 김 위원장이 "관련국(미국)이 북한에 대한 적대정책과 안보 위협만 없애면, 북한은 핵을 보유할 필요가 없다"고 말했다면서 트럼프 대통령에게 전했다. 미국이 먼저 북한 안보 우려를 해결해줘야 비핵화가 가능하다는 중국의 입장은 북한 후원자 역할로 볼 수 있다.

중국은 '쌍궤병행·쌍중단'의 핵심인 한·미 군사훈련 중단과 미국의 한반도 전략무기 철회 등의 의제가 제외되는 상황에 대해 우려한다. 실제로 정의용 안보실장은 백악관 브리핑에서 김 위원장이 한·미 군사훈련 지속을 이해한다는 뜻을 내비친 것으로 보고했다.[48] 그러나 중국은 자국의 이익이 패싱되는 상황을 묵과할 수 없다고 판단한다.

북·미 간 극적인 빅딜이 이루어져 종전선언 및 정전협정이 평화

협정으로 전환되는 과정에서 '주체' 문제가 '남·북·미' 3자인가 혹
은 '남·북·미·중' 4자인가에 대한 협의가 필요하다. 반면, 협상
이 결렬되어 추가제재 및 군사적 조치가 취해질 경우에 대비해서
북한은 안정장치를 미리 확보해 두고자 한다.[49]

미국이 CVID에 더해서 생화학무기, 인권문제 등으로 의제를 확
대시켜 나가며 북한을 압박하고 있다. 이에 북한은 중국 방문을 통
해 대미 협상력을 높이고자 한다. 중국도 한반도에서의 중국 역할
론을 부각시키고 자신감과 영향력을 과시하는 계기로 삼고 있다.

4·27 판문점 선언으로 남북한관계의 획기적 진전과 국민적 지
지를 이끌어 낸 문재인 정부에게 두 차례에 걸친 북·중 회담은 '힘
의 정치'의 냉엄한 현실을 일깨워준다. 중국과 미국, 어느 국가가
북한 문제와 한반도 평화체제의 주도권을 갖게 되는지를 알 수 있
게 하는 중·미관계의 미래와 연관되어 있다. 이는 중국과 미국의
전략적 이해관계를 융합해서 한반도에 항구적 평화와 번영을 정착
시키기 위해서 '한반도 운전자'를 자청하는 문재인 정부에 여전히
숙제로 남아 있다.

### (2) 한·미정상회담

2018년 5월 22일 미 워싱턴 백악관에서 문재인-트럼프 대통령은
한·미정상회담을 가졌다. 4월 28일 전화통화와 5월 정상회담에서
는 4월 27일 남북정상회담 성과를 바탕으로 한반도 정세를 진전시
켜나가기 위한 긴밀한 공조를 확인하고자 했다. 이 정상회담은 문
재인 정부 출범 이후 2017년 9월 UN총회를 계기로 열린 회담을 포
함해서 4번째다.

북한에 대한 태도와 북·미정상회담에 대한 양국 입장은 현격한 시각 차이를 드러냈다. 트럼프 대통령은 북·중 밀월관계에 대한 불신의 시선을 보냈다. 미국이 원하는 조건이 충족되지 않을 경우 정상회담을 개최하지 않을 가능성이 있다고 밝혔다. 트럼프 대통령은 북·미정상회담이 예정대로 개최되지 않는다면 언제까지 연기한다는 의미인지 명확하게 언급하지 않았다. 다만 김 위원장과 만나지 않아도 다른 기회에 정상회담을 할 수 있다고 전했다.

트럼프 대통령은 5월에 열린 김 위원장과 시 주석의 두 번째 정상회담에 대해 언급하며 다롄회동 이후 김 위원장의 태도가 변했고 좋은 느낌이 아니라고 했다. 그러나 문 대통령은 북·미정상회담에 임하는 북한의 의지를 의심할 필요가 없으며 정상회담이 예정대로 열릴 것으로 확신했다. 한·미정상회담 비공개 대화에서 양국에 대한 북한 태도를 평가하고 북한이 처음으로 완전한 비핵화를 천명함으로써 유발될 수 있는 체제불안 해소 방안을 논의했다.[50]

애초 30분가량으로 예정된 하이라이트인 단독회담 시간을 트럼프 대통령이 거의 대부분 취재진들과의 문답으로 채웠다. 사실상 양국 정상 간 비공개 회담 시간이 21분에 불과했다. 트럼프 대통령은 김 위원장과 시 주석의 다롄 회담에 대해 부정적으로 평가했다. 문 대통령이 이에 대해 다른 의견이 있으면 지금 말해도 좋다고 공개적으로 언급하는 등 '외교적 결례'로 평가될 만한 대목이 보이기도 했다.

한·미정상회담은 ① 북한 핵 문제가 주요 의제이며, ② 판문점 선언에서 남북이 합의한 종전선언을 북·미회담 이후 남·북·미 3국이 함께 추진하는 방안에 대해서 의견을 교환하고, ③ 북·미정상회담에 대한 기대감에 의미를 부여할 수 있다. 2018년 9월 UN 총회 참석차 뉴욕을 방문한 문 대통령은 트럼프 대통령과 조우하여 한·미 FTA 재개정 및 평양 정상회담 합의 내용을 공유했다. 다만, 한·미 양국 대통령 간에 충분한 믿음이 있는지에 대한 의구심이 있다. 미국은 한국이 북한에 경사되어 있다는 인식으로 민감한 정보 공유를 꺼린다고 알려진다.

### (3) 한·중·일정상회담

2018년 5월 9일 도쿄에서 열린 한·중·일정상회담에서 문재인 대통령과 리커창 중국 총리, 아베 신조 일본 총리는 '남북정상회담 관련 특별성명'을 채택하고 북핵문제의 돌파구를 마련했다. 북·미 회담이 임박한 시점에 3국이 ① 판문점 선언으로 '완전한 비핵화' 목표 확인을 환영하고, ② 북·미정상회담의 성공적 개최를 지원하며, ③ 동북아 평화와 안정을 위해 3국이 노력하기로 합의했다. 이는 한반도 비핵화의 추진 동력으로 작용할 것으로 기대되었다.

문 대통령은 김 위원장과 판문점회담에서 완전한 비핵화와 핵 없는 한반도 실현에 관련된 목표를 직접 확인했다고 설명했다. 이에 리커창 총리와 아베 총리도 성공적인 남북정상회담에 대해 축하와 환영의 뜻을 전했다. 한반도의 평화와 안정을 위해 중국과 일본도 건설적으로 기여하겠다는 의지를 밝혔다.[51]

문 대통령과 리 총리는 북한 비핵화에 따른 국제사회 보상 및 협력에 초점을 맞춘 반면, 아베 총리는 대북제재 유지 입장을 강조함으로써 비핵화의 구체적 이행방안에 대해 3국이 입장 차이를 보였다. 한·중 양자회담에서 양국은 북한이 완전한 비핵화를 실행한다면 체제보장과 경제개발지원을 보장해주어야 하며 미국을 포함한 국제사회의 동참에 의견을 모았다. 한국과 중국은 북한 경제개발 지원을 위해서 서울-신의주-중국을 잇는 철도 건설 사업을 검토하고 양국 간 조사연구사업을 선행하기로 했다.

아베 총리는 북한 풍계리 핵실험장 폐쇄나 ICBM 발사 유보만으로 대가를 주어서는 안 된다며 강력한 대북제재를 강조했다. 이에 문 대통령은 독자적이고 임의적인 북한과의 경제협력은 불가하므로 우선적으로 제재에 저촉되지 않는 범위 내에서 이산가족 상봉이나 조림, 병충해, 산불방지 등의 협력을 내세웠다. 또한, 3국 공동 기자회견에서 국교 정상화의 전제조건으로 납치자 문제, 핵·미사일 등 여러 현안을 포괄적으로 해결할 것을 제시했다.

아베 총리는 '재팬 패싱' 우려를 불식시키고자 했다. 판문점 선언의 '종전선언-평화협정' 로드맵에 동북아 안전보장 논의 차원에서 일본이 참여하고 싶다는 의지를 밝혔다. 하지만 문 대통령은 "평화협정은 전쟁 당사자끼리 합의"해야 한다면서 선을 그었다. 아베 총리는 한반도와 동북아 평화체제 구축에 일본이 반드시 참여하고 협력해야 한다고 말했다.[52] 또한 북·일정상회담이 성사되기를 원한다는 입장을 피력했다. 아베 총리는 2017년에 납북자 문제를 담판짓기 위해 평양 방문을 검토했으나 이뤄지지 않았다. 2018년에도 남북 및 북·미정상회담을 앞두고 한국과 미국에 일본인 납북자 피해 문제 제기를 요청하기도 했다. 북·일정상회담이 성사된다면 아베 총리는 대북관계에서 오랜 과제로 남아 있는 납북자 문제를 최우선 사안으로 다루고자 한다.

한·중·일 회담에서는 한반도 문제와 더불어 지역협력 방안에 대해 논의했다. 한·중·일 세 정상은 ① 미세먼지 등 대기오염 문제 해결을 위한 공동협력, ② 감염병, 만성질환 등 보건협력 및 고령화 정책 협력, ③ 액화천연가스(LNG) 정보통신기술(ICT) 분야 협력 등을 지속적으로 추진해 나가기로 했다. 2018년 평창동계올림픽, 2020년 도쿄올림픽, 2022년 베이징동계올림픽 개최로 3국에서 올림픽 경기가 이어진다. 2020년까지 3국 간 3000만명 이상 인적 교류 목표 달성을 위해서 공동의 노력을 기울이고 캠퍼스아시아 사업 등 각 청년교류 사업도 더욱 활성화하기로 합의했다.[53]

2019년 12월 문재인 대통령은 중국 쓰촨성 청두에서 열리는 한·중·일 정상회의 참석했다. 한·중·일 정상회의에서 '향후 10년 3국 공동비전'을 채택했다. 이로써 공동비전은 항구적 평화와 안보 유지, 한반도 완전한 비핵화, 자유무역 증진, 한·중·일 자유무역협정(FTA) 협상 가속화 등의 내용을 포함하고 있다. 시 주석은 사드문제해결을 촉구하는 원론적 입장을 밝히고, 아베 총리는 수출규제 문제를 대화로 풀어나가자는 모호한 답변을 해서 한중·한일 갈등이 말끔히 해소되지는 못하고 있다.

2020년 들어서 전세계적으로 코로나19 팬데믹으로 고통을 겪으면서 3국간 협력을 기약할 수 없게 되었다. 도쿄올림픽은 1년 연기해서 2021년 개최하기로 결정했다. 9월 아베 총리가 건강상 이유로 사임하자 뒤이은 요시히데 스가 총리는 정책 계승을 약속하고 있다. 2020년 말 한국에서 열기로 한 3국 정상회담은 위안부 문제 등을 내세워 일본이 불참을 통보해서 연기되었다.

# 싱가포르 정상회담

트럼프 대통령의 '화염과 분노(fire and fury)' 발언과 북한의 '괌 포위 사격검토성명' 이후 한반도 위기가 최고조에 달하고 있었다. 이에 다양한 북핵 해법과 대북한정책에 대해 논의했다. 2017년 8월 11일(현지시간) 트위터에 트럼프 대통령은 북한의 현명한 행동을 촉 구하면서 미국은 완전한 군사적 해결책을 마련했다(locked and loaded)고 경고했다. 김정은 위원장이 이러한 엄중한 상황을 충분 히 이해하고 핵포기의 길을 찾으라는 것이다.[54] 워싱턴포스트는 미 국이 'B-1B' 랜서 전략폭격기를 강조한 점은 대북선제타격 시나리 오를 배제하지 않는다는 시그널로 분석했다.[55] 반면 뉴욕타임즈는 트럼프 대통령의 말이 앞서가며 행동으로 나서기까지의 간극으로 볼 때 선제공격 가능성이 미약하다고 예상했다. CNN은 미 해군력 이동이 없고 북한의 빠른 보복 가능성을 고려할 때, 자산이나 인명 피해를 최소화시킬 어떠한 조치도 취하지 않고 있는 상황에서 선제 공격이 이루어질 가능성은 희박하다고 지적했다.[56]

매티스 장군은 트럼프에게 강력함과 굳은 의지를 보이라고 조언하지만 사실상 남한과 일본의 시민들을 위험에 빠뜨리지 않는 군사적 선택지는 많지 않다고 한탄한다.[57] 전 NATO 대사였던 이보 달더(Ivo H. Daalder)는 북한과의 협상 가능성에 대해 매우 비관적이다. 트럼프 대통령의 강경 발언들은 국내 여론용일 뿐, 북한 비핵화나 핵능력을 무력화시키는 것은 현실적이지 않다고 주장한다. 북한은 생존을 위한 핵능력 보유를 위해서 어마어마한 노력을 기울여 왔으며 트럼프의 강한 수사여구라도 이를 변화시키지는 못한다고 본다.

미국이 북한을 겨냥해 사용 가능한 군사 시나리오와 이에 따라서 예상되는 결과를 제시했다. CNN은 미국 군사 작전이 전투 초반에 윤곽이 드러나게 되는 신속하고 다면적인 공격으로 구성될 것이라고 인용했다.[58] 미국은 선제타격 가능성을 배제하지 않으며 제한적 정밀공격으로 '코피전략(bloody nose strike)'을 고려한다는 보도가 있었지만 백악관은 이를 부인했다.

북·미정상회담을 1개월 정도 앞두고 있었던 2018년 5월 16일, 북한의 김계관 외무성 제1부상은 미국이 언급한 비핵화 방식은 수용이 불가하다며 6월 12일 북·미정상회담에 응할지 재고하겠다고 전했다. 조선중앙통신은 5월 24일 최선희 외무성 부상의 담화를 보도했다.[59] 그는 앞서 23일 미국 펜스 부통령이 리비아 몰락 사례를 언급한 인터뷰 내용을 문제 삼으며 미국이 북측의 선의를 모독하고 계속 불법 무도하게 나온다면 "조·미 수뇌회담을 재고려할 것에 대한 문제를 최고지도부에게 제기할 것"이라고 말했다. 북측의 강경한 발언으로 결국 24일 트럼프 대통령은 김 위원장에게 서한을 통해 정상회담을 연기하겠다는 입장을 밝혔지만 이를 번복했다.

2018년 6월 12일, 트럼프 대통령과 김정은 위원장은 싱가포르에서 세기의 담판을 위해 마주 앉았다. 전 세계의 이목이 쏠렸지만 양국 간 협상과정은 가시적 성과를 내기에는 현격한 입장 차이를 보였다. '비핵화'가 먼저인가 '체제보장'이 우선인가는 줄다리기의 첫걸음이다. 미국 조야는 공동발표문에 CVID 혹은 FFVD(Final Fully Verified Denuclearization)가 보이지 않는다고 지적하면서 성과가 없다는 평가를 내리기도 했다.

트럼프 대통령과 김 위원장은 한반도 평화체제구축과 새로운 북·미관계 형성과 관련된 사안에 대해 포괄적 의견을 교환했다. 트럼프 대통령은 안전보장을, 김 위원장은 한반도의 완전한 비핵화 실현을 위해 최선을 다할 것을 내세웠다.

6·12 북·미정상회담에서 합의한 양국의 공동 선언문 내용은 4개 사항을 담고 있다. ① 북·미 간 새로운 관계 설립, ② 한반도 평화체제구축, ③ 한반도 완전한 비핵화 추진, ④ 전쟁포로송환과 전쟁포로 및 실종자 수색 등을 약속했다. 트럼프 대통령과 김 위원장은 합의문 조건들을 충실하고 신속하게 이행하고 마이크 폼페이오 (Mike Pompeo) 미 국무장관과 북한 측의 고위급 인사들이 주도하는 후속 협상을 통해 양국 사이의 관계개선에 최선을 다하겠다고 합의했다.

그러나, 제2차 북·미정상회담을 위한 실무회담이 열리지 않고 양측의 주장이 평행선을 달리면서 타결전망을 어둡게 했다. 11월 미국 중간선거에서 상원은 공화당, 하원은 민주당이 다수당이 되었다. 트럼프 대통령은 북한 핵문제를 해결할 수 있는 시간을 벌 수 있게 되어 "서두르지 않겠다"는 입장이다. 북한은 '종전선언' 보다는 오히려 엄격한 경제제재가 완화되기를 원하지만 미국, 유럽을 비롯한 일본 등의 입장이 강경하다. 북한이 완전한 비핵화를 이루지 않는다면 경제제재는 풀 수 없다고 확언하는 상황이다. 2019년 1월 1일 이후에 제2차 북 · 미정상회담이 열릴 수 있다고 미국 정부가 밝혔다.

싱가포르 북 · 미 정상회담(2018. 6. 12)

# 평양정상회담

　문재인 대통령은 2018년 9월 18일 오전 서울을 출발하여 70분 후 순안국제공항에 도착해서 2박 3일간의 평양 남북정상회담 일정을 시작했다. 공항에는 김정은 위원장과 리설주 여사가 직접 마중을 나와 문 대통령 부부를 영접했다. 문 대통령 일행이 북한군 의장대의 사열을 받고 차량으로 공항 환영장을 출발해 백화원 영빈관으로 이동했다. 방북 첫날인 18일 오후 1차 남북정상회담을 가진 뒤, 문 대통령 내외와 수행원들은 평양대극장에서 현송월 단장이 이끄는 삼지연관현악단 공연을 관람했다.

　다음날 문 대통령과 김 위원장은 '평양공동선언'에 합의했다. 핵무기와 핵 위협이 없는 한반도, 실질적인 전쟁위험 제거, 근본적인 적대관계 해소를 약속했다. 남북한 정상이 공동선언을 통해 이룬 비핵화 약속에 대해 '진전된 합의'라는 평가가 있지만 북한의 진정성에 대해 비판적이라는 시각도 적지 않다. 지금까지 북한이 본질적인 비핵화 조치를 취한 적이 없다고 지적한다. '평양공동선언'을 계기로 사회문화 방면의 교류는 활성화될 수 있으나 남북경제협력이 어려운 상황에서 남북한관계가 얼마나 더 발전할 수 있을지에 대한 회의감 등이 이 같은 주장의 근거다.

9·19 평양공동선언 내용을 살펴보면, ① 남북은 군사적 적대관계를 종식하고 전쟁위험 제거와 근본적 적대관계를 해소한다. ② 상호호혜와 공리공영으로 교류와 협력을 더욱 증대시킨다. ③ 이산가족 문제해결을 위한 인도적 협력을 더욱 강화한다. ④ 화해와 단합 분위기를 고조시키고 다양한 분야의 협력과 교류를 적극 추진한다. ⑤ 한반도를 핵무기와 핵 위협없는 평화의 터전으로 만들어 실질적인 진전을 조속히 이루어나가야 한다. ⑥ 김정은 국무위원장은 문재인 대통령의 초청으로 가까운 시일 내 서울을 방문한다.

마지막에 서울 답방을 포함한 것은 상기 5항목의 사항에서 뚜렷한 진전이 있어야 김 위원장이 올 수 있다는 의미다.

'판문점선언 군사분야 이행합의서'는 육지와 하늘, 바다에서 일체 무력사용을 금지하는 내용을 담아 사실상 불가침 선언으로 평가했다. 지상과 해상, 공중에서 적대행위를 막는 완충지대 및 구역을 설정해서 분단 이후 처음으로 우발적 충돌을 막는 데 큰 효과를 발휘할 것으로 발표했다.[60] 김 위원장은 "비극적인 대결과 적대 역사를 끝장내기 위한 군사 분야 합의서를 채택" 했으며, 한반도를 "핵무기도, 핵 위협도 없는 평화의 땅"으로 만들자고 제안하면서 처음으로 '핵무기'에 대해 언급했다. 남북정상이 두 손을 잡고 백두산 천지에서 찍은 기념사진은 강렬한 평화의 의지를 상징한다.

백두산 정상(2018. 9. 20)

싱가포르선언, 4 · 27 판문점선언, 9 · 19 공동선언이 이루어지는 과정에서 북한은 합의 순서의 문건구조를 중시한다. 순서는 항상 선 신뢰구축 후 비핵화를 강조한다. 이러한 북한의 입장은 2018년 3월 정의용 실장의 평양 방문시 김정은 위원장이 언급했다.

문 대통령은 9월 평양 정상회담 당시 김 위원장의 서울 방문에 합의했다며 "연내가 될 것"이라고 기대했다. 김 위원장이 보낸 송이선물 2톤에 대한 답례로 남측에서 제주도 귤 200톤을 수송기로 보냈다. '백두에서 한라까지'의 소망을 담아 서울 정상회담 이후 한라산 백록담을 방문하려는 의도를 내비친 것으로도 보였다.

그러나, 구체적인 답방 시기는 비핵화 협상을 비롯해 군사긴장완화, 남북경제협력 등의 다양한 분야에서의 진전 정도에 달려있다는 것이 대부분 전문가들의 의견이다. 김 위원장의 서울 답방이 종전 선언을 위한 남 · 북 · 미정상회담 및 종전선언과 연계될 수도 있을 것으로 기대된다.[61] 김정은 위원장은 아직 약속을 지키지 않고 있다.

# 6

# 하노이 회담 결렬

2019년 2월 28일 하노이 북·미정상회담 결렬에 대한 다양한 반응과 해석은 비핵화 및 한반도 평화에 대한 남·북·미 간의 극명한 시각 차이를 드러냈다. 서로 입장 차이를 사전에 조율하고 합의를 이끌어 내지 못했다는 비난에 직면했다. 대립과 갈등으로 점철된 북·미 간에 담판으로 온도 차이가 좁혀지기는 쉽지 않았을 것이다.

북·미 정상 간의 2차 회담에 대한 기대가 고조되는 가운데 '노딜(no deal)'에 대한 징후는 이미 감지되고 있었다. 트럼프 대통령은 28일 오전 단독회담에 앞선 기자회견에서 "서두를 생각 없다. 중요한 것은 올바른 합의를 하는 것이다"라고 해서, "1분이라도 귀중하다"는 김 위원장과는 대조적인 모습을 보였다.[62] 이러한 불길한 징후는 확대 회담에서 매파 존 볼턴 백악관 안보보좌관이 리용호 북한 외무상의 카운터파트로 등장하면서 현실화되었다. 싱가포르 회담 이후 자신의 기대와는 달리 국내적 비난을 감수해야 했던 트럼프 대통령은 볼턴을 필두로 북한의 비핵화 의지를 시험하고자 했다.[63] 회담 결렬 후 열린 기자회담에서 트럼프 대통령은 북한이 "숨겨진 핵시설 존재를 알고 있어서 놀란 것 같다"고 말했다. '영변 외 핵시설'에 대한 해체를 추가적으로 요구했다. 미국이 파악하고 있는 5개 핵시설 중 북한은 2개만을 대상으로 폐기하겠다고 언급했다는 것이다.[64] 북·미 정상들 간의 '빅딜'까지도 기대했던 하노이 담판은 아무런 성과도 없이 막을 내렸다.

북한은 회담 결렬에 대해 철저히 함구하고, 다음날 오히려 세계 정치를 주도하는 '노숙한 정치가'로 김 위원장을 칭송하며 업적을 기렸다.[65] 결국 3월 8일 노동신문은 뜻밖에 회담이 합의문 없이 끝났고 "아쉬움과 탄식을 금치 못하고 있다"고 보도했다. 리용호 외무상은 전면적 제재를 요구한 것이 아니라 "일부 해제, 구체적으로 UN 제재결의 11건 가운데 2016~17년 채택된 5건, 그중에 민수경제와 인민생활에 지장을 주는 항목을 먼저 해제하라"고 요구했다고 주장했다. 이를 받아들이지 않은 책임을 미국에 전가했다.

반면 어떠한 합의문도 없지만 미국 내 반응은 이를 예견한듯 냉담했다. CSIS 빅터 차 교수는 "나쁜 딜보다 노딜이 낫다"며 실무협상이 제대로 이루어지지 않은 본 회담이 성공하기 어려웠다고 지적했다. 또한 "하노이 회담의 결렬은 예견되었다"는 *Foreign Affairs*의 기고문에서는 일방적으로 북한의 완전한 비핵화를 요구하면 처음부터 성립이 불가하다고 지적했다.[66] 패트릭 크로닌(Patric Cronin) 허드슨연구소 안보석좌 역시 트럼프는 김정은이 '대담한 딜'을 하고, 김정은은 트럼프가 '나쁜 딜'을 할 것이라고 예상해서 북·미 간 간극이 존재했다고 인정했다. 회담결렬 이후 폼페이오

국무장관이 기존의 방식으로는 합의가 불가능하다며 양측 조직재
편에 시간이 필요하다고 언급했다. 미국 내 여론은 향후의 대화국
면에 회의적 시각이 우세하다.

이에 대해 2019년 3월 "불확실성에 대한 오판을 경계한다"는 내
용으로 칼럼을 기고했다.[67]

베트남 하노이에서의 제2차 북·미정상회담 결렬은 이미 예고되
고 있었다. 김정은 국무위원장은 영변핵시설 폐기로 대북제재 완화
를 이끌어낼 수 있다고 오판했다. 비핵화 의지가 없다면 회담에 응
하지도 않았을 것이라고 호언했다. 도널드 트럼프 대통령은 미국이
요구하는 완전 비핵화를 북한이 받아들일 수 없을 것이라는 참모들
의 조언에도 불구하고 자신의 협상력을 믿고 오판했다. 남북경협을
본격적으로 추진하겠다는 기대로 외교안보 참모진까지 쇄신한 문
재인 대통령은 정보판단 오류라는 따가운 시선을 받고 있다. 북한
세습체제는 긴 호흡으로 핵보유국 지위를 관철시키고자 할 것이다.

트럼프 대통령은 의견이 맞지않는 참모를 곧바로 해임하기로 정
평이 나 있다. '당신 해고야!(You are fired!)' 방송에서 하듯이 트
레이드 마크가 돼 있다시피 하다. 그렇지만 그는 존 볼턴 백악관 국
가안보보좌관을 단칼에 내칠 수 없다. 지난 날 조지 W. 부시 대통
령 시절 주UN 미국대사로 재직하면서 북한에 대한 보편적 도덕 기
준을 내세우며 대북제재에 앞장섰던 '강경매파'가 볼턴 보좌관이
다. 공화당 보수정권에서 다시 등장한 그는 한층 더 연마된 무기를
준비해서 북한을 겨누고 있다. 그의 가장 큰 힘은 북한의 완전 비핵
화가 이뤄지지 않는다면 결코 대북제재 완화를 해서는 안된다는 미

국 조야의 초당적 지지를 받고 있다는 점이다.

미국에서 대북정책의 전체적인 흐름은 볼턴 보좌관이 이끌고 있다. 미국 협상팀의 행태는 마치 '당근과 채찍'으로 역할을 분담하고 있다. 폼페이오 국무장관은 대북 대화를 이끌면서 북한을 협상장으로 끌어들인다. 밝은 경제발전 전망을 '당근'으로 북한의 결단을 촉구한다. 반면 볼턴 보좌관은 대북제재의 '채찍'으로 북한을 거세게 압박한다. 그는 백악관에서 트럼프 대통령의 귀를 잡고 미 상·하원의 폭넓은 지원을 지렛대로 한치도 물러서지 않을 기세다.

김정일 국방위원장 시절 북한은 미국 대통령과의 약속이라도 하루아침에 무위가 될 수 있다는 뼈아픈 경험을 했다. 워싱턴에서 평양으로도 날아올 듯했던 빌 클린턴 대통령은 대북한 유화정책의 정점을 찍었다. 그러나 부시 대통령이 북한을 '악의 축'으로 일컫게 되자 정반대의 입장으로 전환됐다.

미국 내 정치기반이 취약한 트럼프 대통령의 연임이 불투명해졌다. 마이클 코언 변호사를 비롯한 최측근의 폭로로 그는 곤경에 처해있다. 러시아 대선개입 의혹(러시아 스캔들)을 조사해 온 뮬러 특검 보고서로 도덕적 치명상을 입을지 모른다. 어차피 트럼프 대통령은 미국 내 여론을 의식해서 북한에 건넸다는 '빅딜' 문서 범위에서 벗어나기 어려운 상황에 직면했다. 미국이 요구하는 '영변핵시설+α'에는 과거, 현재, 미래를 총망라하는 비핵화를 담고 있다. 핵시설, 핵무기, 탄도미사일, 생·화학무기 등 모든 대량살상무기(WMD)가 포함된다. 북한지도부는 도저히 받아들일 수 없다며 이상한 계산법이라고 항변한다. 트럼프 대통령 이후에 등장하는 차기 대통령을 상대하고 싶을 것이다.

미국 정치에서 탄핵받은 대통령은 없다. 사법적 절차와 민주주의가 정하는 법치에 따라 순차적인 결정을 따른다. 하지만 리처드 닉슨 대통령이 그랬듯이 자진 사임할 수 있다. 트럼프 일가는 기업을 일구는 과정에서 행해진 비즈니스와 관련해서도 광범위한 의구심을 받고 있다. 만약 법적으로 문제가 생긴다면 트럼프 가족이 법적 책임을 사면받는 대신 트럼프 대통령 사임으로 귀결될 수 있다고 관측되기도 한다. 미국에서 이러한 불확실한 사태가 일어난다면 한반도에서 남북관계 발전에도 지대한 영향을 미칠 수 있다. 경계하면서 면밀히 대처해야 하지만 트럼프는 탄핵의 위기를 넘겼다.

김 위원장은 '단계 타결'을 제안하고, 트럼프 대통령은 '일괄 타결'을 주장한다. 평행선을 그을 수밖에 없는 오판으로 두 지도자는 다시는 만날 수 없는 길에 들어서고 있는지도 모른다.

이 예측은 빗나갔다. 볼턴 보좌관은 대이란·북한 정책 등에서 트럼프 대통령과 심각한 불화를 겪으며 2019년 9월 경질되었다. 한반도에서 불확실성이 배가되고 있는 상황이다. 노벨평화상에 집착하는 듯한 트럼프는 자신이 아니면 이미 전쟁이 일어났을 것이라는 발언을 서슴지 않는다. 평화를 유지하기 위해서 북한핵을 용인할 수 있다는 의구심을 갖게 한다.

페리 전 장관은 북핵 검증 과정은 북·미관계 정상화와 함께 진행될 수 있어야 한다고 주문했다. 북핵 검증은 기술적으로 매우 어렵기 때문에 북한의 협력이 절대적으로 필요하고, 이를 위해서 상호 신뢰를 가져야 한다고 지적했다. 따라서 북한과의 관계 정상화 프로세스가 진행되면서 북한핵을 검증하는 과정이 병행해야 된다는 것이다. 남북한, 북·미관계가 정상화되는 과정에서 기술 검증이 동시에 진행되어야 하므로 북한 비핵화는 매우 느린 과정이 될 것이라고 전망했다.[68]

북한은 단순히 한국외교의 객체가 아니라 궁극적으로 통합의 대상이다. 주민과 정권을 분리해서 대응해야 하며 주민들 스스로 이를 선택할 수 있도록 하는 것이 최종 목표다. 남북한 간의 교류가 없으면 불가능하다. 민간 차원에서의 교류 자체를 원천적으로 막지 않더라도 북한과의 민간교류도 기존의 법률 및 결의안 집행의 틀 속에서 지속될 수밖에 없다. 일부에서 북한 외교관과의 만남도 반대하지만, 외교적 만남과 협상은 분리되어야 한다.

북한 사회의 내부적 변화를 이루기 위해 공식적·비공식적 채널을 모두 가동해서 대화와 교류가 가능할 수 있어야 한다. 북한이 세습정권을 유지하면서도 체제개혁이 효율적으로 이뤄질 수 있는 환경이 조성될 수 있어야 한다. 그러나 북한이 외부에 문호개방을 거부하고 이익만 추구하려는 태도를 보인다면 충분한 효과를 볼 수 없을 것이다.

한국에서 진보와 보수 정권을 거치면서 당근과 채찍을 모두 휘둘러보았지만 결국 북한은 핵무기 보유의 길을 택하고 말았다. 우리가 대통합을 아무리 외쳐도 북한이 이에 응하지 않으면 남북한 뿐만 아니라 남남갈등으로 분열을 가져왔다는 역사적 사실들을 간과해서는 안 된다. 북한의 선택이 남북대화에 중요한 변수가 되고 있다. 국민 대통합을 위해서 진지하면서도 창의적으로 상생의 길을 모색해야 한다.

# 제9장 한반도 판(Plate) 변화

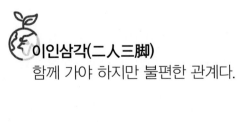

이인삼각(二人三脚)

함께 가야 하지만 불편한 관계다.

# ①

# 중국과 북한

미국은 중국이 대북한 영향력을 강력히 행사할 것을 요청한다. 중국은 북한을 옥죄일 수 있는 경제적 능력이 있지만, 북한이 붕괴되는 상황을 바라지 않기에 이를 시행할 의지가 별로 없어 보인다. 현실적으로 시진핑 주석은 중국의 국력부상에 따라 트럼프 대통령과 각을 세우는 모양새다. 오히려 푸틴 대통령과의 전통적 우의를 과시하며 시 주석은 미국주도의 대북한 강경압박정책에 대처하고자 한다. 한·미상호방위조약에 따른 한·미동맹에 대응해서 북·중혈맹관계 복원을 의미하지 않지만 중국은 북한을 완전히 저버리지 않는다는 결의를 보인다.

## 1) 전통적 관계에서 보통국가로

'순치관계'로 부를 만큼 상호 밀접한 관계를 유지해온 중국과 북한은 근본적인 변화라기보다는 시기별로 소원과 화해를 되풀이해

왔다. 북·중관계는 지정학적, 역사적, 국제정치적, 경제적 특수성을 바탕으로 긴밀한 관계를 유지해 온 전통적 우호국이다.

북·중관계는 1992년 8월 한·중수교 이후 냉각되었으나, 1999년에 이르러 양국고위인사 교류가 재개되고, 2000년 이후 최고 지도자 교환방문을 통해 우호관계를 회복하고자 한다. 김정일 위원장의 4차례 방중(2000.5, 2001.1, 2004.4, 2006.1)과 장쩌민 주석(2001.9)과 후진타오 주석(2005.10)의 방북이 이어지면서 상호 우의를 과시했다. 그러나 김정은 국무위원장 취임이후 양국 정상회담이 이뤄지지 않고 있었다.

2013년 시진핑 주석 집권 이후 변화의 조짐이 감지된다. 스인홍(时殷弘) 인민대 교수는 중국이 이미 대북한 정책을 조정했다고 주장한다. 한반도 평화를 위협하는 북한의 비우호적 행동에 대해 중국이 경고와 처벌을 하고 있으며 북·중관계가 1953년 이래 가장 저점이라고 평가한다.[1] 중국은 북한의 핵개발과 주변 국가들을 향한 위협에 강경한 입장이다.[2] 2013년 6월 한·중정상회담에서 북한 핵보유를 용인할 수 없다는 인식을 공유했다. 리커창 총리는 박근혜 대통령에게 중국의 북한 핵무기 보유 반대를 명확히 언급하면서 북한이 내세우는 "핵과 경제 건설은 병진할 수 없다"고 언급했다.[3]

'김정은-시진핑 시대' 군사 분야 고위급 인사교류는 2013년에서 2017년 6월까지 단 3차례에 그쳤다. 주목할 만한 교류로는 2013년 5월 김정은 특사로 북한군 총정치국장 최룡해가 중국을 방문해서 시진핑을 면담한 후 중국 군사 책임자 판창룽(范长龙)과 만났다. 그외 2건은 전통적이고 관례적인 군사 분야 행사 참석이다.[4]

중국에서 북한정책과 관련해서 혈맹관계로 인식하는 전통주의자

와 보통국가 관계로 보는 수정주의자 간의 논쟁이 치열하다는 주장
이 제기되었다. 중국 인민대 진찬룽(金灿荣) 교수는 화춘잉 외교부
대변인을 인용하면서 2006년 이후 '북·중은 보통관계'라고 지적했
다.[5] 또한 중국 시각으로 '朝鮮麻烦(성가신 북한)'이란 표현을 사용
해서 북한에 대한 불편한 심기를 표현하기도 한다.[6]

국제사회도 한목소리로 북한에 불리한 성명을 발표했다. 2013년
7월 아세안지역 안보포럼(ARF) 회의장에서 북한 박의춘 외무상은
"조선반도는 일촉즉발의 전쟁 위기"에 있으며 "장본인은 미국"이라
고 주장했다.[7] 그러나 나머지 26개 ARF 회원국 중 어느 누구도 북
한의 입장을 지지하지 않았다. 중국 왕이(王毅) 외교부장은 한반도
비핵화의 원칙적 입장을 확인했다.

북·중관계는 중국이 개혁·개방정책을 추진한 이래, 시장경제
도입, 국제정세 변화 등에 따라 전통적 혈맹관계에서 전략적 이해
관계에 따른 일반적 정상국가관계로 변화해 오고 있다. 미국 외교
협의회(Council on Foreign Relations, CFR)의 스캇 스나이더
(Scott Snyder) 선임연구원은 북·중관계가 "특별관계(special
relationship)"에서 "정상국가관계(normal relation between
states)"로 격하됐다고 평가한다.[8]

문재인 정부 출범 이후 2017년 7월 6일 처음으로 열린 한·중정
상회담에서, "북핵문제에 대해 더 많은 노력을 해 달라"는 한국 측
요구에 시진핑 주석은 북·중관계를 "선혈로 응고된(鮮血凝成的)"
관계라고 응답했다.[9] 이는 회담 이틀 전 ICBM급 '화성-14형'을 발
사한 북한을 중국이 '혈맹'을 강조하면서 마치 두둔한 것처럼 비쳐
졌다. 중국은 북한과의 관계에 통상적으로 '혈맹'이라고 하지 않으

며 '선혈'로 사용해 왔다. 이에 과도한 의미를 부여한다면 한·중관
계 발전에 도움이 되지 않는다.

시진핑 주석 연임이 확정된 19차 당대회 직후 특사 자격으로
2017년 11월 17일부터 북한을 방문한 쑹타오(宋涛) 공산당 대외연
락부장의 북한 내 행보가 주목을 받았다. 중국 특사를 대하는 북한
의 태도가 많이 달라졌다. 5년 전 2012년 중국 18차 당대회 직후에
리젠궈(李建国) 전인대 부의장 방북 시와 바뀐 분위기가 보도되었
다. 송 특사를 만나는 북한 사람들이 악수나 인사할 때 허리를 숙인
다거나 웃는 모습을 보이지 않으며 마치 기싸움을 벌이는 듯 하더
니 김정은 위원장은 아예 만나지도 않았다. 중국 특사의 격에 불만
이라는 분석도 있다.[10] 당대회 결과를 설명하려고 특사를 파견한 중
국도 북한 비핵화 문제에 대해서 일단 과대한 기대를 갖지 말라는
자세다. 2년 만에 북·중 고위 인사 교류가 이뤄졌지만 관심을 끌
었던 양국관계 개선이나 한반도 문제에 있어서 전환점을 조성하기
가 쉽지 않아 보였다.[11]

2018년 2월 북한 선수들이 평창동계올림픽에 참가하면서 북·중
간 고위급 교류가 빈번해졌다. 2018년 3차례 정상회담(3.26, 5.7,
6.19)이 개최되었다. 북·미정상회담과 남북정상회담을 앞두고 중
국은 북한 후원자로서의 역할을 자임했다. 2019년에도 2차례 정상
간의 만남(1.10, 6.21)을 가졌고 시 주석은 6월 20일 평양을 방문해
서 김 위원장을 만나 2차 북·미정상회담을 지지한다고 밝혔다.

## 2) 북한의 대중국 경제의존도 심화

중국과 북한은 1961년 7월 상호우호협력 및 원조 조약을 체결한 유일한 국가로 북한 대외교역의 비중이 가장 크다. 북·중 간의 교역규모는 2000년대 중반 북한 총 교역규모의 48.5%(13억8,500만 달러)였으나 2012년 기준 80% 이상을 차지한다.[12] 북한 소비재시장은 중국제품이 80% 이상 유통되고 있는 것으로 추정된다. 북·중 간 무역 증가로 2000년 이후 북한의 경제성장률은 매년 약 3.5% 증가했다. 이는 북한경제의 대중국 예속이 우려되는 상황으로 북한이 중국의 경제 영향권에 놓여 있다는 상황을 반증한다. 북한과 중국 교역이 1% 증가하면 북한 경제성장률이 0.112% 높아진다는 분석도 있다.[13]

2017년 북한의 대중 수출액은 2016년 26.3억 달러에서 37.3% 감소한 16.5억 달러다. 반면 수입은 2016년 31.9억 달러에서 1.4억 달러 증가한 33.3억 달러를 기록해서 전년대비 4.3% 증가했다. 수출이 크게 감소함에 따라 북한의 대중 무역수지 적자도 2017년 16.8억 달러를 기록해서 큰 폭으로 증가했다.[14]

북·중 간 무역은 일반무역과 변경무역이 주를 이룬다. 특성상 변경무역은 확실한 통계를 내는 데 어려움이 있어서 훨씬 많은 거래가 있을 것으로 추정된다. 이는 양국이 긴 국경(1,450km)을 맞대고 있는 상황에서 대북한 경제제재의 효용성과도 관련되는 사항이다.

2017년 강화된 유엔 대북제재는 이어지고 있고, 북한은 수출입 급감과 무역수지 악화, 산업 생산 및 기술발전 둔화 등으로 경제에 악영향을 미쳤다. 특히, 기계류, 전자제품을 비롯해서 생산에 필요한 품목에 대한 수입이 전면 금지되어 산업 생산 전반에 어려움을 겪고 있다. 2019년 〈북중 무역 평가와 전망〉 연구에 따르면, 북한은 전년 대비 대중국 수출이 1.0% 증가했으나 수입은 16.1% 증가해서 수입규모가 수출에 비해서 매우 불균형적인 구조로 상품무역수지 적자는 17.7% 악화되었다.[15] 북한은 제재 외 품목의 수입을 늘려서 그 영향을 최소화하면서 식품분야 국산화와 관광시설 건설 등의 성과를 통해서 '김정은 위원장표' 경제정책을 관철시키려는 노력을 기울이는 것으로 평가되었다. 그러나, 2020년 이후 코로나19로 북한이 국경을 봉쇄했다.

# 중국과 남한

## 1) 한·중전략적 협력동반자

한·중수교 이후 지난 20여 년 동안 급속한 관계발전을 이루면서 양국은 상호보완적으로 성장해 왔다. 한국과 중국, 각각의 현안을 살펴보고 전략적 협력동반자관계를 심화시키기 위한 방안을 검토해 본다.[16]

### (1) 한국 현안

한국수역 내에서 중국어선의 불법조업을 방지하고, 이를 위한 정당한 법집행 행위에 방해받지 않기 위한 근본적인 대책을 마련해야 한다. 한국은 명백한 중국어선의 공무집행방해 행위에 대해서 무력시위를 할 수 있도록 제도를 정비하고 있다. 중국의 적극적인 협조가 필요하다. 최근 사드 배치 문제로 한·중관계가 갈등을 빚게 되자 오히려 중국의 불법조업은 현저히 줄어들고 있다. 이는 한·중관계가 악화되는 상황에서 중국어선의 불법조업에 대해 엄격한 법 집행 가능성이 있어서 중국 측에서 자제하는 현상으로 볼 수 있다.

첫째, 중국어선은 NLL을 포함하는 한국 측 수역내로 진입하고 '싹쓸이' 하다시피 어획해서 한국 어선들과 마찰을 빚어 왔다. 이를 단속하는 과정에서 중국어선들이 폭력을 행사하고 결박하는 등 공무집행 방해로 인명사고가 발생할 뿐만 아니라 상호 불신의 빌미를 주고 있다.[17] 2011년 기준으로 중국 어선은 우리나라 EEZ에서 약 3,600여 척이 조업을 하는 것으로 추정된다. 이렇게 많은 중국어선이 잠정조치수역에서 조업하다 야간이나 기상악화 등을 틈타서 집단적으로 우리나라 EEZ에서 불법조업을 하는 것으로 알려졌다.[18]

둘째, 경제난 심화에 따라 북한을 떠나는 탈북자가 증가하는 추세이며 이들을 관리하는 문제는 중국, 북한, 한국에 모두 핵심 사안이다. 중국은 탈북자들이 경제적 어려움을 피해서 북한을 탈출하여 중국에 오는 불법입국자로 간주한다. 따라서 탈북자들을 북·중 간의 문제로 규정한다. 한국의 요구에 따라 중국은 국내법과 국제법, 또한 인도주의에 입각해서 탈북자들을 사안별로 처리한다는 입장을 취해 왔다. 다만 시기별로 국군포로나 납북자, 또는 탈북자들을 조기 송환한 경우가 있었던 만큼 이들이 본인의사와 상관없이 북송되는 경우를 막기 위해서는 지속적인 협조가 필요하다.

셋째, 한국의 K-Pop을 비롯한 한류(韓流)의 열풍이 불고, 중국발 한풍(汉风)도 이에 못지않은 적이 있다. 하지만, 일부 인터넷과 언론 상에서 양국 상호간에 부정적 감정이 표출되면서 반한정서가 형성되었다. 단기적으로 언론 및 인터넷에 유포되고 있는 왜곡보도에 대해 지속적으로 대응하는 한편, 중장기적으로는 상호 국민 간의 긍정적이고 우호적 감정이 고조될 수 있도록 노력해야 한다.

　2013년 11월 23일 중국의 일방적인 방공식별구역(Air Defense Identification Zone, ADIZ) 확대 선포는 한·미·일 간 공조할 수 있는 기회였다. 중국이 '동중국해 방공식별구역'을 선포하자 한국정부는 NSC를 개최해서 대응방향을 논의했다. 한국은 '동중국해방공식별구역'과 '한국방공식별구역'이 일부 중첩되는 것에 유감을 표명했다. 특히 한반도 최남단 '이어도' 수역에 대한 한국 측 관할권이 절대로 영향받지 않을 것이며, 관련국들이 상호 신뢰증진을 위해 노력을 강화해야 한다는 입장이다.[19] 12월 8일 한국 정부는 이를 공식적으로 발표했다.[20]

　중국은 2004년 UNESCO에 고구려 고분을 등재시키려고 한 시기부터 한반도 북부와 만주지역에 있던 고구려를 자국의 역사로 편입시키려는 노력을 기울여오고 있다. 동북아에서 중국에 대항하는 연합 또는 연맹이 생기는 상황을 간과하지 않으려 한다. 박근혜 대통령 요청에 따라 시진핑 주석의 배려로 2014년 하얼빈에 안중근 의사 박물관을 설립한 것은 단순히 역사를 기록하는 문제가 아니라, 한·일 양국의 틈새를 파고 들려는 전략이다. 2019년 재개관한 하얼빈역에 안중근 의사가 저격한 거사 표식이 없어져서 아쉬움을 남긴다.[21]

　한편, 사드 문제가 첨예화 되면서 한국인의 대중국 인식도 비우호적으로 변화했다. 2015년 9월, 박근혜 대통령이 미 동맹국 지도자로는 유일하게 중국전승기념행사에 참석해 돈독한 관계를 과시했던 때와는 매우 대조적이다. 중국 호감도가 일본 호감도(3.33점)보다 낮게 나오기도 한다.[22]

## (2) 중국 현안

첫째, '하나의 중국'에 대한 원칙을 지킨다. 2016년 타이완 독립에 무게를 두는 차잉원(蔡英文) 총통이 당선되면서 중국 대륙과 타이완의 양안관계는 경색 국면으로 접어들었다. 한국은 한·중수교 이후 일관되게 '하나의 중국' 원칙을 지키며 양안관계 개선으로 역내 안정과 평화가 정착되기를 희망한다.

둘째, 중국 정부는 소수민족의 분리 독립 움직임에 민감하다. 달라이라마가 종교지도자라고 내세우지만 실질적으로 티베트 분리 독립을 위한 정치지도자로 간주해서 중국이 한국 방문 불허를 요청해 왔다. 한국 불교계가 꾸준히 그의 방한허락을 바라고, 2009년 하반기 부산 통도사 측의 요청으로 무비자 제주도 방문이 검토되었으나 이뤄지지 않았다. 2014년 오바마 대통령은 미국을 방문한 달라이라마를 면담한 사실이 있다. 중국은 그의 방문과 지도자 면담을 성사시킨 독일·프랑스 등에 대해 경협축소로 강경 대응했다.[23] 한국 정부는 중국의 우려를 이해하지만 종교의 자유를 들어 한국민들의 달라이라마 방한허용 요구로 인한 어려움을 중국 측에 표명하고 있다.

셋째, 파룬궁이 반중국 정부 활동을 벌이고 있는 불법 사이비 종교단체라며 중국은 이들의 활동규제를 요청했다. 중국 공산당원 9,200만 명 (2020년)에 비해서 파룬궁 회원은 한때 1억 명 이상으로 알려지기도 해서 중국당국은 예민하게 주시한다. 한국 민간단체 주최로 파룬궁 국제조직 후원으로 이뤄지는 신운예술단의 국내공연과 관련해서 주한중국대사관과 주최 측 간의 갈등이 표출되기도 했다. 다만 국내에서 합법적 민간단체활동을 규제하는 데 한계가 있는 만큼 한·중관계나 국내사정을 감안해서 신중히 검토하고 있다.

## 2) 한·중 상호 교류와 신뢰증진

2007년 한·중수교 15주년을 맞아 양국 간 다양한 교류로 우호적 분위기를 다져나갔다. 원자바오(溫家宝) 총리는 11년 전 입던 잠바를 그대로 입고 해진 운동화를 즐겨 신는 소박한 모습으로 중국인들의 사랑을 받았다. 만면에 웃음을 띠는 온화한 모습이지만 철두철미한 일처리로 후진타오 주석의 신임을 얻었다. 1박 2일의 짧은 일정이지만 원 총리의 방한은 2007년 '한·중교류의 해'에 이뤄져 의미가 적지 않았다.[24] 수교 이후 한국과 중국은 한반도에서의 평화와 안정을 위한 상호 국가이익을 위해 단기간에 '전략적 협력동반자관계'를 맺었다.

원 총리는 당시 한·중 간에 영토 문제가 존재하지 않는다고 언급했다. 양국은 갈등을 불러일으키는 역사 문제에 대해 확인된 사실을 공유하면서도 이에 대한 해석이 다를 수 있다는 입장을 취할 수 있다. 역사 해석의 차이를 정치적 갈등으로 비화시키는 태도는 자제해야 한다. 오히려 '미래에 대한 전망'을 공유함으로써 과거사에 대한 공동의 이해를 추구하는 노력이 필요하다. 동북아 지역에 존재했거나 여전히 존재하고 있는 여러 민족의 역사를 공동으로 연구하고 인식의 지평을 넓혀가야 한다. 역사 문제는 갈등의 영역이 아니라 미래지향적인 협력의 영역이 될 수 있다.

한반도 평화체제 구축을 위해서 한·중 간에 긴밀한 협력이 이뤄져야 한다. 북핵 문제로 한반도 주변 정세가 급변하고 있는 상황에서 중국은 북·미관계 진전으로 한반도에서 미국의 영향력이 중국 보다 커지는 것을 원치 않는다. 중국은 자국이 주도했던 2007년 2·13 합의가 실행될 수 있도록 한국과 외교적 협력을 지속해서 북한에 대한 일관된 메시지를 보내야 한다. 한반도 비핵화가 이뤄지고 북한이 개혁·개방을 통해 국제사회의 책임 있는 일원이 될 수 있도록 지원해야 한다. 대북한관계에서 한·중 간의 경쟁보다는 협력을 중시해야 한다. 향후 한반도를 포함한 동북아에서의 군축논의가 시작되고, 6자회담을 바탕으로 다자안보협력구상 논의가 활성화된다면 한국과 중국은 협력할 수 있다.

한·중 FTA에 따른 양국 경제협력은 상호보완성으로 경제체질 개선과 경쟁력 향상에 도움을 준다. 나아가 동북아 경제공동체 형성에도 긍정적으로 기여한다. 한국은 중국의 급속한 경제 발전에 따른 불안 요인을 미리 파악하고 대처해야 한다. 중국의 주가 등락이 고스란히 역내경제에 파급 효과를 내고 있다. 중국은 외환보유액이 3조 달러(2019. 12 기준)가 넘는 상태에서 외자 유치보다 자국의 제조업 발달에 주안점을 두고 있으므로 한국의 대중국 투자에 신중을 기해야 한다.[25] 중국의 임금상승과 정부의 지원감소로 한국 기업이 불이익을 받고 퇴출되고 있는 상황에 대비해야 한다.

2017년 한·중수교 25주년을 맞아 양국 국민은 매년 500만 명 넘게 왕래한다. 2017년 양국 간 교역은 약 2,700억 달러를 상회한다.[26] 중국은 한국의 제1의 수출국이자 수입국이다. 한·중은 과거에 얽매이지 말고 동북아에서 패권의 역사를 넘어 평화와 지역협력을 추구해야 한다. 양국은 과거보다는 미래지향적 비전을 공유해야 한다. 동북아 공동체 실현이라는 큰 목표를 갖고, 문화적 다양성 아래에서 공동의 가치를 나눠가질 수 있다.

## (1) 정치 분야

2008년 5월 한·중 양국은 '전략적 협력동반자관계'를 선포했다.[27] 이에 따라 1992년 수교이후 양국 정부, 의회, 국방 등 각 분야 고위급 인사간 빈번한 교류와 접촉을 통해서 정치적 신뢰 관계를 강화해 나가고 있다.

2013년 6월 한·중정상회담을 통해 공식회담에서 처음으로 북핵을 포함하는 한반도 문제에 대해 직접적이고 솔직한 대화를 나누었다. 한·중회담에서 '한반도 통일'은 금기어로 여겨져 왔지만 시 주석이 "한반도 평화통일을 지지한다"고 언급했다.[28]

박근혜 대통령은 이에 상응해서 중국에 호의적인 제안을 했다. 그 중 하나로 경기도 파주시에 있는 북한군 중국군 묘지에 안장되어 있던 중국군 유해 367구를 중국으로 송환하기로 약속했다.[29] 또한 중국 시안(西安)에 광복군 주둔지가 있는데 표지석을 설치할 수 있도록 지원해 달라고 중국 측에 요청했다.[30] 중국으로 송환된 유해는 선전(深圳)에 안장되었다.

중국인들이 한국에 와서 중국군 유해가 한국이 조성한 묘지에 안장되어 잘 관리되고 있는 현장을 방문한다면 더 의미가 있고 감명을 줄 수 있는 것이 아닌가하는 아쉬움이 있다. 더구나 무명용사들이기에 중국 선전에 있다면 곧 잊혀버릴 수도 있지 않을까 염려되기도 한다. 우리 광복군도 중국에 그대로 안장되어 있어서 한국인들이 찾아간다면 표지석이 있는 현장을 돌아볼 때 더 쉽게 감정이입이 될 수 있다. 한국전쟁에 참전했다가 전사한 마오쩌둥의 아들은 아직도 북한 땅에 묻혀있다. 아버지 마오의 뜻에 따라 전사한 장소에 남아있어야 한다고 해서 아들은 중국으로 송환되지 않았다.

### (2) 경제 분야

2009년 10월 베이징에서 개최된 한·중정상회담에서 양국은 '한·중경제통상협력비전보고서'에 서명함으로써 양국 교역 2,000억 달러 조기달성과 2015년 교역규모가 3,000억 달러에 이르는 목표를 제시했다. 중국은 한국의 제1위 교역, 수출입국으로 한국 투자가 꾸준히 늘어서 한국은 대중국 무역흑자를 기록하고 있다. 한국의 대중국 수입시장 점유율은 11.3%로 2013년 이후 상승세이며 한국에서 중국 수입시장 점유율은 2015년 10.9%로 2016년에도 이어졌다.

2013년 6월 한·중정상회담에서 발표한 '한·중미래비전'에는 '높은 수준의 포괄적 한·중 FTA체결'을 목표로 제시했다. 한·중 FTA도 상호 긴밀한 관계를 만들 수 있는 중요한 지렛대가 된다.[31] 한 여론조사에서 한·중 FTA에 관심이 더 높다는 응답이 69.3%로 2/3를 상회했으며 절반 이상(51.5%)의 기업이 FTA를 활용 또는 활용예정이라고 답했다.[32]

2015년 12월 한·중 FTA 체결로 한국의 대중국 수출이 증대되고 있다. 한·중 FTA 영향으로 2016년 한·중 무역액이 2,802억 6,000만 달러 (한화 302조 3,444억 원)에 달한 것으로 중국 상무부가 발표했다.[33]

중국 상무부 가오펑(高峰) 대변인은 2017년 한·중 FTA 발효 2년째에 양국 무역액이 약 2,700억 달러를 돌파한 것으로 집계되었다. 전년 대비 10.9% 증가한 수치를 나타냈다고 지적하고 한·중 무관세 무역액도 절반을 넘었다고 밝혔다. 한·중 FTA 협정 발효 이후 양국은 화학, 의류, 신발, 모자, 가전, 농수산품 등 상품 관세를 4차례에 걸쳐 낮췄다. 가오 대변인은 한·중 FTA가 양국의 기업과 국민에게 실질적인 이익이 되고 있다고 논평했다.

### (3) 문화·인적교류

한·중 간 인적 교류는 다양한 형태로 지속적으로 확대되어 왔다. 양국의 방문객 규모가 1995년 총 70만 명에서 2015년 총 1,042만 명으로 20년 동안 약 15배 증가했다. 2013년부터는 방한 중국인이 방중 한국인 수를 추월했다. 양국 체류 유학생 수도 1999년 총 1만 명 규모에서 2016년 총 13만 명으로 급증한 것으로 나타났다.[34]

한·중 간 인적 교류는 최고 시점에 약 600만 명(방중 408만, 방한 187만)에 이를 만큼 급격히 증가하고 있다. 재중국교민은 약 65만 명으로 유학생이 6만 8000여 명(한국으로 유학 온 중국학생 약 6만 4000여 명)에 이른다. 세계 최초의 '공자학원(孔子學院)'이 한국에 세워진 이래 2018년 23개소가 설립되어 중국 문화와 중국어 학습 열기가 높다. 양국 간의 활발한 문화교류가 기대된다.

2015년 9월 베이징 천안문 망루에는 시진핑-푸틴-박근혜 대통령이 나란히 서서 중국 전승절 60주년 기념일을 축하했다. 이에 대해 국내에서 논란이 있었지만 한반도를 둘러싼 세력판도의 새로운 이정표가 되는 듯이 그 장면이 새겨졌다. 마치 한국이 중국, 러시아와 어깨를 나란히 할 정도로 한·중관계는 돈독하게 인식되었다.

한·중 간 정치안보·경제교류가 확대되고, 상호문화에 대해서 이해가 깊어지고 인적 교류가 증대되면 상호 신뢰감이 더욱 높아질 수 있다. 그러나 이러한 노력은 북한 핵에 대처하기 위한 한국 내 사드 배치 문제로 양국 간 극단적인 보복상황으로 치닫게 되어 빛이 바랜 측면이 있다.

1992년 수교 당시 한국방문 중국인은 전체 외국인의 약 2.7%에 불과했다.[35] 2016년에 46.8%로 방한 외국인 중에 가장 큰 비중을 차지한다. 그러나 지난 2016년 7월 한국 정부의 사드 배치 공식 발표 이후 방한 중국인 수가 지속적으로 줄어들어 2017년 6월 전년 동월 대비 66.4% 감소했다. 중국 정부의 한국인 대상 상용비자 발급 제한과 기타 비공식적 조치를 통해서 중국인의 한국 관광제한 등 사드 갈등에 따른 인적 교류 축소가 가시화되기 시작했다. 2018년 이후에도 이전 상태로 되돌아가기에는 아직도 양국 국민들에게 남아 있는 앙금의 골이 메워지지 않고 있다.

이러한 상황은 한·중 양국 간에 깊은 신뢰가 뿌리 내리기에는 아직 취약한 관계에 놓여있다는 반증으로 볼 수 있다. 중·미간 패권경쟁 속에서 남북한에 대한 영향력 확보를 위한 상호 견제가 치열하다. 한국이 미국과 중국 둘중에 하나를 선택해야 하는 상황을 피해야하지만 이에 대한 대비가 필요하다. 지난 날 '한·중 교류의 해'를 맞아 양국간 우의를 돈독하게 다져가던 시기를 되돌아보게 된다. 2022년 한·중수교 30주년을 맞이해서 '한·중교류의 해'(2021~2022)로 지정했는데, 양국이 활발한 교류를 증진시킬 수 있기 위해서 민관이 협력할 수 있도록 조직을 만들고 관리할 수 있어야 한다.

# 미국과 북한

## 1) 북한 적대시정책

2003년 북한의 NPT 탈퇴 선언에 따른 핵문제로 북·미 간의 간극이 좀처럼 좁혀지지 않으면서 북한은 미국이 적대시정책을 거두라고 요구했다. 오바마 대통령은 당선 후 평양의 지도자들과 대화할 용의가 있다고 언급했지만 대화의 기회는 찾아오지 않았다. 미국은 '전략적 인내(strategic patience)'를 내세우며 북한핵에 어떤 보상도 하지 않겠다고 했다.

첫째, 북한이 비핵화를 위한 조치에 적극적으로 따르고 6자회담에 복귀하기 위해서 남북한관계개선에 노력할 것을 촉구한다.

둘째, 북한이 한반도 비핵화를 위한 진지한 노력을 보일 수 있도록 중국이 강경한 입장을 취하라고 설득한다.

셋째, 무기수송 차단 및 제재를 통해 북한을 압박할 것이다.[36]

미국의 전략적 인내는 지속되는 북한의 도발과 핵 개발로 인해서 미국 내에서도 많은 비판을 받았다.[37] 존 케리 국무장관은 2013년 4월 17일 하원 외교위원회에 출석해서 북한과의 과거 협상 사이클을 반복하지 않겠다고 선언했다. 글린 데이비스(Glyn T. Davies) 북핵 6자회담 수석대표는 미국의 정책을 '전략적 인내'로 묘사한 적이 없으며 이 표현은 정확하지 않다고 답변하면서 '전략적 불인내(Strategic Impatience)'라고 지칭했다.[38] 미국이 북한 문제에 적극적으로 개입정책을 펴겠다는 외교 전략으로 받아 들여졌다.[39] 결과적으로 오바마 정부는 아무 것도 하지 않은 셈이다.

2016년 선거캠페인 동안 트럼프 대통령은 미국에서 김정은 위원장과 햄버거를 함께 먹고 싶다는 표현으로 북·미정상회담 가능성을 열어두었다.[40] 트럼프 행정부에서 오바마의 '전략적 인내'를 실패로 평가하는 목소리가 커졌다. 공화당 코리 가드너(Cory Gardner) 상원위원은 이를 북한의 WMD 개발을 가속화시키는 데 공헌한 실패작이라고 주장했다.[41] 에드 로이스(Ed Royce) 의원은 '전략적 인내'는 완전히 실패했으므로 북한의 경제적 생명줄을 끊어야 한다고 언급했다.[42] 트럼프 대통령은 군사옵션도 배제하지 않으면서도 김정은 위원장과 3번 만났다.(8장)

## 2) 인권문제

UN 북한인권조사위원회(COI)는 2014년 보고서에서 9개항을 기준으로 북한에서 반인도범죄에 해당되는 인권 유린이 벌어지고 있다고 규정했다.(식량권, 정치범 수용소, 고문과 비인도적 대우, 구금, 차별, 표현의 자유, 생명권, 이동의 자유, 구인 납치 등 강제실종) 조사위는 보고서에서 북한 상황에 대해 동시대 다른 곳과 "비교될 수 없을 만큼 위험하다"고 표현하며 실태를 비판했다. 또한 그 책임이 최고지도자에게 있다고 명시해서 국제형사재판소(ICC)에 회부할 것을 촉구했다.[43]

트럼프 정권 들어 미국은 북한 인권문제를 대북 압박의 신무기로 쓰고 있다. 2018년 2월 2일 미 대통령은 백악관에 탈북자 9명을 초청해서 그들의 사연을 들으며 북한 체제의 잔혹성을 부각시켰다. 탈북자에게 일반적인 'defector'보다 더 강력한 의미로 'escapee' 즉 '탈출자'라는 단어를 사용했다. 트럼프 대통령은 "북한은 살기 어려워서 사람들이 좋아하지 않는 곳, 아주 위험한 곳이며 그 때문에 많은 사람이 북한을 탈출하고 있는 것으로 알고 있다"고 지적했다. 북한 내 보편적 인권 상황, 예를 들면, 물이 제대로 나오는지, 전기와 배관 시설이 어떤지, 북한 주민이 기본적으로 갖춰진 주거환경에서 살고 있는지 등을 탈북자에게 물어보며 관심을 보였다. 북한 인권 개선을 위해 미국이 어떤 역할을 하면 좋겠는지 알아보았다.[44]

트럼프 대통령은 2017년 11월 한국 방문 시 국회연설에서 북한인권참상을 신랄하게 비판하며 "누구도 가서는 안 되는 지옥"이라 지칭했다. 그는 "북한의 모든 노동자들은 수당이나 휴일 없이 70일을 연속해서 일하도록 명령을 받고 있다"며 북한의 가족들은 매우 열악한 시설에서 거주하고 있다고 전했다. 부모들은 아들·딸들이 강제 노동을 면제 받을 수 있을지에 대한 희망을 품고 뇌물을 바친다고 말했다. 북한에서는 1990년대에 100만 명 넘는 주민들이 기근으로 죽었으며 오늘날에도 5살이 되지 않은 아이들 중에 거의 30%가 영양실조로 인해서 성장부진으로 고통 받고 있는 등 북한 인권 문

제는 심각한 수준이라고 언급했다.[45]

브루킹스연구소 정박(Jung Pak) 한국 석좌는 김정은 위원장의 비핵화 의지는 인권 개선 조치를 통해 확인해야 한다고 주장하며, 이에 대해 비관적이다. 마이크 폼페오 국무부 장관이 강조하듯이 북한이 미 기업들의 대대적인 투자 지원을 받으려면 규제완화와 인권 침해에 관한 개선 노력을 보여야 한다. 그러나 북한에서 신호가 없다. CSIS 빅터 차 한국 석좌 역시 인권에 관한 실질적인 조치들이 북한 정권의 변화를 가늠하는 중요한 지표가 된다고 주장한다. 따라서 어떤 포괄적인 정치적 합의에도 정권차원의 조직적인 인권 침해를 끝낸다는 내용이 반드시 포함되어야 한다고 지적한다.[46]

2019년 11월 15일 미국 뉴욕 UN본부에서 북한 인권결의안이 표결없이 '전원동의(컨센서스)' 형식으로 채택됐다. 한국은 결의안 공동제안국에 불참하고 컨센서스 채택에만 동참했다. 미국은 모두 참여했고 북한은 이에 불쾌감을 나타냈다. 국제사회의 인권문제 제기에 대해 북한 체제를 위협하는 도전이며 적대시 정책이므로 이를 철회해야 비핵화협상을 할 수 있다고 주장했다.[47]

북한 인권문제는 개인 소득이 1년에 1,200달러 내외인 경제사정을 감안해야 한다. 중국의 경우 1인당 국민소득(GDP)이 3,000~5,000달러에 이르기 전까지 먼저 먹고 사는 문제 해결을 위한 정책에 비중을 두었다. 인도주의적 입장에서 어린이와 청소년들의 성장을 도울 수 있도록 분유 등 영유아 필수품과 의료약품을 지원할 수 있어야 한다. 농산품 생산을 향상시키기 위해서 비료가 적시에 공급되어야 한다. 이러한 기본 생활권을 보장하는 보편적 인권문제에 대한 관심이 북한 주민들의 생활에서 진정한 삶의 질을 향상시킬 수 있는 척도가 될 수 있다.

# 미국과 남한

## 1) 한국 vs. 미국 대통령 정책성향 비교

한국과 미국의 각 정부 성향에 따라 진보−진보, 진보−보수, 보수−보수, 보수−진보의 짝짓기가 이뤄졌고 이러한 상황은 대북한 정책에 투영되었다. 직선 테두리는 진보적 성향의 정부, 점선 테두리는 보수적 성향의 정부를 나타낸다.

### ① 진보 김대중 vs. 진보 클린턴

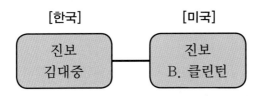

　김대중 대통령은 '햇볕정책'으로 명명된 포용정책을 펴서 북한을 개방으로 이끌고 경제발전을 이룰 수 있다고 주장한다. 마침내 2000년 최초의 남북정상회담을 열고 6·15 공동성명을 발표했다. 미국과 한국에 들어선 진보정권이 호흡을 맞추면서 긍정적 영향을 미쳤다.

　연임에 성공한 진보 민주당의 클린턴 대통령은 북·미관계 개선에 적극적인 자세를 보였다. 2000년 말 북·미정상회담을 기대했으나 공화당 부시 캠프의 반대로 무산되었다.

### ② 진보 김대중 vs. 보수 부시

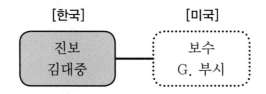

　김 대통령은 전년도 노벨평화상 수상자로서 미국 신정부에 햇볕정책의 유효성을 일찍이 전파하고자 했다. 2001년 1월 부시행정부가 출범하자마자 3월에 한·미정상회담을 개최했다. 부시 대통령은 북한을 '악의 축'으로 부르며 대북한 강경정책을 예고했다. 그는 기독교 근본주의자로서 주민들이 굶어 죽는 북한에 대한 적개심을 거두지 않았다.[48]

　부시 행정부는 창과 방패 모두 보유한다는 개념인 국가미사일방어체계(NMD)가 대중적 지지기반을 확대해서 국내 정치적 이득을 가져다줄 것으로 기대했다. 반면 진보 김대중 정부는 보수 부시 행정부와 공화당이 NMD에 얼마나 큰 열망을 갖고 있는지, 그리고 '북한 위협론'과 어떤 관계가 있는지 충분히 이해하지 못하는 듯했다. 북한은 이란, 이라크, 등과 함께 '불량배국가'로 정권을 교체해야 할 대상으로 지목되었다. 미국의 보수정부가 들어서면서 한국의 진보적 '햇볕정책'은 지속되지 못하는 상황을 맞았다.

### ③ 진보 노무현 vs. 보수 부시

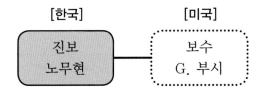

노무현 정부의 '동북아 균형자론'에 대해서 미국 백악관, 국무부, 국방부 모두 부정적 반응을 보였다. 국무부의 크리스토퍼 힐 (Christopher Robert Hill) 동아시아태평양 차관보는 한국의 '탈미 경향'에 따른 일부 갈등을 지적하고 그 사례로 '균형자론'을 들었다.[49] 미측 반발이 거세지자 청와대는 홈페이지에 "노무현 대통령은 철저하게 한 · 미동맹의 토대 위에서 균형자론을 강조하고 있다"고 해명했다.[50] 미국 보수정부와 한국 진보정부의 엇박자로 남북한 관계도 한동안 교착상태를 벗어날 수 없었다.

노무현 대통령은 김대중 정부의 '햇볕정책' 계승자를 자임했으나 부시 대통령은 중국을 '전략적 경쟁자'로 일컫고 북한을 '악'으로 적대시해서 남북대화도 진전이 없었다. 연임된 부시 대통령이 중국을 역내문제에 책임있는 '이해상관자'로 인정하면서 노 대통령은 임기말

2007년 10월 제2차 남북정상회담을 열고 10 · 4 선언에 서명했다.

### ④ 보수 이명박 vs. 보수 부시

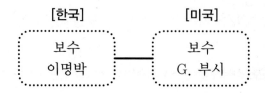

이명박 정부는 대미외교의 기본 방향으로 '한 · 미 21세기전략동맹' 형성, 전시작전통제권 재조정, 한 · 미 FTA 조기비준 등을 목표로 내걸었다. 2009년 6월 16일 한 · 미 정상이 '한 · 미동맹을 위한 공동비전'을 발표하면서 굳건한 제자리를 찾았다.[51] 2010년 6월 26일 한 · 미정상회담에서 전시작전통제권 전환 시기를 2015년 12월 1일까지 연기하기로 합의하면서 한 · 미관계는 급속한 개선이 이뤄졌다. 한 · 미 FTA와 관련해서 상호 정치적 상황이 연계된 만큼 빠른 시일 내에 진전시키기로 했다. 이명박 정부는 한 · 미관계가 더 이상 좋을 수 없는 우호관계로 진척되고 있다고 자평했다. 또한, 한 · 미 보수정부는 대북한 강경입장에 보조를 맞추어 남북한관계는 경색되었다.

### ⑤ 보수 이명박 vs. 진보 오바마

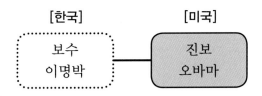

이명박 정부는 북한의 안보위협에 대응하기 위한 전략적 동맹으로서 오바마 정부의 지원이 필요하고, 미국도 글로벌 리더십 회복을 위한 우군으로서 동맹국의 도움이 필요한 상황이었다. 오바마 대통령은 선거 중 발표한 외교안보 구상에서 '미국 리더십 회복'을 기본 목표로 설정했다.[52] 이를 위해서 대테러전쟁, '핵무기 없는 세계'를 추구하는 비확산 어젠다, 다자주의와 동맹정책, 에너지·환경 문제, 개발협력 등 다양한 전략을 강화하겠다고 역설했다.

2006년, 2009년 북한 핵실험이 이어지면서 북한이 핵포기를 할 때까지 어떤 보상도 하지 않겠다는 오바마의 '전략적 인내' 정책으로 사실상 북한과의 실질적 대화가 끊어졌다. 핵문제를 해결하려는 6자회담도 2008년 이후 아예 열리지 않았다. 한국 보수 정부와 미국 진보 정부가 어긋나는 상황에서 남북한 간에도 장관급 회담마저 한 번도 열리지 않았다.

## ⑥ 보수 박근혜 vs. 진보 오바마

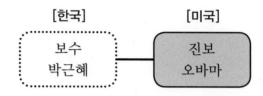

2013년 출범한 박근혜 정부는 남북한 신뢰구축을 주창했다. 이명박 정부가 미국에 편중된 정책을 폈다는 판단에 따라 대중국 관계 회복에 중점을 둔다는 인식을 줬다. 그러나 박 정부 임기 시작 직전 북한은 3차 핵실험을 단행했고 미사일 발사도 멈추지 않았다. 마침내 2016년 개성공단마저도 폐쇄했다. 북한 핵실험이 횟수를 거듭하면서 북한의 핵포기는 불가능해 보였다.

한국에서 전임 정부가 천안함 폭침 이후 내린 2010년 5·24 조치를 그대로 두면서 남북대화는 단절되다시피 했다. 오바마 정부의 '핵없는 세상' 구상에 따라 북한핵 불가 정책이 지속되었고 북·미 대화도 이어지지 않았다. 한국 보수정부와 미국 진보정부는 북한핵에 동일한 입장을 견지하면서 남북한 교착상태가 지속되었다. 이에 북한이 핵 고도화를 위한 시간만 벌 수 있도록 했다는 비판이 제기되었다.

⑦ 진보 문재인 vs. 보수 트럼프

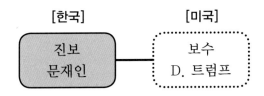

[한국]　　　　　　　[미국]

진보
문재인　　　　　　보수
　　　　　　　　　D. 트럼프

　한국과 미국의 북한 핵에 대한 불용 입장이 일치한다. 진보 문재인 정부는 북한 핵과 미사일발사에 대한 UN 차원의 대북재제에 동참하고 있다. 북한이 핵을 포기한다면 일방적 통일을 추구하지 않으며 북한체제 생존을 보장하고 경제발전을 돕겠다는 입장이다. 어떤 경우에도 한반도에서 전쟁이 발발하지 말아야 한다고 천명한다.

　트럼프 대통령은 중국을 '라이벌세력(Rival Power)'으로 지칭하면서 '미국 우선주의'에 따른 핵심이익 추구에 방점을 찍고 있다. 북한 핵에 대해서는 군사적 옵션도 배제하지 않은 채 최강의 압박과 제재로 포기하지 않을 수 없게 만든다는 전략이다. 북한이 핵무기 소형화와 미국을 타격할 있는 ICBM 개발에 성공하면 선제공격도 불가피하다고 주장한다. 한국 문재인 진보정부와 미국 트럼프 보수정부의 엇박자에 대한 우려가 제기되고 있다. 문 대통령의 '중재외교'로 남·북, 북·미정상회담이 성사되면서 한반도는 새로운 국면을 맞고 있다. 그러나 2019년 2월 베트남 하노이에서의 제2차 북·미정상회담이 결렬되어 성공여부가 불투명해졌다.

　한국과 미국의 각 행정부 정책기조는 양국의 대북한 정책에 직접적인 영향을 미친다. 양측 정부의 정책 성향을 보수와 진보로 구분한다. 양국에 비슷한 입장을 보이는 정부가 들어서는 경우, 대북한

정책에 대한 의견 차이가 비교적 좁혀진다. 반면 반대 성향의 정부가 들어서면, 양국의 대북한 정책은 쉽게 합의에 이르지 못하고 거리가 넓어지는 경향을 보인다.

〈표 9-1〉 한·미 양국 정부 정책성향 별 대북 정책 일치 현상

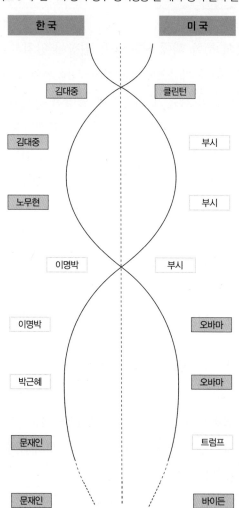

〈표 9-1〉을 보면 김대중 대통령과 클린턴 대통령은 동일하게 진보적 정책성향을 가지고 있으므로 대북한 정책에 대한 합의 정도를 나타내는 양국 정부 사이의 거리가 좁다. 그러나 클린턴 대통령 이후 보수 성향의 부시 대통령이 당선되면서 양국 사이의 대북한 정책은 합의에 이르지 못하고 두 정부 사이의 거리가 더욱 멀어지게 되었다. 상기 표는 양국 정부의 정책성향에 따라 대북한 정책이 합의에 이르는 정도를 시각적으로 표현한 것이다. 점선 테두리는 보수적 성향의 정부, 직선 테두리는 진보적 성향의 정부를 나타낸다.

## 2) 한 · 미동맹

2017년 미국 의회조사국 보고서(Congressional Research Service Reports, CRS reports)는 2009년~2016년 동안 한 · 미관계는 한 · 미동맹 형성 이후 전례 없는 견고함을 보인다고 언급했다. 트럼프 대통령이 한국을 방어하겠다는 '굳건한 약속'을 강조해서 향후 한 · 미동맹이 견고할 것으로 평가했다.[53]

### (1) 주한미군

한 · 미동맹이 흔들린 사건이 일어난 적이 있다. 2002년 6월, 하교하던 여중생 두 명이 미군 장갑차에 깔려 사망했다. 이들을 추모하기 위해서 서울시청 앞 광장에 4만 5000여 명이 모였다. "반미면 어떻습니까." 집권당인 민주당 대선 후보 노무현은 미국에 대해서 한국정부가 자율적이어야 한다고 요구했다. 2002년 12월 대선 패배 이후, 야당인 한나라당은 '효순, 미선 촛불 집회로 인한 반미정서'를 패인으로 꼽았다.

2002년 겨울 사망한 두 여중생 추모와 한·미주둔군지위협정 (Status of Forces Agreement, SOFA) 개정을 요구하는 대규모 촛불시위를 계기로 반미여론이 고조되고 있었다. 노무현 정부에서 고조된 반미정서는 상당 기간 한국사회에 갈등을 촉발하고 한·미 관계 진전에 장애요인이 되었다. 한국사회에서 주한미군주둔과 관련해서 1990년대 이후 간헐적으로 반미정서가 나타나곤 했다. 하지만 반 세기동안 유지되어온 한·미동맹이 위협받는 심각한 수준으로까지 반미여론이 제기된 적은 없었다.

한국 국민들의 거센 요구에도 불구하고 복무 중 우발적 사건에 대해서 가해 미군들이 무죄를 선고받게 되자 국민감정이 폭발했다. 12월 14일에 이르러 40만 명이 넘는 국민들이 전국적으로 촛불시위에 참여해서 여중생 사망사건의 공정한 처리와 더불어 SOFA 개정을 요구했다. 이러한 대규모 반미시위는 전례가 없는 사건으로 기록되었다. 이후 2003년 6월 이라크 파병반대를 외치는 시민들이 서울시청 앞 광장에 모였다.

한·미동맹의 운영과 제도들에 대한 불공정성과 불평등성의 개선을 요구하면서 비판여론이 국민적 합의 수준에 이르고 있었다. 당시 대표적 사례가 SOFA 개정 문제다. 두 미군 병사 재판 결과에 한국 국민 97.1%가 불공정하다는 견해를 보였다. SOFA 개정에 대해 전면개정이 63.5%, 부분개정 32.7%에 이르러 SOFA의 불평등성에 한국인 대다수가 비판적 입장을 가졌다.[54]

동일한 여론조사에서 주한미군의 역할에 대한 국민들의 인식으로 계속 주둔을 지지하는 입장이 27.0%, 상당 기간 주둔을 지지하는 입장 21.0%와 합쳐서 48%를 차지했다. 반면에, 점진적 철수를 지지하는 국민은 44.6%, 즉각 철수를 주장하는 6.3%와 합치면 51.1%의 국민들이 주한미군 철수를 지지하는 것으로 나타났다.

주한미군이 북한의 안보위협을 억지하는 결정적 역할을 담당해왔고 한·미동맹을 유지하는 근간이다. 이에 비추어 국민들이 한·미동맹의 정당성에 대해 부정적 인식을 드러냈다.[55]

### (2) 방위비 분담

제9차 방위비 분담 특별협정이 2014년 1월 11일 타결되었다. 이 협정은 분담금 집행의 투명성을 높이는 제도적 보완 장치가 상당수 포함되고 분담금 총액이 2013년 8,695억 원보다 5.8%(505억 원) 증액된 9,200억 원으로 책정되었다. 재정 적자의 늪에 빠진 미국의 입장이 상대적으로 반영되었다.[56]

한국과 미국은 '방위비분담특별협정(SMA)'에 따라 1991년부터 매년 주한미군 유지비용 중 일부를 한국이 부담한다고 합의했다. 그동안 9차에 걸쳐 특별협정을 맺었으며 2014년 체결된 9차 협정은 2018년 12월 31일 종료되었다.[57] 한·미 양국은 2018년 2월부터 10차 방위비 분담금 협상을 했다. 양국은 10차례의 협상에도 불구하고 총액과 협정 유효기간 등 몇 가지 주요한 쟁점에 이견이 커서 2018년까지 최종 합의에 이르지 못했다. 이 협상을 앞두고, 미국이 추진한 사드 비용 전용에 대한 우려가 제기되었다. 10차 협상에서 방위비 분담금 전용 금지와 이자 환수 조항에 대한 합의가 필요하다고 주장했다.[58]

2019년 2월 한·미협상에서 1조 389억 원으로 타결되고 2020년은 동결했다. 11차 SMA 협상에서 2021년 한국 방위비 분담금은 13.9% 인상해서 1조1833억 원이며 향후 4년간 매년 국방비 인상률을 반영하기로 했다.

### (3) 전시작전권

노무현 대통령은 한미연합사령관(미군 대장)이 전시작전권을 행사하는 것은 주권 침해이자 국민적 자존심을 훼손하는 사안이라고 지적했다. 2007년 2월 한·미국방장관 회담에서 '2012년 4월 전시작전권 전환'을 결정했다. 하지만 이명박 정부에서 전환연기 요구가 보수 진영을 중심으로 제기되어 2010년 6월에 한·미 간 합의에 따라 2015년 12월로 연기했다.

북한이 3차 핵실험과 장거리 로켓 발사에 성공하면서 한반도 안보 환경의 불안정성이 커졌으므로 북핵 문제가 해결될 때까지 전환을 사실상 무기한 연기하자는 주장이 확산되고 있었다. 2014년 4월 청와대 한·미정상회담에서 박근혜-오바마 대통령은 2015년으로 예정된 전환 시기와 조건을 재검토하기로 결정했다.

문재인 대통령은 2017년 9월 28일 전시작전권 조기 환수가 목표라고 밝혔다. 한국이 전시작전권을 가져야 북한이 더 두려워하게 되고 국민은 군을 더 신뢰하게 된다고 했다. 문 대통령은 제69주년 국군의 날 기념식에서 한국군의 체질과 능력을 비약적으로 발전시키기 위해서 전시작전권이 필요하다고 강조했다. 전시작전권 '전환(transition)'이란 용어 대신 '환수(withdrawal)'라는 단어를 사용해서 반드시 되찾아야 한다는 의지를 표명했다.

국방부는 2020년대 중반으로 예정된 전시작전권 전환 시기를

2020년대 초반으로 3~4년 앞당기는 방안을 추진 중이다. 문 대통령 임기 내에 이를 명시하고자 한다. 국방부는 조기 전환을 위해서 3단계 로드맵에 따라 실행하고자 한다. 1단계는 '기반 체계 강화' 단계로서 2018년 말까지 현재 한·미 연합사령부 지휘 체제에서 한국군 자립 기반을 구축하는 시기로 규정했다. 2019년부터 2단계로 '운영 능력 확충' 단계가 시작되었다. 이때부터 국방부는 한국군 주도의 '미래사령부'(가칭)를 만들고 한·미 연합훈련 등을 진행한다. 미래사령부는 한·미 연합사 체제를 역전시켜서, 한국군이 사령관을 맡고 미군이 부사령관을 맡기로 했지만 브룩스 빈센트 주한미군 사령관이 재검토를 한국 측에 요청했다고 알려졌다. 전작권 전환 3단계는 '최종 검증·전환' 단계이다. 국방부는 이 단계에 현행 한·미 연합사와 합동참모본부의 일부 지휘 기능을 미래사령부로 이전시키며, 미군 사령관과 한국군 사령관이 담당하는 역할과 권한을 규정하는 '연합지휘구조 관련 약정 전략지시'를 개정할 계획이다.[59]

국방부에서 3단계 돌입 시점을 명시하지 않았으나, 이 과정을 끝내고 전시작전권을 넘겨받는 시기가 '2020년대 초까지'라고 밝혔다. 이를 위해서 킬체인(Kill Chain) 등 '한국형 3축체계'의 조기 구축도 함께 추진한다.

## 3) 한·미 FTA

한·미 FTA는 노무현–부시 정부에서 이뤄졌으나 법안이 의회를 통과한 것은 다음 이명박 정부인 2011년이다.[60] 한·미 FTA는 2006년 6월 공식협상을 개시해서, 2007년 4월 협상이 타결되고,

2010년 12월 추가협상이 타결되어, 2012년 3월 15일 공식 발효되었다. 많은 논란이 있었지만 한국의 흑자가 큰 폭으로 이어지자 오히려 미국에서 불만이 터져 나왔다. 2017년 트럼프 행정부의 무역 어젠다에서 한·미 FTA가 거론되었다. 미국의 적자폭이 증대하고 있는데 이는 미국이 기대했던 바가 아니라는 지적에 따라 미국 내 논란이 가속되었다.[61] 트럼프 대통령을 포함한 정부 고위 관료들이 한·미FTA 재협상이 필요하다고 수차례 언급했다.[62]

한국의 대미국 직접투자는 한·미 FTA 이후 꾸준히 이뤄져서 미국 내 많은 일자리 창출에 기여했다. 한·미 FTA가 발효된 2012년부터 2016년까지 한국의 대미국 직접투자 누적액은 약 370억 달러이다. 2016년에는 한국의 해외직접투자국 중 1위가 미국으로 나타났다.[63] 그 해 한·미 간 상품 및 서비스에 대한 교역액은 총 1,450억 달러로, 한국은 미국의 7번째 교역국이다.[64] 미국도 한·미 FTA가 미국 교역에도 이익이라고 충분히 인식하고 있다. 미국 국제무역위원회(USITC) 보고서에 따르면, 한·미 FTA가 체결되지 않았다면 2015년 미국의 대한국 상품무역은 440억 달러 적자를 보았겠지만, 한·미 FTA 체결로 이 적자 금액은 158억 달러 줄어든 283억 달러를 기록했다. 2017년 말 트럼프 행정부의 요구로 한·미 FTA 재협상이 시작되었다.[65]

트럼프 대통령은 한·미 FTA를 '끔찍한 거래(horrible deal)'라고 지칭하는 한편, 한국과 '재협상'을 통해 이를 바로잡겠다는 뜻을 분명히 밝혔다. 미국이 한국을 보호하고 있지만 무역으로 1년에 400억 달러를 잃고 있다고 설명했다. 또한, 한·미 FTA 체결을 주도한 힐러리 클린턴 전 국무장관을 겨냥해서 이 체결로 미국에 일자리를

제공하고 돈을 벌 수 있다는 주장을 비난했다.[66)]

한·미 양국은 2018년 3월 집중적으로 FTA 개정협상을 진행해서 원칙적으로 합의를 도출했다. 미국의 최대적자품목인 자동차 분야에서 ① 화물자동차 관세철폐 장기유예, ② 한국 안전·환경기준의 기본 체계를 유지하고 운영상 일부 유연성을 부여하는 방향으로 대응했다. 한·미 FTA 이행이슈(원산지 검증, 글로벌 혁신신약 약가제도)는 제도를 개선하고 보완하는 수준으로 합의했다. 한국 관심 분야인 투자자—국가 분쟁해결제도(ISDS)와 무역구제 분야에서도 협정문 개정을 통해서 관심사항을 반영했다.[67)]

2020년 확산되는 신종 코로나바이러스 감염증(코로나19) 팬데믹으로 백신을 대량 확보하기 위한 방안이 강구되고 있다. 한·미 FTA 제5장을 보면 '의약품 및 의료기기'부분에 '양질의 특허 및 복제 의약품 개발을 촉진'하는 내용이 있으므로 이를 활용하자는 제안을 할 수 있다. 미국은 백신 개발단계에서부터 엄청난 예산을 투입해서 자국민들에게 투여할 수 있는 초과분을 확보한 것으로 알려지고 있다. 한국의 의료 인프라를 활용해서 백신을 대량 확보할 수 있도록 '한미 백신 스와프'를 해보자는 구상이 제기된다. 백신 효과를 극대화하기 위해서 많은 사람들이 짧은 기간에 접종해서 집단면역을 이루는 것이 중요하므로 백신 확보가 관건이라고 할 수 있다. 우선 한국이 백신을 긴급히 도입할 수 있도록 미국에 요청하고, 한국은 미국의 기술을 지원받아 백신을 대량 생산해서 되갚을 수 있다. 새롭게 출범하는 바이든 행정부와의 긴밀한 협조와 조율이 필요하다.

# 제10장 전 망

1. 북한 ICBM 완성, 김정은 체제 종식

2. 북한 핵시설 제거, 제한적 정밀 공격

3. 미·중 담판, 김정은 체제붕괴 후 미군철수
   (키신저 빅딜)

4. 북·미 수교, 중국 견제
   (베트남 모델)

5. 북한 핵포기, 남북 경제협력

6. 북한 핵보유, 남한 핵배치
   (파키스탄 모델)

북한이 2017년 9월 감행한 6차 핵실험은 역대 최대 규모의 폭발력을 보였으며 50kt 정도로 평가된다. 히로시마와 나가사키에 떨어져 수많은 목숨을 앗아갔던 핵폭탄의 3배 이상의 강력한 50kt급 핵무기가 서울에서 폭발한다면 과연 그 피해 규모는 어느 정도일까. 전문가들은 약 200만 명 이상 사망자가 나올 것으로 추정한다. 특히 100km 상공에서 폭발할 경우 전자기파에 의해서 남한 전역의 컴퓨터, 휴대폰 등 모든 전자기기가 무력화 되는 피해가 예상된다.[1]

6차 북한 핵실험의 인공지진 규모가 진도 5.7에서 6.3까지로 추정된다. 이는 일본 나가사키에 떨어진 핵폭탄의 3~5배 위력에 해당되는 규모다. 이 핵실험의 위력은 최대 100kt급에 해당된다고 예측한다. 100kt급 핵무기가 서울 상공에서 폭발한다면 그 피해 규모는 매우 광범위하게 미친다. 폭발이 일어난 곳의 반경 370여m 내 건물은 증발하고 2.5km 이내 물체는 불이 붙거나 녹아버리며 모든 생물체는 사망하게 된다. 3.75km 이내 사람들은 전신 3도 화상을 입게 되고 11.25km 이내 건물 대부분 반파 이상 피해를 보는 것으로 나타난다.[2]

북한이 핵기술 고도화로 경량화에 성공하고 미국을 타격할 수 있는 ICBM기술을 완성한다면, 미국은 북한을 공격할 수 있다. 북한 지역에 변고가 일어난다면 미국이 휴전선을 넘어 북쪽으로 밀고 들어갈 수 있다. 2017년 12월 렉스 틸러슨(Rex W. Tillerson) 미 국무장관은 북한의 핵시설을 관리하기 위해서 미군이 월북하겠지만 미션을 마치면 다시 휴전선 이남으로 돌아오기로 중국과 협의했다고 밝혔다. 중국과 미국은 한반도 관리에 대한 긴밀한 협력을 약속하며 각자 국익을 최대화하기 위한 대화를 이어나가고 있다. 이에 한국에서는 '코리아 패싱'에 대한 우려가 있다.

한국은 동족상잔의 전쟁을 직접 체험한 국가로서 동맹국들과 함께 평화를 바탕에 둔 한반도 비핵화를 포기하지 않고 추구해 나가고자 한다. 한국을 포함해서 정상회담 프로세스에 참가하는 남-북-미-중 4개국 지도자들이 북핵문제의 심각성을 인지하고 있다. 핵전쟁과 같은 최악의 시나리오가 발생할 수 있는 가능성을 사전에 차단해야 한다. 그 모든 피해는 한반도에 고스란히 남게 된다.

북한과의 관계에서 급변하는 정세에 맞춰 정확한 미래행위 향방을 예측하는 것은 불가능에 가깝다. 이에 여러 가지 상황 변화에 따른 다양한 시나리오를 가정해서 향후 철저히 대비할 수 있도록 만반의 태세를 갖추어야 한다. 최악의 상황에서부터 최상의 긍정적 해결의 시나리오에 이르기까지 6가지 경우를 상정해 볼 수 있다. 북·미관계, 중·미관계, 그리고 남북한관계를 중심으로 전망해 본다.

〈표 10-1〉 북한 미사일발사 및 핵실험과 유엔대북제재결의안

| 구 분 | 배 경 | 주요 내용(요약) |
|---|---|---|
| 1695호<br>(2006. 7. 15.) | 장거리 미사일 발사<br>(2006. 7. 5.) | • 대량살상무기(WMD)·미사일 활동 관련 물자, 기술, 금융자원 이전을 방지하고 감시할 것을 요구 |
| 1718호<br>(2006. 10. 14.) | 1차 핵실험<br>(2006. 10. 9.) | • 금수조치, 화물검색 도입, 제재대상 자산동결 및 여행통제<br>• 유엔 안전보장이사회 산하에 북한제재위원회 설치 |
| 1874호<br>(2009. 6. 12.) | 2차 핵실험<br>(2009. 5. 25.) | • 소형무기 수입을 제외한 전면 무기 금수<br>• 대량살상무기(WMD)·미사일 활동에 기여 가능한 금융거래 금지<br>• 북한제재위원회 지원을 위한 전문가 패널 설치 |
| 2087호<br>(2013. 1. 22.) | 장거리 미사일 발사<br>(2012. 12. 12.) | • 공해상 의심선박에 대한 검색 강화 기준 마련 추진<br>• 'catch-all' 성격의 대북 수출통제 강화<br>• 북한 금융기관 관련 모든 활동에 대한 감시 강화 촉구 |
| 2094호<br>(2013. 3. 7.) | 3차 핵실험<br>(2013. 2. 12.) | • 핵·미사일 관련 금수 품목 확대<br>• 금융제재 강화(결의 위반 북한 은행의 해외 신규 활동 금지 등) |
| 2270호<br>(2016. 3. 2.) | 4차 핵실험(2016. 1. 6)<br>/장거리 미사일 발사<br>(2016. 2. 7.) | • 북한과의 군·경 협력 금지<br>• 북한 행·발 화물 검색 의무화, 제재 대상 선박 또는 불법 활동연루 의심 선박 입항 금지<br>• 북한 은행의 해외 지점·사무소의 90일 내 폐쇄<br>• 북한산 광물(석탄, 철, 금 등) 수입 금지 조치 도입 |
| 2321호<br>(2016. 11. 30.) | 5차 핵실험<br>(2016. 9. 9.) | • 북한과의 과학·기술협력 금지<br>• 북한에 대한 항공기·선박 대여 및 승무원 제공 금지, 북한 행·발 여행용 수하물 검색의무 명시<br>• 북한 내 외국 금융기관 전면 폐쇄<br>• 수출금지 광물(은, 동, 아연, 니켈) 추가 및 조형물 수출 금지<br>• 북한산 석탄 수출 상한제 도입 |
| 2356호<br>(2017. 6. 2.) | 중거리 탄도미사일 발사<br>(2017. 5. 14.) | • 제재 대상 지정 확대 |
| 2371호<br>(2017. 8. 5.) | 탄도미사일 발사<br>(2017. 7. 4., 7. 28.) | • 대량살상무기(WMD) 및 재래식무기 이중용도 통제 품목 추가<br>• 북한제재위원회에 금지활동과 연관된 선박 지정 권한 부여 및 회원국의 동 선박 입항 불허 의무<br>• 회원국들의 북한 해외노동자 고용제한<br>• 북한 석탄, 철, 철광석 수출 전면 금지<br>• 북한 납 및 납광석, 해산물 수출 금지 |
| 2375호<br>(2017. 9. 11.) | 6차 핵실험<br>(2017. 9. 3.) | • 대량살상무기(WMD) 및 재래식무기 이중용도 통제 품목 추가<br>• 기국 동의하 금지품목 의심 선박에 대한 검색 촉구<br>• 북한 해외노동자에 대한 노동허가 부여 금지<br>• 대북 유류 공급 제한<br>• 북한의 섬유 수출 금지 |
| 2397호<br>(2017. 12. 22.) | 화성-15형 발사<br>(2017. 11. 29.) | • 영토 및 영해에서 금수품 운송 또는 금지활동 연루 의심 선박대상 나포, 검색, 억류<br>• 북한 해외노동자 24개월 내 송환<br>• 대북 유류 공급 제한<br>• 북한의 식료품, 농산물, 기계류, 전자기기, 광물 및 토석류, 목재류, 선박 수출 금지<br>• 대북 산업용 기계류, 운송수단, 철강 및 여타 금속류 수출 금지<br>• 조업권 거래 금지 명확화 |

## 1

# 북한 ICBM 완성, 김정은 체제 종식

미국의 여론조사에 의하면 80%가 넘는 대다수 미국인들이 북한의 핵포기를 예상하지 않으며 김정은 위원장이 권좌에 있는 한 핵보유 의지를 기정사실로 믿고 있는 것으로 나타났다. 김정은 제거만이 북한의 비핵화를 이룰 수 있는 유일한 방도이므로 정권교체를 위한 노력을 주문한다.

## 1) 북한 핵무력 완성 선언과 그 배경

2017년 11월 29일 화성 15형 발사 이후 북한은 '핵무력 완성'을 주장하고 대대적인 홍보 활동을 전개했다. 화성 15형은 2단 발사체를 사용해서 고도 약 4500km, 거리 950km를 비행, 최대 1만3000km를 비행할 수 있는 추진능력을 갖췄다. 그러나 핵무기 운반체로서 ICBM의 핵심인 대기권 재진입 기술은 여전히 증명하지 못했다는 평가다. 2017년 말 평양에서 개최한 제8차 군수공업대회에서 김 위

원장은 핵무력을 더욱 증강시켜 나가기 위한 강력한 의지를 재천명
했다.[3]

북한은 기존의 '핵보유국 지위 입장'을 고수하면서 대화를 원한다
면 대북한 적대시정책 폐기를 전제조건으로 내걸었다. 김 위원장은
미국이 적대적 관계를 포기하라고 촉구하고 핵보유국인 북한과 공
존하는 올바른 선택을 취해야만 출구(way out)가 있다고 주장한
다.[4] 2017년 11월 방북한 러시아 하원의원들에게 김영남 최고인민
회의 상임위원장은 미국이 북한의 핵보유국 지위를 인정하면 미국
과 협상테이블에 앉을 수 있다는 입장을 밝혔다. 2017년까지도 북
한이 내부적으로는 핵개발을 가속화하고 대외적으로는 핵보유국
지위를 더욱 강력하게 요구할 것으로 예상했다. 그런데 2018년 신
년사에서 김정은 위원장이 갑작스러운 북한의 입장변화를 발표해
서 그 의도와 배경에 주목하게 되었다.

## 2) 북한 핵능력 평가

과거 북한 미사일은 1981년 중동전쟁 직후 이집트에 미그-21을
제공한 대가로 조달한 스커드 미사일과 1990년대 소련 기술자들을
초빙해 제작한 무수단 계열이 주류를 이룬다. 이후 북한은 소련의
RD-250 엔진을 모방해서 화성 12호와 14호 실험을 감행했다. 이
로써 엔진 및 고체연료 개발을 통해 미사일의 성능을 개선하고 다
종화를 추구해 왔다. 북한의 핵물질, 무기와 관련된 불법수출 행위
가 발각될 경우, 북한 비핵화 협상은 돌이킬 수 없는 상황으로 회귀
할 가능성이 높다. 이에 따라 북한의 수출통제 추이를 지속적으로

주목해야 한다고 주장한다.

북한은 ICBM 개발에 집중해 왔다. 미국 본토 타격을 위한 ICBM 기술은 대기권 재진입, 2차 타격능력 미완성 등을 이유로 아직 완성단계에 이르지 못한 것으로 판단한다. 현 단계에서 북한은 ICBM 능력이 완성되지 않았지만 이를 전시 실전용 보다는 대미국 억지력과 동시에 협상 카드로 활용하고자 한다. 6차 화성15형 실험발사를 통해서 충분한 억지력을 과시했다고 간주하는 북한이 2018년부터 협상에 임했다고 볼 수 있다.

북한 전문 관찰사이트인 38North에 따르면, 2017년 신포 조선소에서 수 주간에 걸쳐서 건물 건설로 추정되는 작업이 진행되었다.[5] 현재 보유중인 신포 B급(잠수 배수량 1700톤)에 이어 이를 변형한 2번째 탄도미사일 잠수함 건조를 추진하는 것으로 추정된다. 북한이 잠수함 개발·운용에 매달리고 있다고 분석한다.[6] 이와 같이 북한이 미 본토 타격 능력의 한계를 극복하기 위해서 SLBM 개발에 박차를 가하고 있다. 이는 ICBM만으로는 미국 본토 타격의 한계가 있다고 판단하기 때문이다. 북한이 SLBM으로 미 연합증원전력 차단에 유리하지만 상대방은 탐지와 방어가 어렵다. 향후 SLBM 개발 여부가 중장기적으로 게임체인저(Game Changer)가 될 것으로 우려된다.

북한이 핵능력 고도화에 노력을 기울이고 있는 만큼 핵무기를 완전히 포기하기는 쉽지 않다. 만약 북한이 협상에서 원하는 바를 얻지 못한다면 북한은 협상파기를 미국의 탓으로 돌리며 핵개발에 박차를 가할 것이다. 이와 같은 상황 증거를 바탕으로 북한은 ICBM 재진입 기술과 SLBM 개발에 중점을 두어 핵전력을 증강하고자 한다.

## 3) 북한 기만전술 가능성

미국이 파악한 북한 내 핵·미사일 관련 의심 시설이 3000여 개에 달한다고 알려지면서 북핵 검증 및 폐기과정에서 난관이 예상된다.[7] 1982년 영변 핵개발 움직임 포착 이후 미국은 지속적으로 의심 시설물에 대한 위성사진 등을 분석하며 면밀히 추적해왔다. 2018년 6월 12일 북·미정상회담 후속 협상은 비핵화 검증에 상당한 시일이 필요할 것이다. 북한으로서는 얼마든지 핵개발을 위한 물리적·시간적 여유를 가질 수 있다.

미국과 북한이 비핵화 로드맵에 동의할 수 없다면, 미국의 대북한 제재는 유지될 수밖에 없다. 최근 북한의 비핵화에 대한 의지표명과 제스처에 따라 중국이 북한과의 협력을 시작하고 제재를 완화하고 있다. 만약 중국과의 무역 및 제재완화가 지속적으로 가속화된다면, 북한은 ICBM이나 SLBM을 포기하지 않고 개발해서 핵능력 완성에 따른 대량생산을 추구하게 될 것이다. 이에 미국에 대한 위협요인이 증가하면서 북한이 미국 영토를 공격할 수 있다고 수위를 높여나갈 것이다.

트럼프 대통령은 2018년 6월 싱가포르에서 행한 기자회견에서 한·미연합훈련이 매우 도발적(very provocative)이라고 지적해서 혼란을 야기했다. 이에 대해 펜스 부통령은 미 대통령이 8월 을지 프리덤 가디언과 늦겨울 또는 초봄에 실시하는 두 연합훈련을 언급했고 정기적인 훈련과 교류는 계속된다고 설명했다. 월스트리트저널(WSJ)은 6월 17일 사설을 통해 미국은 동맹국들의 허를 찔렸다면서 상응하는 북한의 군사적 제스처 없이 일방적으로 한·미연합

군사훈련을 중단한다면 군사적 과오가 될 것이라고 지적했다. 주한 미군은 단지 북한의 한국 침략을 저지하기 위한 목적만이 아니며, 동아시아에서 중국견제를 포함해서 더 큰 전략적 역할이 있다. 따라서 북한이 핵 프로그램을 포기하고 한국에 대한 위협을 중단하기까지 김정은과의 거래에 주한미군을 활용해서는 안 된다는 논평이다.[8]

## 4) 미국의 해상봉쇄 등 무력사용

북한의 선제적 조치 없는 일방적인 양보와 트럼프 대통령의 즉흥적 성격은 최대압박과 동시에 북한에게 다양한 기회를 제공할 수 있다. 북한은 미국을 통해서 원하는 바를 얻은 후에 비핵화 노선으로 돌아가도 될 수 있다는 술책을 부릴 수 있다. 그렇다면 트럼프의 미국은 무력옵션을 다시 검토하면서 김정은 정권을 타겟으로 삼을 수 있다.

북한은 2018년 6월 12일 북·미정상회담에 앞서 풍계리 핵실험장을 폐기하는 등 비핵화에 대한 의지를 표명했다고 주장한다. 그러나 폭발의 세기에 미루어 볼 때, 전문가들이 터널 붕괴와 같은 중요한 지질학적 활동을 식별하기 어렵고 언론인들이 폭파 지점에서 불과 500m 밖에서 관측했다는 보도는 폭발이 매우 작았다는 증거라고 지적한다.[9] 일부 '언론용 쇼'라는 주장이 있지만 여전히 북한은 북·미협상의 모멘텀을 잃지 않으려 노력하고 있다는 해석도 있다. 미국 정보당국은 북한이 계속 핵과 미사일을 생산하고 있다는 증거를 갖고 있다고 확신한다.

김일성-김정일로 이어지는 선대의 유훈은 반드시 핵무기를 보유해야만 김씨 세습정권을 유지할 수 있다는 당부이다. 북한은 한반도를 둘러싼 주변 핵보유국들과 동등한 자격으로 자강을 앞세우고 있다. 김정은 위원장이 비핵화를 결코 받아들일 수 없다는 전제 하에서 유일한 해결 방법은 그를 제거해야만 한다는 결론에 이른다.

트럼프 대통령은 국내외적으로 여러 가지 스캔들에 시달리면서 11월 중간선거를 위한 확실한 업적을 만들고 싶었다. 최초 북·미정상회담을 마치고 그는 한반도에서 핵 경쟁을 종식시키고 전쟁이 일어나지 않을 것이라고 안심시킨다. 이를 트럼프 자신의 치적으로 내세우고 김정은을 치켜세우고 있다. 이전 미국 대통령이 해내지 못한 북한 비핵화를 이끌 수 있다면 노벨평화상 수상을 바라볼 수도 있다. 그러나 이런 기회가 조만간 찾아올 가능성은 높지 않아 보인다.

미국 조야는 강경파인 존 볼턴 안보보좌관이 정책방향을 이끌어왔다. 북한이 검증을 받아들이고 비핵화를 향한 진보된 조치를 취하지 않는다면 미국이 북한에 대해서 가하는 모든 제재는 계속될 것이다. 북한이 비핵화 약속을 준수하지 않으면 제재해제는 불가능하다. UN 결의안에 의한 제재를 그대로 적용한다면 한국정부도 대상이 된다. 북한의 무연탄을 실은 선박이 러시아를 들러서 한국에 수십 차례 들락거리는 상황을 한국정부는 파악하고 있었지만 이를 저지하지 않았다.[10] 미국은 실시간으로 이를 공개하면서 한국과 북한을 압박하고 있다. 그 후 한국정부는 국제제재조항을 인지하고 있었다고 시인했다.

한국 정부는 대북 제재 결의를 위반해서 부산항에 억류 중인 자국 국적 선박의 처리를 놓고 미국 등과 협의했다. 해당 선박은 해상에서 북한 선박에 4300t 규모의 정제유를 옮겨 실은 정황이 포착되어 2018년 10월부터 부산항에서 출항을 보류한 것으로 알려졌다. 미 재무부는 3월 한국 국적의 '루니스호'를 비롯하여 각국 선박 59 척이 북한과의 정제유 및 석탄의 선박 간 환적에 가담했다는 이유로 북한 불법 해상운송 주의보를 발표한 바 있다. 선박 위치 정보를 보여주는 '마린트래픽'웹사이트의 보고에 따르면 지난 1년 간 '루니스호'를 포함하여 최소 7척의 선박에서 해상 환적으로 의심되는 운항기록이 포착되었다는 것이다.[11]

트럼프는 트위터에 김 위원장의 친서내용을 공개하면서 재회를 기약했다.(2018.7.12) 편지내용 어디에도 비핵화란 용어는 없다. 오히려 트럼프 대통령을 압박하는 다른 친서의 존재가 회자되면서 이를 미 정부가 공표했다. 미국 언론 보도에 의하면 김 위원장은 차기 북·미정상회담의 조건은 단 한가지라고 밝혔다.[12] 북한이 원하는 체제보장을 확신할 수 있어야 한다는 것이다. 이로써 북·미정상회담은 트럼프의 주장과는 달리 김정은 주도로 의제 설정이 이뤄지고 있다고 미국 정부는 판단한다.

문재인 대통령은 체제보장의 일환으로 조기에 종전선언을 해야한다는 입장을 여러 번 밝혔다. 종전선언이 이뤄지면 북한은 이어서 미군철수를 주장할 수 있다. 이에 대비해서 한반도에서 미군 2만 2000명 수준의 병력을 유지한다는 법령인 국방수권법(National Defense Authorization Act, NDAA)이 미 상원을 통과했다. 미국의 핵심 이익에 관한 사항에 대해서 대통령이 마음대로 정책결정을 할 수 없다. 미 의회의 동의가 있어야만 가능하도록 했다. 이 법의 공식 명칭은 '2019 회계연도를 위한 국방수권법'으로 미국의 회계연도는 9월 30일로 종료되었다. 이후 한반도 주둔 미군이 2만 8500

명을 유지하도록 2020 회계년도 국방수권법이 압도적인 지지로 통과되었다.(2019.12.17)

마이크 폼페이오 국무장관은 2018년 7월 25일 상원 외교위원회에 출석해서 북한의 비핵화 실현 의지를 믿지 않는다고 언급한 것에 대한 배경을 해명했다.[13] CVID와 FFID는 똑같은 의미이며 미국이 더 양보하는 것은 없다고 분명하게 밝혔다. 북한과의 대화를 원활히 하기 위해서 FFID를 사용하지만 입장은 전적으로 동일하다는 것이다. 북한의 완전한 비핵화 이전에 대북제재완화는 없다고 못박았다.

트럼프 대통령에게 11월 중간선거는 중요한 의미를 지닌다. 하원 공화당이 다수당에서 민주당 우위로 넘어가게 되어 트럼프 대통령의 정책수행에 혼란과 어려움이 가중될 수밖에 없다. 민주당은 공식적으로 트럼프 탄핵안을 발의하겠다고 공표했다.[14] 미국은 북한 비핵화를 이끌어내기 위한 강력한 제재조치를 시행하면서 엄격한 해상봉쇄 등 옵션을 통해서 김정은 정권을 계속 압박할 것이다. 목표는 김정은 정권 붕괴다. 북한에 김 세습 체제가 지속되는 한 핵무기와 ICBM개발을 통한 핵능력 고도화를 결코 포기하지 않을 것으로 판단한다. 김 위원장이 이러한 상황을 충분히 인식한다면 전향적으로 미국과 협상하는 의지와 행동을 보여야 한다.

북한이 우선적으로 핵무기 리스트 제출 등 미국이 요구하는 실질적인 비핵화 프로세스에 응하지 않는다면 미국은 고강도 압박의 국면전환을 지속하게 될 것이다. 미국은 북한과 거래하는 모든 나라에 대해서 압박 수위를 높이게 된다. 북한과 거래를 하는 제3국 기업과 은행, 개인에 이르기까지 제재를 가하는 '세컨더리 보이콧'을 의미한다.[15] 북한의 최대 교역국인 중국에도 미국이 '무역전쟁'을 불사하며 압박을 넣고 있다.

북한 '핵무력 완성' 선언 이후 미국의 군사적 옵션이 재론된다. 북한에 대한 직접적인 군사공격 외에도 북한을 무력화할 수 있는 다른 옵션이 다수 있다고 주장한다. WSJ은 '김정은을 제거할 수 있는 방법'이라는 사설을 실었다. 외교·정보·군사·경제·금융·첩보·법집행 차원을 망라한 '정책 패키지'를 제안하며 각 분야를 의미하는 영어 단어 첫 글자를 따서 'Dimefil'이라고 명명하기까지 했다.[16]

우선, 외교적으로 북한을 더욱 고립시키고 탈북자를 통해 북한 내부의 정보를 수집하며 북한 엘리트층의 탈북과 내부 쿠데타 등 혼란을 선동하는 방안을 추진할 수 있다. 또한, MD를 강화해서 북한 핵 위협을 감소해 나가며 전술핵무기를 재배치하는 등 북한의 공격에 대한 보복 능력을 과시하는 군사적 수단을 동원할 수 있다.

미국과 북한이 비핵화 로드맵에 동의하지 못한다면, 미국의 제재는 유지된다. 북한 비핵화에 대한 확신을 갖지 못하는 미국은 드디어 무력행사를 결정한다. 한국정부가 한반도에서의 전쟁 가능성에 우려를 표명하고 무력사용을 결단코 반대하지만 미국이 다시 군사 옵션을 꺼내들 수 있다.

북한체제를 가능하면 빨리 붕괴시키는 것이 북한 주민들에게 가장 인도적이라고 미국은 믿고 있다. 북한 '레짐 체인지(regime change)'만이 핵 위협 없이 북한 주민들에게 진정한 삶의 질을 높여줄 수 있는 유일한 방안이라는 것이다. 한국 주도로 한반도가 통일되어야 가장 이상적이라고 간주할 수 있지만 '중국의 반대'에 부딪히게 될 것이다.

세기적 담판인 6·12 싱가포르 북·미정상회담의 장관급 후속회담에서 구체적인 비핵화 논의를 이어가기로 합의했지만 성과는 보이지 않는다. 북·미회담의 성공과 평화의 시작을 기대했지만 공동성명 내용에 비핵화 조항이 모호해서 미국은 북한 핵보유 의도에 대한 의구심을 떨치지 못하고 있다. 북한의 특수성과 정권안정을 위한 최고 통치자의 행위가 비합리적·비이성적으로 치부되기도 한다.

2019년 2월 28일 베트남 하노이에서 열린 제2차 북·미정상회담은 결렬되는 결과를 낳았다. 트럼프 대통령의 최측근 마이클 코헨(Michael Cohen) 변호사의 청문회가 열린 미국의 국내 상황을 감안해서 "노딜(No Deal)"이 낫다는 보도가 이어졌다.[17]

김 위원장이 서울 한복판에 선제적으로 핵폭탄을 떨어뜨리는 자살행위를 할 것으로 예상하기는 쉽지 않다. 오히려 미국이 김정은 정권 붕괴를 위해 군사력을 통한 해결방식으로 기울게 될 가능성이 더 높다. 미국이 엄격한 해상봉쇄 등을 시행해서 북한의 경제 상황이 극도로 나빠질 수 있다. 미국이 칼빈슨 핵항모를 한반도에 긴급 배치하고 북한에 대한 최고조의 압박을 가한다. 이에 아랑곳하지 않고 북한은 미국의 압력에 맞서 ICBM이나 SLBM을 발사한다. 미국은 막강한 군사력을 동원해서 이에 응징할 것을 다짐한다. 하지만 북한의 도발은 멈추지 않고 지속적으로 미국을 자극한다. 미국이 예방공격(preventive strike)이나 선제공격(preemptive strike)을 검토하고 이를 실행해서 김정은 정권 섬멸에 나서게 된다. 김정은의 도피 시설로 점찍어 둔 시설들이 대부분 파괴되고 사상자가 대규모 발생한다.

# 북한 핵시설 제거, 제한적 정밀 공격

북한 핵시설을 모두 파괴하는 공격은 불가능하지만 상징적 의미에서 사진 판독 등으로 판별할 수 있는 북한 핵시설을 제거하기 위해서 제한적으로 정밀 공격을 감행할 수 있다. 이 경우 김정은 정권을 붕괴시키거나 제거하기 위한 목적보다는 핵능력의 기본 시설을 파괴하기 위한 무력 공격이 주를 이룬다. 그러나 핵시설에 대한 직격 타격은 제한적이 아닌 엄청난 결과를 초래한다.

트럼프 행정부는 북한핵 위협이 지속될 경우 코피 전략(bloody nose strike)으로 명명된 제한적 정밀 공격을 공공연하게 언급하는 등 북핵문제에 최대의 압박으로 대응한다.[18] 일각에서는 이 시나리오가 가능하지 않다고 주장한다. 중국과 국경을 맞대고 있고 남북한이 대치하고 있는 상황에서 미국이 북한을 선제공격 할 수 없다. 시리아의 경우와 달리 북한은 미국에 반격할 능력을 갖추고 있다. 또한 중국이 미국의 군사공격을 묵과하지 않을 것이다. 중국은 완충지대로서의 역할을 하는 북한이 붕괴해서 미군이 주둔하고 있는 한국과 국경을 맞대야하는 상황을 반기지 않는다. 만약 미국이 북한에 제한적이나마 공격을 감행한다면 북한은 미국의 동맹국인 한국과 일본을 향해서 미사일과 장사포를 발사하게 될 것이다.

첫째, 북한은 핵개발 능력에서 시리아와는 완전히 다르다. 시리아도 핵개발 의지를 보이며 이를 시행해 왔지만 북한은 이미 사실상 핵보유국으로서의 능력을 과시해 왔다. 이미 6차례 핵실험을 거친 북한은 미사일 탄두에 장착할 수 있을 정도의 핵무기 소형화에 성공하면서 '핵무력 완성'을 선포하기에 이르렀다. 미국에 도달할 수 있는 ICBM의 존재는 미국에 직접적인 위협요인이 된다. 미국이 한반도에서의 군사작전에 투입된다면 북한은 미국 본토에 다다를 수 있는 ICBM을 내세워 미국의 개입을 저지할 수도 있다.

둘째, 북한 핵을 포함하는 군사시설이 중국과의 접경지역에 밀집해 있어서 미국의 군사공격에 대해 중국이 이를 용인하지 않을 것이다. 중국은 사드 배치로 인해서 남한에 대한 관광을 취소하고 이어서 북한에 대한 관광도 금지했다. 중국은 1961년에 북한과 맺은 조·중공동방위조약을 지키지 않을 수 있다는 입장을 밝혔다. 이 조약은 일방이 타국으로부터 공격을 받는다면 다른 일방은 군사적 조치를 포함해서 즉각적으로 원조를 한다는 자동 개입조항을 포함한다. 중국은 북한의 붕괴를 바라지 않는다. 북한 공산정권 붕괴 시 수백만 명의 난민이 국경을 넘어 몰려 들어와서 중국의 조선족과 합쳐지게 된다면 소련붕괴 시와 같은 소수민족 문제를 유발할 수 있는 가능성을 우려한다. 또한 북한정권이 소멸해서 만약 남한에 주둔하고 있는 미군이 전진 배치되는 상황이 된다면 이를 묵과할 수 없다.

셋째, 북한은 이미 한국과 일본을 공격할 수 있는 무기를 충분히 보유하고 있다. 북한이 ICBM급 미사일에 기술적 결함이 있어서 완성하지 못했다고 하더라도 한국과 일본에 도달할 수 있는 장사포나 미사일 발사는 가능하다. 한국과 일본은 세계에서 인구밀도가 높은 지역으로서 많은 사상자가 발생할 수 있다. 미국이 북한을 공격한다면, 만약 북한이 하나의 발사체라도 한국과 일본에 투하한다면 엄청난 손실이 따를 수 있다. 한국의 수도 서울은 휴전선에서 불과 40km 정도 떨어져 있으며 수분 내로 북한의 공격권에 들어간다. 1994년 초 북한 핵 1차 위기 시 클린턴 행정부는 북한 영변 지역에 대한 선제공격을 계획했지만 사상자를 비롯해서 3차 세계대전이 일어날 수도 있다는 우려에 따라 이를 감행하지 않았다.

군사전문가들을 중심으로 현대전에서 미국이 우선적으로 북한의 제공권을 완전히 장악할 수 있다고 단언한다. 일단 제한적 공격으로 북한 핵시설을 공격한다면 남한에 알리지 않고도 미국의 방위권 차원에서 가능하다는 주장을 펴기도 한다. 군사옵션에 대한 상세한 설명에 따르면 북한이 미처 알아차리기도 전에 해당 핵 시설들을 초토화시켜서 재기불능상태로 만들 수 있다는 것이다.

그러나, 미국이 북한 핵시설에 대한 제한적 정밀공격을 감행한다면 전면전에 해당하는 전쟁이 발발할 수도 있다. 결과적으로 미군이 승리할 터이지만 엄청난 인명 살상을 비롯해서 한반도가 초토화될 가능성도 배제할 수 없다.

# ③

# 미·중 담판, 김정은체제 붕괴 후 미군철수
# (키신저 빅딜)

미·중데탕트 주역인 헨리 키신저 박사는 북한 김정은 정권 붕괴 이후 미군철수를 조건으로 중국과 협의해야 한다는 의견을 제시한다.[19] 그는 미국의 이해를 최우선시해서 지구적 안보 차원의 큰 그림을 그리고 있다. 어쩌면 미·중관계의 틀 속에서 한국의 이해, 한반도의 이해는 뒷전인지 모른다. 이미 핵보유국으로 인정받고자 하는 김정은이 정권유지를 위해서 핵포기를 택할 가능성을 낮게 본다. 김정은의 북한을 핵능력 국가로 인정하거나, 혹은 김정은을 제거하거나 선택해야 한다. 북한핵 보유는 인정하되 현 상태로 동결하고 미국을 직접 위협하는 ICBM을 포기하는 선에서 타협할 수도 있다. 한반도가 중국의 영향권에 놓이는 상황을 묵인하며 미군철수를 약속할 수 있다. 한국은 핵보유국 북한과의 비대칭적 전력에 꼼짝할 수 없이 북측 주장을 받아들일 수밖에 없게 될 것이다.

미·중 간 '빅딜(Big-Deal)'설은 2017년 트럼프 대통령이 키신저 박사를 만나면서 재조명되기 시작했다. 키신저는 WSJ에 북한위기 해법을 기고하면서 큰 논란을 불러일으켰다. 북한 핵위기를 해결하기 위해서 미·중이 '북한정권 붕괴와 주한미군 철수'를 맞바꾸어 큰 거래를 해야 한다는 주장이다. 중국이 김정은 정권 붕괴를 책임지면 이에 상응해서 미국이 주한미군을 철수한다는 프레임이다. 트럼프 대통령 책사인 백악관 수석 전략가 스티브 배넌(Steve Bannon)도 '중국이 북핵을 동결시키는 대가로 주한미군을 철수하는 외교적 거래도 고려해야 한다'고 언급했다.[20]

키신저의 '빅딜'제안이 언론의 주목을 받게 된 것은 미국이 북한 핵과 미사일 위협을 제대로 인식하기 시작한 이후다. 1993년 1차 북핵 위기부터 2016년까지 지속적으로 북핵문제가 등장했지만 미국인들의 관심은 크지 않았다. 이는 북한 핵이 미국의 동맹국인 한국과 일본에 위협을 줄 뿐이라고 받아들이고 있었기 때문이다. 그러나 북한이 사거리 5000km에 달하는 화성 12형을 발사한데 이어서, 사거리 1만km에 달하는 화성 14형을 발사하면서 미국의 시각이 달라지기 시작했다. 북한의 수소폭탄급 6차 핵실험을 기점으로 강력한 유엔 안전보장이사회 대북제재결의가 나왔다. 미국은 북한의 최대 수출품인 석탄, 철강석 등의 수출을 금지하고 전방위적 독자제재에 나섰다.

키신저 박사는 트럼프 정부가 취해온 최대 압박과는 달리 중국을 직접 상대해서 북한 정권을 붕괴시켜야 한다고 지적한다. 중국과 미국이 이에 합의할 가능성은 크지 않다. 역내 강대국으로서의 '중국몽(中国梦)'을 추구하고 있는 중국 입장에서 안보환경 불안정을 야기할 수 있는 '빅딜'을 받아들이기 쉽지 않다. 또한, 미국 입장은 북한의 ICBM 재진입 기술이 완성되지 않았고, 미국 본토 위협이 현실화되지 않은 상황에서 섣불리 미군철수와 맞바꾸려 하지 않는다. 미국은 북한 문제를 안정적으로 관리하면서 부상하는 중국을 견제하기 위해 주한미군 철수보다는 이를 활용하는 것이 미국의 이익과 일치한다고 판단한다.

만약 미국이 중국에 대해 주한미군 철수와 더불어 추가적인 조건을 제안한다면 중국이 응할 수도 있다. 이 조건들은 중국이 영해로 규정하는 남중국해에 대한 미국의 양보, 무역문제에 있어서 중국의 양보, 김정은 정권 붕괴 후 친중 정권의 등장, 타이완 문제에 대한 미국의 양보 등이다. 하지만 이와 같은 상황에서 미국이 중국에게 양보할 수 있을지는 미지수다. 시나리오가 현실화되기 위해서는 북핵 위협이 미국에게 시급한 안보위협으로 인식되어야 한다. 만약 북한 핵문제가 빠른 시일 내 해결되지 않을 경우에는 언제든지 '빅딜'이 회자될 가능성이 있다. 특히 북한이 CVID에 합의하지 않고, 최악의 경우 북한이 비핵화에 합의한 후 이를 위반하고 몰래 ICBM과 SLBM을 개발하고 미국을 재차 위협한다면 언제든지 이에 힘이 실릴 수 있다.

'빅딜'의 가장 큰 문제는 '빅딜'의 주체다. 당사자인 한국이 빠져있다. 북핵문제가 미국에게 직접 안보위협이 될 경우에 더해서 한·미동맹의 신뢰도에 따라 빅딜주장은 고개를 들 수 있다. 북한 정권이 붕괴될 경우, 혹은 예상치 못한 급변사태가 발생할 경우, 북한 핵시설 및 핵무기 처리를 둘러싸고 한국이 직접 개입할 수 있는 가능성은 매우 희박하다. 북한의 핵을 어쩔 수 없이 용인한다고 해도, 한국의 핵 보유에 대해서 중국, 더구나 일본과 미국도 용인하지 않을 것이다. 한국정부는 물론 미·중 양국은 '빅딜'을 강하게 부정하며 그랜드 바겐(Grand Bargain)을 위한 사전조율을 하지 않고 있다는 입장이다. 더불어 역내 미·중 간 경쟁 구도가 심화되고 있는 상황에서 신뢰가 형성되지 않아 '빅딜'이 어려울 것이며 아직까지 회의적 시각이 지배적이다.[21]

미·중 간 북한 급변사태 및 붕괴 시나리오에 대한 논의가 있었다. 2017년 미국과 중국은 고위급 인사가 참석한 회의에서 이에 대비한 방안을 거론했다.[22] 심지어 유사시 미군은 북한의 핵무기만 확보하면 다시 남한으로 내려갈 수 있다는 의사를 중국에 전달했다. 렉스 틸러슨 미 국무장관은 북한에서 대량 난민이 발생하는 상황을 중국이 가장 우려하는데, 이에 대한 관리가 불가능하지 않다고 언급했다. 나아가 북한의 급변사태 시 미국의 최우선 순위는 핵물질 방호에 있다. 미군이 유사시 휴전선을 넘더라도 반드시 남쪽으로 복귀할 것을 중국에 약속했다. 미국은 그 이상 개입하지 않을 것이며 북한이 도발을 중단한다면 언제든지 대화가 가능하다는 소위 '틸러슨 플랜'을 강조했다. '선비핵화 후대화'의 기조에서 변화된 입장이다. 북한이 핵개발을 위해 오랜 기간 막대한 국가운영비용을 투자했는데 북한에게 선비핵화를 요구하는 것은 비현실적이라는 지적이다. 트럼프 대통령도 동일하게 인식하고 있다고 밝혔지만 틸러슨 장관은 낙마하고 말았다.

2018년 취임한 마이크 폼페이오 신임 국무장관은 CIA국장 시절부터 쌓아온 북한핵 관련 정보를 바탕으로 압박-협상의 양면적 노력을 구사하고 있다. 싱가포르 북·미정상회담 이전에 북한을 2차례 방문하고 이후에도 여러차례 방북해서 북한핵문제를 해결하기 위한 실질적인 사령탑 역할을 맡고 있다. 다만 그는 북한과의 협상 경험이 많지 않으므로 중국이나 북한의 협상 전략에 말려 들어가고 있다고 우려한다. 스티븐 비건(Stephen Biegun) 국무부 대북특별 대표가 대북협상 업무를 이어 받았지만 이 분야 전문가는 아니다. 2019년 2월 하노이 북·미정상회담을 준비하는 과정에서 그가 너무 앞서간다는 언론 보도가 있다.

미·중 간 무역전쟁을 벌이고 있는 상황에서 중국이 미국 편을 들어서 북한을 벌하고 김정은 정권을 붕괴시키는 데 결정적 도움을 주기는 쉽지 않다. 오히려 북한을 중국의 의중대로 움직여서 함께 미국을 견제하고자 할 수 있다. 김정은 정권을 붕괴시키기 위해서 미·중 간 긴밀한 협조가 이뤄질 수 있을지 의문이다. 이에 대한 인센티브로 한반도에서 미군이 퇴각한다고 해도 남북한이 중국의 영향력 하에 들어가는 상황은 실현되기가 어려울 수 있다. 트럼프 대통령이 주한미군 주둔 비용을 문제 삼아 철수하고 싶다는 의중을 내비치기도 하지만 지금은 아니라고 언급한다.

키신저 박사의 회고록에 의하면, 전략적으로 전쟁에 이기기 위해서 전술적으로 전투에 졌다는 대목에 주의해서 행간의 의미를 짚어야 한다.[23] 1972년 미·중데탕트는 당시 공동의 위협 세력인 소련에 대항하는 전쟁에 이기기 위한 전략적 선택에 따른 것이다. 반면 1973년 파리협정을 주도하면서 미국은 지엽적인 베트남 전투에서 철수를 준비하기 시작했다. 중국은 베트남 북부지역에 위치한 월맹을 지원하고 있었고, 미국은 베트남 남부지역에 미군을 파견하고 있었다. 중국과 미국이 베트남전쟁에 군사력을 투입해 직접 대치하고 있는 상황에서 국교정상화를 이룰 수는 없었다. 1975년 전술적으로 미국은 베트남 전투에서 퇴각하는 결정에 따라 베트남은 통일을 이뤄 공산화되고 말았다. 미·중데탕트를 통해서 소련을 견제하는 전략적 전쟁에 이기고, 베트남에서의 철수는 전술적 전투에서 패한 것이므로 세계적 차원에서 보면 전쟁에서 이긴 미국이 손해를 보지 않았다는 계산이다.

미 국무부가 30년이 지난 외교문서를 비밀 해제한 문건에 따르면, 1971년 8월 키신저 박사는 베이징에서 저우언라이 총리와 대좌를 해서 한반도에서의 미군주둔에 대해 논의한다.[24) 키신저는 남한에 4만 명 정도의 미군이 주둔하게 된다고 말한다. 이에 저우는 4만 3000명 남짓 미군이라면 받아들일 수 있다고 화답한다. 키신저―저우언라이 프레임에 의한 미군 주둔이 한반도에서 50년 가까이 지켜지고 있다는 사실에 주목한다.

키신저는 미군이 전술적으로 철수할 수 있으며 똑같은 프레임으로 그는 한반도 문제 해법으로 미·중 간 전략적 협력을 요청한다. 한반도의 당사자로서 우리의 운명이 우리의 어깨너머로 건네질 수 있는 상황에 대해 면밀하게 관찰하고 분명한 입장을 견지할 수 있어야 한다. 남한과 북한은 '남한의 이해'와 '북한의 이해'를 넘어서 장차 '한반도의 이해'를 바라보며 나아갈 수 있어야 한다. 하지만 미·중 '빅딜' 시나리오는 살아있는 옵션이다.

# 북·미 수교, 중국 견제(베트남 모델)

2017년 9월 북한의 6차 핵실험은 동북아 정세에서 게임체인저가 됐다. 허버트 맥매스터(Herbert R. McMaster) 백악관 국가안보보좌관은 북한이 핵·미사일을 지렛대 삼아 한·미동맹을 균열시키고 북한 주도 한반도통일을 추진할 것으로 분석했다. 한반도는 중대한 갈림길에 놓여 있다. 현시점에서 역사적·구조적 맥락 속에서 북한의 '핵무장 국가전략'을 이해해야 향후 북핵을 포함하는 북한 문제를 풀어나갈 수 있다.

2018년 6월 북·미정상회담을 앞두고 중국과 러시아의 해킹이 빈번해졌다는 소식이 나돌았다. 중국 측 학자들은 북·미정상회담이 어려울 것이라는 부정 일색의 견해를 피력하기도 했다. 중국은 중·미 간 지렛대로서의 북한 카드를 잃게 되고 한반도에서 중국의 영향력 감소를 우려한다. 북한은 오랜 혈맹의 역사와 긴 국경을 마주하고 있는 중국에 대해 높은 경제적 의존도와는 별도로 불신도 높다고 알려진다. 친중 정권을 수립하려 했다는 명목으로 김정은이

고모부인 장성택을 잔인하게 처형했다. 중국이 보호한다고 알려진 이복 형 김정남을 암살했다. 이는 북한이 높은 대중 의존도에 대해 우려하고 있다는 반증이다.

한반도 역사의 중대한 분수령인 싱가포르 북·미정상회담은 결과적으로 CVID가 명시되지 않았으며 북·미관계 정상화가 비핵화 과정보다 앞서 진행되고 있다는 사실을 들어 실패로 규정짓기도 한다. 그러나 역내 중·미 경쟁구도를 고려했을 때, 북한 문제에 대한 주도권을 미국이 가지기 위해서 중국의 대북한 영향력을 줄이는 차원에서 트럼프가 북한에 '잠시' 양보한 것이라는 의견도 있다. 또한, 북·미 회담의 진정한 성과는 북한의 핵개발 의도와 전략을 파악하는데 있다고 지적한다.

트럼프 시대의 미국은 중국을 '라이벌세력(Rival Power)'으로 규정한다. 대중국 봉쇄정책의 일환으로 북한을 우군으로 끌어들여서 북한이 중국의 영향력에서 벗어나기를 바란다. 이에 따라 북·미간 공식적으로 수교가 이뤄지면 미국·베트남처럼 전략적 이해관계가 일치해서 중국을 견제하는 구도가 될 수 있다. 폼페이오 국무장관을 비롯해서 미 고위급 인사들은 북한이 '베트남모델'을 따르기를 바란다고 언급한다. 2019년 2월 2차 북·미정상회담이 하노이에서 개최된 배경이다.

북한과 베트남은 역사적 경험을 공유한다. 북한은 일본 제국주의 식민지를 거쳤고 20세기 최강대국 미국과 전쟁을 치렀다. 또한, 사회주의 강대국인 소련과 중국을 상대로 등거리 정책에 따른 '자주외교'를 펼쳤다. 베트남은 프랑스 제국주의와 독립전쟁을 치렀고 최강대국 미국과의 전쟁에서 1975년 마침내 공산주의 승리를 이끌었

다. 1979년에는 통일된 베트남이 국지전 끝에 국경을 마주하고 있
는 사회주의 대국인 중국을 격퇴하고 '자주 노선'을 걷고 있다.

　베트남은 1980년대 후반 '도이모이'로 개혁·개방 정책을 추진했
다. 1995년 종전 상대국인 미국과 수교함으로써 국교를 정상화했
다. 이후 시장경제를 받아들이고 2007년에는 WTO에 가입했다. 베
트남의 변신은 외적 강제에 의한 '체제전환(regime change)'이 아
닌 시장 확대와 점진적 변화에 따른 '체제진화(regime evolution)'
로 평가된다.[25]

　베트남은 동남아시아에서 미국과 가장 견고한 협력적 외교관계를
맺고 있다. 2018년 3월 5일 베트남전 종전 이후 43년 만에 미 항공
모함 칼빈슨호 전단이 처음으로 베트남 다낭 항구에 기항했다. 베
트남 공산당과 전 국민이 대대적으로 환영했다. 미·베트남 관계의
극적인 변화를 상징적으로 대변한다.

　미·베트남 관계에서 역사적 대변화의 핵심적 지렛대는 미국의
대중국 전략이다. 세계전략에서 미국은 최대 경쟁자로 부상하는 중
국을 견제하기 위해서 동남아에서 베트남을 핵심 파트너로 삼고자
한다. 베트남은 중국의 중화민족 패권주의를 견제하기 위해서 미국
의 지원과 협력이 필요하다.

　미·베트남의 국가전략상 협치에 대한 전례는 동북아에서 미국과
북한의 국가전략상 이해관계에도 접목시킬 수 있다. 미국은 중국의
반접근지역거부 전략에서 핵심 대상인 한반도에서 북한이 친미비
중(親美非中) 국가로 방향 전환을 해주기를 원한다. 미국이 동북아
에서 중요한 원군을 얻기 위한 전략이다.[26] 북한도 '친미비중' 국가
로서 중국의 영향권에서 벗어난다면 국가 발전에 획기적인 기회를

맞이할 수 있다.

북한이 중국을 불신하는 이유로 세 가지를 들 수 있다.[27]

첫째, 소련과 동유럽 사회주의가 붕괴된 1992년 한·중 수교로 중국으로부터 큰 배신을 경험했다.

둘째, 1990년대 말 북한에서 100만 명 이상의 아사(餓死) 사태가 발생했지만 중국으로부터 특별한 지원을 받지 못했다.

셋째, 김정일 사후 장성택을 통해 중국이 친중정권을 도모하려다 실패했다고 인식한다.

시진핑 주석이 중화민족주의를 내세운 중요한 행사인 브릭스 (BRICS) 정상회의 개막식 당일 북한은 6차 핵실험을 단행했다. (2017.9.3) 이는 북한이 중국의 영향권에서 벗어나 국가전략 대전환을 시도할 수 있다는 의도를 미국에 보인 것으로 해석할 수 있다.

비핵화를 매개로 북·미 협상이 성공적으로 진행된다면 북·미 수교 및 북·일수교가 현실화될 수 있다. 한·미동맹 주도의 '베트남모델'(시장경제를 기반으로 산업화와 부분적 민주화 결합)로 북한이 발전할 수 있다. 한·미 간 긴밀한 협력으로 북한의 선진화를 이끌어내는 노력이 수반되어야 한다. 북한이 '베트남 모델'을 선호한다면, 이를 북한이 주도하느냐 한·미동맹이 주도하느냐에 따라 한반도의 운명이 달라질 수 있다.

# ⑤

# 북한 핵포기, 남북 경제협력

트럼프 대통령은 북한이 CVID 혹은 FFID에 합의하고 집행할 경우, 비핵화에 대한 대가로 제시한 체제보장과 경제성장 지원 약속을 입증해야 한다. 2018년 5월 22일 한·미정상회담에 앞서 열린 기자회견에서 트럼프는 북한이 완전한 비핵화에 합의한다면 과거 한국처럼 전폭적인 경제지원에 나서겠다고 약속하며 세계적 기업으로 성장한 삼성과 LG를 거론했다. 그는 "김 위원장은 25년 후, 50년 후 북한, 그리고 세계평화를 위해 자신이 한 일을 돌이키면서 매우 자랑스러워 할 것"이라고 치켜세웠다. 관심의 초점은 체제보장과 경제지원 약속의 진정성을 북한이 어떻게 받아들이는가에 달렸다. 이는 미국을 비롯한 국제사회가 북한의 비핵화에 대한 김 위원장의 진정성을 어떻게 신뢰할 수 있는가와 동전의 양면을 이룬다. 트럼프 대통령이 거창한 비핵화 대가를 거론하지만 북한은 미국이 말이 아닌 실천을 원한다.[28]

6월 1일 트럼프 대통령과 김영철 노동당 부위원장이 백악관에서 회동했다. 이 만남 직후 트럼프는 대북경제원조와 관련 한국이 이를 지원할 것이며 일본과 중국도 도움을 줄 것이라고 말했다.[29] 미국이 돈을 써야 할 것으로 생각하지 않는다고 거듭 강조하면서 북한과 미국이 지리적으로 멀리 떨어져 있으며 이웃 국가도 아니라고 했다. 또한, 북한 비핵화를 진실로 원한다면 한·중·일, 세 이웃 국가들이 대북한 원조를 준비해야 한다고 덧붙였다. 이는 미국 행정부의 재정 부담으로 이어질 수 있는 대북한 원조의 상당 부분을 세 국가들에게 부담시키겠다는 의미다. 폼페오 국무장관도 미 국민의 세금을 들여 북한을 지원하는 대신 민간부문의 투자와 대북한 진출, 기술지원이 있을 것으로 예상한다. 대동강변에 미국 시장경제의 심볼이라고 할 수 있는 '트럼프 타워'가 세워지고 '맥도날드'의 평양지점이 입점한다면 민간투자의 예시가 될 수 있다.

미국은 과거에도 대북한 지원에 소극적 태도를 보여 왔다. 1998년 북한 신포 경수로 2기를 건설하기 위해 KEDO를 설립해서 총사업비의 70%를 한국이 떠안고, 미국 8%, 일본 22%를 부담했다. 트럼프 대통령은 대선 후보시절부터 한국을 포함한 동맹국들의 안보 무임승차론을 제기하면서 방위비 분담금 증액을 주장한 것과 같은 맥락이다. 또한 2018년 기준 미국의 적자 규모는 7790억 달러로 6년 이내 최대 규모를 기록해서 미 연방정부의 재정 상황도 대북한 지원 의사를 선뜻 밝히기 어렵게 만드는 요인이다. 비핵화 조치가 완전히 합의 되지 않은 상황에서 미 의회나 미국민에게 대북한 원조의 부담을 피력하기가 쉽지 않다.

한국은 남북한 관계개선이 이뤄진다면 철도연결 등 2007년 10·4 선언에서 명시한 경제협력 의제들을 실행에 옮길 계획이다.

문재인 정부는 2017년 베를린 구상에서 '한반도 신경제지도'를 제시
해 대북한 지원과 한반도 번영을 위한 경제적 보상을 아끼지 않겠
다고 천명했다. 이 구상은 서해안과 동해안, 비무장지대 지역을 H
자 형태로 동시에 개발하는 남북통합 개발 전략이다. 동쪽 방면은
부산-금강산-원산-나선-러시아로 이어지는 에너지·자원 벨트,
서쪽 방면은 목포-평양-신의주-중국을 잇는 산업·물류 벨트를
각각 조성한다. 동서 방향으로는 DMZ 자연환경을 이용한 관광 벨
트를 구축하자고 제안한다.

그러나, 북한 투자를 위한 대북제재해제를 위해서는 북한 비핵화
의 검증 및 사찰이 합의된 로드맵대로 완전히 이행될 수 있어야 한
다. 한국을 비롯한 국제사회의 투자 및 원조를 위해서 각국의 개별
제재해제에 앞서 UN 결의안이 조정되어야 한다. 이는 상당한 수준
의 핵사찰이 진전되어야 가능하다. 미국 국내 정치상황과 문재인
정부의 '한반도 신경제지도'를 내세우는 남북한관계개선 의지를 고
려한다면 남한주도의 경제협력으로 이어질 수 있다.

이럴 경우, 동북 3성을 중심으로 북·중 간 경협이 선제적으로 이
루어질 가능성도 배제할 수 없다. 중국은 오랫동안 동북 3성을 중
심으로 경협확대를 준비해 왔으며 시진핑 주석은 다롄에서 열린 2
차 북·중정상회담에서 김정은 위원장에게 비핵화에 따른 대규모
경제지원을 약속한 것으로 알려졌다. 또한 중국은 2017년 10월 전
국인민대표대회에서 해외개발 및 원조를 담당하는 '국가국제발전합
작서'를 만들었으며 중국형 ODA에 북한지원도 포함될 수 있다.

상기와 같은 시나리오가 진행되려면, 철저한 비핵공조를 통한 긴
밀한 한·미공조가 유지되어야 한다. 양국 공조 강화의 일환으로

북한 6차 핵실험 직후 트럼프 행정부는 한반도 전술핵 재배치를 검토했다. 북한에 대한 외교적 압박과 군사적 대응방안을 폭넓게 논의했다. 결론적으로 중국 등을 통한 외교적 압박을 강화하는 방향으로 의견이 모아졌지만 선제타격부터 핵무기 사용까지 현재 활용 가능한 모든 군사적 옵션을 망라한다. 논쟁의 핵심은 선제타격과 핵무기 사용 여부였지만 심각한 파장이 예고되며 국제적 반대에 부딪칠 수밖에 없다는 이유로 현실적으로 불가하다고 판단한다.

또 다른 군사적 옵션으로는 이지스 SM-3 요격미사일을 한국에 배치하는 방안이 거론된다. 이지스 SM-3의 최대 요격 고도는 THAAD(40-150km)보다 높은 1,500km에 달한다. 일본은 이미 이지스 SM-3을 빠른 시일 내에 도입하기로 결정했다. 한국에서도 송영무 국방장관이 도입을 검토한다고 밝히기도 했다.[30]

1992년 한반도 비핵화 선언 발효와 함께 미국이 전술핵을 모두 철수했고 이를 재배치하려면 현실적 난관이 적지 않다. 전술핵 재배치는 북한 핵개발의 명분을 강화시킬 수 있다. 그럼에도 불구하고 백악관이 중국을 압박하기 위해서 전술핵 재배치 검토를 테이블에 올려놓고 있다. UN 안전보장이사회의 대북제재결의를 통해서 중국이 원유공급 중단 등 강도 높은 제재에 동참하지 않는다면 한국과 일본이 자체적으로 핵무장을 할 수 있다는 미국의 압박이다. 미국은 중국에게 이를 저지하지 않을 수 있다는 입장을 분명히 밝혔다. 중국이 대북한 제재에 적극적으로 나서라는 요구이며, 그렇지 않다면 북한 핵에 대항해서 또 다른 핵으로 맞불을 놓겠다는 옵션이다. 미국은 전술핵이든 한국과 일본의 자체 핵무장이든 허용할 수 있다고 경고한다.[31]

한국정부는 주한미군 문제가 북·미 회담의 공식 의제로 다뤄지지 않아야 한다는 입장이다. 주한미군은 한·미동맹 차원에서 논의되어야 하는 별개의 문제이며 북·미 간에 다룰 문제가 아니다. 매티스 미 국방부 장관은 2018년 6월 2일 싱가포르에서 개최된 '샹그릴라 대화' 세션에서 북한과의 정상회담에 주한미군은 협상 대상이 아니라고 못 박았다. 또한, 남북한관계 개선 시 주한미군이 철수할 가능성에 관한 질문에 대해 주한미군은 북한과 전혀 관계가 없는 별개의 문제라고 분명히 밝혔다. 하지만 매티스 장관은 과거 남북평화협정 체결 시 주한미군 문제도 논의의제로 포함될 것이라고 언급하는 등 다소 일관되지 않은 메시지를 던진 적이 있다.[32] 북·미 간의 비핵화에 대한 빅딜이 이루어진다면, 주한미군은 역내 '평화유지군'으로의 변화 가능성 등을 전망해 볼 수 있다.

한편 종전선언 등 화해의 무드가 지속될 경우 남한에서 주한미군 철수에 대한 국민여론이 형성될 수 있다. 이 과정에서 한·미동맹에 디커플링(decoupling: 동맹 이탈) 현상이 발생할 여지가 있다. 만약 기술적으로 필요한 비핵화 조치가 아니라 불완전한 비핵화 상태로 협상이 진전된다면 북한의 핵 보유와 주한미군철수가 북한의 의중대로 흘러갈 수 있다. 이러한 우려를 불식시키기 위해서 단계적 비핵화 접근과 함께 조심스럽게 국민 여론을 수렴해 나가야 할 것이다.

북한은 핵무장 원인을 미국의 대북 적대시정책 때문이라고 주장하며 비핵화 조건으로 이를 먼저 포기하라고 강력하게 요구한다. 북한이 의미하는 미국의 적대시정책 철폐는 종이 한 장에 서명된 미국의 약속이 아니다. 미국의 체제보장 약속은 미국의 정권교체,

국제사회 안보환경의 변화, 북한의 도발행위, 등 많은 변수에 따라 변할 수 있다. 따라서 이는 '영구적 약속'이 아니기 때문에 북한의 핵 포기와 체제보장은 등가로 교환될 수 있는 성격이 아니라고 북한은 항변한다.[33]

북한이 의미하는 체제보장은 65년 이상 줄곧 주장해 온 평화협정 체결과 주한미군철수를 지칭할 가능성이 높다. 한반도 평화는 정전협정만으로 보장할 수 없으므로 핵개발을 위한 시간벌기용으로 협상을 이용하려는 북한의 의도를 유념해야 한다.[34] 이를 방지하기 위해 미국과 한국은 북한이 핵 완전폐기를 수용하지 않을 수 없는 협상 방안이 필요하다. 미국이 제안하는 '일괄 타결' 형식에 담겨있다.

북·미 회담의 후속 회담으로 북핵 폐기 및 평화협정이 유효한 결과를 도출하려면 몇 가지 전제조건이 있다.[35]

첫째, 평화협정은 한반도 비핵평화를 전제로 한다. 이를 위한 비핵화 검증 및 핵군축 의도를 최우선적으로 선언해야 한다.

둘째, 평화협정의 당사자는 한반도에서 남한과 북한이어야 한다. 북한의 완전 비핵화가 되돌릴 수 없는 단계에 이르렀다는 판단이 서면 전쟁당사자로서 남한과 북한이 평화협정을 체결하고 미국과 중국이 평화협정의 이행 및 감시, 보장의 역할을 맡을 수 있다.

셋째, 북한은 반드시 CVID 혹은 FFID 조치를 선행적으로 이행해야 한다. 이는 핵무기와 핵물질 폐기 등 민감한 부분을 선시행해야 하며 북한 비핵화를 위한 강력한 의지를 국제 사회에 표명해야 한다. 지난날 협상의 교훈으로 미국은 '선보상, 후조치'에 대해 강한 거부감을 보인다. 만약 북한이 대북제재 해제 및 경제적 보상을 우선적으로 요구한다면 협상이 타결될 수 없다.

넷째, 주한미군은 핵폐기와 별도의 문제이며 동맹차원에서 운영하고 논의되어야 한다. 북한이 핵협상의 선제적 조치로서 주한미군 철수 및 감축을 주장한다면, 자칫 북한 핵 폐기의 진정성에 대한 의구심으로 남남갈등을 초래할 가능성이 높다. 이러한 상황의 변동을 살펴서 단계적으로 논의해야 한다.

북한이 중국의 역내 유일 핵보유국 위치에 도전하고, ICBM 개발과 미 본토위협을 과시하는 등 미국과 중국의 안보이익을 침해하고, 지역핵전쟁의 위험에 연루될 가능성이 높아짐에 따라, 핵문제에 대한 중·미 양국의 공동대응을 야기하게 된 측면이 있다. 따라서 북핵폐기 압박에 대한 이해당사국들의 공조가 강화되면 이 기회를 충분히 활용할 수 있어야 한다.

북·미 간 만족할 만한 핵 폐기 검증과 사찰의 로드맵으로 양국이 큰 틀에서 합의한다면,[36] 트럼프 대통령은 외교적 성과물로 평가받고자 한다.[37] 하지만 2019년 2월 28일 베트남 하노이에서의 2차 북·미정상회담이 결렬됨으로써 향후 험로를 예고한다. 만약 이러한 협상에 성공한다면 추후 한국을 겨냥하는 스커드 미사일 등 중단거리 공격능력에 대한 추가적인 군축협상으로 이어져야 한다. 비로소 한반도 평화체제 구축에 긍정적인 결과를 기대할 수 있다.

# 북한 핵보유, 남한 핵배치(파키스탄 모델)

6·25전쟁이 끝나갈 무렵 북한에서는 미국이 핵무기를 터뜨릴 것이라는 소문이 돌면서 북한을 떠나는 피난민들이 줄을 이었다. 당시 김일성 주석은 핵능력이 가지는 심리적 위력을 실감하고 이미 1950년대 말부터 핵국가를 만들겠다는 구상을 하고 있었다.[38] 김일성-김정일-김정은 세습체제를 거치면서 핵무기로 무장해야만 체제생존이 보장될 수 있다는 현실을 절감한다. 세계적으로 독재자들-사담 후세인, 무아말 알 가다피 등-의 최후를 목격하면서 핵능력만이 자신을 보호해 줄 수 있다고 확신한다. 김일성 주석은 반드시 핵보유국이 되라는 유훈을 남겼다고 알려진다. 북한은 플루토늄 타입과 고농축우라늄 타입의 핵무기제조 능력을 모두 보유하고 이를 실용화했다. 6차례에 걸친 핵실험과 ICBM 개발을 통해서 '핵무력 완성'을 선포한 만큼 '핵국가'로서의 확고한 의지를 결코 포기할 수 없다.

중·미 경쟁의 구조적 틀 속에서 북한 핵개발 의도와 전략을 이해할 수 있어야 북한의 진정한 핵폐기를 이룰 수 있다. 핵개발 의도와 관련해서 북한이 파키스탄 모델을 따르고자 하며 2009년 북한이 2차 핵실험을 통해 파키스탄모델로 진입했다는 평가도 있다.

파키스탄은 오랜 지정학적 경쟁자인 인도의 1947년 핵실험을 계기로 '핵무장 국가전략'을 구체화했다. 1979년 소련의 아프가니스탄 침공을 계기로 파키스탄이 미국의 소련 남하 저지 정책에 동조했다. 이에 1981년 파키스탄은 우라늄 농축제재 유예 등 조건을 확보하고 핵 개발 프로그램을 진전시켰다. 인도의 경쟁국인 중국의 지원을 받아 파키스탄이 1982년 핵무기제조를 시작해서 1998년 핵실험 성공으로 핵무장 국가를 선언했다. 이후 3년 동안 미국의 제재를 받았지만 2001년 9·11테러 후 반테러전쟁에서 미국과 협력하고 제재에서도 벗어나 사실상 핵보유 국가로 인정받고 있다.

김정일 체제 등장 이후 북한이 '파키스탄 모델'을 학습하며 선군사상을 내세우고 '핵무장 국가' 목표를 구체화하고 있다. 1994년 김일성 사후 등장하는 김정일 체제는 전임 체제와 비교할 때 더욱 확고한 핵무력을 내세운다. 그 배경에 1980년대 말에서 1990년대 초에 이르러 소련 및 동유럽 사회주의권이 붕괴되고 '순치관계'로 표현되는 중국마저 한·중 수교로 북한을 배신한 역사적 경험이 있다.

체제 안전을 위한 생존전략으로 김정일은 '핵무장 국가'를 결심한다. 이는 2002년 HEU 프로그램이 알려지면서 2차 북핵 위기로 이어진다. 2차 북핵문제는 2005년 6자 회담에서 9·19 공동성명에 합의하게 되지만 유명무실해졌다. 북한은 2006~2017년 동안 6차례에 걸친 핵실험을 통해 실질적인 '핵무력 완성'을 선포하기에 이르렀다.

역사적 맥락에서 북한 핵무장 국가전략을 살펴보면 김정일 체제 생존을 위한 '파키스탄 모델'을 실현하기 위해 노력한 결과다. 김정일 사후 2011년 등장한 김정은 체제는 전임보다 더욱 강력한 의지로 핵무기와 ICBM 개발에 주력했다.[39) 북한은 북·미 간 핵 동결과 비확산 및 비핵화에 합의하지만 체제 보장 전제조건에 따라 중장기적으로 비핵화를 진행하는 형태 등을 이끌어내려는 목표를 세우고 있다.

2017년 살얼음판 같던 남북한관계가 2018년 들어 급속히 해빙되면서 관계개선에 대한 긍정적인 여론이 힘을 얻고 있다. 3차례에 걸친 남·북정상회담과 2차례 북·미정상회담이 개최되어 비핵화에 대한 기대가 한껏 무르익고 있다. 그러나 북한의 비핵화 조치는 미국을 비롯한 국제사회의 기대에는 미치지 못하고 있다. 북한의 비핵화에 대한 우려의 목소리가 다시 힘을 얻고 있다. 폼페이오 미 국무장관이 4차 방북 협상으로 북한 풍계리 핵실험장 사찰 허용을 이끌었다. 이와 관련 미국 대북 전문가들 사이에서 이를 실질적 비핵화 조치로 보기 어렵다는 회의적인 의견이 잇따라 제기되고 있다.[40) 이미 수명을 다한 핵실험 장소로서 북한 풍계리 사찰허용은 '상징적' 움직임에 불과하다고 지적한다. 풍계리 사찰로 얻을 수 있는 것은 플루토늄과 HEU 실험이 이뤄진 사실만을 확인할 수 있을 뿐이라고 폄하하기도 한다.

2018년 9월 평양 정상회담에서 김정은의 음성으로 비핵화를 언급했다고 해서 긍정적인 평가가 잇따르기도 했다. 하지만 비핵화에 대한 진전을 이루겠다는 모호한 언급만 있었을 뿐, 이에 상응하는 비핵화 조치와 움직임이 없다고 미국 전문가들은 비판한다. 북한은

미국이 주장하는 '선 신고·검증, 후 폐기' 방식과 반대로 북·미관
계 개선의 '상응조치'에 맞추어 단계적으로 핵폐기를 추진하겠다고
주장한다. 북한이 조기 일괄신고를 거부하고 있어서 양측의 비핵화
방법론에 관한 의견일치가 이뤄지지 않고 있다.

미국이 주장하는 '선 신고·검증, 후 폐기'는 NPT 회원국에 대한
전통적인 검증방식이다. 현재 NPT 비회원국이며 신고와 침투적 검
증에 강한 거부감을 갖고 있는 북한에게 적용할 수 있을지 우려의
목소리가 높다. 북한은 아직 핵 프로그램, 핵물질 및 시설을 신고하
지 않고 있다는 데 주목한다. 북한이 비록 핵·미사일 실험은 중단
하였으나, 아직 비밀리에 핵물질·무기 생산을 지속할 가능성을 배
제할 수 없다.[41] 향후 무기용 핵분열물질 생산중단과 폐쇄, IAEA
감시도입, ICBM 폐기와 생산중단 요구 수용 여부는 북한의 비핵화
의지를 결정하는 중요한 요인으로 해석할 수 있을 것이다.

북한의 비핵화 조치가 더디게 진행되고 있어서 북한의 핵보유 의
지를 과소평가하고 있다는 목소리도 있다. 북한이 핵무기를 개발한
의도를 살펴보면 북한 핵무장에 대한 확고한 의지를 가늠해 볼 수
있다. 북한의 핵은 실제 사용이 아닌 대미·대남 억지력이 가장 큰
부분을 차지하고 있다. 북한 김정은 체제가 국제사회의 위협으로
부터 스스로 안전하다고 느낄 때까지 핵무기를 포기할 의사가 없어
보이는 이유다.

2019년 2월 하노이 북·미정상회담에서 트럼프 대통령은 '리비아
모델'을 언급했다. 북한의 핵무기를 반출해서 미국에 보관하라는 요
구다. 2003년 리비아의 비핵화를 선언했던 무아마르 가다피
(Muammar Gaddafi)는 2006년 미국과 국교 정상화를 이뤘지만

2011년 반정부시위가 발생하고 가다피는 체포되어 사살되었다. 도저히 북한이 받아들일 수 없는 방안이다. 또한 미국은 북한이 포기하겠다고 주장하는 영변 핵시설을 포함해서 5군데 핵사찰을 요구한 것으로 알려진다.

한국이 선택할 수 있는 카드가 많아 보이지 않는다. 그 어떠한 비용도 한반도에서의 전쟁비용보다 클 수는 없다. 북한이 내세우는 비핵화 과정은 수십 년이 걸릴 수도 있다. 한국은 상당 기간 북한 핵과 동거해야 할 가능성도 배제할 수 없다. 북한이 지난한 검증 기간을 이용해서 제재 완화를 요구하고 핵무기 대량생산 및 경제 부흥을 위한 외화 확보의 기회로 이용할 수 있다. 어렵게 찾아온 대화의 기회를 흘려보내지 않기 위해서 한국은 종전선언 및 5·24조치 해제 등 다양한 옵션을 검토하고 있다고 알려진다. 그러나 천안함 폭침으로 인해서 내려진 5·24조치가 해제되어도 상당 부분이 UN 안전보장이사회 제재에 해당하기 때문에 큰 효과를 기대하기 어렵다. 남북한 간에 제재에 해당되지 않는 관광분야, 인적교류 사업이 먼저 개시될 가능성이 있다. 북한이 원하는 손쉬운 경제협력사업으로 남북철도연결과 금강산관광이 재개될 수 있다.

상기의 시나리오가 현실화될까봐 우려하는 한·미 전문가들은 남북한관계 진전과 북한 비핵화 간의 속도조절을 주문한다. 한국정부는 비핵화 논의의 모멘텀을 유지하는 데 집중하고 있지만, 지나친 경제제재 이완은 북한이 원하는 물자와 시간을 제공해서 비핵화 과정을 방해하게 될 것이다. 향후 비핵화 과정에서 남·북, 북·미, 한·미 사이의 조율이 성공적으로 이뤄지지 않는다면, 오히려 북한이 핵 보유를 정당화하는 빌미를 제공하게 될 수 있다.

이상과 같은 6가지 예상 시나리오는 각각 북·미, 중·미, 남북한 간에 일어날 수 있는 상황에 대한 분석을 위해서 나눠본 것이다. 현실적으로 여러가지 경우가 겹쳐서 나타날 가능성이 높다. 세기의 담판으로 일컬어진 북·미정상회담, 평양정상회담이 이어졌지만 비핵화를 위한 실질적인 조치는 이뤄지지 않고 있다. 한국은 오로지 북한을 돕기 위해서 대북제재 해제를 비롯한 남북경협만을 염두에 둔다는 비판이 쏟아진다. 한국외교가 남북한 관계개선을 위해 나아가려면 적정한 성과를 낼 수 있는 수단을 모색해야 한다.

한국이 내세우는 '중재외교'에 힘입어 2차 북·미정상회담이 열렸지만 결렬되었다. 트럼프 대통령은 '미국 우선주의'를 내세우며 전방위적으로 압박한다. 최대 관심사는 미국 본토에 다다를 수 있는 ICBM 제거다. 일찍이 트럼프 대통령은 북한 핵으로 인한 전쟁이 일어나도 미국이 아니라 한반도 문제라는 태도를 보인 적이 있다. 미국은 북핵 폐기가 아니라 동결하고 핵보유를 인정할 수도 있다. 금강산관광과 개성공단 재개로 북한의 숨통을 터준다면 북한 비핵화는 오랜 기간 요원해질 수 있다. 북한이 요구하는 종전선언을 위해 남한이 앞장섰으나 난망이다. 문재인 대통령은 유럽과 동남아 순방에서 북한 제재 완화를 권유했지만 아무런 호응을 얻어내지 못한 채 한반도 비핵화에 대한 의지를 의심받기도 한다.

한·일관계는 악화 일로를 치닫고 있다. 위안부, 강제징용 문제를 비롯해 초계기 레이더 조준 시비로 양국 간에 대화를 통한 해결은 물 건너간 분위기다. 상호 불신으로 무시하는 태도다. 한·일 정부 간에 맺은 약속이라면, 적어도 외교부는 국제공조에 방점을 찍는 역할분담이 필요하다. 국내적으로 여성가족부, 고용노동부 등이

나서서 한국민 보호를 위한 역할을 담당할 수 있다. 대외적으로 더 합리적으로 설득할 수 있는 방안이 마련되어야 한다. 혹시라도 일본 정부가 극우로 치닫게 하는 빌미를 줄 수 있다는 우려를 염두에 둬야 한다. 한·일 간에 북한 비핵화를 위한 공조가 필요한데도 오히려 일본의 핵개발이나 재무장의 구실이 될 수 있다.

한·중관계 회복도 더디기만 하다. 사드 배치 문제로 한국과 중국 국민 간 어긋난 감정의 골이 좀처럼 메워지지 않고 있다. 반면 시진핑 주석과 김정은 국무위원장은 다양한 정상회담의 모양새를 갖추며 전통적 신뢰회복을 다짐한다. 대미, 대남 관계에서 중국과 북한이 서로 지렛대가 돼주며 입장 강화를 위한 카드로 활용한다.

미국과 무역전쟁을 겪고 있는 중국은 북한을 '순치'로 응수하며 북·미관계 개선을 견제하고자 한다. 미국은 한국 정부가 친중국, 친북한으로 경사되고 있다는 판단에 따라 민감한 정보교환에 응하지 않고 있다고 알려진다.

김 위원장은 이미 '핵무력 완성'을 선언했다. 체제 생존전략으로 핵보유국 지위를 요구하는 북한이 스스로 핵을 포기하지 않는다. 오히려 핵무기의 유용성을 알고 있다면 핵 개발만이 대응책이라는 방안이 고개를 든다. 북한이 핵보유국으로서 '파키스탄모델'을 따른다면 이에 대항해 남한도 인도 핵 국가의 길을 따라갈 수밖에 없다는 주장이다. 북한의 선의만을 믿고 비핵화를 이룰 수 있다고 생각한다면 너무나도 순진한 발상이라는 지적이다.

2018년 한국을 찾은 페리는 현재 북한의 핵보유가 기정사실이 되면서 자신이 보고서를 제출했던 1999년 당시보다 북한과의 협상이 더 어려워졌다고 토로했다. 그렇지만 대북한 억지력을 유지하면서도 협상을 지속해야 한다고 강조했다.[42] 북·미협상 결과에 크게 기대하지 않는다는 그는 트럼프 대통령의 대북 접근방식에 성공 징후가 보이지 않는다는 진단을 했다. 왜냐하면 트럼프는 북한이 핵을 갖고자 하는 근본적인 이유를 이해하지 못하고 있으며, 북한이 핵 보유에 대한 절박성을 느끼지 않도록 하는 방식으로 협상을 준비해야 한다고 지적했다. 즉, 북한의 '체제 전복'에 대한 우려를 해소해야 한다는 것이다. 페리는 북한의 주장에 근거가 없다는 생각을 하지만, 북한은 미국이 자신들의 정권을 붕괴시키려 한다는 두려움 때문에 핵무기는 '억제력' 차원에서 필요하다고 주장한다고 설명했다.

한반도 평화체제 구축을 목표로 한국은 남북한관계 진전에 모든 역량을 쏟아왔다. 김정은 위원장은 남북정상회담 후 연내 답방을 약속했지만 지켜지지 않고 있다. '한·미동맹'과 '한·중 전략적협력동반자' 사이에서 균형을 맞추려는 노력이 과연 얼마나 성과가 있는지 되돌아봐야 한다.[43] 한국외교가 처한 고민의 핵심이다.

# 제11장 동북아 갈등과 협력

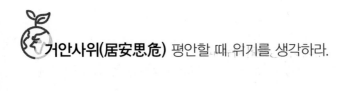

거안사위(居安思危) 평안할 때 위기를 생각하라.

한반도를 둘러싼 주변 4개국에 모두 '강한 지도자(strong man)' 등장으로 동북아 지역에서 갈등요인과 협력요인으로 기회와 도전이 상존하고 있다. 6차 핵실험으로 핵국가 지위를 인정받고 싶은 김정은 위원장은 '핵무력 완성'을 선언하며 물러설 기세가 아니다. 북한의 핵포기 가능성이 점점 멀어지고 있다. 한국은 유례없는 대통령 탄핵사태를 맞아 조기 대선이 실시되어 문재인 대통령이 정권교체를 이루고 한반도 중심 평화구상을 실현시키고자 한다.

미국 도널드 트럼프 대통령은 '미국 우선주의'를 내세우고 위대한 미국 재건을 외치며 등장했다. 중국 시진핑 주석은 신시대 '시진핑 사상'을 당정에 새기며 1인 지배체제를 확립하고 '신형국제주의'로 '중국몽(中国梦)'을 실현하고자 한다. 일본 아베 신조 총리는 의회 해체의 승부수를 던져 선거에서 압승으로 재신임을 받아 최장수 총리의 기반을 닦았다. 러시아 블라디미르 푸틴 대통령은 '신동방정책'을 앞세우며 극동지역 개발을 통해서 옛 명성에 걸맞는 영향력 회복을 꾀하고 있다.

동북아 지역은 지구적 평화와 안정을 가늠할 수 있는 휘발성을 갖고 있다. 한·중·일 간의 협력은 역내 발전에 필수적이다. 중·일 간에는 댜오위다오(일본명 센카쿠 열도)를 둘러싸고 일전도 불사한다는 태도를 보여 왔다. 한·일 간에는 독도, 위안부 문제와 강제징용 등 역사적 사실을 둘러싸고 감정적 대립으로까지 치달았다.

2013년 말 일본 아베 신조 총리는 야스쿠니 신사 참배를 감행함으로써 미국을 비롯해서 중국, 한국으로부터 외면당했다. 경제력에 걸맞은 군사력을 가진 '강한 일본'을 만들겠다며 그는 1980년대에 이미 총리가 되면 "평화헌법을 바꾸고 싶다"고 했다는 그의 부인의

증언이 있듯이 확신에 차 있다.[1] 또한 북·일관계 개선을 통해서 주
변국으로부터 고립되어가는 상황을 타개하고자 한다. 아베는 2002
년 고이즈미 준이치로 전 총리와 납치자를 담당하는 관방 부장관
자격으로 북한 방문에 동참했다. 부시 대통령의 전폭적인 지지를
업고, 김정일-고이즈미가 마주 앉은 북·일정상회담이 이뤄진 현
장을 목격했다. 어떤 방식으로 접근해야 미국과 북한을 안심시키면
서 대화를 이끌어낼 수 있는지 체험했다.[2] 아베도 고이즈미 총리처
럼 북·일정상회담을 원하고 있다. 하지만 북한핵으로 인해서 한·
미·일 공조로 공동 대항해야 하는 완전히 다른 프레임에 맞닥뜨리
고 있다. 북한은 일본 홋가이도를 가로지르는 미사일을 발사하는
대범한 돌발도 서슴지 않고 있다.[3]

북한 핵능력증강에 따라 미군의 요구를 받아들여 한국 정부가 결
정한 사드 배치는 한·중 국민들의 정서적 분열로까지 치닫고 있
다. 한·중 간에 문화예술분야의 교류까지도 영향을 받는 '한한
령'(限韓令)으로 양국은 이전보다 냉랭한 분위기를 풀지 못하고 있
다. 시진핑 주석의 한국방문이 이뤄진다면 이를 해소할 수 있을 것
으로 기대하고 있다.

동북아에서 해양 안보를 내세우며 군비경쟁이 벌어지고 있는 상
황에도 면밀히 대처해야 한다. 이는 심각한 갈등요인이 되어 상흔
을 남기고 있다. 북한 핵문제로 제재국면이 지속된 상황에서 미국,
중국, 일본, 러시아와의 조율이 점점 더 중요해지고 있다.[4] 동북아
지역의 갈등을 넘어서 협력할 수 있는 공간을 점검해 보고 한국의
역할을 찾기 위한 노력을 기울여야 한다. 이에 동북아안보협의체
가능성을 타진해 본다.

# ①

# 중국의 부상

동북아에서 대두되고 있는 배타적 민족주의는 역내 평화와 안정을 위협하는 요인이다. 중국 후진타오 주석은 권력기반을 확고히 하고자 중화 민족주의를 강조하며 전임자와 차별화를 시도한다. 일본 고이즈미 총리는 우익적 민족주의에 편승해서 '보통국가'가 되어야 한다고 주장한다. 고조되는 민족주의를 이해하려면 급속한 경제 성장에 따른 중국의 부상에 대해 일본이 '중국 위협론'으로 대응하는 과정을 면밀히 살펴야 한다.<sup>5)</sup>

중국은 경제력과 군사력에 더해서 문화적 가치를 앞세워 제도적으로 종합국력을 키워나가고 있다. 이는 전지구적 차원의 강대국으로 발돋움하려는 국가 목표다. 중국이 경제력과 군사력 같은 강성국력과 더불어 연성국력, 문화·정치적 가치 및 대외정책 등으로 영향력을 확대함으로써 강력한 국가로 부상하고자 한다.<sup>6)</sup>

덩샤오핑 체제가 확립된 이후 중국은 대외정책의 기본 전략으로 '도광양회(韜光養晦)'를 바탕으로 평화와 발전을 지향해 왔다. 이

전략적 목표는 장쩌민 체제와 후진타오 체제에도 계승되었다. 중국의 경제력이 성장함에 따라 높아진 위상과 자신감을 바탕으로 중국 민족주의는 국제주의 추세에 부응하는 긍정적 형태로 나타나고 있다.[7] 중국 민족주의는 '방어적 민족주의'로서 독단적 형태로 보이지만 본질적으로는 반응적이다.[8] 중국은 일본 군국주의적 민족주의와 달리 긍정적 민족주의를 추구하며 상대방에 대응하는 의미의 방어적 측면으로 이해해야 한다고 주장한다.[9]

경제력과 군사력 측면에서 중국의 부상이 가시화되면서 동북아에 경계의 목소리가 높아지고 있다. 지난날 일본의 중국침략과 관련해서 근래 중·일간 첨예한 갈등을 겪어 왔다. 일본은 장기간 경제침체를 겪는 동안 중국이 고도성장을 지속해 나가자 우려의 눈초리를 거두지 않고 있다.[10] 이에 '중국 위협론'을 제기해온 일본은 2004년 중국과 북한을 위협의 대상으로 명시한 '신방위대강'을 발표했다.

중국과 일본에서 양국의 민족주의를 자극하는 사건이 발생했다. 2005년 4월 중국 상하이와 베이징을 포함하는 주요 도시에서 반일 시위가 벌어졌다. 과격한 양상을 보인 상하이에서는 10만 명이 넘는 시위대가 일본영사관을 둘러싼 채 투석하면서 일본 상점과 일제 자동차를 공격했다. 일본 정부는 중국의 공식 사과를 요구하며 일본인의 기물파손에 대한 배상을 주장했으나 이를 거부당했다.[11] 이 사건은 중화민족주의가 중국에서 새롭게 고조되고 있다는 반증이다.

과거 일본 침략행위와 관련된 역사 문제에 대한 일본 정부의 태도가 직접적인 도화선이 되어 반일시위가 일어났다. 두 개의 쟁점이 있다. 하나는 일본 문부과학성이 일본의 중국침략에 대해 왜곡된 내용의 검정교과서를 승인한 것이다. 다른 하나는 일본의 UN 안전보장이사회 상임이사국 진출 시도이다. 일본의 민족주의적 군국주의 부활을 우려하는 중국은 고이즈미 총리의 야스쿠니 신사참배를 문제 삼아 정상회담도 거부했다. 중국의 강경한 태도로 양국 관계는 경색 일로를 치닫고 있었다. 고이즈미 총리는 향후 중국과 한국이 야스쿠니 신사참배 문제를 외교 카드로 사용하지 못하게 하겠다고 공언했다.

　대결적 국면으로 접어든 중·일관계는 결코 과거와 단절된 현재가 아니다. 민족주의를 이해하기 위해서 중국과 일본의 과거 역사적 갈등을 살펴보아야 한다. 동북아에서 주변국의 우려를 자아내는 중국의 부상이 일본에 위협으로 인식하는 일본이 어떻게 대응하는지 분석해 본다. 양국의 민족주의가 어떠한 양상을 띠고 있는지 경제 분야와 안보 분야를 대별해 본다.

## 1) 경제 분야

　중국은 1990년대 초 제8차 5개년 경제계획을 시작으로 개혁을 심화시키고 개방을 확대해서 고도의 경제성장을 이뤘다. 개혁·개방 정책을 실시한 1979년 이후 급속한 부상과 전례 없는 고속 성장은 다수의 경제 지표를 통해서 확인할 수 있다. 중국의 발전은 동아시아 지역권 내에서 주변 인접국들에 적지 않은 파장을 일으키게 되었다. 경제적 측면의 '중국 위협론'은 21세기에 들어서면서 오랜 기간 경제침체에 빠져있던 일본에 빠르게 확산되었다. 중국이 경제대국으로 부상한 이후, 일본이 중국을 위협적인 존재로 간주한 지표를 살펴본다.

### (1) GDP 연간 성장률

2000년부터 2008년까지 세계은행이 발표한 미국, 중국의 연간 GDP 성장률을 비교해 볼 수 있다. 미국의 경우 2000년에는 4.1%의 성장률을 보이나 2008년 금융 위기에 접어들면서 연간 GDP 성장률이 −0.3%로 하락했다. 중국은 2000년에 8.5%의 성장률을 보이고, 2008년 미국 발 금융 위기의 타격을 입기 전까지 2007년 최고 14.2%에 이어 2008년에 9.7%를 기록했다.

일본의 경우, 장기간 경제 침체로 연간 GDP 성장률이 상당히 저조하다. 2000년 2.8%의 성장을 시작으로 2008년에는 −1.1%로 하락세이다.[12] 1990년대 이후 일본은 제조업 등 실물경제의 장기 침체, 정부의 금융 및 재정정책과 산업정책 실패, 정부의 재정 적자 악화 등으로 회복 국면으로 들어서기가 쉽지 않았다. 지표에서도 확인할 수 있듯이 중국 경제 규모의 성장에는 별다른 이견이 없어서 중국 경제성장을 위협으로 인식하는 국가들의 우려가 점차 증대되었다. GDP 연간 성장률은 중국과 일본 경제의 명과 암을 여실히 보여준다. 일본에서 경제 분야에 대한 '중국 위협론'이 빠르게 확산될 수밖에 없었다.

### (2) GDP 세계 점유율

GDP 세계 점유율 지표에서 중국의 경제 규모가 어느 정도의 위치인지를 보면, 중국의 경제성장을 위협으로 인식하는 국가들의 입장을 이해할 수 있다.

IMF 세계경제지표를 바탕으로 만들어진 미국 구글사(Google)의 '공공데이터 분석 시스템'에 따라, 2000년부터 2008년까지 미국, 중국, 일본이 차지하는 GDP 세계 점유율을 비교할 수 있다.

미국은 2000년에 20.97%를 차지하였으나 9년 간 지속적인 하락세를 보이며 2008년에 17.87%의 점유율을 기록했다. 그러나 점유율이 3.1% 하락하였음에도 여전히 세계 최대 경제 대국의 자리를 놓치지 않았다.

중국은 가파른 연간 GDP 성장률만큼이나 세계 점유율 또한 동일 기간 중 괄목할만한 변화를 보였다. 2000년에는 7.36%이지만 꾸준한 상승세를 기록하며 2008년에는 11.93%를 차지했다. 2000년에 미국과 13.61%의 차이를 보였으나 2008년에는 점유율 차이가 5.94%로 좁혀지면서 전 세계적으로 중국의 경제 규모가 커졌다고 알렸다.

일본은 2000년 6.6%의 점유율을 차지해서 중국과 매우 미세한 차이를 보였다. 중국이 대폭 상승하지만 일본은 소폭 하락하면서 2008년에 5.2%를 기록했다. 이로서 중국과 0.76%의 차이를 보였던 2000년과는 달리, 9년이 지난 2008년에는 6.73%의 큰 차이로 뒤처졌다. 이와 같은 결과는 2차 세계대전 이후 세계 경제 질서를 주도했던 미국에게 부담이자 위협이 아닐 수 없다. 중국의 경제규모 확대는 기존에 구축된 경제 질서를 변경시킬 수 있는 요인으로 작용하고 있다.

### (3) 수출 점유율

GDP와 관련된 경제지표 외에도, 주춤하는 일본과 성장하는 중국

의 발전양상이 대비된다. 2000년대 들어 일본 기업들이 인건비가
저렴한 중국으로 대거 이전하면서 국내 산업이 큰 타격을 입었다.
중국 제품이 일본 국내 시장과 수출 시장을 잠식했다. 또한, 미국
상무부의 2002년 통계에 따르면 미국 시장에서 중국 제품 점유율
이 10.8%로, 일본 제품 10.4%를 넘어섰다. 대미 수출 또한 일본이
중국에 밀리는 실정이다. 이와 같은 현실은 일본에 짙게 드리워진
중국의 그림자가 허상이 아닌 실상이며 첨예하게 대립할 수 있음을
보여준다.

## 2) 안보 분야

일본은 2002년 〈방위백서〉에서 중국의 국방예산이 불투명하다
고 지적했다. 2004년 〈신방위계획대강〉에서 중국을 북한과 함께
위협적이라고 공식 규정했다. 일본이 안보 분야에서 중국을 위협적
인 존재로 인식한다는 사실은 일본의 자민당 정무조사 회장인 나카
기와 쇼이치의 발언에서도 알 수 있다. 그는 2007년 중국의 군사비
지출 증가로 일본이 20년 내에 중국의 일개 성으로 전락할 위험이
있다고 언급했다. 타이완이 중국의 완전한 통치권 하에 들어가면
다음은 일본 차례가 될 것이라고 노골적으로 '중국 위협론'을 제기
했다. 중국의 지속적인 국방비 증가와 군 현대화 추진을 근거로 위
협요인을 분석해 본다.

### (1) 중국 국방비 증가

중국 정부가 공개한 통계 자료에 따르면, 국방 예산이 2000년

146억 달러였으나 지속적으로 예산을 늘려 2008년에 611억 달러를 기록했다. 중국 국방예산은 2011년 12.7%, 2012년 11.2%, 2013년 10.7%, 2014년 12.2%, 2015년 10.1% 등 두 자릿수 증가율을 이어 왔다.[13] 한 자릿수로 떨어진 경제성장률과 대비되어 국방 예산의 고속 팽창은 '중국 군사대국화' 지표로 볼 수 있다.

일본은 2000년 400억 달러로 중국보다 약 250억 달러 이상의 예산을 편성했지만 중국이 2005년부터 일본을 앞서기 시작한다. 미국 워싱턴의 싱크탱크인 국제전략문제연구소(CSIS)에 따르면, 2000년부터 2005년까지 중국 국방비 예산이 12.1% 증가했으나 일본은 고작 0.6%에 그쳤다. 중국 국방비 예산이 매년 증가하고 있고 더구나 불투명한 지출 내역과 규모로 인해서 역내 패권국으로 간주되었던 일본, 그리고 역외 패권국인 미국의 우려를 증폭시키는 방아쇠 노릇을 한다.

## (2) 중국군 현대화 추진

중국 〈국방백서〉에 군 현대화를 언급하면서도 핵심적 전략 개념은 인적 자원 중심의 인민전쟁론에 기초하고 있다. 2000년대 들어 중국군은 '인민전쟁론에 대한 유연한 입장'을 지향하겠다고 발표하고 군사혁신을 적극적으로 추진했다. 이 개념은 새로운 군사과학기술의 도입 및 응용, 군대의 질적 향상으로 작전 운용과 조직편성을 혁신적으로 발전시키고자 한다. 이로써 전투 효과를 극적으로 증폭시키려는 목적이 있다.

중국군은 감군정책을 꾸준히 실시해 오고 있다. 거대한 병력 규모와 비대한 조직으로 인해서 효율적 대처 능력이 현저히 떨어졌던 약점을 보완하는 조치다. 이는 전통적 방식의 군사체계를 현대식으로 전환하는 과정이며 전투력의 질적 향상을 이뤘다.

중국의 지속적인 국방비 증가와 21세기에 들어 추진하고 있는 군 현대화는 인접국인 일본에 충분한 위협요소가 될 수 있다. 경기 침체로 군사력 증강에 부담을 느끼는 일본은 막강한 경제력과 군사력에서 규모로나 질적으로 상당한 궤도에 오르고 있는 중국을 위협적인 존재로 인식한다.

중국의 부상이 경제와 안보 분야에서 급격하게 이뤄지는 과정에서 이를 견제하려는 움직임으로 '중국위협론'이 대두되면서 경계하게 되었다. 2013년 시진핑 주석의 등장으로 중국의 위상은 더 강력해져서 중국은 미국과 더불어 G2로서 협력과 경쟁하는 상황을 맞게 된다.(11장)

# 영토문제

동아시아에서 지속되는 영토분쟁은 해상의 섬을 둘러싸고 있는 해양 영유권에 대한 다툼이다.[14) 섬을 둘러싸고 배타적 경제수역 (Exclusive Economic Zone, EEZ)과 해저자원 가치가 새삼 주목받으며 한 치의 양보 없는 신경전이 벌어지고 있다.[15)

역사적으로 볼 때, 반복적으로 전쟁을 경험한 동북아시아에서 민족주의적 영토분쟁으로 갈등이 쌓이고 있다. 제2차 세계대전 후 일본은 패배하고 전승국인 미국 주도의 새로운 국제질서가 형성되었다. 이 과정에서 1951년 샌프란시스코 평화조약이 체결됨으로써 반환도서와 잔류도서가 모호하게 결정되었다. 이에 따라 동북아 지역의 영토분쟁은 해결되지 못하고 갈등의 씨앗을 잉태했다.

냉전기에는 소련이라는 '공동의 위협'에 대처하는 전략적 협력을 추구해서 분쟁으로까지 치닫지 않았다. 그러나 소련 붕괴 이후 탈냉전기에 중국이 부상하면서 갈등요인이 부각되고 있다.

## 1) 댜오위다오/센카쿠열도

중·일 간에 댜오위다오(일본명 센카쿠 열도)를 둘러싼 영유권 분쟁으로 대립하고 있다. 일본 정부가 2012년 개인으로부터 이 섬을 사들여 국유화 방침을 밝히자 중국에서 대규모 반일시위가 벌어져 격화되었다. 중국은 청·일 전쟁에 패한 후 당시 일본으로 넘어간 댜오위다오 소유권을 일본이 패전 이후에도 반환하지 않아서 일본에 그대로 귀속되어 있다고 주장한다. 중국은 원 소유주인 중국이 영유권을 가져야 한다는 입장에 따라 일본에 대해 부당함을 시위한다. 일본과 대립하고 있는 중국이 한·중 간 아직 확정되지 않은 이어도 문제에 대해 한발 물러서서 분쟁화하지 않으려는 의지를 밝혔다.[16)]

중국은 샌프란시스코 조약에 서명하는 자리에 없었다. 미국은 공산화된 중국 대륙을 견제하기 위해서 태평양으로 진출하는 길목인 센카쿠열도를 일본에 남기고 싶었다. 이 조약에 따라 일본이 반환하기로 명시한 영토에 센카쿠열도가 포함되어 있지 않다며 일본의 영유권을 주장하고 있다.

중국은 2004년 국방백서에 '해양권익수호'의 목표를 처음 밝히고 해군력 증강을 비롯한 국방력 강화에 박차를 가해왔다. 중국은 일본과의 댜오위다오/센카쿠열도 영유권은 타이완 문제와도 연계되는 핵심이익으로 간주한다. 시진핑 시대를 맞아 중국이 해양안보에서 영토분쟁 지역을 쉽게 포기하거나 양보할 것으로 기대하기는 어렵다.

일본은 댜오위다오/센카쿠열도에 대해 실효적 지배를 하고 있다.

미국은 일본의 행정관할권은 인정하되 섬의 소유권에 대해서는 중·일 간에 해결해야 한다는 입장이다. 오바마 대통령은 일본 국빈방문에서 아베 총리와 공동성명으로 센카쿠열도가 미·일 안보조약의 적용대상으로 선언하면서도 미국은 중국과 견고한 관계를 원한다고 밝혔다.(2014.4.25) 미국 대통령으로서는 최초로 일본의 손을 명시적으로 들어준 것이다. 이에 중국은 댜오위다오가 역사적으로 고유 영토임을 내세워 반발하고 있다. 중국은 청·일 전쟁 이후 이 섬에 대한 행정권이 일본에 귀속되었으므로 2차 세계대전에서 패한 일본은 당연히 이 섬을 돌려달라고 주장한다.

이어서 한국을 방문한 오바마 대통령이 중국의 동맹인 북한으로부터 한국을 지킨다고 선언하면서도 한반도 안정을 위해 중국의 도움이 절실하다고 언급했다. 이와 같이 미국은 일본과 한국을 방문해서 동맹관계를 확인하면서도 중국을 불필요하게 자극하지 않겠다는 의지를 드러냈다. 러시아의 지원을 받는 우크라이나 크림반도 사태로 미·러관계가 최악인 상황에서 중국이 패권적 팽창주의에 나서지 못하게 하겠다는 의도를 내포하고 있다. 미국과 러시아가 마찰을 빚을 때마다 반사이익을 얻었던 중국이 이러한 상황을 활용해서 역내 분쟁을 악화시키지 못하도록 단속하겠다는 메시지다.[17]

## 2) 쿠릴열도/북방영토

소련은 2차 세계대전 전승국으로서 일본의 북방 4개 섬을 전리품으로 차지하고 이에 대한 실효 지배력을 확보했다. 이후 쿠릴열도를 둘러싸고 소련과 일본 간에 반환 협상이 진행되었다. 이를 계승한 러시아는 4개 섬들에 대한 자원개발을 위해서 일본이 투자하는 형식의 공동 개발을 추진해 왔다. 양국 간 4개 섬 중에 작은 2개 섬을 일본에 반환하는 조건으로 협상이 진행되었다. 그러나 푸틴 대통령은 쿠릴 4개 섬 모두에 대한 영유권은 포기할 수 없다는 강경 입장을 견지하고 있다. 이에 따라 아베 정부가 요구하는 반환협상은 진전되지 않고 있으며 쿠릴열도와 주변 해양에 대한 공동자원개발에 관심을 표명한다.

일본은 자국 영토인 북방 4개 섬에 대해서 소련의 영유권을 인정한다는 서약을 해 준 사실을 시인한다. 다만 이 조약은 각각 소련과 일본에서 비준을 받아야 효력을 발생한다는 조항이 문제다. 일본에서는 조약 비준이 이뤄졌지만 당시 소련은 이를 거부하고 비준하지 않았다. 따라서 일본은 이 조약이 무효라고 주장한다. 북방영토인 4개 섬들을 불법으로 점령하고 있는 러시아로부터 반환받겠다는 입장이지만 협상은 교착상태다.

### 3) 독도/다케시마

독도 인근 해역에는 해저자원이 풍부하다. 해양국가로서 해양관할권 확장정책을 추진하는 일본은 육지보다 해양이 7배가량 넓다. 한국과는 독도를 둘러싼 갈등을 겪고 있다. 독도는 울릉도, 제주도와 더불어 우리 고유의 영토로 국제 사회에서 인정받았다.[18] 그렇지만 일본은 1905년 1월 독도를 다케시마로 명명하고 시마네현에 편입시켰다. 광복과 더불어 패전국 일본이 물러나면서 독도영유권을 포기해야 했지만 아직도 독도를 다케시마로 자신들의 땅이라고 주장한다.

2014년 한국 정부는 일본이 독도 영유권을 주장하며 보낸 서신을 그대로 돌려주었다. 그러나 항목마다 역사적 근거를 적시하고 일본 주장의 부당함을 알렸어야 했다. 이를 통해서 세계적으로 한국 입장이 타당성을 각인시킬 수 있는 홍보 기회로 삼았다면 더 효과적이었을 것이다. 일본은 외신이나 잡지를 통해서, 또한 고위공무원을 미국 등 해외에 파견해서 집요하게 독도를 다케시마로 소유권을 주장하고 있다. 이는 결코 우리 국민들이 받아들일 수 없다.[19]

일본 노다 총리는 2012년 8월 24일 성명에서 독도에 대해 3가지 관점을 주장했다. ① 17세기 중반부터 일본이 독도를 반입했다. ② 1905년 독도가 시마네현으로 법적 효력을 가졌다. ③ 1951년 샌프란시스코 평화조약으로 독도가 일본땅이 되었는데 '이승만 라인'으로 한국이 이를 불법적으로 점령하고 있다.

항목마다 이에 대해 사실이 아님을 반박할 수 있다.

첫째, 17세기 말 일본 공문서에 울릉도와 독도가 조선령이라고 표기되었다. 1870년 울릉도, 1877년 독도가 일본이 아닌 조선현에 포함된다고 이미 공표되었으므로 일본 주장은 허구다.

둘째, 대한제국의 문건에 의하면 1897년 울릉도와 독도에 대해 세금을 부과했다는 기록이 있다. 1900년 대한제국 칙령으로 독도가 울릉군에 편입되었다. 1905년 을사조약에 따라 일본이 주장하는 시마네현 반입은 이미 실효성을 상실하였다.

셋째, 1951년 일본과 연합국 간에 체결한 샌프란시스코 조약에 미국이 일본 주장대로 한국령에 독도를 포함시키지 않았다. 다른 UN 참전국들은 독도가 한국 땅이라고 분명히 밝혔다. 그러므로 한국이 독도를 불법점령하고 있다는 주장이 성립되지 않는다.

독도는 대한민국의 영토이며 실효적으로 지배하고 있다. 한국 정부는 독도가 다케시마가 아니라는 입장을 확고히 설명해야 한다. 일본의 주장에 대해 일일이 역사적 사실로 맞대응해서 허구라고 낱낱이 밝히고 국제적 공감을 얻도록 해야 한다.

일본은 독도 문제에 대해 총리 친서, 외교서한을 비롯해서 국제사법재판소 제소 결정에 이르기까지 마지막 카드를 내보이고 있다. 일본도 선거를 의식한 여러 강경 조치들을 취하고 있어서 해결책을 찾으려는 시도조차 어렵게 하고 있다. 한·일 양국에서 새로운 관계 정립을 위한 노력이 절실히 요구된다.[20]

## 4) 샌프란시스코 평화조약

1951년 샌프란시스코 조약에 근거를 두고 패전국 일본의 영토반환 규정에 따른 갈등이 지속되고 있다. 한국이 참여하지 않은 회의에서 독도는 5차 회의까지 한반도에 속하는 부속도서이므로 반환한다고 명기되어 있었다. 하지만 6차 이후 회의를 거치면서 반환도서명에서 슬그머니 빠지는 바람에 현재까지 분쟁의 소지를 남기고 있다.

이 조약이 체결될 당시 한반도 장래에 대해 미국은 확신할 수 없는 상황이었다. 6·25 전쟁을 겪고 있던 한반도가 공산주의화 되기 전에 전략적 군사요충지로서 독도를 일본에 남겨두는 것이 대소련, 대공산주의 견제에 유리하다고 미국은 판단했다. 러·일 전쟁에서 일본은 울릉도를 군사기지로 활용해서 승전한 경험이 있다.

댜오위다오/센카쿠열도에 대해서도 샌프란시스코 평화조약에 일본이 포기한 영토로 포함되어 있지 않다는 점을 들어 일본은 실효적 지배하의 영유권을 주장한다. 이는 미국이 당시 공산화된 중국대륙을 견제하기 위해서 태평양으로 진출하는 길목을 일본의 지배하에 두는 것이 전략적으로 유리하다고 판단한 것으로 볼 수 있다.

반면 쿠릴열도/북방영토 4개 도서에 대해서 전승국인 옛 소련은 기여도를 인정받아 이를 자국의 영토로 명시할 수 있었다. 다만 이에 대한 승인을 소련이 거부하는 바람에 분쟁지역으로 남았다. 이후 러시아와 일본 간에 여러 차례 협상을 거쳐 4개 도서 중 2개를 반환하기로 합의했다. 하지만 이마저도 번복되어서 아직 러시아 관할 지역으로 남아있다.

동북아에서 영토분쟁을 제공하는 근본 원인은 세계대전 이후에 전승국과 패전국 간에 약속한 영토영유권 문제가 명확한 기준이 없고 모호하기 때문이다. 이에 대한 피해의식에서 비롯된 것임을 알 수 있다. 미국은 일본과 샌프란시스코 평화조약을 이끌어낸 당사자로서 책임이 있다. 이 조약이 체결되는 현장에 영토분쟁의 당사국인 남한, 북한, 중국이 조약 서명에 참여할 수 없었다.

이에 따라 이해당사자들의 이해관계에 대한 공정한 심사가 이뤄질 수 없었다. 패전국 일본의 요구와 전승국 미국과 소련의 이해가 최대한 반영되어 평화조약이 맺어졌다고 판단할 수 있다. 영토문제는 전쟁을 하지 않는다면 완전히 해결될 수 없으므로 평화적으로 관리할 수 있는 방안을 찾아야 한다.

# 역사인식

중국의 부상이 주목받고 있는데 단순히 중국의 경제발전이나 군비증강 때문만은 아니다. 경제 분야와 안보 분야에서의 괄목할만한 진일보를 지렛대 삼아 심화되고 있는 중국의 민족주의를 경계한다. 고도의 경제성장을 이루고 현대화가 성공적으로 추진되면서 중국은 어느 정도 민족적 자신감을 되찾고자 한다. 아편전쟁 이후 과거 100년 간 경험했던 굴욕과 치욕의 역사에서 벗어나 중국이 독자적이고 자주적인 지위와 역할을 점차 회복하고 있다.

2000년대 이후 중국 민족주의는 경제성장과 더불어 역사 인식에 바탕을 둔 새로운 형태로 고조되기 시작했다.[21] 중국이 융성하고 있는 시기에 발현된 민족주의에 주목해야 한다. 중국 국내의 위약함과 불안한 국제적 지위를 안고 표출된 과거의 민족주의와는 확연히 다른 모습이다. 21세기 들어서 외부 위협에 대한 위기의식이 최소화되고 중국 부상에 대한 열망이 고조된 상황에서 등장하는 민족주의는 국가 발전의 원동력으로 활용하고자 하는 의도를 나타낸다.

## 1) 동북공정

동북공정(东北工程)은 중국 국무원 산하 사회과학원 직속 변경역사 연구센터에서 2002년 2월부터 5년간 추진한 '동북변강역사여현상계열연구공정(东北边疆历史与现状系列研究工程)' 사업의 약칭으로 중국 동북지방 역사, 지리, 민족문제 등과 관련해서 다양한 사안들을 학제적 시각으로 다루고 있다.[22]

중국은 한족과 55개 소수민족이 오랜 역사과정을 통해 통일해서 형성된 국가라는 '통일적 다민족 국가론' 관점에서 한국의 고대사를 왜곡하고 있다. 기존의 고구려사는 중국사이자 한국사라는 '일사양용(一史两用)'의 관점이다. 그런데 이를 '과거는 현재를 위해 복무해야 한다(以古为今用)'고 재해석하고 있다. 이에 고구려사를 '중국 고구려사'로 편입시킨 것이다.[23]

한국 학계는 동북공정이 고구려는 물론 고조선, 발해 등 한국 고대사 전반을 중국사에 편입시키기 위한 역사 왜곡이라고 지적한다. 이는 향후 한반도 통일 이후를 대비해서 국경이나 영토 문제 등에 우위를 차지하기 위한 고도로 계산된 포석으로 보고 있다.[24] 동북공정은 한반도 정세변화 시 연변지역에 대한 남북한의 역사적 법적 권리를 주장할 가능성에 대처하기 위한 중국 정부의 정책이라는 것이다.[25]

반면, 중국 정부는 동북공정이 정부와 관계없는 민간 학술 차원의 문제라고 지속적으로 주장한다. 이에 양국 정부는 2004년 한·중 구두양해각서에 합의했다.[26] 한국 정부는 2004년 교육부 산하 고구려연구재단을 발족하고, 이후 2006년 9월 동북아역사재단으로 출범시켜 역사적 사실연구를 바탕으로 중국의 역사왜곡에 대비하고자 한다. 2006년 핀란드 헬싱키에서 열린 아시아 유럽 정상회의에서 노무현 대통령은 후진타오 주석에게 동북공정에 대해 바로 잡아줄 것을 요구했다.

중국 동북공정에 따르면, 우리 고대사가 2000년으로 축소되는 결과를 낳게 된다.[27] 멀리 고조선으로부터 5000년 역사를 내세우는 한민족이 중국의 동북공정으로 왜곡되지 않도록 학계의 연구를 바탕으로 외교적 노력을 지속적으로 기울여야 한다.

## 2) 야스쿠니 신사참배

일본 고이즈미 총리는 한국과 중국 등 주변 국가들의 강력한 반대에도 불구하고 인접국들의 광복절인 패전 당일 신사참배를 강행했다. 그의 야스쿠니 신사방문은 2001년 취임 이래 매년 진행되었으나, 2005년 8월 15일 참배는 처음이다. 일본의 신사참배는 단순한 추도가 아니다. 향후 일본이 정치, 군사 대국화로 나아가기 위해서 민족적 결단과 정체성을 확보하고자 하는 행위다. 일본은 고이즈미 집권 아래 우익적 민족주의를 고취시켰다. 이는 중국의 민족주의를 지속적으로 자극하며 대결적 구도를 형성해왔다. 2013년 말 미국을 비롯해 중국, 한국이 나서 경고했지만 아베 총리는 야스쿠니 신사참배를 감행하고 말았다. 역사 왜곡의 현장에 참배하지 말라는 요구는 묵살됐다. 한 · 일관계의 실마리를 풀라는 미국의 호소도 공허하다. 이후, 우익보수주의자를 자처하는 아베 총리는 야스쿠니 신사에 직접 가지는 않고 매년 공물을 바치는 것으로 대신한다.

양국의 민족주의적 대립은 양측 국민들에게도 오해와 불신을 증폭시킨다. 상호 과잉대응을 한다면 더 큰 불신이 형성되는 악순환의 고리가 형성될 수 있다. 과거 냉전체제에서 강대국의 이해에 따라 동아시아 역사문제를 억지로 봉합해서 각국에 민족주의가 온전히 보존될 수 있는 물적 토대가 된 측면이 있다. 21세기에 심화되고 있는 국가 간 민족주의 대립은 해체된 냉전구도를 부활시킬 수 있어서 우려를 자아낸다.

## 3) 교과서 왜곡

동아시아에서 과거사를 둘러싼 역사인식의 문제로 인한 갈등과 대립이 반복되고 있으며, 이는 교과서 왜곡 문제를 통해 표면화 되고 있다. 미래의 주역인 학생들에게 잘못된 역사인식을 심어주고 침략전쟁을 미화한다는 점에서 교과서 왜곡 문제는 안일하게 다루어질 사안이 아니다.[28] 2001년 3월, 8종의 일본 중학교 역사 교과서가 문부성의 검인정을 받는 과정에서 한국역사 왜곡내용이 드러나면서 국내외적인 파장을 불러일으켰다.[29]

김대중 대통령은 2001년 4월 11일 한일경제협회 소속 일본인 회장단을 접견하고 오부치 총리와 '한일파트너쉽 공동선언'을 설명했다.[30] 처음으로 비판적 입장을 개진했다. "역사 교과서 검정문제는 이 공동선언 정신에 비춰 매우 미흡한 데 대해 한국 국민이 큰 불만을 표시하고 있다." 이후 한국 정부는 일본의 교과서 왜곡 문제에 대해 강경하게 대응하기 시작했다.

일본 정부는 2017년 3월 초중생들에게 독도 영유권이 왜곡된 교육을 의무화한 학습지도요령에 대한 적용 시기를 2~3년 앞당기기로 했다. 일본 문부과학성은 본래 교육 현장에서 준비과정을 거쳐서 2020년(초등학교)이나 2021년(중학교)에 적용하려던 계획을 2018년으로 앞당겼다. 따라서 초등학교에서는 새 학습지도요령 내용 중 일부를 당초 예정보다 2년 앞서, 중학교는 3년 먼저 적용한다. 새 지도요령에는 '독도와 센카쿠열도 그리고 북방영토는 일본 영토'로 다루도록 명시했다.[31]

교과서 왜곡 문제는 일본에 국한되는 것이 아니다. 중국 교과서에도 우리 역사가 심각하게 왜곡되고 있는 실상이 밝혀졌다. 중국 학교 80%가 채택하는 인민교육출판사의 '세계역사' 교과서에는 한글창제에 대해 "중국 음성학의 원리를 결합시켜 28자의 자모를 만들었다"며 한글의 독창성을 축소, 부정하고 있다. 또한 "김일성이 주도해 일제치하의 무장 투쟁이 이루어졌으며 한국 전쟁은 미국의 침략 때문에 일어났다"고 기술하고 있다. 고대사 왜곡도 심각한 수준이다. 한반도 역사의 한 부분인 발해사는 엉뚱하게 중국 역사 교과서에 수록돼 있다. "발해는 중국 당나라의 지방정권으로 당현종이 대조영을 발해왕에 제수했다"는 내용이다. 이밖에도 신라 수도가 평양으로 기술되는 등 중국 역사교과서의 많은 부분에서 한국사가 왜곡 축소되고 있다.[32]

한·중·일 공동으로 역사교과서 연구 및 집필에 대한 기준이 마련되어야 한다. 3국 간 공동으로 역사 왜곡의 진실을 밝히는 노력을 기울여야 하겠다.

## 4) 위안부 문제

"갈 데까지 가야 한다." 일본 전문가에게 악화일로를 치닫는 한·일관계의 해법을 물었더니 돌아온 답이다. 일본 내 우경화 여론의 지지를 업고 극우 행보를 보이고 있는 아베 신조 정권은 한국 입장에서 보면 '막무가내'다.

일본 스가 요시히데 관방장관은 위안부 문제에 대해 '무라야마 담화(1995년)'로 이어진 '고노 담화(1993년)'의 수정이 필요한지 검증하겠다고 한다. 자신들이 선택했던 총리와 제2인자를 부정하겠다는 것이다. '조선 여인들이 가난해서 돈벌이하기 위해서 나섰다'거나 '군대 위안부가 우리만 있었는가'라고 항변한다. 그리하여 한국 위안부 할머니 16인의 흥분한 증언이 과장됐고, 정부 차원의 위안부 동원을 증빙할 문서가 없었다고 하려는 것이다. 병영에서 이뤄진 위안부 강제동원의 증거들인 '현장문서'가 속속들이 들춰지고 있다.

2014년 1월 UN 안전보장이사회 공개토의에서도 '위안부 (comfort women)', '강제 성 노예(enforced sex slave)'라는 표현이 거론되었다. 올바른 역사인식과 피해자에 대한 사죄 등 일본 정부의 책임 있는 조치를 바라고 있다.[33]

일본의 외교 현안은 3가지로 요약할 수 있다.

첫째, 러시아가 관할하고 있는 북방영토를 반환받고자 한다. 중국과는 센카쿠 열도/댜오위다오, 한국과는 독도영유권 문제로 대립하고 있다.

둘째, UN에서 미국에 이어 제2위의 분담금을 내고 있지만 국제사회에서 제대로 목소리를 내지 못한다. 이에 독일과 더불어 UN 상임이사국 진출을 꾀하고 있다.

셋째, 북·일관계 정상화를 통한 외교적 성과를 필요로 한다. 국제사회에서 고립되고 있는 북한과 일본의 이해관계가 맞아떨어질 수 있다. 아베 정부는 지지율 하락을 피하기 위해 세 가지 현안 중 비교적 현실성이 있는 북·일관계 개선에 나서고자 할 수 있다.

박근혜 정부에서 위안부 문제로 양국은 한·일정상회담을 열지 못할 정도로 경색 국면이 지속되고 있었다. 2015년 12월 28일 한·일 외교장관 회담에서 회담 개시 70분 만에 결론을 도출하고 공동기자회견을 했다. 기시다 후미오 일 외무상은 위안부 문제로 다수 여성들의 명예와 존엄에 깊은 상처를 입혔으며 일본 정부의 책임을 통감한다고 발표했다. 아베 총리가 위안부 피해자들에게 사죄와 반성의 마음을 표명하며 한국에서 위안부 지원 재단이 설립되면 일본 정부 예산으로 약 10억 엔 출연을 약속했다. 그러나 한국 민간단체를 중심으로 이에 대한 반대 입장 표명이 이어졌다.[34]

아베 총리가 역사적인 군위안부 합의를 결단한 배경에는 미국의 지속된 해결요구가 있었다. 역사인식 문제가 한·일관계진전의 장애가 되면서 한·미·일 3자 공조에 차질이 생기는 상황을 종식시켜야 한다는 판단에 따라 합의했다. 오바마 대통령이 위안부 문제가 "끔찍하고 매우 지독한 인권침해 문제"라고 지적하면서 아베 총리에게 강한 메시지가 되었다.[35]

양국 최대 현안인 일본군 위안부 문제가 극적으로 합의되고 이는 교착상태를 타개하려는 노력으로 한·일관계에 많은 변화가 예상되었다. 당시에도 위안부 출연금 성격, 소녀상 이전 문제 등에 대한 미묘한 온도 차를 감지할 수 있었다. 일본 정부는 출연금에 대해서 "배상이 아니다"라고 밝히면서 "(피해자들의) 명예와 존엄을 치유하기 위한 사업"이라는 입장에 따라 한국 위안부 할머니들의 반발을 샀다.[36] 또한, 사죄에 포함되어 일본군 위안부 문제에 관해 설명한 부분은 고노담화에 훨씬 못 미치므로 위안부 할머니들은 이를 받아들일 수 없다는 입장이다. 아베 총리는 "미야자와 담화와 고노 담화, 무라야마 담화 등 모든 담화를 수정할 필요가 있다."고 밝힘으로써, 과거형으로 마지못해 사죄를 언급했다는 인상을 남겼다.[37]

문재인 정부 출범 후, 2017년 12월 27일 외교부 태스크 포스 팀이 위안부 문제 해결을 위해서 지난 정부의 문서를 검토했다. 이 과정에서 한·일 간 이면합의가 있었던 것이 드러났다. 일본은 이 합의가 반드시 지켜져야 한다고 연이어 강조했다. 아베 내각에 새로 임명된 고노 다로 외무상은 2015년에 이룬 한·일 합의가 최종적이라고 확인했다. 한국과 일본은 12월 28일 외교장관 회담을 통해 위안부 문제에 대해 불가역적으로 해결되어야 한다고 약속해서 양국이 최종 해결 의지를 천명했다. 다만 '불가역적 해결'이라는 표현에 대한 양국 정부의 해석이 엇갈린다. 한국 정부는 2015년 말 협상 타결을 계기로 일본 정부가 '말바꾸기'나 '책임회피'를 해서는 안된다는 전망을 담았다. 반면 일본 정부는 위안부 문제가 재론되지 않을 가능성에 방점을 찍었다.[38]

한·일 간 합의로 국민감정에 '불가역적'이라는 용어가 사용됐다. 과연 위안부 피해자 당사자가 정서적으로 받아들일 수 있는지는 고려하지 않았다. 피해 당사자인 위안부 할머니들은 일본 정부의 공식적인 사과가 들어있지 않고 배상받아야 한다는 의미에서 받아들일 수 없다고 했다. 연로한 위안부 할머니들은 점점 쇠약해지고 생존자는 점차 줄어들고 있다. 정부 등록 위안부 수는 239명이며, 2019년 1월 위안부 문제 제기에 앞장선 김복동 할머니도 별세해서 생존자는 15명이다.(2021년 2월 기준)

문 대통령은 '피해자 중심'과 '국민과 함께하는 외교'를 내세우며 이전 정부의 위안부 합의를 받아들일 수 없다고 언명했다. 위안부 문제 합의 내용에 공감하지 않는 부분이 있지만 국제관계상 일본과 재합의를 시도하기는 쉽지 않다. 문재인 정부는 잘못된 합의로 인한 지난 정부의 외교정책 실패로 규정했다. 일본 측이 제공한 10억 엔으로 조성한 '치유·화해재단'을 해체했다.

2018년 10월 말 한국 대법원의 강제징용 배상판결에 따라서 일본의 경제보복이 이어져서 한·일관계에 악영향을 끼치고 있다. 이를 감안한다면 위안부문제와 강제징용에 대해서 외교부는 국제공조에 방점을 두고 정책방향의 틀을 이끌어가야 한다. 위안부 문제는 여성가족부에서, 강제징용 배상문제는 고용노동부가 중심이 되어 정부 간 역할분담이 이뤄진다면 외교부의 협상력에 보탬이 될 수 있을 것이다.

2018년 김대중-오부치 선언 20주년을 맞았지만 한·일 간의 새로운 협력을 정립할 수 있는 기회는 좀처럼 만들어지지 않고 있다. 2020년 9월에 출범한 스가 요시히데 총리는 역사문제로 연말에 한국에서 열릴 예정이던 한·중·일 정상회담에 불참한다는 뜻을 밝혔다. 이낙연 민주당 대표는 이에 매우 실망스럽다고 언급했지만 일본 정부의 입장은 강경하다.

# 사드(THAAD)

임진왜란의 참상을 서애 유성룡 선생은 객관적 사실로 기록해서 '징비록(懲毖錄)'으로 남겼다. '나의 지난날을 반성하고 훗날 근심이 없도록 한다.' 2017년 9월 7일 고고도미사일방어(THAAD·사드) 체계 배치가 완료되면서 너무나 큰 비용을 치르고 있는 한국이 지침으로 새겨들을만하다. 3년 전, 2014년 사드 배치가 처음으로 알려졌지만 제대로 준비하지도, 대처하지도 못한 탓에 미국, 중국으로부터 신뢰받지 못하고 국내에서도 국론분열을 가져오는 결과를 낳았다.[39]

2014년 6월 3일 커티스 스캐퍼로티(Curtis M Scaparrotti) 전 한·미 연합사령관은 한국에 사드전개를 요청한 사실을 처음으로 언급했다. 그해 3월 북한의 노동미사일이 고각으로 발사됨에 따라 한·미 당국은 대비책이 시급한 상황이었다. 대안으로 사드체계가 제시되었다. 2014년 오바마 행정부는 박근혜 정부에 사드체계 구매를 제안했지만 성사되지 않았다. 사드가 고가이면서도 성능에 대한 확신이 서지 않았고 중국의 반발을 의식한 대응이었다.

3월 10일 청와대는 "사드에 대한 요청, 협의, 결정"이 없었다는 의미의 '3NO(request, consultation, decision)'를 발표했다. 한국이 먼저 사드 배치를 제안하면 1개 포대에 1조 5000억 원이 들 수 있는 비용을 한국이 부담하게 된다고 판단했다. 미국 록히드 마틴사는 한·미 간 사드 배치 논의를 언급했다가 바로 이튿날 부인하기도 했다. 한국 정부는 미국과 중국 사이 줄다리기 외교(hedging diplomacy)를 하는 양상이었다. 하지만 북한이 미사일과 핵 도발을 지속한다면 사드 배치를 검토할 수 있다는 정부의 입장을 분명하게 밝혔어야 한다.

북한은 2016년 1월 6일 4차 핵실험에 이어 장거리 로켓(미사일) 대포동을 발사했다.(2016.2.7) 박근혜 정부는 '3NO'정책을 폐기하고 한·미 간에 사드 배치에 대한 공식적 협의를 발표했다. 사실상 4차 핵실험 직후부터 한국과 미국은 비공식적 협의를 진행했고 사드 배치 협의를 위한 공동실무단이 구성되고 약정서(TOR)를 체결했다.(2016.3.4)

중국은 한국의 사드 배치에 대해서 배신감을 토로한다. 2016년 6월 29일 황교안 국무총리가 베이징 인민대회당에서 시진핑 주석을 만났다. 시 주석을 만난 황 총리가 며칠 후에 한국 정부가 사드 배치를 공식적으로 발표할 예정이라고 알려주고 중국의 양해를 구했더라면 중국 측의 감정이 악화되는 것을 누그러뜨릴 수도 있었다. 이후 황 총리는 중국에 사드체계 배치의 필요성을 설명하고 미국과 상의가 진행되고 있다고 시 주석에게 알렸다고 해명했다.

2016년 7월 8일 한·미 당국은 공식적으로 사드 배치를 결정했다. 7월 13일 경북 성주군 성산포대에 사드체계 배치를 발표했다.

그러나, 국제정세를 고려하지 않은 최악의 타이밍이었다. 바로 전날 7월 12일 헤이그 국제상설중재재판소는 필리핀 제소에 따른 남중국해 분쟁에 관해서 중국에 대한 필리핀 승소를 만장일치로 채택했다. 중국이 연이은 외교적 참패로 여길 수 있는 사건이었다.

한국 사드 배치의 목적은 북한 미사일 발사를 포함하는 동향을 감시하고 이에 대비하려는 것이다. 한국이 중국을 정찰하려는 의도가 아니라고 아무리 설명해도 중국이 들으려 하지 않는다. 중국은 사드 배치를 전략적 핵심이익과 연관시켜 어떠한 형태라도 받아들이려고 하지 않는다. 한국이 먼저 양해를 구했더라도 반응은 바뀌지 않았을 가능성이 높지만 발표 시기를 늦춰서 조정할 수 있었다.

사드 배치가 공식적으로 결정되자 각종 괴담이 떠돌기 시작했다.[40] 사드 배치에 대한 국내 여론이 분열되었다. 박근혜 정부가 중·미 사이에서 '미국 편향'이라는 비판이 쏟아졌다. 북한 핵에 대응하는 안보차원의 국익에 관한 문제이지만 정치 쟁점화되면서 국내 갈등이 증폭되고 있었다.

9월 5일 중국 항저우에서 열린 한·중정상회담에서 박 대통령과 시 주석이 사드체계 배치를 놓고 담판을 벌였다. 한국의 사드 배치 연기와 중국의 북한 원유공급 중단 등 다양한 거래가 예견되었으나 양국은 입장차이만 확인했을 뿐이다.

국방부는 9월 30일 사드 기지 부지를 성산포대에서 성주골프장으로 변경했다. 성주 주민들의 거센 반발 때문이라고는 하지만 더 심각한 중국의 보복을 불러왔다. 일단 군 기지인 성산포대로 결정되었다면 그대로 밀고 나갔어야 하는데 납득할만한 설명 없이 변경되어 정부에 대한 불신이 더욱 깊어졌다. 11월 4일 빈센트 브룩스

(Vincent K. Brooks) 한·미 연합사령관은 사드체계는 향후 8~10개월 내 전개될 것이라고 언급했다.

2017년 3월 6일 미군 C-17 수송기에 실어 미국 본토에서 한국 오산기지로 사드체계의 레이더와 미사일 발사대 2기가 수송되었다. 한국 영토에 사드 배치가 '기정사실'로 굳어졌다. 4월 26일 주한미군은 성주골프장에 사드 체계 레이더와 발사대 2기 등 일부 장비를 반입하기 시작했다. 한국의 19대 대통령 선거가 5월로 앞당겨짐에 따라 새 정부 출범 전에 배치하기 위해서 서두르고 있었다.

2017년 5월 9일 문재인 대통령이 당선되었다. 5월 30일 문 대통령은 사드 발사대 4기에 대한 국내 반입을 보고받지 못해 "매우 충격적"이라면서 진상조사를 지시했다. 성주골프장에 대한 소규모 환경영향평가를 진행해서 거의 마지막 단계에 이르렀지만 문재인 정부는 지난 정부의 사드 배치 과정을 비판하며 민주절차적 정당성을 지키겠다고 약속했다. 이에 따라, 7월 28일 1년이 넘게 걸릴 수 있는 일반 환경영향평가로 변경했다.

한국 정부는 시간을 벌고 남북한 관계개선으로 사드 배치가 필요하지 않는 상황을 모색한다는 방침이었다. 국방부는 선거 과정에서 전략적으로 사드 배치를 반대했지만 이전 정권에서 이미 결정이 이뤄져서 한·미동맹에 따른 약속을 되돌릴 수 없다는 명분을 내세울 수 있었다. 한국은 사드 배치에 대한 중국의 우려를 충분히 이해하며 이를 감안해서 한·중관계를 더 심화해 나갈 수 있는 방향으로 중국을 설득하는 노력을 할 수 있었다. 한국 정부가 사드배치 입장을 일관성있게 견지하지 못함으로써 중국은 더욱 강경한 자세를 보이고 있다.

문재인 정부에서 사드체계 배치는 한·미관계의 시금석이다. 7월 28일 북한은 ICBM급인 화성-14형 2차 시험발사 성공으로 미국을 직접 위협하게 되었다. 7월 29일 문 대통령은 미국 측과 사드 잔여 발사대 임시 배치를 협의하라고 지시했다. 사드 기지에 대한 일반 환경영향평가 결정을 발표했지만 반나절도 지나지 않아 정부 방침이 180도 바뀌는 상황이 되었다. 9월 7일 사드체계 미사일 발사대 4기와 지원 장비가 반입되면서 1개 포대 배치가 완료되었다. 트럼프 대통령은 북한 6차 핵실험 후 문 대통령과 전화 통화를 하면서 먼저 사드에 대한 질문을 꺼냈다. 이에 문 대통령은 "최대한 신속하게 완료하겠다"고 약속했다.[41]

한국은 사드 배치 과정에서 미국과 중국, 양국 모두와 신뢰 관계에 금이 간 것은 아닌지 되돌아보아야 한다. 표면상 사드체계 1개 포대 배치를 완료해서 한·미 간 간극이 없어져 보인다. 그러나 사드 배치가 지연되는 과정에서 미국은 한국의 의도를 의심하고 있다. 중국은 한국의 사드 배치 번복을 목격하면서 강경 입장을 누그러뜨리기보다는 오히려 압박하면 목적을 달성할 수도 있다고 인식한다.

사드체계 추가 배치와 관련해서 중국 언론들이 비난의 수위를 높이고 있었다.[42] 인민일보 해외 판은 사드 배치로는 한반도 문제를 해결할 수 없다며 '사드 무용론'을 주장했다. 미국이 전략적 목적을 실현하는 중요한 도구로 긴장된 한반도 정세를 이용하려는 것으로 비난했다. 과장된 북한 핵 위협으로 동맹들이 도움을 요청하게 되었고, 동맹의 안전을 빌미로 미국이 사드를 배치했다는 것이다. 트럼프 행정부에 군 출신 인사가 각료로 많이 포진해 있고, 이들이 바로 미국의 군산복합체를 대변하면서 한국에 수십억 달러에 달하는 첨단 무기판매를 추진해서 탄두 중량 제한을 취소했다고 지적했다.

공개적으로 중국 언론이 '사드 봉인론'을 처음으로 제기했다.[43] 이미 배치가 완료된 사드는 평소 봉인한 상태로 두라는 것이다. 만일 사용하려면 UN 안전보장이사회로부터 권한을 부여받아야 하며, 우려를 표시하는 국가(중국과 러시아)의 감독을 받아 양해를 얻어야 한다는 논리를 폈다. 사드 배치를 반대하는 중국의 동의를 받아야 사드 사용이 가능하다는 주장은 주권 침해의 소지가 있을 뿐만 아니라 한 · 미 양국이 도저히 받아들일 수 없다.

반면 한국은 북한의 핵 포기를 압박하기 위해서 2016년 초 개성공단마저 폐쇄하고 UN과 대북제재의 강도를 높여나가는 데 앞장서고 있다. 북한이 6차 핵실험과 SLBM 발사를 성공함에 따라 사드 배치의 필요성에 공감대를 이뤄가고 있다. 만약 중국의 요구대로 사드 배치를 철회한다면 한 · 미동맹은 심각한 균열로 신뢰를 잃게 될 것이다. 역으로 입장을 바꿔 생각해 보면 중국에도 미국의 압력으로 한 · 중관계에 악영향을 줄 수 있다는 선례를 보여줌으로써 한국을 믿지 않게 될 수 있다.

2017년 11월 ASEAN 정상회의에서 시진핑 주석과 문재인 대통령은 한 · 중정상회담을 개최하고 사드 문제를 봉합하기 위한 노력을 기울이기로 합의했다. 한국 강경화 외교부 장관은 2017년 11월에 3불(不) 정책(① 사드배치, ② MD가입, ③ 한 · 미 · 일 군사동맹)에 대한 입장을 표명했다. 이에 주권문제에 대한 많은 논란이 있고 사드 문제가 완전히 해결된 것도 아니다. 아직도 중국 여행객들의 한국 방문이 예전 같지 않으며 양국 간에 정서적으로 느끼는 간극이 말끔히 해소되지 않고 있다.

# 군비증강

동북아 지역에서 북한 핵문제가 각국 군비경쟁의 도화선이 되고 있다. 북한은 2017년 11월 29일 성명을 통해 '대륙간탄도로켓 화성-15형'의 시험발사가 성공적으로 진행되었으며 '국가핵무력완성'이 실현되었다고 선언했다.

트럼프 대통령은 "미국은 이기는 전쟁을 다시 시작할 것"이라고 선언하며 2018년 국방예산을 10%(540억 달러) 증액했다. 이에 대응해서 중국의 2018년 국방예산은 사상 처음 1조 위안을 뛰어넘은 1조121억 위안이다. 이러한 중·미 간 대립의 흐름 속에서 아베 일본 총리도 2012년 말 집권 이후 5년 연속 방위예산을 늘리고 있다. 2017년 3월 2일 참의원 예산위원회에서 방위비를 GDP 1% 이하로 억제할 생각이 없으며 1976년 이후 지켜온 '방위비 1% 원칙'을 사실상 폐기하려는 속내를 밝혔다.[44] 전통적 군사강국인 러시아 역시 '강한 러시아 건설'을 기치로 내세우면서 2012년부터 2020년 전까지 20조 루블(약 6,667억 달러)을 투입해 군사력을 재건한다는 계

획을 추진하고 있다. 한국은 문재인 정부에서 국방비를 2018년 43
조 1,581억 원에서 2019년 46조 6,971억 원으로 8.2% 인상하고 '자
주국방'의 기반을 다지고자 한다.

러시아의 크림반도 침공으로 빚어진 우크라이나 사태 이후 미국
과 EU의 제재조치로 에너지 자원에 의존도가 높은 러시아 경제에
심각한 타격을 가할 수 있다는 경고가 거듭됐다. 중국이 무력으로
이웃을 침략한 러시아 모험주의를 흉내내면 안 된다는 미국의 강력
한 의지표현이다.[45]

중·미 간 군비경쟁은 해양에서 더욱 첨예하게 대립하고 있다.
미국의 2016년 해군 전력구조평가(FSA: Force Structure
Assessment)에 의하면, 잠재적 경쟁자들의 능력이 증강되고 미국
군사력이 손상되며 기술적 우위가 침해되고 있어서 308척에서 47
척 증가된 355척 수준으로 해군력 증강을 목표로 제시했다.[46]

또한, 홍콩 사우스차이나모닝포스트(SCMP)는 2018년 2월 중국
이 서태평양과 인도양에 '해상기반 탄도미사일 방어(MD)' 체계를
구축할 것이라고 보도했다.[47] 이는 '대양해군' 건설을 목표로 하는
중국이 인도양, 서태평양 동시에 영향력을 확장하겠다는 의도로 해
석된다.

중국의 해군력 강화는 반접근/지역거부(A2/AD) 전략을 통해 미
국의 군사적 진입 차단과 자유로운 군사행동을 거부하는 것이며,
현대화에 집중되어 있다.[48] 중국 해군은 2020년까지 원양임무 수행
이 가능한 121척 이상의 함정을 보유하고, 2030년에는 세계 2위의
해군력 규모를 갖추게 될 것이다.[49]

# 동북아 안보협의체

한반도를 둘러싼 주변국들은 자국의 이익을 앞세운 갈등으로 첨예한 이해관계를 보인다. 미국과 중국은 G2로서의 위상에 걸맞게 기후변화, 에너지, 식량안보, 대량살상무기비확산 등 지구적 관심사 해결에 책임 있는 행위자로서의 역할을 주문받고 있다. 미국과 중국 간에 촉발된 '환율전쟁'이 2012년 서울 G20 정상회의에서 겨우 진정될 수 있는 전기가 마련되었지만 안심할 수 있는 상황은 아니다. 중·미 간에 역내 질서재편을 위한 영향력 확대를 둘러싸고 힘겨루기가 벌어지고 있다. 그동안 미국발 금융 위기와 유럽발 경제 위기를 겪으면서 중국과 아시아에 대한 관심이 더욱 고조되고 있다.

한국은 세계적인 금융 위기 속에서 가장 빠른 회복세로 경제성장을 지속하고 있다. 하지만 남북한 간의 대치 관계는 남한의 원칙을 내세운 강경정책으로 이어져 왔다. 이전 정부에서 대북한 정책 전환 여부에 따라 남북 관계개선의 가능성을 가늠하고자 했지만 별 성과가 없었다.

　　2011년 1월에 개최된 중·미정상회담 이래 양국은 남북한 간의 '건설적 대화'를 촉구해 왔다. 한국 정부는 천안함과 연평도 피격에 대한 사과를 대화재개의 우선 조건으로 제시했지만 북한이 받아들이지 않았다. 6자회담 당사국들 간에 조심스럽게 대화를 위한 진의를 타개하려는 노력이 있었지만 본격적인 대화가 진행되기 위해서는 더 많은 시간이 필요하다.

　　중국의 부상과 미국의 아시아 중시정책으로 인한 중·미관계의 부침 속에서 한반도 미래를 위한 균형 잡기가 만만치 않다. 한·미동맹에 대한 중국의 전략적 이해를 고려한다면 폭넓은 대화를 나눌 수 있어야 한다. 통일과정과 이후에 주한미군의 역할을 포함하는 민감한 문제에 대해서 솔직한 속내를 털어놓을 수 있는 환경 조성이 중요하다. 통일된 한반도가 결코 중국에 적대적이지 않을 '전략적 협력동반자'라고 중국이 확신할 수 있어야 한다. 혹시라도 한국이 중국에 편향될 것을 우려하는 미국과의 굳건한 '한·미동맹' 지속도 확약해야 한다.

　　중국의 부상이 가파르다. 시진핑 주석은 2014년 5월 21일 '상하이선언'으로 '아시아 안보는 아시아인이 지켜야 한다'는 담론을 제시했다. '아시아 교류 및 신뢰구축회의(Conference on Interaction and Confidence-Building Measures in Asia, CICA)' 기조연설에서 아시아 안보대화 협력의 새로운 틀을 건설하자고 제안했다. 아시아에서 미국을 배제하고 중국이 주도하는 아시아 안전보장 체제 구축을 위한 '선언'이다.[50] 미국 '아시아 회귀'와 중국 '신형대국주의'의 순조롭지 못한 동행이 예견되었다.

　　트럼프 대통령 등장 이후 '인도-태평양전략'과 시진핑 주석의 '일대일로'를 통해서 영향력 확대를 위한 이해관계가 충돌하고 있다. 양국 간 첨예한 무역전쟁으로 인해 직접적으로 대립하면서 중·미 간 긴장관계로 한국외교의 향방이 주목받고 있다.

러시아는 우크라이나 사태로 주요 8개국(G8)에 초대받지 못하면서 미국과 최악의 관계를 이어갔다. 서방 국가의 제재가 뒤따르고 외교적으로 고립 현상이 나타나고 있다. 그러자 시 주석과 푸틴 대통령은 2014년 5월 동중국해에서 대규모 군사훈련을 함께 참관하고 군사협력을 강화하기로 했다.

동북아 지역에서의 '중·러연합군사훈련'에 대해서 상당히 우려하는 시선이 있다. 중국 외교부는 이 훈련이 특정한 제3자를 목표로 하지 않으며 제3국의 이익과 관계없이 어떠한 위협도 되지 않는다는 입장을 밝혔다. 중·러관계의 밀월을 과시했다. 러시아는 초강대국으로서의 옛 명성을 되찾으려는 듯 친 러시아 세력에 대한 지원을 지속하고 있다. 2018년 9월 러시아와 중국은 냉전 이래 최대 규모의 합동군사훈련을 실시했다. 훈련에는 30만 명의 병력과 1000대 이상의 군용기가 투입되고 전차, 장갑차 등 3만 6000대의 군사 장비가 동원됐다. '보스토크(동방)-2018'이라 명명된 훈련은 동시베리아 훈련장 5곳, 동해, 베링해, 오호츠크해 등에서 실시되며 연합군사훈련을 통해 중국과 러시아는 어느 때보다 긴밀한 군사 협력 관계를 과시했다.

2014년 5월 30일 싱가포르에서 열린 제13차 아시아 안보회의(샹그릴라 대화)에서 일본 총리는 '아베 독트린'에 준하는 선언을 했다. 미국과 일본이 아세안 안전보장을 지원하겠다는 것이다. 집단자위권 확보로 우경화로 치닫고 있는 일본은 거침없어 보인다. 주변국과의 영토 분쟁이나 역사 왜곡에 따르는 반성 요구는 아랑곳하지 않는 듯하다.

일본의 경제력에 걸맞은 군사력을 확보하겠다고 열을 올리고 있다.

한반도를 둘러싼 미·중·일·러 움직임이 심상치 않다. 자칫 미국·일본, 중국·러시아로 이어지는 신냉전 구도로 회귀하려는 조짐에 우려하는 목소리가 커지고 있다. 남북한관계 개선은 한국외교의 든든한 버팀목이자 지렛대가 될 수 있건만 한 발자국도 나아가지 못하고 있다. 오히려 북한의 적대적 언사와 행위를 보면 한치 앞을 예견할 수 없게 한다.

북핵 문제를 다루기 위한 6자회담은 2003년 이후 10여 년을 넘기면서도 소기의 성과를 내지 못했다. 북한은 지속적으로 6차례 핵실험을 단행하면서 6자회담 개최 중에는 핵실험을 하지 않았다. 북한의 비핵화 조치만을 우선적으로 요구한다면 6자회담의 유용성은 빛이 바랠 것이다.

6자회담에는 동북아에서 벌어지는 영토분쟁 당사국들이 모두 참여하고 있다. 역내 일촉즉발의 무력충돌을 방지하고 평화와 안정을 위한 대화협의체의 필요성이 대두된다. 6자회담은 동북아 안보협의체의 기본이 될 수 있는 틀이다. 이미 2·13 합의(2007)에서는 9·19공동성명(2005)에 명기한 상호 안보협력 증진을 위해 동북아 평화·안보체제 실무그룹을 설치하기로 했다.

샌프란시스코 평화조약(1951)은 동북아 영토분쟁의 씨앗을 잉태하고 있었다. 미국은 한반도가 공산화될지 모르는 상황에서 옛 소련 공산주의의 팽창을 견제하고자 했다. 샌프란시스코 5차 회의까지 반환도서명에 있던 독도(Liancourt Rocks)는 6차 회의 이후 제외되면서 결국 리스트에 없었다. 공산화된 중국을 견제하기 위해서 태평양 진출의 전략적 요충지인 댜오위다오(일본명 센카쿠열도)는 일본이 행정관할권을 갖게 되었다. 미·일 간의 샌프란시스코 조약은 중국, 한국, 북한이 모두 참여하지 못한 채 결정됐다. 일본과 소련 간의 쿠릴열도(일본명 북방영토) 영유권은 전승국 소련의 영향력이 작용해서 소련이 점령했다.

동북아에서 영유권을 둘러싼 분쟁이 격화됨으로써 만약 전쟁이 발발한다면 역내 평화와 안정을 결코 이룰 수 없는 불행을 안게 된다. 이를 감안해서 샌프란시스코 평화조약 후속 조치로서 당시 참여하지 못했던 당사국들이 모두 참여해서 동북아 안보협의체를 결성할 필요성을 제기할 수 있다. 이 대화협의체로 동북아 핵심분쟁 사항을 논의하고 대화를 통해서 평화적 해법을 찾으려는 노력을 기울여야 한다. 미국은 이를 위한 중심적 노력으로 결자해지의 자세를 보여야 한다.

지난날 한국에서 효선·미선양의 죽음이 계기가 되어 반미감정이 걷잡을 수 없이 확산되며 한·미 양국이 곤혹을 치른 적이 있다. 한·미동맹의 굳건함 속에서도 우발적 사건으로 우리 국민의 감성에 불이 지펴진다면 반미감정이 촉발될 수 있다는 경험이었다. 만약 독도에 대한 한·일 간 영유권 분쟁이 심화되고 일본 정부의 도발은 미국이 주도한 샌프란시스코 조약의 모호성 때문이라고 한국 국민들이 인식하게 된다면 또 다른 감성적 반미감정을 불러일으킬지도 모른다.[51] 적어도 이러한 상황을 사전에 막아야만 할 의무가 우리에게 있다. 동북아 안보협의체를 통해서 북한 핵, 영토분쟁 해결을 기대하지 않더라고 적어도 협의가 이뤄지고 대화가 지속되는 기간 동안 직접적인 무력충돌이 일어나지 않도록 관리할 수 있다.

김정은 위원장은 2018년 초 평양에서 남한의 대북특사단과 만나서 "대화 중에는 핵실험과 미사일 발사 등 전략 도발을 하지 않겠다"

고 언급한 것으로 보도되었다. 이는 사실상 '모라토리움'(중단) 선언으로 보는 견해도 있으며 한미연합군사훈련도 이해한다는 의미로 알려지기도 했다.[52] 이후 핵실험이 더 이상 진행되지 않고 있지만 북한의 진의를 미국에 전달하는 과정에서 논란이 일기도 했다.

6자회담이 베이징에서 개최되었지만 향후 6개국을 순회하면서 열려야 한다. 6자회담이 외교장관급으로 격상되어 현재보다 확대된 형태로 진행되기를 제언한다. 베이징에서 6자 외교장관회의가 열리면 시진핑 주석을 직접 만나 현안을 건의할 수 있을 것이다. 북한에서 6자회담이 열린다면 김정은 국무위원장과 각국 외교장관들이 대면해서 북한 핵의 심각성을 논의할 수 있을 것이다. 한국에서 북한 외무성 부장이 포함된 6개국 외교장관들은 대통령과 북한 핵문제를 토의할 수 있을 것이다. 이러한 방식을 통해서 각국의 최고 지도자와의 톱-다운 형식의 논의가 가능해지고 정책결정의 기회의 창이 열리게 될 것으로 기대할 수 있다.[53]

상기 제기한 6자 안보협의체 방안은 김정일 위원장 시절 측근 인사들과 논의된 바가 있고 긍정적인 반응을 얻은 것으로 알려졌다.[54] 그러나, 중국과 미국의 패권경쟁이 격화되고 신냉전시기가 예견되면서 6자회담을 통한 동북아안보협의체 구상은 실현되기가 쉽지 않은 상황이다. 미국은 쿼드(미국, 일본, 인도, 호주)를 중심으로 나토(NATO)와 같은 집단안보동맹을 결성하고 쿼드 플러스(한국, 베트남, 뉴질랜드)도 출범시키겠다는 계획을 밝히고 있다. 한국은 '안미경중(安美經中)'으로 안보는 미국과 경제는 중국과 밀접한 관계를 맺고 있다는 입장이었지만 코로나19 팬데믹으로 이는 더 이상 유효하지 않게 되었다는 지적을 받고 있다.(12장)

# 제12장 디커플링(Decoupling)

**난형난제(难兄难弟)**

누구를 형이라 하고 누구를 아우라 하기 어렵다.

21세기 초 미국은 유일 초강대국의 지위를 향유하고 있었지만 차이메리카(China+America) 시대 새로운 국면이 전개되는 상황을 맞아 중국과 미국의 협력과 갈등은 세계질서에 지대한 영향을 미치고 있다. 전 지구적 안보 분야에서 보조를 맞추다가도 자국의 이해관계가 걸린 개별 현안에 대해서는 각자의 목소리를 키운다. 양국이 서로 핵심 국가이익으로 내세우는 남중국해 등 서태평양에서의 군사력 대립이 지속되고 있다. 미국은 안보적 차원에서 세력팽창을 꾀하는 중국을 묵과할 수 없는 반면, 중국은 주권적 차원에서 영유권 분쟁을 다루고 있어 양보할 수 없다는 입장이다. 양국은 다자기구를 포함해서 다른 국가들과 협력해서 역내 상호존중과 소통증진을 추구하지만 양측의 불협화음이 완전히 해소되기에는 미흡하다.

미국은 '인권존중'과 '민주주의'가 대외정책의 기본이라는 점을 일깨운다. 미국의회 의원들은 중국 인권실태와 환율조작, 중국 내 기업관행 등에 대해 쓴 소리를 쏟아낸다. 주요 이슈로는 중국의 위안화 절상을 비롯해서 테러리즘, 대량살상무기, 비확산, 기후변화 등 지구적 문제를 망라하고 있다. 중국은 내정간섭이 있어서는 안 된다고 맞받아치기도 한다.

중국은 종합국력이 급격히 팽창하면서 미국과 더불어 G2 위상으로 자리매김하고 있다. 평화적이고 안정적으로 중·미관계를 도모함으로써 중국은 향후 경제발전에 도움이 된다고 인식한다. 국제정치 현실에서 중국은 미국과의 관계를 단순히 도전자 혹은 동반자로 간주하기보다는 현안·시기·영역에 따라 각각 다른 선택을 하면 된다는 실용주의적 시각을 보인다.

중국 지도부 내에는 '중국의 아시아 패권을 막을 능력을 가진 유일한 국가는 미국'이라는 불안감이 존재한다. 중국은 개혁·개방정책의 성공적인 안착을 위해 대외적으로는 주변의 평화와 안정을 추구하며 대내적으로는 고도성장으로 파생된 극심한 양극화 현상을 타파하고자 한다. '위대한 중화민족의 부흥'을 꿈꾸는 중국은 아시아를 중심으로 미국과의 관계 설정이 핵심 관심사다.

그래함 앨리슨(Graham Allison) 교수는 저서 '예정된 전쟁(*Destined for War*)'에서 '투키디데스 함정(Thucydides' Trap)'에 빠진 대립상황에서 발생한 전쟁에 주목했다.[1] 오늘날의 국제관계에 비춰보면 '상승하는 국가(rising power)'와 '기존 패권국가(ruling power)', 중국과 미국이 대립할 수 있는 경우를 상정해 볼 수 있다. 이와 비교해서 조세프 나이(Joseph Nye) 교수가 지적한대로 중국이 너무 강해보여서가 아니라 실제로 약하기 때문에 빠질 수도 있는 '킨들버거 함정(Kindleberger's Trap)'[2]도 염두에 둬야한다. 제1장 분석틀에서 제기한 중·미관계와 남북대화의 구조적 역학관계에 주목하면서 한반도 평화전략을 위한 제반 상황을 검토해본다.

미국은 소련 붕괴 이후 탈냉전기에 유일 초강대국 지위를 누리면서 번성해 왔다. 21세기 중국의 부상에 따른 미국의 '아시아로의 회귀'와 '재균형정책'으로 중·미관계는 패권적 딜레마를 안고 있다.[3] 트럼프 대통령의 '미국우선주의'와 시진핑 주석의 '중국몽'이 불협화음을 내고 있다. 새로 출범하는 바이든 정부에서도 대중국 견제 정책은 지속될 것이다. 중·미관계의 소원과 화해의 부침에 따른 상호 디커플링을 조명해 본다.

# ①

# 중국몽(中國夢)

덩샤오핑은 개혁·개방 이후 대외전략의 기본방침으로 '도광양회(韜光养晦 빛을 감추며 때를 기다린다)'를 제시했다.[4] 중국이 경제·군사 분야를 아우르는 국력을 기를 때까지 드러나지 않고 기다리며 선린우호관계를 유지한다는 것이다. 중국은 시기에 따라 근본적인 변화를 보이지는 않지만 국제사회에 적극적으로 참여해서 의지를 관철하는 '유소작위(有所作为)'도 드러냈다.[5]

강대국들과 마찰을 일으키지 않으면서 중국은 경제건설 목표를 이루고자 한다. 이에 따라 전(全)지구적 차원에서 미국과 겨루기보다 아시아를 중심으로 중국의 영향력을 점진적으로 확대해 나가는 전략을 펴고 있다. 미국의 유일 초강대국 지위를 인정하고 비대칭적이지만 일정한 힘의 균형을 통한 실리를 취하는 실용주의를 표방한다.

장쩌민 주석은 2002년 11월 제16차 당 대회에서 3대 역사적 임무로서 ① 현대화 건설추진, ② 중국 통일완성, ③ 세계 평화수호와 공동발전 촉진을 내세웠다. 중국공산당은 '중국 특색의 사회주의' 발전과정에서 중화민족의 부흥에 기여하며, 경제성장과 종합국력을 증대시켜서 궁극적으로 강대국 지위를 달성해야 한다는 목표를 제시했다. 장 주석은 협력안보의 '신개념'을 강조한 이래, 국가들 간의 상호 신뢰를 바탕으로 한 호혜와 평등, 협력으로 분쟁 해결을 위해서는 폭력에 의존해서는 안 된다고 밝혔다. 이에 자주 독립적인 평화외교정책을 통해서 동북아에서 새로운 국제질서가 수립될 수 있도록 서로 공동의 노력을 기울여야 한다고 명시했다.

후진타오 지도부는 번영된 사회 건설을 위한 목표를 신속히 달성하겠다는 의지를 내비쳤다. 중국은 중요한 전략적 기회를 맞아 주변 국가들에게 위협이 되지 않으면서 공동 번영을 구가하고자 한다. 중국 국가목표는 주변국과의 공존을 통해 종합국력을 신장시키는 것이다.

2003년 11월 후 주석은 공동의 발전과 안보를 지키기 위해서 국제사회에 적극적으로 기여하는 '화평굴기(和平屈起)' 전략을 채택했다.[6] '화평발전(和平发展)'을 통해 '화해(和谐)'를 이루겠다는 것이다. 중국이 평화적 부상을 통해 역내 패권을 추구하지 않겠다고 천명함으로써 일본 등에서 제기하는 '중국 위협론'을 불식시키고자 한다.

2004년 전인대 회의에서 원자바오(溫家宝) 총리는 공작보고서에 평화와 발전 추구가 세계사의 대세라고 밝히고 일방주의 추세의 재등장과 지역분규가 지속되는 상황에 우려를 표시했다.[7] 국제정세 인식에 근본적 차이를 보이지 않지만, 중국이 국제사회로부터 신뢰를 얻어 국제적 지위가 향상되고 영향력이 증대되고 있다고 밝혔다.

이와 같이 덩샤오핑 체제가 확립된 이후 중국은 대외정책의 기본 전략으로 평화와 안정을 지향하며, 장쩌민 체제와 후진타오 체제에도 계승되었다. 또한 경제 및 군사력뿐만 아니라 문화적 가치에 대한 제도화로 종합국력을 키워서 동북아지역을 넘어 세계적 강대국으로 발돋움하고자 한다.[8] 이는 중국이 군사력, 경제력과 같은 강성국력(hard power)과 더불어 연성국력(soft power)인 문화 · 정치적 가치 및 대외정책 등으로 영향력을 확대해서 보다 강력한 국가로 부상한다는 의미다.[9] 중국은 지구적 차원에서 미국과 겨루기보다 아시아를 중심으로 점진적으로 영향력을 확대해 나가는 전략을 취하고 있다.

덩샤오핑의 방미 이후 30여년 만의 최대 이벤트로 꼽힌 2011년 1월 후진타오-오바마 중 · 미정상회담은 양국의 첨예한 이해관계를 풀 수 있는 계기가 될 것으로 기대를 모았다. 떠오르는 중국과 유일 초강대국 지위를 누리고 있는 미국의 자존심을 걸고 갈등 국면이 가져올 수 있는 심각한 문제를 해결해야하는 책임이 양국에 달려있다.

2010년 11월 중간선거에서 민주당의 패배를 지켜봐야 했던 오바마 대통령은 2012년 재선을 위해서도 중국을 껴안고자 했다. 후진타오 주석도 2012년 시진핑 부주석에게 당서기를 넘겨주고 다음 해에 물러나야 하므로 '업적 남기기'에 신경이 쓰이지 않을 수 없었다.[10] 이에 따라 공동성명에서 양국은 새로운 국제질서에 대해 '공통이익'과 '협력'을 강조했다.

2011년 1월 19일 미 · 중 정상 기자회견에서 오바마 대통령은 '중국의 평화적 부상이 전 세계와 미국에 도움이 된다'고 언급하여 '평화'에 무게를 실어 전제를 달았다. 힐러리 클린턴 미 국무장관은 2011년 1월 '21세기 미·중관계'에 대한 연설에서 '양국은 흑백도, 친구도, 경쟁자도 아닌 복잡한 관계'라는 표현으로 심경을 드러냈다.[11]

오바마 대통령은 정상회담에서 최고의 예우로 후 주석을 국빈으로 대접했다. 인권존중을 강조하고, 환율압박 등을 통해 정치적 입지를 다지려는 노력으로 오바마의 지지도가 상승했다. 후 주석은 양국 간 동등한 관계를 보여주고자 했던 방미 주요 목적을 상당 부분 성취했다. 정상회담과 공동성명에서 세계를 향한 화합과 평화의 메시지를 담아 상호 협력을 약속하고 세계 권력의 양축으로 공식 선언했다.[12]

후진타오 주석은 2011년 미국 방문 시 "상호존중, 호혜공영의 협력동반자관계 건설"이라는 중·미관계의 비전을 제시했는데 '신형대국관계'는 이를 발전시킨 것이다. 다음해 5월 중·미 전략 경제대화 개막식에서 '신형대국관계'를 본격적으로 제시했다. 2012년 중국 공산당 제18차 당대회에서 시진핑이 총서기로 오르면서 중화민족의 위대한 부흥을 갈구하는 '중국몽'을 내세웠다. 중국은 선진국과의 관계를 개선·발전시키고 협력을 확대해 나가서 장기적으로 안정된 신형대국관계구축을 추진하기로 이를 공식화했다.

'신형대국관계'는 상호존중과 호혜호리의 협력동반자 관계를 핵심으로 삼아서 신흥 대국과 기존 패권국 간의 충돌과 모순을 해결하는 새로운 방식이다.[13] 이러한 방향에서 아태지역 및 세계 평화, 안정, 번영을 위해 노력한다는 원칙으로 내세운다.

2013년 3월 14일, 전국인민대표대회에서 시진핑은 국가주석과 국가중앙군사위원회 주석으로 선출되어 명실상부한 중국의 5세대

지도자로 우뚝 섰다. 오바마 대통령은 축하와 동시에 "협력하자"는 메시지를 보냈다. 미국도 북한 비핵화라는 목표 달성을 위해 중국의 협조가 간절함을 역설했다.

중국은 2013년 제18차 당대회 보고에서 새로운 국제관을 내세웠다. 핵심은 상대방과 상생하며, 국제적 공평과 정의를 함께 수호하고자 한다는 내용이다.[14] UN 안전보장이사회 5개국 상임이사국이며 G2 대국으로서 여유로워진 중국의 자신감은 자국 발전의 내적인 힘으로부터 나온다.[15]

시 주석은 중·미 간 거대한 공동이익과 동시에 일부 분쟁도 존재한다고 언급했다. 중국은 중·미관계 발전을 위해서 협력 파트너 관계 구축을 추진해서 '신형대국관계'의 길로 나아가자고 했다. 오바마 대통령은 미래 방향을 결정하는 역사적 기회를 맞아서 미·중 정상 간 교류를 통해서 전략적 대결이 아닌 건전한 경쟁을 희망한다고 화답했다.[16] 이러한 실용주의적 시각에서, 미국이 대테러전을 슬로건으로 내걸고 아프가니스탄과 중동에 몰두하고 있는 동안 중국은 내실을 기하면서 아시아에서 영향력 증대를 도모해 왔다.

시 주석은 2015년 9월 미국 시애틀 방문 시에 세계에 '투키디데스의 함정'은 존재하지 않는다면서, 미국과 새로운 대국관계 구축을 제안했다. 그는 상대의 전략적 의도를 정확히 파악하고, 상호 원-원 협력을 해 나가며, 차이점을 효율적으로 관리하고, 상호호혜의 감정을 키워나갈 외교정책을 펼쳐나가자고 강조했다.[17]

중국이 '신형대국관계'로 중·미관계 모델을 제시한 것은 두 가지 전략적 의미를 지닌다.

첫째, 역대 다른 패권 국가들과 달리 중국은 평화적으로 부상하고 있다고 강조한다. 아직은 중국과 미국에 서로 '전략적 불신'이 존재하지만 이러한 모델을 통해 불신을 완화시킬 수 있다.

둘째, 동중국해와 남중국해 인근 국가들과 '핵심이익'에 따른 충돌이 발생한다면 중·미 간 확전으로 이어질 수 있는 충돌 가능성을 완화시키는 완충제 역할을 할 수 있다.[18)]

2017년 중국 19차 당대회보고에서 집권 2기를 맞아 '시진핑 신시대 중국 특색의 사회주의사상'을 당장에 삽입했다. 향후 5년간 이어질 미래 중국 정치, 경제, 사회, 외교의 방향성을 제시한다. 시진핑 '이론'이 아니라 '사상'으로 당헌에 명기했다는 점에서 마오쩌둥과 동급으로 자신을 새로운 시대의 지도자로 부각시키고 있다.[19)]

19차 보고서는 중국공산당 창당(1921년) 100주년, 건국(1949년) 100주년이라는 두 개의 백 년을 제시한다. 중국몽으로 구체화되어 2050년에 이르러 미국을 제치고 세계최강국가가 되겠다는 꿈이다. 2020년까지 샤오캉(小康)사회(중등생활수준)의 전면실현을 목표로 해왔던 중국공산당이 새로운 목표와 단계를 설정해야 할 필요성에 따라 이를 반영한다. 집권 2기는 이 기간에 맞이하게 되는 2019년 중국 공산당 집권 70주년, 2021년 중국 공산당 창당 100주년으로 샤오캉 사회 목표 달성을 위한 '결전의 시기'다. 국내외 딜레마에 처한 난제들을 어떻게 풀어나가야만 중국의 평화로운 부상으로 이어질 수 있을 것인지에 대한 과도기적 성격을 지닌다.

미래비전을 '신시대(新時代)'로 명기한다. ① 중국 혁명과 개혁·개방의 역사적 경험을 계승해 중국 특색의 사회주의가 승리하는 시대, ② 샤오캉사회가 전면적으로 실현되고 사회주의 현대화 강국을 전면적으로 건설하는 시대, ③ 공동부유를 점진적으로 실현하는 시대, ④

중화민족의 위대한 부흥, '중국몽'을 실현하는 시대, ⑤ 중국이 세계 무대의 중앙에 진입해 인류에 공헌하는 시대로 규정하고 있다.[20]

중국은 '신형대국관계'라는 용어보다 '신형국제관계(新型国际关系)'를 내세운다. 이는 스스로 대국이라 칭함으로써 발생할 수 있는 미국과의 갈등이나 주변국의 우려를 고려한 것이다.[21] 신형국제관계의 핵심은 '상호존중(相互尊重)', '공평정의(公平正义)', '상생협력(合作共赢)'이다.[22]

## 1) 군사력

중국 종합국력은 우선적으로 14억이 넘는 거대한 인구와 광활한 영토를 포함해서 산출되는 경제력과 이에 상응하는 막강한 군사력에서 나온다. 중국 군사력은 후진타오 주석이 주창한 '신안보' 개념에 따라 본격적으로 증가한다. 군사전략 목표는 신안보개념을 견지하여 국가주권과 영토보전, 해양권익 수호, 종합국력의 증강을 꾀하고 있다. 세계적 군사발전 추세에 부응하는 국방의 현대화, 정보화를 이뤄 방어작전능력을 제고하고자 한다. 이에 자주적 평화외교 정책을 추구해서 장기적으로 우호적인 국제환경과 주변 환경을 조성하고자 한다.[23]

2004년 국방백서에 처음으로 신안보개념으로서 '해양권익의 수호'를 위한 목표가 추가되었다. 중국은 전통적 대륙국가로서 대륙이익을 우선시했다. 중국 경제가 고도로 성장하고 무역이 증가함에 따라 해양이익이 증대되고 해양국가로의 발전 의지를 내포하고 있다. 군사적 측면에서 중국은 미국의 유일 초강대국 지위를 인정해 비대칭적 균형전략을 통한 억지력을 확보하고 군사력 현대화에 박차를 가하고 있다. 중국의 경제력에 상응하는 군사력 증가는 국방예산에 반영된다.

중국은 향후 병력 감소보다는 군장비 현대화에 주력할 전망이다. 중국의 경제성장을 바탕으로 지난 20년 이상 지속적으로 국방비 예산을 증강해 왔다. 미국의 새로운 아시아 · 태평양 중시정책에 대응한 중국의 군비확대는 미국의 '아시아 회귀'를 촉발한 측면이 있다. 이러한 동북아 세력변화 조짐은 주변국들의 우려를 자아낸다. 이에 맞서 중국은 미국이 아시아 영향력 확대를 추구하려는 정책을 펴면서 '중국 위협론'을 조장한다고 비판적 시각을 보인다.

예상대로 중국의 국방예산은 지속적으로 상향추세다. 천빙더(陳炳德) 중국군 참모총장은 중국의 군사적 하드웨어가 미국이나 다른 군사강국들과 비교한다면 20년이나 뒤처져 있다면서 강력한 군 현대화 의지를 밝혔다. 중국은 2011년 자국 국방예산이 GDP의 1.5%에 불과해서 미국(4.8%)이나 영국(2.75%)에 비해 지나치게 낮다고 지적했다.[24] 이에 따라 국방비는 매년 두 자릿수 증액을 당연시할 것으로 예상된다.[25]

21세기 들어 중국은 경제력 증대에 걸맞게 국방력 강화와 과학기술발전을 중요한 국가목표로 정했다. '과기강군(科技强軍)' 슬로건으로 강한 군대 건설을 추진해 왔다. 군 현대화를 위한 감군을 단행하고 군 정예화를 위해 육군보다 해 · 공군력 위주로 전력을 재편해서 핵전력 증강을 추진하고 있다. 국방예산도 매년 두 자릿수의 증가율을 보이지만, 사용되는 국방예산은 알려진 것보다 실제 몇 배 더 예상하는 견해가 많다.[26] 중국 정부는 중국의 군비와 과학연구

비용은 명확히 구분된다는 입장이다. 이러한 이유로 서로 상이한 국방비 자료를 가지고 상호 정당성을 주장한다.[27]

미국의회 자문기구인 미 · 중 경제안보검토위원회(USCC)는 시진핑 집권 이후 인민해방군이 아시아 · 태평양 지역에서 미군이 오랫동안 누려온 우위에 도전할 것이라는 내용의 연례 보고서를 의회에 제출했다.[28] 아태 지역으로 미 해군 전력 중심이동을 지지할 것을 권고한다. 중국의 지속적인 사이버 공격행위에도 우려를 하고 이에 대한 제재를 촉구했다. 이에 홍레이(洪磊) 중국 외교부 대변인은 중국이 아태지역의 평화발전을 위해 역량을 발휘해서 지대한 공헌을 하고 있다고 언급했다. 미국 연례 보고서는 편견과 냉전적 사고가 담겨 있다고 비판했다.

2017년 10월 19차 당대회에서 지도부 인선에 따른 권력 재편을 통해 시진핑 지배체제가 공고해졌다. 정치국 25명 가운데 15명, 정치국 상무위원 가운데 5명을 교체했다. 새로운 상무위원 가운데 리잔수(栗战书), 왕양(汪洋), 자오러지(赵乐际) 3명은 시진핑 측근 인사들(习家军)로서 7명 중 시진핑을 포함해서 과반수 4명을 차지하고 있다. 당 중앙군사위원회에 주석책임제를 시행함으로써 시진핑의 군장악력을 확대할 수 있도록 했다.[29]

중국 신화통신에 따르면 '강군몽(强軍夢)'을 내걸고 대대적인 군 개편에 착수한 시 주석이 2018년 1월부터 무장경찰 지휘권까지 장악했다. 당과 군에서 1인 집권 체제가 강화되면서 경찰까지 수중에 두게 되었다. 국무원과 공산당 중앙군사위원회에서 이중으로 지휘를 받던 인민무장경찰부대가 군사위에서만 통제받고 있다. 오로지 군만이 무장경찰 병력을 동원하기 위해서 지휘 통제권을 행사할 수 있어서 무장경찰의 정체성도 '군'으로 정립됐다.

## 2) 경제력

중국은 1970년대 말 개혁·개방정책을 추진해 오면서 목표를 초과달성하는 경제성장을 구가하고 있다. 아시아 지역을 휩쓴 경제위기에도 불구하고 중국은 연평균 9.5%의 경제 성장률을 20여년 유지해 왔다.[30]

후진타오 시기 중국의 구매력평가에 따른 GDP가 7조 2,620억 달러 (2004년 기준)로 평가되어 경제성장률은 9.1%(2004년 기준)에 달했다.[31] 당시 비록 1인당 국민소득의 수준은 아직 낮았지만, 이후 중국은 미국 다음으로 막강한 경제 국가로 성장했다. 일본을 제치고 2010년부터 세계 2위 경제대국 자리를 차지한 중국은 꾸준하고도 괄목할 만한 성장속도를 유지한다.[32] 중국의 상대적 성장속도를 감안할 때 3위인 일본과의 격차는 더욱 벌어지고 1위 미국을 위협적으로 쫓으면서 G2로서의 위상을 확고히 다지고 있다.

중국 경제력을 나타내는 지표로 세계 500대 기업 대부분이 중국에 진출하고 있다. 2003년 중국이 세계 각국으로부터 2003년 유치한 직접투자(FDI)는 535억 달러로 세계 1위다. 개혁·개방정책이 도입된 1978년 중국 교역액은 206억 달러에 불과했으나 2004년 1조 2,000억 달러를 기록하여 세계 3대 무역교역국 대열에 올랐다. 중국은 아시아에 몰아닥친 외환 위기에도 불구하고 지속적인 고도성장을 달성했다. 중국의 외환 및 금 보유고는 약 609.9억 달러 (2004년)에 이르러 세계 1위를 자랑하게 되었다.[33]

2017년 12월 기준, 중국은 외환과 금 보유 측면에서 세계 1위를 차지하여 총액수 약 3조 달러에 이른다.[34] 중국의 지속적이고 확장적인 세계경제시장으로의 침투는 제조업 분야의 급격한 성장에 기인한다. 중국은 가전제품, 전자, 의약 등 10개 제조업 중에 80개 제품 생산량이 세계 최고다.[35]

중국 수출입은 2014년 이후 마이너스 성장에서 벗어나 2017년 다시 상승세로 반전되며 3년 만에 4조 달러를 상회했다. 중국인민은행, 중국사회과학원이 전망한 2018년 중국 GDP 성장률은 6.7%였다.[36](중국 당국 발표 6.6%) IMF와 OECD는 2018년 세계 경제 성장률을 3.7%로 예측했다. 세계은행도 세계 경제가 한동안 호조세를 이어갈 것으로 예상했다.

중국은 2017년 사상 최대 규모의 대미 무역흑자를 기록했다. 2017년 중국의 최대 수출시장은 미국으로, 중국 전체 수출의 19%의 비중이다. 중국의 대미 무역흑자도 2,758억 달러로 사상 최대 규모다. 대미 흑자는 65.3%로 2016부터 그 비중이 반등 추세다. 중국 위안화의 가치도 지속적으로 상승 중이다. 이와 같이 중국은 안보와 경제 측면에서 미국과 겨눌 수 있는 종합국력을 꾸준히 증강시키고 있다.

2019년 중국경제는 미국과의 무역전쟁이라고 일컬어질 만큼 상호 일격을 가하면서 경제성장이 저하되었다. 이에 더해서 2020년 전 세계를 강타한 코로나19 팬데믹으로 중국도 심대한 경제적 타격을 받았지만 회복세를 보이고 있다.(-6.8% 1분기, 3.2% 2분기 GDP 경제성장률)

# ②

# 미국 우선주의

버락 오바마(Barack Obama) 미 대통령은 2009년에 임기를 시작하면서 아시아의 중요성을 설파하고 '아시아 회귀(pivot to Asia)' 의지를 표명하며, 이를 '재균형(Rebalancing)'으로 명명했다. 오바마 행정부 1기 미 국무부에는 힐러리 클린턴 장관, 제임스 스타인버그(James Steinberg) 부장관, 커트 캠벨(Kurt Campbell) 동아시아 태평양 차관보가 외교정책을 관장했다. 백악관에서는 중국 현안을 다루는 핵심 인물로 제프리 베이더(Jeffery Bader) 국가안보회의(National Security Council, NSC) 아시아담당 선임보좌관 등이 있었다. 스타인버그는 중국을 비롯한 아시아 정책을 총괄 지휘하고, 캠벨은 2011년 중·미정상회담 준비과정에서 핵심 역할을 맡아 중국을 오가면서 의제를 사전 조율했다.

미국 의회에서 일리아나 로스-레티넌(Ileana Ros-Lehtinen) 하원 외교위원장은 대중국 강경파다. 쿠바 난민 출신이면서 유일한 여성 상임위원장으로 공산주의 체제를 강력히 반대하며 본인과 보좌관까지도 아예 중국에 가는 것조차 금지했다. 그가 외교위원장을 맡은 2011년부터 중국 문제에 이전보다 경직된 목소리를 냈다. 재선을 염두에 두고 있던 오바마 대통령도 위안화 환율정책과 대중국 무역불균형 등 경제적 국익에 직결되는 문제에서 강경책을 고수한 경향이 있다.

후 주석과 오바마 대통령은 2011년 정상회담 후 공동기자회견에서 양국의 협력과 우호를 다짐했다. 두 정상 발언대로라면 향후 중·미관계가 순탄해 보이지만 양국이 넘어야 할 산은 갈수록 험난하다. 미국의 최대과제는 경제문제로 대중국 무역수지 적자를 최소화하는 것이다. 그 중심에 위안화 절상문제가 있고 첨예하게 대립하고 있다. 중·미정상회담을 앞두고 중국이 매달 0.5%씩 올리던 위안화 절상속도에 미국은 만족하지 않았다. 중국은 환율 압박 공세에 대비해 미국 물품 450억 달러를 구입하겠다고 선물 공세를 폈다.[37]

2011년 초 뉴욕 외교통상회의에서 라엘 브레이너드(Lael Brainard) 미 재무차관은 중국이 국제통화시장에서 신뢰받을 수 있도록 관여하겠다는 입장을 밝혔다. 위안화 절상속도에 대한 미국의 기대만큼 중국의 조치가 이에 미치지 못한다면 분쟁이 일어날 가능성을 배제할 수 없다. 중국은 주변에 봄이 가득하게 피어나도 '꽃샘추위가 나타날 수 있다(倒春寒)'는 표현으로 갈등 국면이 완전히 가시지 않았음을 나타냈다.[38]

2017년에 임기를 시작한 도널드 트럼프(Donald Trump) 대통령은 '미국 우선주의(America First)'를 내세우고 '위대한 미국재건'을 약속해서 당선되었다. "우리 일자리, 우리 꿈, 우리 국경을 되찾아올 것"이라고 밝혔다.[39] 그는 미국이 수십 년간 다른 나라들을 지켜왔지만 이제는 미국 노동자와 국익을 위해서 결정하겠다고 강조했다. 트럼프 정부는 모든 사항에 미국의 이익을 최우선으로 고려한다는 확고한 원칙을 밝히고 있다.

'미국 우선주의'는 단순하게 '고립주의(isolationism)'가 아니다. 다자간 질서에서 이뤄지는 결실을 다른 국가들과 공유하지 않으며 세계 최강대국인 미국이 독식하고자 한다. 따라서 미국 우선주의의 단순한 두 가지 원칙은 '미국 물건을 사고 미국인을 고용하는 것이다(Buy American and hire American)'. 트럼프 대통령은 취임사에서 "새로운 도로와 고속도로, 다리, 항구, 공항, 터널, 철도 등을 미국 전역에 건설하겠다"면서, 두 원칙을 강조한다.

오바마와 트럼프 시기 정책성향에서 차이점을 보인다. 경제적 측면에서 트럼프는 오바마 행정부 시기 '재균형'의 핵심전략으로 추진한 환태평양동반자협정(Trans Pacific Partnership: TPP) 폐기를 선언했다. 중국·일본과의 무역 불균형을 조정하고 한·미FTA도 재협상을 통보하고 추진했다. 트럼프 대통령은 안보적 측면에서 동맹체제 강화를 위한 투자보다는 상대적으로 미국 국방력 강화에 초점을 맞추고 있다. 아태지역 해·공군력 증강에 나서면서 동맹국들에게 방위비 분담금 증액을 촉구한다.

또한, 2018년 5월 8일 이란 핵협정(Joint Comprehensive Plan Of Action, JCPOA·포괄적 공동행동계획) 탈퇴를 공식적으로 선언했다. 트럼프는 백악관에서 기자회견을 열고 이란 핵합의에 대해서 "재앙적이고 끔찍한 협상"으로 애초 체결되지 말았어야 했다고 지적하면서 '합의탈퇴'를 선언했다.[40] 이 협정은 이란 탄도미사일

프로그램 폐기 내용이 없고, 10~15년 일몰 기간이 끝나면 이란의 핵개발을 막을 수 없다는 한계를 들면서 트럼프는 2016년 대선 후보 시절부터 줄곧 파기를 공언했다. 이란이 핵프로그램에 대해 거짓말을 한다는 명백한 증거를 언급하면서 이 협정이 이란 핵폭탄을 막을 수 없다고 탈퇴 배경을 설명했다.[41]

미국의 탈퇴 선언 직후 이란은 협정에 잔류한다는 입장을 표명했다. 유럽도 유감을 표시한 가운데 사우디아라비아와 이스라엘은 이 조치를 환영했다. 이란 국영방송은 미국의 협정 탈퇴를 불법이라고 강력히 비난했다. 하산 로하니(Hassan Rouhani) 대통령은 자국의 이익이 보장되는 한 미국과 관계없이 JCPOA에 잔류할 뜻을 시사했다.

반면 이스라엘 베냐민 네타냐후(Benjamin Netanyahu) 총리는 미국 탈퇴를 환영하고, 시리아 등 적대국들의 국경 지역에 대한 군사적 공격 가능성에 대비토록 지시했다. 사우디아라비아는 이란이 핵협정 타결 이후에도 탄도미사일 시험과 테러단체 지원 등, 지속해서 역내 불안정을 초래했다면서 미국의 조치를 환영한다고 밝혔다.

이란 핵협정 탈퇴 결정은 비핵화에 대한 트럼프 대통령의 강력한 의지를 반영한다. 이에 따라, 북한 비핵화 로드맵에 어떠한 영향을 미치게 될 것인가에 대한 해석이 분분하다. 이후 미국이 '코피작전(bloody nose strike)'으로 알려진 군사옵션을 배제하지 않는다는 단호한 결의를 강조해 왔다. 이란과 북한 문제는 별개로 보아야 한다는 시각도 있다. 미국의 이란 핵협정 탈퇴가 북한 핵협상에 미칠 영향이 제한적이라는 판단이다. 김정은 위원장이 비핵화 의지를 보이고 트럼프 대통령도 2018년 11월 중간선거 전 북한과의 핵 합의

를 타결하고자 접점을 모색할 가능성이 있어 보였다.[42]

그러나, 현실적으로 미국은 북한 비핵화를 이루기 전까지 대북제
재 완화보다는 더 강력한 압박을 주문한다. 1999년 10월 24일 미
NBC 시사 프로그램 '밋 더 프레스(Meet the press)'에서 트럼프 대
통령은 북한 핵문제 해결의 시급성을 재차 강조한 바 있다. 이미 그
는 경제, 사회 보장 등 많은 문제가 있지만 전 세계가 당면한 가장
큰 문제로 핵확산을 꼽았다. "도저히 믿을 수 없고 용납할 수 없는
북한 문제해결이 우선"이라고 주장했다.[43]

2016년 4월 대외정책 연설에서 트럼프는 핵무기를 가장 큰 위협
이라고 지적했다.[44] 오바마 시기 '전략적 인내(strategic patience)'
종결을 선언했다. 대북제재 압박을 강화하여 북한을 협상테이블로
견인해서 비핵화를 해결하겠다는 '최대 압박과 관여(maximum
pressure and engagement)' 정책을 내세우고 있다. 2018년 2월
10일 미국 워싱턴에서 열린 미·일정상회담 공동 기자회견에서도
북한 핵과 미사일 위협을 언급하면서 "우선순위가 매우 매우 높다
(very very high priority)"고 강조했다.[45] 미국은 북한핵 문제를
해결하기 위해서 중국의 역할을 활용하고자 한다. 만약 중국이 영
향력을 발휘해서 북핵 해결에 기여한다면 무역 분쟁을 제기하지 않
겠다는 입장을 보이기도 한다. 중국은 미국과의 무역전쟁을 치르면
서 '버티기'전략으로 밀고 나가고 있다. 북핵문제와 이를 연계해서
해결하려는 의지를 보이지 않는다.

# ③

# 투키디데스 함정 & 킨들버거 함정[46]

'상승국가 중국'과 '패권국가 미국'이 전쟁을 겪을 것인가 아니면 상호 보완성을 유지하면서 충돌을 피할 수 있을지가 초미의 관심사가 되고 있다. 조세프 나이(Joseph Nye) 교수는 트럼프 대통령이 중국에 대해서 두 개의 함정, '투키디데스 함정'과 '킨들버거 함정'을 동시에 주의해야 한다고 충고한다.[47]

그래함 앨리슨 교수는 '상승국가 중국'과 '패권국가 미국'이 '투키디데스 함정'을 벗어나기가 어려운 지정학적 변화의 상황에 있다고 지적한다. 중·미간의 남중국해, 타이완, 북한 문제를 둘러싼 대립이 전쟁의 불가피성을 강화할 것인지, 경계의 자리에서 상호 완충의 역할을 할 것인지 기로에 있다.

"필레폰네소스 전쟁은 부상하는 아테네에 대한 패권국가 스파르타의 두려움으로 인한 불가피한 결과"라는 역사적 교훈이 오늘날 중·미 간의 세력전이 상황에서 재현될 것인가에 대한 질문을 던진다. 지난 500년 동안 16번의 세력전이가 발생했는데 그 중에 12번이나 전쟁이 일어났다고 분석한다. 하지만 앨리슨 교수는 그 어떤 경우에도 전쟁이 불가피하지는 않았다고 주장한다. 부흥하는 국가가 새로운 지위에 맞는 이익과 인정, 그리고 존중을 받고자 하는 '상승국가 신드롬(rising power syndrome)'과 이에 대한 두려움을 느끼는 '패권국가 신드롬(ruling power syndrome)'이 망상증(paranoia)으로 치닫게 되면, 무역 분쟁이 핵전쟁으로 확전될 수 있다고 역사는 가르친다. [48]

시진핑 주석은 '중국몽'의 핵심으로 '중국을 다시 위대하게' 만들고자 한다. ① 서양이 침략하기 이전에 중국이 아시아에서 누리던 우위를 회복하고, ② 신장과 티벳에 더해서 홍콩과 타이완까지 아우르는 영토를 회복하며, ③ 분쟁지역의 국경선 및 근해에서의 역사적 영역을 되찾고, ④ 국제사회에서 강한 국가로서 존중을 받는다는 의미다. [49] 시 주석은 부흥과 동시에 중국의 지난 100년 간의 수치를 잊지 말자는 '물망국치(勿忘国恥)'를 강조하며, 미국에게 참견 말라는 메시지를 던진다. [50] 중국은 '싸우면 이기자'라는 슬로건으로 군사개혁 전략을 세우고 중국의 꿈을 실현하고자 한다. [51]

중국이 싸움을 원한다는 뜻은 아니지만, 미국과의 문화적 차이로 인해 충돌로 이어질 가능성이 농후하다. [52] 이에 앨리슨 교수는 세력전이가 확전으로 이어지지 않은 4번 중에 3번이 최근에 있었다는 점에 주목한다. 중·미 간의 '투키디데스 함정'에 의한 불가피한 충돌을 피하기 위해서 ① 핵심이익을 명확히 하고, ② 중국이 무엇을 하려는지 이해해야 하며, ③ 전략적 사고를 가지고, ④ 국내적 문제에 더 중점을 두라고 제시했다. [53]

시진핑 주석이 2015년에 '투키디데스 함정'을 언급하면서 주목을 끌게 되었다. 기존의 패권국가(미국)가 부상하는 상승국가(중국)를 지나치게 두려워하면, 격변의 전쟁이 터질 수 있다는 것이다. 반면 나이 교수에 따르면, 미국과 중국은 중국이 강해서가 아니라 실제로는 감당하지 못해서 일어날 수 있는 '킨들버거 함정'도 경계해야 한다.

찰스 킨들버거(Charles P. Kindleberger)는 마셜 플랜의 지적 설계자이며 메사추세츠공과대학(MIT)에서 후학들을 가르쳤다. 그는 1930년대에 만연한 재난이 발생한 원인에 대해 미국이 제대로 준비되어 있지 않은 상황에서 영국으로부터 세계 패권을 물려받아서 생긴 현상으로 설명한다. 미국은 영국을 대체하면서 세계 최강의 글로벌 파워로서의 지위를 물려받지만 영국이 맡고 있던 글로벌 공공재를 제공하는 역할을 떠맡는 데 실패했다. 결과적으로 글로벌 시스템이 붕괴되기에 이르렀고 불황, 대학살, 이어서 세계전쟁이 터졌다. 과연 중국의 부상에 발맞춰 중국이 글로벌 공공재를 제공하는 역할도 맡아서 할 수 있을 것인지에 대한 질문을 던진다.

국내적으로 정부는 치안을 맡고 깨끗한 환경을 만들기 위해 공공재를 생산해서 모든 시민이 혜택을 받을 수 있도록 한다. 지구적 차원의 공공재로 기후변화, 해양의 자유, 금융안정 등을 위해서 강대국들이 연대하게 된다. 약소국들은 별 영향력이 미치지 못하는 기여를 하기보다는 강대국들의 리더십에 무임승차하는 것이 더 합리적이라고 여긴다. 이에 따라 강대국들이 리더십을 발휘해서 글로벌 공공재가 재생산되도록 이끌게 된다. 1차 세계대전 이후 영국은 국력이 쇠약해져서 더 이상 리더십을 수행할 수 없었지만 미국이 고립주의(먼로주의)를 고집해서 무임승차하는 상황이 되면서 재앙이

닥쳤다는 것이다.

중국이 부상함에 따라 국력이 팽창하고 있지만 중국은 국익을 위해 현존하는 국제질서에 공헌하기보다 무임승차할 것으로 우려하는 시각이 있다. UN 안전보장이사회에서 거부권을 행사할 수 있는 중국은 글로벌 이슈에서 UN 시스템의 혜택을 누리고 있다. 또한 UN 평화유지군에 두 번째로 많은 자금공여국이며 기후변화를 비롯한 다양한 UN 프로그램에도 기여한다. 중국은 다국적 경제시스템인 세계무역기구(WTO), 세계은행(World Bank), 국제통화기금(IMF)에 가입해서 많은 도움을 받고 있다. 2015년 중국이 '일대일로' 건설을 위한 사회간접자본에 투자하기 위해서 출범한 아시아인프라투자은행(AIIB)은 세계은행의 대체재이기보다는 기존의 국제질서 속에서 협력한다.

2016년 필리핀이 상설중재재판소(PCA)에 제기한 남중국해 영유권 분쟁과 관련해서 중국이 패소했다. 중국은 미국 오바마 대통령이 제안한 G2의 책임과 의무를 부담스러워 한다. 자유세계질서에 편승하면서 중국은 경제력을 키워 혜택을 누려왔다. 중화질서를 주장하기보다는 자유세계질서를 전복하지 않으면서 중국의 영향력을 증대시켜왔다. 트럼프 대통령이 '미국 우선주의'에 입각해서 대중국 정책을 추구한다면 중국은 봉쇄적으로 고립될 수 있다. 중국이 글로벌 공공재 재생산을 위해서 기여하기보다는 무임승차하고자 한다면 세계는 '킨들버거 함정'에 빠질 수 있다.

기존 패권국가인 미국은 '투키디데스 함정'을 염두에 둬야 한다. 중국이 너무 약하기보다는 너무 강해 보이기 때문이다. 하지만 이러한 함정이 과장되고 있는 상황이라면 불가피한 것만은 아니다.

현재 미국과 중국 간 종합국력의 격차는 1914년 독일과 영국 간의 격차보다 훨씬 클 뿐만 아니라 당시와는 비교할 수 없을 만큼 중·미 간 상호 경제의존성이 증대하고 있다. 전쟁은 양국의 파멸을 가져올 것이다.

1차 펠레폰네소스 전쟁은 아테네의 부상이 원인이 되어 일어났다. 이후 30년간 휴전으로 안정적인 힘의 균형을 이루고 있었다. 그러나 스파르타는 아테네를 상대로 전쟁을 해볼만하다고 여겨서 2차 펠레폰네소스 전쟁이 발발했다. 실제로 아테네의 힘이 증가한 것이 아니라 스파르타의 전쟁을 유발시킨 아테네의 정책적 실수로 균형이 깨어지게 되었다.

중국의 부상에 대해 미국이 맞닥뜨릴 수 있는 위험을 경계해야 한다. 중국이 너무 강하다는 것과 너무 약하다는 관념을 동시에 유념해야 한다. 중국과 미국은 '투키디데스 함정'과 '킨들버거 함정'을 피해야 한다. 시진핑 주석은 과거 번성한 길을 재현하기 위해서 서, 남 방향으로 뻗어나가는 육상-해상 실크로드인 '일대일로(一帶一路)' 건설을 제안한다. 트럼프 대통령은 '인도-태평양전략(Indo-Pacific Strategy)'에 따라 미국·일본·호주·인도를 잇는 다이아몬드 지형으로 중국을 둘러싼 봉쇄정책을 그리고 있다. 미국의 서진 정책인 '인도-태평양전략'과 중국의 '일대일로' 정책이 충돌할 가능성을 경계한다.

상승국가 중국과 패권국가 미국의 대립이 깊어진다면 한반도는 직접적인 영향을 받게 된다. 전통적으로 대륙세력과 해양세력이 맞닿는 지정학적 판세는 피할 수 없이 우리가 개척해 나아가야 할 숙명처럼 남아있다.

# 일대일로 vs. 인도-태평양구상

## 1) 일대일로

2013년 10월 18일 시진핑 주석은 중국 공산당 제19차 전국대표대회 업무보고에서 신시대 '신형대국관계, 인류운명공동체' 건설을 선포했다. 2017년 왕이 외교부장은 시진핑 2기 중국특색의 대국외교를 설명하면서 '신형국제관계'는 '상호존중 · 공평정의 · 협력상생'을 추구하며 모든 국가를 평등하게 대하는 것이 중국 외교전통이라고 자평했다.[54] 개발도상국의 현대화에 기여하고자 중국이 국제협력의 새로운 시도로 신실크로드 경제권 구상인 '일대일로'를 추진하고 있다. 이 프로젝트 의도는 중국 변방지대개발과 인접국으로의 영향력 확대다.[55] 상대적으로 저소득 지역인 서북과 서남 방면을 개발하기 위한 정책이면서 동남아, 중앙아시아, 인도양으로 영향력을 확장시키고자 한다.

중국의 신실크로드 구상은 미국의 아시아태평양 경제전략에 대한

대응책이다. 오바마 대통령이 환태평양경제동반자협정(TPP)을 추
진하며 태평양 지역 모든 국가를 대상으로 개방했지만, 중국은 이
에 참여하지 않고 역내포괄적경제동반자협정(RECP) 아시아태평양
자유무역지대(FTAAP) 등을 추진한다. 미국이 중국을 포위해 들어
오는 봉쇄정책이라고 인식하여 '일대일로' 전략으로 이를 돌파하고
자 한다.

중국 육상 · 해상 실크로드, '일대일로'

태평양과 인도양으로 서진하는 미국을 피하는 듯 중국은 서쪽(신
실크로드 경제벨트)과, 남쪽(21세기 해양실크로드)으로 나아가고자
한다. 북쪽은 중앙아시아를 넘어 유럽으로 향하며, 남쪽은 동남아 ·
서남아 · 아프리카 동부를 아우르면서 유럽에 다다르며 60여개 국가
들이 대상이다. 중국은 정치 · 군사적 수단보다는 경제적 협력으로
상생하는 방향으로 정했다. 이 지역 개발도상국이 경제발전으로 부
흥할 수 있도록 사회간접자본을 확충하는 사업을 벌인다. '일대일로'

가 지나가는 길목의 지도를 펼쳐 놓고 대륙을 넘나들 수 있도록 도로, 고속철도 건설, 통신선 연결 등을 구상하고 실현코자 한다.

중국은 '호리공영(互利共贏)'으로 공동 이익을 얻고 공동 발전을 강조한다. 국제사회 일각에서 중국의 '공동 발전'이 '선전(propaganda)'에 불과하며 '패권적' 의도를 숨기고 있다는 의구심을 보이기도 한다. 20세기 미국은 영국으로부터 패권을 넘겨받으면서 현재 중국과 마찬가지로 세계 최대 채권자로서 제조업 강국이었다. 미국은 UN 창설을 주도하여 세계은행과 IMF를 비롯한 국제금융기관을 설립하고 풍부한 자금으로 앞장서서 무역 자유화를 추진했다. 미국 패권의 핵심 전략이다. 그래서 '일대일로' 구상으로 중국이 동일선 상에 있다는 신호로 받아들이기도 한다. 이러한 상황은 당시 미국과 마찬가지로 중국이 '킨들버거 함정'에 빠질 수 있다는 의미다.

아시아에서 일극(一極)의 정점이 되려는 '중국몽'을 시진핑 주석이 이끌고 있다. 중국이 군사력이 아니라 경제와 문화의 힘으로 새로운 질서를 창출하려는 의도를 담고 있다. 중국은 미국이 '아시아 중시'로 내세우는 '재균형' 전략을 경계해 왔다. '중국 위협론'을 부각시키며, 일본, 필리핀, 호주, 인도, 베트남, 미얀마에 이르기까지 미국에 우호적 성향을 보이는 국가들이 중국을 에워싸고 있다.[56]

이에 반해서 해상 실크로드는 미국 중심의 세계질서를 다극화하려는 중국의 전략이다.[57] 육상실크로드 경제벨트를 비롯해서 중국은 전방위적으로 종(縱)과 횡(橫)을 관통하면서 지역 일체화 전략을 구사한다. 중국의 부상을 적대시하는 '중국 위협론'을 극복하고 이익을 공유할 수 있는 '공동운명체론'으로 나아가려는 것이 '일대일로' 구축 배경이다.[58] 미국 주도의 TPP에 주변 국가들이 참여하게 되는 상황을 사전에 방지하려는 포석으로도 볼 수 있다. 그러나 트럼프 대통령은 취임 후 '미국 우선주의'에 입각해서 TPP에 불참하기로 결정했다.[59] 이에 따라 일본 아베 총리가 중심이 되어 중국이 주도하는 '역내포괄적경제동반자협정(RCEP)'에 맞서기 위해서 TPP 결실을 맺으려는 노력을 지속하고 있다. 기존 TPP협정 내용은 최대 유지하면서 명칭은 '포괄적 · 점진적 환태평양경제동반자협정(CPTPP)'으로 변경했다.

해상실크로드의 신로드맵에 따르면 제1노선(중국−남중국해−인도양−유럽)과 제2노선(중국−남중국해−남태평양)을 구상하고 있다. 해상실크로드를 구축하기 위해서 관련국들 간에 상호협력이 긴밀해져야 한다. 동아시아 국가 간의 생산 분업 네트워크와 저렴한 해상운송비 등을 고려할 때 국제협력이 순조롭게 이뤄질 수 있다.[60] 그러나 역내 시장선점을 위한 해외자본유치가 경쟁적으로 벌어지면 국제경제협력은 뒷전으로 밀리게 될 것이다. 각국이 공동경제성장을 이뤄 공동 번영을 이룩하자는 '해상 실크로드 구상'의 본래 의미가 퇴색할 수 있다.

육 · 해상을 잇는 21세기판 실크로드 '일대일로'와 아시아인프라투자은행(AIIB)이 가파르게 성장하고 있다. AIIB는 중국 주도로 아시아 국가에 도로, 철도, 항만 등 인프라(사회간접자본) 건설자금을 지원하기 위해서 설립한 국제금융기구다. 주변 국가들은 투자자본유치를 기대할 수 있고 중국은 경제적 영향력 확장의 기회로 삼을 수 있다. '일대일로'는 민간과 기업끼리의 경제 교류를 통해 사회 · 문화적으로 중국의 영향력을 넓힐 수 있는 비공식 통로다. AIIB는

중국의 경제정책을 통해 정치 · 군사적 과제까지 확장시켜 수행할
수 있는 공식 통로다.

중국 자금은 충분하다. 재정적자에 시달리는 미국은 엄두도 내지
못한다. 중국은 해외에서 벌어들인 달러를 더 이상 미국 채권에 묶
어두지 않고 독자적인 경제 외교에 투입하겠다는 의지를 밝힌다.
시 주석은 2014년 11월 APEC 비회원 국가정상들과의 회동에서
400억 달러 규모의 '실크로드 기금' 조성 계획을 공개했다. 이 기금
은 AIIB와 마찬가지로 해당 지역의 교통인프라 건설, 자원개발, 산
업 및 금융 협력을 위해서 집행된다. 기금의 재원은 중국의 외환보
유고와 재정부, 수출입은행 등의 출자금으로 충당되는데 중국 외환
보유고 전체 규모의 65% 이상 사용한다.

'일대일로'를 통해 '중국식 아시아 중시전략'을 꺼내든 중국은 중
앙아시아 병진전략을 위해서 이를 핵심자산으로 활용한다.[61] 해양
실크로드는 남중국해에서 중국의 공격적인 영토 주장으로 위협받
고 있는 이웃 국가들을 진정시키기 위해 고안되었다.[62] 중국은 대
국과는 조율과 협력을 통해서 안정과 균형을 이루면서 발전하는 구
도를 구축하며, 주변 인접국과 '친성혜용(亲诚惠容 · 친밀 · 성의 ·
호혜 · 포용)' 원칙에 따라서 선린동반자관계를 심화하면서, 개도국
과는 연대와 협력을 강화하고자 한다.[63]

2011년 9월 미국이 중국에 앞서 이미 신실크로드 구상을 발표했
다. 아프가니스탄을 핵심지역으로 중앙아시아와 남아시아를 아우르
는 지역에서 미국의 경제적 이익을 위해서 지정학적 여건을 이용하
려는 것이다.[64] 2011년 11월 힐러리 클린턴 미 국무장관은 '미국의
태평양세기(America's Pacific Century)'를 제시했는데, 중국은 이

를 '아시아 중시정책'과 함께 중국을 압박하려는 구상이라고 본다.[65]

'일대일로'를 추진하는 중국의 정치적 야심과 경제효과에 대해 회의적 전망이 있다. 시 주석이 대내외 영향력 강화에 활용하려고 한다는 의구심이다.[66] 대외적으로 미국과 유럽이 각각 불확실성이 높은 트럼프 대통령과 브렉시트(Brexit, 영국의 EU 탈퇴)로 혼란스러운 상황에서 중국이 글로벌 영향력을 확대하고자 한다는 것이다. 유럽 국가들은 중국의 '일대일로' 구상이 정치 선전에 가깝고 실체가 모호해서 부정적 태도를 보인다.

2017년 5월 14~15일 베이징에서 개최된 1차 '일대일로' 국제협력 정상 포럼에 참여한 국가들은 구체적 성과를 의식하기보다 중국과의 관계를 고려한 측면이 크다. 주요 참석자들의 면면을 보면 푸틴 대통령과 에르도안 대통령 정도다. 서방 국가들이 불참한 이유는 패권 확장을 위한 중국의 야심을 경계하는 분위기가 있기 때문이다. 2019년 4월 26~27일 2차 '일대일로' 포럼에는 푸틴 대통령을 비롯해 칠레, 이탈리아, 인도네시아, 말레이시아, 파키스탄 등 37개국 정상과 UN 수장들이 참석했다. 핵심 길목 국가인 인도와 터키는 불참했다.

중국은 '일대일로'에 대한 투자가 중국발 부채만을 늘린다는 인식을 부식시키고자 한다. 하지만 AIIB로부터 떠안은 부채를 갚을 능력이 없는 국가들은 중국기업들만 이익을 보고 중국에 대한 경제 의존도가 심화 되는 상황을 크게 우려한다. 사회간접자본 건설을 통해서 공공재 생산에 기여하려는 중국의 의도와는 달리 채무국으로 전락하는 상황이 되면 상대국가들의 불만이 가중될 것이다.

## 2) 인도-태평양전략

2017년 11월 필리핀에서 열린 APEC 회의에 참석해서 트럼프 대통령은 '자유롭고 개방된 인도-태평양전략(Free and Open Indo-Pacific Strategy)'에 호응하는 연설을 했다.[67] 이 개념은 하와이에 주둔하고 있는 태평양 사령부가 이미 사용하며 미국 서부해안지역으로부터 36개국에 이르는 지역에 미군이 관여하고 책임지고 있다는 의미다.[68] 이는 아베 총리가 일찍이 미국·일본·호주·인도를 잇는 민주주의 안보 다이아몬드 전략(Democracy Security Diamond Strategy)을 주창해서 중국의 부상을 견제하는 형세를 보인다. 아시아경제에서 중국을 제외할 수 없지만 '인도-태평양전략'은 호주를 포함해서 아시아경제의 중심을 하향 조정하는 효과를 낸다.[69] 2017년 11월 트럼프-문재인 한·미정상회담 후 언급된 인도-태평양 지역에 한국이 포함되는가에 대한 논란이 제기되었다. 중국을 의식하기보다는 가치 동맹으로서의 한국의 국익을 우선시해야 한다는 시각이다. 이는 중국 주도의 AIIB에 가입할 때 미국을 염두에 두기보다 우리의 국가이익을 우선시한 것과 같은 시각으로 조망해야 한다.

'인도-태평양전략'은 지역내 경제적 발전과 사회적 이동의 비중이 커지고 있는 역동성에 비추어 중요한 의미를 지닌다. 인도양과 태평양에서 상업적 해상활동 안전을 미국이 보호하고 일본과 호주가 핵심 지역파트너다. 냉전기에는 미국이 주로 공산권 봉쇄를 위해서 이 지역에 터를 잡았는데, 탈냉전기에는 인도-태평양의 해양안보를 담당하기 위한 요구에 부응하는 것이다.[70]

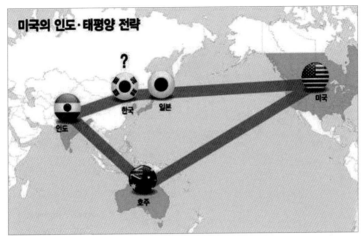

인도-태평양전략

　역사적으로 인도와 파키스탄 간에 갈등이 발생하면 중국은 파키스탄의 입장을 옹호해 왔다. 아직도 중국과 인도는 국경분쟁을 완전히 해결하지 못하고 봉합했다. 인도는 인도양을 포함하는 중국의 '일대일로'가 인도를 세계 경제로부터 고립시킬 수 있다고 우려한다. 트럼프와 아베가 제안한 '인도-태평양전략'에 대해 인도는 내심으로 공감한다.[71] 그러나 중국을 겨냥한 노골적인 경계에는 유보적이다.

　중국의 부상을 견제하기 위해서 미국은 '아시아 중시'를 넘어서 인도-태평양으로 확장하고 있다. 중·미 간에 역내 영향력 확대를 추진하는 과정에서 충돌할 수 있는 가능성을 배제할 수 없다. '상승하는 국가'와 '기존 패권국가'가 '투키디데스 함정'에 빠져서 지엽적으로라도 충돌하게 된다면 한반도 평화도 요원해진다.

# 전략경쟁

　시진핑 주석은 2013년 '신형대국주의'를 표방하다가 재임된 2기에 '신형국제관계'를 내세우며 중국의 부상이 미국에 위협이 되지 않는다고 시사했다. 중국은 미국의 동맹국들인 일본, 필리핀 등과 동·남중국해 내 분쟁 중인 영토들에 대해 강경 입장을 견지한다. 이에 미국은 우려를 표명해왔다.[72]

　2013년 중·미정상회담 직전 시 주석은 멕시코, 코스타리카, 트리니다드 토바고를 방문했다. 미국이 동아시아 지역에서 영향력을 과시한다면 중국도 충분히 미국의 앞마당인 캐리비안 지역에서 영향력을 발휘할 수 있다는 메시지다.[73] 오바마 대통령은 미얀마 수치 여사가 승리하자 중국 영향권에 있는 국가들에게 호의를 보이기 시작했다. 이후 시 주석은 중미지역과 캐리비안 지역을 방문했다.[74] 표면상으로는 양국이 평화와 협조를 내세우지만 G2로서의 자존심을 건 신경전이 고조되고 있다.

　오바마-시진핑 시기 중·미관계는 주로 동맹체제와 사드배치 문

제 등 안보문제를 둘러싼 지역 질서 주도권 경쟁이었다. 트럼프−시
진핑 시기는 안보분야에서 북핵문제가 최대 이슈화되고, 중 · 미 간
무역전쟁을 둘러싼 쟁점들이 변수가 되고 있다.

## 1) 영토분쟁 개입

동북아에서 중국이 개입된 영토분쟁에 미국이 어떤 입장을 취하
느냐에 따라 국가 간 이해관계가 달라진다. 미국은 내정불간섭원칙
을 들어 당사국 문제로 내세운다. 중국은 미국이 중립을 유지한다
는 주장에 동의하지 않는다. 인민일보는 2013년 5월 미국이 발행한
'중국 군사안보 현황' 보고서에 대해 비판했다. 중국의 정당하고 정
상적인 국방건설에 대해 시비를 걸어 '중국 군사 위협론'을 재론한
다면서 이는 양국 군대 간 전략적 상호 신뢰 증진과 실무적 교류협
력 추진에 걸림돌이라고 경고했다.[75]

중국이 난사군도(南沙群岛)에서의 기득권과 영유권을 주장하므
로 미국은 '중국 군사안보 현황'에서 댜오위다오(钓鱼岛)와 부속 섬
들에 관한 분쟁에 우려를 표명했다. 중국은 미국의 반중국적 태도
에 강한 반발을 표출하면서 역사적 사실로서 중국 소유권을 주장한
다.[76] 시진핑 주석은 미국에서 열린 오바마 대통령과의 정상회담에
서 역사적으로 댜오위다오가 중국 고유영토이며 이는 영토주권에
관한 중국 핵심이익이라고 언급했다.

2013년 11월 23일 중국은 동중국해 일대에 방공식별구역(ADIZ)
을 설정하고 통과시 사전 통보를 요구했다. 미국은 이러한 중국 발
표를 '일방적 조치'로 규정하고, 이는 중 · 미 간 '신형대국관계' 정립

에 상당한 부담이 되며 한국과 일본 등 동맹관계에도 영향을 미칠 수 있다고 지적했다. 이후 11월 25일 미국의 B-52 폭격기 두 대가 괌에서 이륙해 동중국해 상공을 비무장상태로 비행했다. 미국이 중국의 방공식별구역을 인정하지 않겠다는 의미의 '무시 전략'이다.

2017년 트럼프 대통령은 '항행의 자유(Freedom of navigation)'를 들어 중국을 의식하지 않는 듯 항해의 권리를 행동으로 보였다.[77] 그래함 앨리슨 교수는 저서 '예정된 전쟁'에서 남중국해에서의 중·미 간 작은 충돌의 불꽃(tiny spark)이 거대한 불길(roaring fire)로 확전될 수 있다고 경고한다.[78] 남중국해가 해양의 자유로운 통행과 질서유지를 주장하는 세계패권국 미국과 부상하는 중국 간의 전략적 격전지가 될 수 있다는 것이다.

시진핑 집권 3년 차인 2015년 5월 발간된 중국판 국방백서 '중국적국방(中国的国防)'에는 남중국해를 둘러싼 미국과의 지역패권경쟁에서 중국이 더 이상 수세적 입장을 견지하지 않을 것이라고 분명히 밝혔다. 외세의 위협에 대해 중국의 적극적 대응을 명시하면서, 남중국해를 둘러싼 중·미 갈등이 증폭될 수 있다고 암시한다.

남중국해 문제는 중국에게 단순한 영유권 다툼이 아니라 지역패권 확보를 위한 지경학적 이익과 결부된다. 남중국해의 가장 큰 이점은 원유와 천연자원이다. 원유의 경우 추정 매장량은 약 2,130억 배럴 정도이며, 천연가스의 경우 약 900조 $ft^3$가 매장되어 있을 것으로 추정된다. 남중국해는 말라카 해협을 중심으로 전 세계 원유와 천연가스 수송의 2/3를 담당하는 교통 중심지다. 중국이 추진하는 '일대일로' 전략에서 남중국해는 남태평양과 인도양으로 진출할 수 있는 활로다.[79] 중국은 남중국해에서의 해상로 차단은 생명선의

차단과 같은 의미로 받아들이며, 이를 역사적 경험을 통해 알고 있
다. 중국이 남중국해에서의 일정한 방어선과 자율적 공간을 확보하
려는 의도는 사활적 이익이 걸려있기 때문이다.[80]

중국이 남중국해에서의 해양 관할권 확보를 위해 노력하면서 이
웃 국가 필리핀, 베트남, 말레이시아, 인도네시아, 브루나이 등과
분쟁을 겪고 있다. 2013년 11월 이래 중국은 남사군도 해역에서 중
국이 통제하는 7개의 지형물을 지속적으로 간척해왔다. 2015년 4
월 중국 외교부에 따르면, 이는 주로 해양연구와 구조 활동 등 평화
적 용도로 사용될 것이지만, 군사방어의 필요성도 충족한다는 점을
강조한다. 이에 필리핀은 중국의 인공섬 매립 행위를 강력히 성토
한다. 일본을 방문한 아키노 필리핀 대통령은 독일의 나치에 중국
을 비유하며 비난했다.[81]

필리핀은 2013년 1월 UN 해양법재판소에 남중국해 관련 중재재
판을 신청했다. 2016년 7월 12일 헤이그 상설중재재판소는
(Permanent Court of Arbitration, PCA)는 '구단선(九段线)'을 포
함한 중국의 영유권 주장은 근거가 없다는 판결을 발표했으나 중국
은 인정하지 않았다. 5월 ASEAN 외무장관들은 남중국해 영유권
갈등에 대한 우려를 표명하며 분쟁 당사국들에게 자제를 촉구했다.
이 지역의 첨예한 갈등이 가까운 시일 내에 해결되기는 매우 어려
울 것이다.

중국과 베트남의 충돌은 2011년 중국이 베트남 배타경제수역
(Exclusive Economic Zone, EEZ) 내 탐사선 케이블을 절단하면서
발생했다. 이에 베트남이 강력 항의하며 실탄을 동원한 무력시위를
벌였다. 또한, 분쟁 당사국과 미국을 포함한 7개국이 합동 군사훈

련을 실시했다. 갈등이 가장 고조된 시기는 2014년 5월과 7월 사이로 베트남 인근에서의 석유시추작업을 계기로 베트남과 중국의 선박들이 충돌하면서 벌어졌다. 베트남에서 반중국 시위가 일어나 중국인이 사망하는 사건이 발생하기도 했다.

남중국해에서의 중·미 간 갈등으로 중국이 남사군도에 레이더 기지를 건설하고 서사군도(西沙群島)에 방어용 미사일 포대를 건설했다. 2015년 10월과 2016년 1월 미국이 두 차례 이 지역에 군함을 파견하면서 최고조에 다다랐다. 2015년 7월 초 미국은 강경 대응의 일환으로 B-52 폭격기를 본토에서 호주로 전개하며 중국에 대해 무력시위를 벌였다. 일본 자위대 P-3C 초계기가 최초로 남중국해 분쟁해역상공을 비행했다.[82]

중국 화춘잉(华春莹) 외교부 대변인은 "중국은 영토주권과 안전, 합법적이고 정당한 해양권익을 지키기 위해서 어떤 나라의 의도된 도발에도 단호히 대응하고 필요한 조치를 취하겠다."고 언급했다.[83] 중국이 남중국해 영유권을 주장하면서 중국 주권을 침해한다면 절대 용납하지 않겠다는 경고다.[84] 중국이 대미국 공세를 하면서 내세우는 규칙 준수도 남중국해에서는 통하지 않고 있다. 중국은 남중국해에서 영국과 프랑스 등이 미국 편에 서는 상황을 지켜보고 있다.[85] 프랑스는 항행의 자유 작전을 정기적으로 펼치며 이 지역이 국제법에 따라 '명백한 공해'라는 입장이다.

미국과 중국이 내세우는 국제규칙이 국제 사회 공감을 얻지 못하는 이유는 두 나라의 행보가 자국의 이익에 기반하기 때문이다. 세계 1, 2위 경제대국이며 군사대국인 미국과 중국의 일방주의가 충돌해서 전 세계 정치와 경제의 불확실성이 커지고 있다. 미국이 중국에 대한 무역전쟁을 선포해서 중·미 간 갈등이 더 심화되는 시기에 남중국해 문제가 확전의 장이 되지 않기 위한 전략적 관리가 요구되는 시점이다.

## 2) 무역전쟁

세계 정치경제 패러다임은 변환적 시기를 맞이하고 있다.

첫째, 자유무역에서 보호무역으로 변환하며 WTO 체제가 마비·붕괴되고 있다는 진단이다. 미국의 대외정책의 목표는 민주주의 및 자유시장경제가 아니라 미국의 이해증진에 촛점을 맞춘다.

둘째, 트럼프, 시진핑, 아베, 푸틴 등 강한 지도자 등장으로 개방적 민주주의가 권위주의와 민족주의적 성격으로 변모하고 있다.

셋째, 중·미 경쟁이 심화되면서 신냉전의 도래로 인식될 만큼 진전되고 있다. 이러한 변환의 원인이 2008년 금융 위기의 비대칭적 해결(경제 불평등의 심화)로 인한 결과라고 지적한다. 2018년 이후 세계 무역량 정체가 시작되어 세계자본주의 위기로 진단한다. 한국과 같이 수출 위주의 개방형 경제와는 서로 부합되지 않는 상황이 발생하고 있으므로 면밀히 주시하고 대처해야 한다.

### (1) 배경

중국과 미국은 2013년 10월 인도네시아 발리에서 열린 APEC 정상회의에서 시진핑 집권 이래 처음으로 세계경제질서 주도권을 잡기 위한 기싸움을 벌이기도 했다. 하지만 오바마 대통령이 연방정부 셧다운 여파로 회의에 불참해서 중국이 주도권을 잡았다고 평가

되었다. 존 케리(John Kerry) 미 국무장관은 시장의 변화 속도에 맞추어 새로운 규칙이 필요하다고 언급했다. TPP 참가 대상국 정상들과 만나 2013년 말까지 TPP 협상을 마무리하자고 강조했다.

바로 다음 순서로 시진핑 주석은 중국이 환태평양 국가들 모두에게 이익이 돌아가는 협력체제구축을 위해 노력하겠다고 약속했다. 이 발언은 미국이 주도하는 TPP에 대한 중국의 비판으로 받아들였다. 중국은 미국의 TPP에 맞서 동남아 16개국이 참여하는 자유무역협정을 추진했다. 왕서우원(王受文) 중국 상무부 부장조리(차관보급)는 APEC회원국들에게 '아태자유무역지대(Free Trade Area of the Aisa-Pacific, FTAAP)' 추진을 위한 타당성 연구 실무자 그룹을 만들자고 제안했다. FTAAP 개념은 지난 2006년 APEC 정상회담에서 소개되었는데 중국이 미국의 주요 아시아 통상전략인 TPP에 맞선 것이다.

트럼프 대통령이 집권하면서 2017년 1월 23일 TPP에서 탈퇴하는 행정명령에 서명했다. 행정명령 문구에는 "영구 탈퇴"라는 표현을 담았고, 이는 "미국 노동자에게 훌륭한 일"이라고 의미를 부여했다. 그는 TPP가 시행되면 이로 인해 미국의 일자리와 소득이 급감할 것이며, 미국의 제조업, 특히 자동차 산업이 큰 타격을 받아 관련 일자리는 일본에 빼앗길 것이라고 지적했다. TPP는 미국 노동자에 대한 가장 큰 배반이라고 표현했다.[86]

### (2) 현황

중국은 농산물, 화학제품, 자동차 등 미국산 제품에 대해 관세나 무역 제한 조치를 낮추자고 제안했다. 미국은 2018년 중국산 제품에 부과한 관세 중 상당 부분에 대한 철회를 검토하고 있었다.[87] 중·미 무역협상이 최종 타결된다면 한국을 비롯한 미국 동맹국들의 수출에 타격을 줄 것이라는 전망도 있다. 무역전쟁의 파고는 가라앉겠지만 중국이 미국산 제품을 대거 구매한다면 중국 시장에 의존해 온 미국 동맹국들이 수출에 타격을 입을 수도 있다.

중·미 무역협상 타결에 관한 기대가 높아지고 있었다. 2019년 3월 13일 트럼프 대통령은 시진핑 주석과의 정상회담과 관련, 중·미 무역협상이 '톱다운(하향식)'보다 '보텀업(상향식)' 방식으로 해결되는 것을 선호한다고 밝혔다. 3월 9일자 WSJ은 하노이 북·미 정상회담을 결렬시킨 트럼프 대통령으로부터 중·미정상회담에서 시 주석이 '양자택일(take-it-or-leave-it)'의 압박을 받을 수 있다는 중국 측의 우려를 보도했다. 중국은 중·미정상회담이 결렬될 가능성이 있는 '최종 협상(담판)'이 아니라 실무진이 협상을 전부 마무리하고 최종적으로 서명하는 자리가 되기를 희망한다. 시 주석이 예측할 수 없는 트럼프 대통령으로 인해서 당황하거나 막판 양보를 강요받는 상황을 경계한다는 의미다. '담판' 정상회담을 꺼리는 중국 측 입장이다.

트럼프 대통령은 3월 13일에도 무역협상이 만족스럽지 않으면 서명을 거부할 것이라며 중국을 압박했다. 그는 중·미 무역협상 타결과 관련해서 "나는 서두르지 않는다. 조금도 서두르지 않는다"며 속도조절론을 제기한다. 양국이 워싱턴과 베이징에서 잇달아 고위급 협상을 진행하고 있지만 주요 이슈에 관한 이견으로 최종 타결을 위한 정상회담이 연기되었다.

중국은 이미 대미협상에서 지구전을 준비하고 있다. 향후 협상이

성사되어 중국이 지적재산권, 무역흑자 등 일부 쟁점 사항을 미국
에 양보하더라도 첨단산업육성(지원) 분야는 양보하지 않을 것으로
전망된다.

미국의 2012년 3,151억 달러의 대중국 무역적자가 2017년 3,752
억 달러로 단기간 내 급속히 증가했다.[88] 미국은 ① 중국 수입품에
대한 25%관세 부과, ② 수입품 범위를 유동적으로 설정, ③ 1300개
의 표적 상품을 지정, ④ 약 410억 달러 규모의 관세부과를 결정했
다. 이는 2017년 미국의 대 중국수입물량 5,000억 달러(약 540조
원)의 약 10%에 상응하는 금액이다. 중국은 이에 대응하면서 과일,
와인, 철강 파이프 등 120개 품목에는 15%의 보복성 관세를, 돈육,
돈육 가공품, 재활용 알루미늄 등 8개 품목에 25%의 관세를 부과하
기로 결정했다. 보복관세의 부과규모는 30억 달러에 이를 것으로
예상되었다.

2018년 3월 22일, 미 행정부는 중국산 수입품에 고율 관세를 부
과하는 행정명령에 서명했다. 이에 맞서 중국은 총 10억 달러에 이
르는 120개 품목에 15% 관세를, 총 20억 달러에 달하는 8개 품목에
대해 25% 관세를 부과하는 내용으로 보복관세 조치를 발표했다.
미 트럼프 행정부의 등장과 행정서명을 계기로 중·미 간 본격적인
관세폭탄 무역전쟁이 일어날 것을 예고했다.

트럼프는 이미 대선후보 시절부터 중국과의 불공정 무역에 대한
불만을 숨기지 않았다. 대통령 취임 100일 이내에 중국을 환율 조
작국으로 지정할 것이라고 공언했다. 이는 미국과 중국이 경제적으
로 상호의존도가 높음에도 불구하고, 경제적 동반자보다는 잠재적
경쟁자로 인식하는 결정이다.

2018년 2월 미국이 발표한 핵태세검토보고서(Nuclear Posture Review, NPR)에 따르면, 중국과 러시아, 북한, 이란을 포함해서 잠재적 위험으로 지목하고 이에 대응해서 미국도 저강도 핵무기 개발계획을 발표했다.[89] 나아가 북한 대외거래의 약 90% 이상을 차지하는 중국을 비난하며 북한의 비핵화를 위한 제재와 압박을 지속하라는 요구를 담고 있다. 따라서 향후 외교안보 분야의 위험요인에 더해 강대국 간 무역전쟁으로 비화해서 상호확증경제파괴 형태로 나타날 가능성에 대해서도 대비해야 한다는 우려가 제기된다.

2018년 5월 3~4일 베이징에서 1차 협상을 하고, 5월 15~19일 워싱턴에서 스티븐 므누신(Steven Mnuchin) 재무장관이 이끄는 미국 대표단과 류허(刘鹤) 중국 국무원 부총리를 대표로 하는 중국 대표단이 2차 무역협상을 진행한 뒤 공동성명을 발표했다. 이 공동성명을 통해 양국 무역불균형 해소를 위한 합의를 이끌어내고 이전에 발표한 관세부과조치를 중단하기로 합의했다. 양국은 미국 농산물과 에너지 수출 증가에 동의했지만, 중국이 구체적인 수치를 정하는 것을 거부했다. 미국은 연간 3,750억 달러에 달하는 무역적자중 2,000억 달러를 줄이라고 중국에 요구하면서 추가적으로 협상할 것임을 시사했다.

양국 간 무역전쟁은 2차에 걸친 무역협상의 결과로 일단락되었으나, 몇 가지 해결되지 않은 난제들이 있다.

첫째, 미국이 강조하는 중국의 기술도용문제다. 미 정부는 반도체, 항공, 로봇기술, 전기차 등을 포함하는 첨단산업분야에 수천억 달러를 지원하는 '중국제조2025'가 미국 첨단기술산업의 우위를 위협할 것에 대해 매우 우려한다.

둘째, 미국이 요구한 2,000억 달러 적자 감축이라는 비용이 비현실적이다.

셋째, 대이란 제재 협정을 위반한 혐의로 미국 기업과의 기술 이전 및 거래가 7년간 금지된 세계 4위 통신장비 업체인 ZTE는 지난 2차 협상의 공동성명에서 제외되었으나, 향후 긍정적인 결과를 기대하기는 어렵다. 미국의 대표적인 동북아 전문가인 고든 창 (Gordon G. Chang)은 중국은 미국에 대한 실존적인 위협이며 중국이 단지 경쟁국 기업을 위협할 뿐만 아니라 세계 무역질서를 흔들고 있다고 지적했다.[90]

2018년 6월 초, 미국과 중국은 베이징에서 2박 3일 일정으로 3차 무역협상을 가졌으나 양국은 어떠한 합의안 발표나 공동성명 채택도 하지 않았다. 중국 측은 무역전쟁을 하지 않는다는 전제에서 진행해야 한다는 인식을 보이며 미국이 도발한다면 이를 좌시하지 않겠다는 입장이다. 비교우위를 내어주지 않으려는 미국과 경제대국이 되려는 중국 간에 만족할 만한 합의가 도출될지 더 지켜봐야 알 수 있을 것이다.

미국이 중국에 대한 공세를 주도하면서 다른 동맹국들과의 무역분쟁을 키워 중국을 상대로 협공 동력이 떨어질 수 있다는 관측도 있다. 미국과 중국이 서로를 비난하면서 내세우는 국제규칙 준수가 다른 나라들로부터는 호응을 얻지 못하고 있다.

8월에 미국과 중국은 3개월간의 대화 공백을 깨고 22~23일 워싱턴 DC에서 협상을 벌였다. 중·미 무역전쟁의 근본적 원인이 '중국의 경제·IT 기술대국부상'에 대한 미국의 견제인 만큼 협상이 쉽지 않았다.[91] 9월에 후속 논의를 진행할 예정이었지만 트럼프 대통령이 중국산 수입품에 2,000억 달러 규모의 관세 조치를 예고하면서 협상이 결렬되었다.

10월 중·미 양국은 서로의 수입품에 대해 총 3,600억 달러(한화 약 400조 원) 규모의 추가 관세를 부과했다. 미국이 부과하는 중국산 수입품 관세 규모는 2,500억 달러이며 중국이 부과하는 미국산 수입품 관세 규모는 1,110억 달러다. 관세 규모가 약 2배 정도 차이가 있는데 중국의 대미 수입액이 미국의 대중 수입액보다 적기 때문이다. 트럼프 대통령은 이에 그치지 않고 중국산 수입품 전체로 관세를 확대하겠다는 입장을 밝혔다. 중국은 새로운 관세를 부과할 미국산 수입품이 없어서 더 이상 사용할 '관세 카드'가 없으므로 무역전쟁은 일단 중국에게 불리한 상황으로 진행되고 있다고 관측되었다.

양국의 국내 경제 상황을 살펴보면, 미국의 경우 증시가 사상 최고치를 경신하고 실업률은 사상 최저 수준을 기록하며 호황을 누리고 있었다. 중국 경제는 2017년 6.9%의 경제성장률에서 완만한 감속이 시작될 것으로 분석되었다. 중국 증시는 가장 먼저 중·미 무역전쟁으로 인한 타격을 받았다. 상하이 종합지수는 트럼프 대통령이 무역전쟁 의지를 밝힌 2018년 3월 이후 하락세를 보였다. 중국산 수입품 2,000억 달러 규모에 3차 관세 폭탄 부과를 발표한 9월 17일 상하이 종합지수는 3154.28로 2015년 차이나쇼크 이후 최저치를 기록했다.[92]

미국과 무역전쟁을 벌이면서 리커창 총리는 트럼프 대통령의 보호주의 무역 공세에 맞서 우군을 확보하는 데 총력을 기울이고 있었다.[93] 그는 중국 신실크로드 건설 구상인 '일대일로'에 동참하라고 호소하기 위해 유라시아 순방을 나서기도 했다.(2018.10.11~19)

리 총리의 유라시아 방문 목적은 더 많은 무역 파트너들로부터 지지를 얻고 다자무역체계를 수호해 나가며 최소한 이 지역 국가들이 미국 편에 서서 중국을 견제하는 것을 막기 위한 노력이다. 또한, 중·미 무역전쟁으로 중국 내 외국인 투자 감축을 우려해서 기업인들과 만나 투자도 적극적으로 독려하고 글로벌 기업들의 투자를 환영한다고 강조한다.

### (3) 함의와 전망

중·미 무역 갈등은 과거 미·일 통상 분쟁의 경우와 같이 어느 한쪽이 양보해서 단기간에 정리될 수 있는 성격이 아니다. 양국 간 갈등은 통상 분쟁 차원을 넘어 근본적으로 패권 경쟁이므로 최소 5년 이상 지속될 수 있다. 한국도 장기적으로 대응할 준비를 해야 한다. 일본은 미국이 주도하는 세계질서의 한 축으로서 미국의 요구에 양보가 가능했다. 그러나, 미국에 대한 일방적인 중국의 양보는 불가능할 것으로 전망된다.

중국은 그동안 수출주도로 대외 지향적 고속성장을 이뤄 왔다. 2008년 서방세계가 금융위기에 처하게 되자 중국이 4차산업혁명을 통해서 미국 경쟁력의 핵심으로 여기는 분야에 대한 추격을 시도하게 되었다. 4대 산업분야로 국방, 오락·영화, 금융, 교육 등을 망라한다.

신냉전을 예상할 수 있는 3대 경쟁 조건으로 ① 이데올로기, ② 군사력, ③ 경제력 등을 들 수 있다. 미국과 중국 경제가 이미 상호 의존성이 심화되어 커플링 현상이 나타나고 있어서 신냉전으로 대치하기에는 부담감이 크다. 미국 강경파들은 2025년을 목표로 하는 중국 성장을 무력화시키려면 중국과 미국 경제를 디커플링해야 한다고 지적한다. 미국은 화웨이, 반도체 등 중국산 제품에 의존하지 않으려는 움직임을 보인다. 중국도 WTO가입 이후 외국산 부품을 중국 생산품으로 대체하면서 자국 주도의 글로벌가치사슬(Global Value Chain)을 강화하고자 한다.

중·미 간에 서로 경쟁에 앞서 가장 우려하는 시나리오는 상호 파괴(mutual destruction)로 치닫는 것이다. 양국이 상호 경제 디커플링을 시작하기에는 다소 늦었다는 지적이다. 중국을 견제하기 위해서 무역전쟁에 돌입하면 단기적으로 효과가 있을 수 있다. 그러나 미국의 피해도 엄청나다는 관점에서 장기적으로 분쟁이 지속될 가능성은 낮다고 평가한다. 다만, 군사, 외교 분야 등 다양한 차원에서의 중·미 갈등은 지속될 것이다.

## 3) 타이완 문제

'하나의 중국' 원칙에 입각해서 타이완을 인정하는 어떠한 조치도 중국은 허용할 수 없다는 입장이다.[94] 타이완과의 통일을 중요한 국가 목표로 삼고 있는 중국이지만 미국과의 전면적 충돌을 원하지 않는다. 미국은 1979년 4월에 통과된 '타이완 관계법(Taiwan Relations Act)'에 따라 타이완에 무기판매를 지속하면서 타이완 방어에 대한 미국의 관심을 표명해 왔다. 다만 타이완과 대륙의 통일 문제에 대해서 미국은 분명한 입장을 밝히지 않은 채 이른바 전략적 모호성으로 대처한다.[95]

이와 같이 중국은 '하나의 중국' 원칙을 내세우지만 '타이완 독립

선언' 가능성이 증대되는 시기가 있었다. 심지어 2008년 베이징올림픽이 열리는 기간을 이용해서 이를 시행할 것이라는 시나리오가 언급되기도 했다. 중국은 이를 결코 좌시하지 않고 무력 사용도 불사할 것이라고 공언해 왔다.

미 하원 국제관계위원회 청문회에서 제임스 켈리(James Kelly) 미 국무부 차관보는 미국의 타이완 정책에 대해 중요한 언급을 했다. '타이완 관계법'에 대한 새로운 해석이라고 할만하다.[96]

첫째, 타이완 관계법의 근본요소는 '타이완 안정'이다. 타이완 독립 움직임을 보이는데 대한 경고다.

둘째, 미 정부가 최초로 중국의 타이완에 대한 무력사용 가능성을 직시해야 한다고 지적했다. 미국은 타이완이 단독으로 현상유지에 대한 변화를 시도하는 것에 반대하지만 중국의 무력사용 가능성을 단지 허세로만 여긴다면 무책임한 행동이다.

미국이 타이완 방어를 위해 어떠한 행동도 할 수 있다고 천명한 입장과 상당한 차이가 있다. 미국의 타이완에 대한 태도 변화는 중국이 북한 핵문제를 평화적으로 해결하고자 6자회담에서 적극적으로 외교력을 발휘하는 것과 맥을 같이한다. 중국은 일련의 고위급 인사들이 미국을 방문해서 타이완 독립반대 입장을 확인했다. 반면 미국을 대신해서 중국이 북한 핵문제에 영향력을 행사해 달라고 주문받은 것으로 알려졌다.

중국은 미국이 중국과 정상적인 대국관계를 구축하려면 미국의 대타이완 군수품판매와 같은 일부 비정상적인 현상을 감소시키거나 제거하라고 제안했다. 타이완 문제를 '악성종양'으로 여기며 중·미관계에 놓인 '유리천장'처럼 양국이 협력 잠재력을 발휘하는

데 장애물이라고 비판했다.[97]

중·단기 전략으로 현상유지를 통해서 중국은 미국이 군사적으로 개입할 빌미를 주지 않으려고 한다. 타이완이 독립하면 중국을 봉쇄하려는 미국과 일본에게 전략적 요지로 제공될 가능성이 있다고 우려한다. 반면 중국이 타이완과 통일을 이루게 될 경우 중국 해상 방위력을 향상시킬 수 있다. 중국은 타이완 독립을 선언하게 되면 무력행사도 불사한다고 경고한다.[98] 미국이 2013년 5월 발행한 국방보고서에 따르면, 중국이 타이완을 향해 무력행사를 해야 할 상황이 발생하면 반드시 행사할 것으로 예상했다.[99]

2017년 트럼프 행정부 출범 후 중·미관계는 냉랭하다. 트럼프 대통령은 2016년 말 대통령 당선인 시절 차이잉원(蔡英文) 타이완 총통과 전화 통화를 해서 중국 정부의 심기를 불편하게 했다. 미국이 타이완과 긴밀한 경제, 정치, 안보 관계에 대한 대화를 나눴다고 보도됐다. 미국과 타이완 정상 간의 통화는 1979년 국교 단절 이후 처음이다. 중국 언론은 트럼프 행동을 일제히 비난하고 나섰다.[100] 인민일보는 중·미관계에 균열이 생기면 '미국을 다시 위대하게' 만드는 데 도움이 되지 않는다고 경고했다.

트럼프 당선인은 2016년 12월 중국이 무역 등의 문제에 있어서 미국과 협상하지 않는다면 미국이 '하나의 중국' 원칙에 따르지 않을 수 있다는 입장을 밝혔다. 중국 외교부는 트럼프 발언에 '엄중한 우려'를 표시하며, '하나의 중국' 원칙 준수를 강력하게 촉구했다. 겅솽(耿爽) 대변인은 12일 정례 브리핑에서 이는 중국주권, 영토 완정(完整)에 관한 중국의 핵심 이익이라고 지적했다.[101] 중국 관영 매체 환구시보는 트럼프가 '도발과 거짓말'을 자행한다고 비난했다.

"하나의 중국 원칙은 흥정 대상이 아니다"고 했다.[102] 트럼프 대통령이 취임 후 2017년 2월에 시진핑 주석과 처음 통화를 하며 '하나의 중국' 원칙을 존중한다고 밝혔지만, 그의 친타이완 행보는 이어졌다.

2017년 6월 30일 시진핑 주석이 홍콩 주둔 인민해방군 부대에서 사상 최대 규모의 사열 행사를 열어 홍콩 독립 세력에 대한 강력한 경고장을 날렸다. 이에 미국은 중국의 홍콩에 대한 간섭을 비판하는 논평을 내고 트럼프 정부 출범 이후 처음으로 타이완에 대한 무기판매 계획을 승인했다. 역대급 대규모였다는 평가를 받았던 사열식은 미국의 기습적인 대타이완 무기 판매 승인 소식에 묻히고 말았다. 미 국무부는 13억 달러 규모의 무기판매를 승인했다고 밝혔다.[103] 이로써 타이완에 무기를 판매한 것은 오바마 행정부 시절인 2015년 12월 이후 2년 만이다.

미국이 타이완에 무기를 판매할 때마다 거세게 반대했던 중국은 즉각 반발했다.[104] 추이톈카이(崔天凱) 미국 주재 중국대사는 미국의 타이완 무기 판매는 중·미 양국 간 상호 신뢰를 해치며 이는 '하나의 중국' 원칙에 위배된다고 전했다. 6월 30일 중국 외교부 대변인은 정례 브리핑을 통해 미국의 잘못된 조치는 양국 정상이 마라라고 회담에서 합의한 공동인식에 위배되고 상호간 신뢰를 훼손할 수 있다고 비판했다.[105]

미 상원 군사위원회는 2017년 6월 28일 미 해군 함정의 기항지로 타이완 항구를 허용하는 내용의 '2018년 국방수권법(NDAA) 개정안'을 상원 전체회의로 넘겼다. 주요 내용은 타이완 남서부 가오슝이나 '다른 적합한 항구'에 항공모함 등의 입항을 승인하자는 것이다.[106]

미 해군은 1979년 타이완과 단교하고 중국과 수교한 이후 타이완에 해군 함정을 정박한 사례가 없기 때문에, 이는 당시 중국에게 상당히 거슬리는 결정이 아닐 수 없다. 이 법안이 의회를 통과하면 지난 40년 간 미국이 고수해 온 '하나의 중국' 원칙을 철회하고 중국과 새로운 국면을 맞이하게 된다는 의미일 수 있다고 보도되었다.

### (1) '타이완 여행법'

트럼프 대통령은 2018년 3월 16일(현지시간) 미국과 타이완 간 상호 교류를 촉진하는 '타이완 여행법(Taiwan Travel Act)'에 최종 서명했다. 백악관은 이 법안이 미국과 타이완 공무원들이 상호 자유롭게 방문할 수 있도록 격려하기 위한 의도라도 밝혔다. 2018년 2월 만장일치로 상원을 통과한 이 법안은 타이완 고위급 공무원들이 미국을 방문해서 정부 관리를 만나고 사업을 할 수 있도록 허용한다. 미국 정부는 타이완을 국가로 인정하지 않는다는 원칙에 따라 미국 공무원과 타이완 관리의 공식 접촉을 금지해 왔다. 이는 한국을 포함해서 타이완과 단교하고 중국과 수교한 국가 대부분이 채택하고 있는 정책이다. 그러나 3월 통과된 타이완 여행법안에는 미국 군 장성, 행정 기관 관리를 포함한 모든 계급의 관료들이 타이완 방문 및 타이완 관리들과 회동할 수 있고, 타이완 관리들은 미국을 방문하고 미국 측 관계자를 만날 수 있게 한다는 내용이 포함됐다. 짐 인호프(Jim Inhofe) 공화당 상원의원은 트럼프 정부의 결정에 대해 타이완이 스스로 방어할 능력이 있으며, 미국의 헌신적인 파트너로 확신할 수 있는 중요한 수단이 될 것으로 평가했다.

중국은 미국의 행보에 즉각 반발했다. 주미중국대사관은 서명 직

후 중국의 단호한 반대 입장에 따라 미국이 타이완과의 관계개선
조치를 즉각 중단하라며 강력한 반대의사를 밝혔다. 리커창 총리는
2018년 3월 5일 전인대 업무보고에서 중국이 국가주권과 영토 통
합을 수호하며 타이완 독립을 결코 용납하지 않겠다고 언급했다.
시진핑 주석은 3월 20일 13기 전인대 1차 회의 폐막식에서 "조국의
완전한 통일은 모든 중화 자녀 공동의 희망"이므로 "중화민족의 근
본이익"이기에 어떠한 국가 분열 행동도 물리치겠다고 강조했
다.[107] 중 · 미 무역분쟁 카드로 타이완을 활용하려는 트럼프 정부와
의 갈등 고조가 불가피했다.

### (2) 미군 타이완 재주둔

미국은 1951년부터 1979년까지 타이완에 군사고문단과 연합방위
사령부를 두고 대규모 육 · 해 · 공군 병력을 주둔시켰다. 1979년
중 · 미 수교 이후 타이완 주둔미군을 철수하고 타이완과 외교관계
를 단절했다. 타이베이에는 비영리 민간기구이면서 대사관 역할을
하는 미국 재타이완협회(American Institute in Taiwan, AIT)가
영사 및 비공식 외교업무 등을 맡아왔다. '하나의 중국' 원칙을 의식
해서 타이완과 공식적 관계를 상징할 수 있는 공관 경비 병력은 파
견하지 않았다. 미국이 해외 148개국 공관에 자국 해병대를 주둔시
키고 있는 것을 고려할 때, 철저하게 중국의 원칙을 존중하고 있다
는 의미로 해석할 수 있다.

2018년 4월 미국은 타이완의 AIT 신축건물에 해병대 병력이 주
둔하고 있다. 해외 주재 대사관 기준에 맞춰 6월 준공된 AIT 타이
베이 사무처 신청사 경비를 미 해병대 병력이 맡고 있다. 미군 병력

이 타이완에서 철수한 지 39년 만에 다시 타이완에 진주했다. 신청
사 부지에 '해병대의 집(Marine House)'이 건설되어 10여 명의 상
주 해병대 병력이 주둔한다.

이 조치에 대해 중국은 미국이 '하나의 중국' 원칙을 위배하면서
타이완과의 관계를 공식화하고, 나아가 AIT 공관경비를 명목으로
미군 주둔을 확대해서 중국의 양안통일 전략을 견제할 가능성이 있
다고 본다. 비록 많은 타이완 사람들이 독립을 원하지만 중국은 하
나의 지방도시로 간주한다. 중국은 타이완이 주권을 주장하는 것을
막기 위해 무엇이든 할 준비가 되어 있다는 입장이다.

미국과 중국은 무역 불균형, 남중국해, 북한 핵, 타이완 문제 등
에서 동시 다발적으로 갈등을 겪고 있다. 양국은 각 이슈마다 서로
우군 확보를 위해서 노력하지만 이를 외면하는 국가들이 적지 않
다.[108] 미국을 비판하는 중국이 중·미 무역분쟁을 겪으면서 주요 7
개국 회의에서 G6(독일, 영국, 프랑스, 이탈리아, 일본, 캐나다)의
우군을 확보한 것은 아니다.[109] 미국은 중국이 기술을 훔쳤다고 비
난한다. 실제 2018년 3월 23일 미국이 중국의 차별적인 기술이전
관행이라고 WTO에 제소한 분쟁 건에 EU와 일본이 참여 의사를 공
식적으로 밝혔다. 이는 중국의 지적재산권 침해에 대해 미국, 유럽,
일본이 협공할 것이라는 예측을 낳게 했다.[110] 6월 8일 캐나다에서
개막한 G7 정상회의에서 트럼프 대통령은 동맹국의 반발을 줄이면
서도 중국에 대한 협공을 이끌어내고자 했다. 국익을 앞세워 갈등
을 노출하고 중국을 고립시켜 봉쇄하려는 시도가 지속되고 있다.

# 코로나19 이후

## 1) 전략적 신뢰성

상위구조로서의 중 · 미관계와 하위구조로서의 남북한관계를 바탕으로 미국에 대적하고자 하는 중국의 속내를 음미해 본다.[111]

미국은 중국을 최대 '위협'으로 간주하지만 '불량국가'라고 하지 않는다. 북한이 '불량'한 이유는 핵무기뿐만 아니라 ICBM을 개발해서 미국과 '힘의 균형'을 이루겠다고 도발하기 때문이다. 북한은 '핵무력 완성'을 통해 미국과 맞서겠다며 '적대시 정책'을 버리라고 요구한다.

북한을 목표로 하겠다는 미국의 MD에 대해 남북한 관계개선을 우선시 하고 싶은 한국은 북한의 경계심을 완전히 무시하기 어렵다. 궁극적으로 MD의 목표는 중국이라며 강한 불신감을 나타내며 이에 반대하고 있는 중국의 심정도 한국은 헤아려야 한다. 미국이 동맹관계를 내세우면서 MD에 동참할 것을 요구할 때 한국은 '전략적 모호성'으로 뚜렷한 입장표명을 보류하면서 미국의 입장을 이해

한다는 것으로 대신하고 있다.

'전략적 모호성'에 대해서 '전략적 신뢰성' 개념을 대비해 볼 수 있다. 예컨대 사드 문제이다. 사드는 미국이 자체 예산으로 미군과 군속들, 군시설을 북핵으로부터 보호하기 위한 자구책이란 명분을 내세운다. 한·미동맹에 비추어 이를 거부할 다른 명분이 없다. 그런데 한국측은 2014년부터 2016년 사드가 배치되기까지 2년 동안 중국에 3무(요청, 협의, 결정) 내세우다가 하루아침에 배치하고 장소를 군부대에서 민간골프장으로 변경했다. 사드를 배치할 수밖에 없다는 사실을 알고 있으면서도 '전략적 모호성'이 아니라 상대를 기만했다고 볼 수도 있다. 이러한 일련의 정책에 '전략적 신뢰성'을 찾아볼 수 없다. 기왕에 사드 배치를 결정했다면 반대를 무릅쓰고라도 일관성 있게 정책을 밀고 나가고 솔직한 입장을 밝혀야 한다.

중국이 주장하는 '쌍궤병행'은 북한을 협상에 불러들이기 위해서 유일한 방안일 수 있다. 비핵화와 평화협정을 동시에 논의하지 않고 북한이 대화에 응할지 의문이다. 그렇다면 중국이 주장하는 쌍궤병행을 관철시키기 위해서 미국을 설득하려면 사드 배치 요구를 받아들일 수밖에 없는 처지에 대해 원칙을 지키며 투명하게 논의할 수 있어야 한다. 현재와 미래를 정확하게 꿰뚫을 수 있는 안목이 있어야 '전략적 신뢰성'을 확보할 수 있을 것이다.

'모호성'은 '신뢰성'을 넘어서 철학적으로 상위개념이라고 볼 수 있다. 상대방이 나의 의도를 눈치채지 못하여 모호한 상황에 대해 긴가민가 하면서도 그래도 믿고 싶은 경우일 것이다. 한국이 취하는 포지션은 소위 '양다리 걸치기' 인양 양측으로부터 불신받고 있는 모양새이다. '모호성'이라고 전략적으로 감추고 싶지만 다른 주변국들까지도 알아채는데 모호성이 전략이 될 수 있을지 반문해 보아야 한다.

베트남 하노이에서의 제2차 북·미정상회담 결렬은 이미 예고되고 있었다. 김정은 국무위원장은 영변 핵시설 폐기로 대북제재 완화를 이끌어낼 수 있다고 오판했다. 비핵화 의지가 없다면 회담에 응하지도 않았을 것이라고 호언했다. 도널드 트럼프 대통령은 미국이 요구하는 완전 비핵화를 북한이 받아들일 수 없을 것이라는 참모들의 조언에도 자신의 협상력을 믿고 오판했다. 남북경협을 본격적으로 추진하겠다는 기대로 외교안보 참모진까지 쇄신한 문재인 대통령은 정보판단 오류라는 따가운 시선을 받고 있다. 북한 세습체제는 긴 호흡으로 핵보유국 지위를 관철시키고자 할 것이다.[112]

김정일 국방위원장 시절 북한은 미국 대통령과의 약속이라도 하루아침에 무위가 될 수 있다는 뼈아픈 경험을 했다. 워싱턴에서 평양으로도 날아올 듯했던 빌 클린턴 대통령은 대북한 유화정책의 정점을 찍었다. 그러나, 조지 W.부시 대통령이 북한을 '악의 축'으로 일컫게 되자 정반대의 입장이 됐다.

트럼프 대통령은 미국 내 여론을 의식해서 북한에 건넸다는 '빅딜' 문서 범위에서 벗어나기 어려운 상황에 처해있다. 미국이 요구하는 '영변 핵시설+α'에는 과거, 현재, 미래를 총망라하는 비핵화를 담고 있다. 핵시설, 핵무기, 탄도미사일, 생·화학무기 등 모든 대량살상무기(WMD)가 포함된다. 북한지도부는 도저히 받아들일 수 없다며 이상한 계산법이라고 항변한다. 김 위원장은 '단계 타결'을 제안하고, 트럼프 대통령은 '일괄 타결'을 주장한다. 평행선을 그을 수밖에 없는 오판으로 두 지도자가 다시 협상할 수 있을지 기약할 수 없다.

한·미정상회담에서 한국은 완전한 비핵화가 이뤄지지 않는다면 대북제재 완화에 동참할 수 없다는 미국의 완강한 입장을 확인했다. 미국은 북·미정상회담 가능성을 열어두고 대화 의지를 밝히고 있지만 서두르지 않는다. 미국이 한국의 '촉진자' 역할을 인정하지 않는다면 북한도 귀 기울이지 않을 것이다. 한국은 남북한관계 개선을 통해서 북·미관계 진전을 견인하고자 하지만 양측으로부터 신뢰받지 못하고 있다.[113]

김정은 위원장은 연일 '자력갱생'을 강조하며 북한 인민들의 '고난의 행군'을 북돋우고 있다. 북한 경제 사정이 그만큼 절박하고 힘들다는 의미다. 하지만 여러 차례 정상회담을 통해서 북한의 핵보유국 의지는 확고한 목표로 드러나고 있다. 오로지 강력한 제재만이 핵문제를 해결하는 대화의 수단이라고 인식하게 된 미국은 끝까지 밀고 나갈 태세다. 북한은 인민들의 고달픔을 덜어주기 위해서 부분적이나마 제재 완화가 절실하지만 결코 쉽게 풀리지 않는다.

이미 5차례 북·중정상회담으로 시진핑 주석과 김 위원장은 신뢰구축을 위한 행보로 다가가고 있다. 2019년 4월 블라디보스토크에서 김 위원장은 블라디미르 푸틴 대통령과 처음 만나 북·러 정상회담을 열었다. 북한은 중국에 이어 러시아를 후견인 삼아서 심각한 경제난의 숨통을 트고 싶다. '신동방정책'을 앞세워 극동지역 발전의 교두보로 북한과 공동개발을 구상하는 푸틴 대통령과 의기투합할 수 있다. 북한은 러시아와 더불어 유엔과 서방세계에서 가해지는 대북제재의 탈출구를 모색하고자 할 것이다.

북한·중국·러시아로 이어지는 신 삼각체제가 형성된다면 한국은 미국과 일본과의 강력한 연대가 필요하다. 한·일관계는 최악의 상황으로 치닫고 있다. 문재인 대통령과 아베 신조 총리 간에 불신이 높아지고 있다. 위안부, 강제징용, 초계기 사건에 이르기까지 악화일로다. 최근 후쿠시마 수산물 수입에 대한 세계무역기구(WTO) 분쟁에서 역전패한 일본 정부가 비판여론을 '한국 때리기'로 무마하려는 시도라고 보는 시각도 있다. 트럼프 대통령과 아베 총리는 잦은 조우로 개인적 신뢰를 바탕으로 서로의 국익을 챙긴다. 미국과 일본은 F-35 스텔스 설계 기밀을 공유하려는 '인도-태평양 전략'의 핵심 파트너다. 중국의 '일대일로' 전략을 견제한다.

아베 총리는 평화헌법 개정을 통해서 보통국가를 꿈꾸며 대외정책에서 광폭행보를 보인다. 일본은 2019년 5월 나루히토 왕세자가 '천황(天皇)'에 즉위하고 레이와(令和) 연호를 쓰게 된 기대감과 경제 활성화로 고무되어 있었다. 또한 시진핑 · 아베 정상회담으로 양국관계가 눈에 띄게 발전하고 있었다. 중국 해군 창설 70주년 관함식에 일본은 욱일기를 휘날리며 스즈쓰키호를 보내 위용을 자랑했다. 북한은 미국과 중국의 신뢰를 받는 일본과의 관계 정상화에 관심을 갖게 될 것이다. 아베 총리는 북 · 일관계 개선을 공언하면서 정상회담을 기다려왔다. 후임 스가 요시히데 총리도 대북한 정책을 그대로 이어가고자 한다.

판문점에서의 3차 남북정상회담에서 두 정상이 손을 맞잡고 군사분계선을 넘나드는 인상 깊은 장면을 기억한다면 또 다른 감동을 연상하게 된다. 하지만 트럼프 대통령과의 하노이회담 결렬을 경험한 김 위원장과 한 · 미정상회담에서 별다른 언약을 받지 못한 문 대통령은 동병상련일지 모른다. 북한은 한국의 '오지랖 중재'에 기대하지 않는다. 제재 장기화에 대비한 '버티기 작전'이다. 북한은 통일전선부장을 김영철에서 장금철로 교체했다. 북 · 미 정상회담 실패에 따른 문책이라면 북한 방식을 고수하겠다는 의지를 나타내고 있다. 한국은 경제발전의 원동력을 남북경협에서 찾기 위해 '올인'했는데 빈손으로 돌아서야 한다. '개성공단'과 '금강산관광'에 부풀어 있던 북한은 더 처절한 심정일 것이다.

21세기 급변하는 주변 환경 속에서 평면적이고 일방적인 대외정책으로는 '북한의 이해'와 '남한의 이해'를 아우르는 '한반도의 이해'를 반영한다고 볼 수 없다. 중국과 미국의 상호 입장을 활용면서도 상대방과 감정적 교감을 나누면서 측은지심(惻隱之心)을 불러일으킬 필요도 있다. 중국은 중·미관계 악화나 남북한관계 고착의 책임이 전적으로 미국에 있다는 직접적인 언급을 서슴지 않는다.

부시 행정부 등장 이후 바이든 대통령에 이르기까지 중국에서 반미감정이 고조되고 있다. 이에 한국이 편승하기엔 미국의 요구가 너무 거세다. 한·미동맹관계를 기본 축으로 하지 않는다면 남북한관계 개선에 결코 도움이 되지 않지만 미국의 입장만을 두둔하기엔 중국과 북한의 반발을 외면할 수 없다. 대북한 정책을 강경일변도로 할 경우 한국에서 반미감정이 일어날 뿐이라는 이유로 미국을 설득할 수 없다.

2021년 5월 21일 첫대면으로 한·미정상회담에서 만난 바이든과 문재인 대통령은 클린턴-김대중 이후 진보 성향의 조합으로 상호 케미(호흡)를 맞출 수 있을 것으로 기대한다.(〈표 9-1〉참조)

중·미관계의 퇴보가 동북아에서 한국의 입지를 약화시키기도 하지만 중국과 미국의 국가이익에도 결코 도움이 되지 않는다는 현실을 꿰뚫어 양국에 호소해야 한다. 중국과 미국 양측을 의식하면서도 한반도가 처한 시련을 자주적으로 이겨내기 위한 인내심을 발휘해야 한다.

## 2) 코로나19(COVID-19)

코로나19는 중국 우한시에 있는 가축시장에서 발생한 것으로 처음 보도되었다. 전 세계적으로 1억 명이 넘는 확진자가 발생했으며 200만 명 넘게 사망했다. 미국은 이 기회를 통해서 동아시아에서 영향력을 넓히고 관계강화를 통해서 의존적 리더십을 만들 수 있었다. 그러나 미국내 상황이 악화되면서 중국의 희생양이 되었다는 점을 지나치게 강조해 왔다. 이에 국제사회는 과연 미국이 위기 상황에서 리더 역할을 감당할 수 있는지에 대한 능력과 의지에 의구심을 보이고 있다. 반면, 일부에서는 오히려 중국이 세계무대에서 패권을 더욱 강화할 수 있는 계기가 되었다고 주장한다.[114] 하지만 이번 사태를 은폐하려는 시도와 코로나19 관련 개인보호장비(PPE)의 품질 미달 및 불법·위조 문제가 급증해서 불신을 자초하고 있다.[115] 홍콩보안법이 통과되면서 민주주의 국가들 사이에서 중국의 국제적 입지에 대한 우려가 제기되고 있다.

역내 정세는 불안정한 상태로 코로나19 이후 더욱 악화되고 있다. 향후 이념적 유사성과 국가 안전 보장 차원에서는 미국, 경제적 차원에서는 중국이라는 양자택일의 기로에서, 어느 한쪽을 선택해야 하는 압박이 더욱 강해질 수 있다.

### (1) 미국: 미사여구

"괜찮을 것이다. 우리는 통제할 수 있다."

— 도널드 트럼프 대통령, 2020 세계경제포럼(WEF)

코로나19 사태 초반 당시, 트럼프 대통령은 중국이 바이러스와의 싸움에서 투명하게 대응하고 있다며 긍정적으로 평가했으나, 지난해 3월 16일부터 미국은 이를 '중국발 바이러스'로 부르면서 수사적 표현이 바뀌었다.[116] 미국에서 코로나19 상황이 심각해져서 행정부의 대응이 미흡하다는 비판적 여론이 팽배해지는 상황이 영향을 미치고 있다. 미국 내 극단적인 정치 풍토가 만연하고 있어서 진보 성향의 보도 자료와 민주당 출신 정치인들이 '중국발 바이러스'라고 칭하는 트럼프 대통령을 향해 인종차별주의적 발언이라고 비난하며 미국내 반아시안 정서에 대한 책임을 제기하고 있다.

코로나 바이러스 대응과 관련해 트럼프 행정부가 실패한 또 다른 분야는 미국 동맹국들과의 대화다. 미국이 실험용 키트를 비롯한 코로나19 관련 물자에 대해 한국을 포함해서 동맹국들과 협조해야 하는 상황이다.[117] 트럼프 대통령은 미국이 한국보다 백신 개발에 앞서고 있다고 자랑하면서 협력하려는 자세를 보이지 않아 왔다.

미국 미니애폴리스 경찰의 과잉진압으로 목숨을 잃은 조지 플로이드 사건 이후 최근 인종차별에 대한 여러 논란들이 제기되고 있다. 이로써 미국이 세계적인 리더십을 발휘하는데도 영향을 미치고 있다. 경찰의 만행에 대해 미국 전역에서 폭동과 시위가 일어났다. 불안감을 느끼는 대다수 국가들은 트럼프 대통령과 미국이 이번 사태를 제대로 해결하지 못한다고 인식할 것이다.[118]

미국은 코로나19 팬데믹에 대한 불만으로 WHO 탈퇴를 공식 선언하고 지원을 중단하기로 했다. 중국에 대한 불만 표시로 향후 타이완과의 관계를 강화하는 계기가 될 수 될 수 있으며 일본과는 현상유지의 양자관계를 유지하고 있다.[119] 전반적으로는 미국이 코로나19 사태 이후 동아시아 국가들과의 관계에서 이미지가 개선되었다고 할 수 없는 상황이다.

## (2) 중국: 양면성

중국 당국의 예비조사 결과, 중국 우한에서 확인된 신종코로나바이러스(2019-nCoV)가 사람과 사람 사이에 전염됐다는 명확한 증거는 발견되지 않았다.

－ WHO 트위터(2020. 1. 14)

트위터에 올라온 WHO의 윗글 중 문제점은 중국과 WHO가 이 내용은 사실이 아니라는 명확한 증거를 가지고 있었다고 알려졌다. 지난 1월 14일 마샤오웨이 중국 국가보건위원장이 주도한 화상회의에서 인간 대 인간의 전염 가능성을 인정하는 녹취록이 유출되었다.[120] 중국은 자국의 상황을 어느 정도 통제할 수 있게 되자, 일명 '마스크 외교(Mask Diplomacy)'를 통해 외교적 우위를 점하고자 했다. 좋은 국가 역할을 자처하며 코로나19 사태 초기에 외국으로부터 수입해서 비축해두었던 마스크와 개인보호장비(PPE)를 상황이 나빠지고 있는 국가들에게 보내기 시작했다.[121] 그러나, 일본과 동남아시아를 비롯해서 유럽의 많은 국가들이 마스크와 의료장비의 결함을 보고하면서부터 문제가 발생했다.[122] 중국이 우호적으로 접근해도 회의적인 반응을 보이며 이면의 의도에 대해서도 의심을 품기도 한다. 이러한 중국의 양면적인 모습은 전세계 및 역내 국가들에게 중국에 대한 신뢰성에 의문을 갖게 할 수 있다.

## 3) 홍콩보안법

동아시아 국가들과 중국은 경제적 협력 관계를 맺고 있으며 북한을 제외한 대부분의 교역국은 민주주의를 바탕으로 경제기반을 추구한다. 만약 중국이 민주주의와 시장 자유주의 가치를 제한한다면 상대 교역국과의 경제적 관계는 역풍을 맞을 수 있다. 2020년 6월 30일 중국 전국인민대표회의 상무위원회에서 만장일치로 통과된 홍콩보안법은 국내 문제에 대한 분리, 전복, 테러, 외국 간섭 등을 사실상 범죄로 규정한다.[123] 마이크 폼페이오 미 국무장관은 홍콩이 자치권을 완전히 잃어버렸으며 이로 인해 특별무역보호국으로서의 지위를 위협당할 것이라고 말했다.

또한, 홍콩보안법 통과와 영유권 분쟁 지역인 댜오위다오/센카쿠 열도에서 중국이 항행하는 등, 중·일관계가 다시 심각한 긴장 상태에 직면해 있다.[124] 문재인 정부의 노력에도 불구하고 남북한관계도 급격히 냉각되고 있다.[125] 중국과 타이완 관계는 반중국 독립 성향의 차이잉원 총통이 재선에 성공하면서 역대 최악으로 치닫고 있다. 중국은 필요하다면 타이완에 대한 간섭을 강화할 것이며 타이완은 이에 강하게 반발할 것으로 전망된다.

타이완은 홍콩의 일국양제 정책의 실패를 목격하고 있다. 2019년 범죄인인도법안과 중국 당국의 개입으로 홍콩 내 사회불안이 가속화되면서 중국이 타이완에 대해서도 비슷한 수준의 야망을 드러낼 수 있다고 우려한다. 타이완 내 반중 감정이 팽배해지면서 민주진보당이자 반중국 성향의 차이잉원 현 총통이 약 57%의 득표율로 친중국 성향의 국민당 후보를 압도적으로 이기고 재선에 성공했다.[126]

중국은 타이완이 독립을 추구한다면 강압적으로 타이완을 되차지 하겠다는 의지를 드러내지만, 현실적으로 이는 지난한 과정이 될 것이다. 차이잉원 행정부는 미국을 타이완의 굳건한 동맹국으로 인식하고 있다. 미국은 타이완관계법, 타이베이법 등 지난 2년 동안 친타이완에 입각한 법률을 여러 차례 통과시켰다. 미국은 중국에 대한 비난만큼이나 미국과 타이완 간의 주요한 공동의 가치에 기반을 두고 타이완과 긴밀한 관계를 추구하고 있다.[127]

## 4) 남북한 교착상태

"언급할 가치도 없어…"
  – 2018년 남북군사합의서에 대한 김여정 발언(2020. 6. 16)

### (1) 남북관계발전법

문재인 대통령은 남북한관계를 개선해서 궁극적으로 남북통일의 길로 나아가고자 하지만, 남은 임기 내에 이루기는 쉽지 않아 보인다. 최근 북한은 모든 연락을 중단하고 남한과의 관계를 단절한다고 공언했다. 북한은 개성주재 연락사무소 폭파가 남한 인권단체의 지속적인 대북 전단 살포에 대한 대응이라고 주장하며 전단 살포에 적극 대응하지 않고 있는 남한 정부를 비난했다.

코로나19가 만연함에 따라 남측과 북측 간의 가장 시의적절하고 직접적인 현안은 이번 사태가 북한 경제에 미치는 영향과 파장이다. 북한은 코로나19 팬데믹 초기부터 외국 유입에 의한 사례를 막기 위해 중국과의 국경을 폐쇄했다. 최근 유엔 보고서에 따르면, 북한의 국경 폐쇄로 무역이 위축되고 중국과의 교류에 크게 의존하고 있던 접경 지역이 심각한 타격을 입으면서 북한에 기아와 노숙자가 급증하고 있다.[128] 북한은 대내 상황이 위기에 직면했을 때, 외부에 적을 두고 '남 탓하기' 전략을 구사하면서 내부를 결집시켜 왔다. 이에 남한을 '적'에 해당되는 대상으로 상정했을 가능성이 있다. 더욱이 북한에서 코로나19 사태가 공개된 것보다 더 심각한 수준이라면, 북측에서는 제재 완화가 절실하고 이를 위해 도발적인 행위가 필요하다고 판단할 수도 있다.[129]

북한은 남측이 북측과의 관계개선에 대한 의지가 강하고 공을 들이고 있다는 사실을 알고 있어서 한국 정부가 더욱 난처한 입장에 처해 있다. 만약 대북 전단 살포에 대해 강하게 대응한다면, 이는 북한 내 인권 문제를 묵인하는 것으로 비춰질 수 있다. 그러나 대북 전단 살포를 묵인한다면, 북한과 불필요한 갈등을 야기하게 될 수 있다. 일명 대북전단살포금지법으로 불리는 남북관계발전법 개정안이 국회를 통과했다.(2020.12.14)

### (2) 용과 독수리 사이에서

어떠한 국가든 자국의 운명에 맞게 주도적으로 상황을 조절하고 관리하기를 원하지만, 현실적으로 세계 정치는 원하는 대로 이루어지지 않는다. 한반도 정세가 바로 이 현황을 그대로 보여주고 있다. 당사국인 남한과 북한이 자발적이고 주도적으로 결정하기보다 오히려 미국과 중국의 판단에 영향을 받아 온 사실을 확인할 수 있다. 중국과 미국, 그리고 남북한 간의 구조적 역학관계를 이해해야 하는 이유다.

이러한 현실은 남한에게 더욱 도전적이며 코로나19 사태 이후 강화될 수 있다. 한국은 북한의 군사 도발 가능성을 염두에 두고 미국의 군사력에 의존하고 있는 한편, 중국과는 미국과 일본을 합친 것보다 더 큰 규모의 교역이 이루어지고 있다.[130] 진보 성향의 문재인 정부는 당면한 난제에 대해 양자택일이 아닌 양자 노선을 추진하면서 전략적인 외교관계를 발휘하고자 한다. 한국은 중국의 일대일로와 미국과 일본의 인도·태평양전략에 대해 관심을 표명하면서도 어느 것 하나에 강력한 지지를 보내지 않고 있다. 일본을 포함한 다른 국가들이 코로나19 사태에 대해 중국의 초기 대응 방식을 비판하고 최근 홍콩보안법에 대해 강력한 유감을 표했으나 한국은 기본적으로 침묵으로 일관하고 있다. 홍콩보안법과 관련해 발생할 수 있는 경제적 문제에 대해 한국이 우려되는 입장을 밝혔지만, 서구의 자유민주주의 동맹국들과는 달리 중국 당국을 직접적으로 비난하지 않았다.[131]

한국이 중국에 의존하고 있는 현황이 여실히 드러나고 있다. 2016년 사드 배치 결정 이후, 중국의 보이콧과 한한령으로 한국은 약 68억 달러의 경제적 손실을 입었다.[132] 한편, 북한의 입장도 한국과 크게 다르지 않다. 북한의 대중국 무역 교역량 및 경제 의존도는 남한에 비교할 수 없을 만큼 전면적이다. 북한은 2017년 이후 수출입의 90% 이상을 중국에 의존하고 있다고 알려진다.[133] 한국은 중국에 대한 경제적 의존도가 높은 만큼 중국의 요구를 뿌리치기에는 아직 자립적 기반이 미흡하다. 북·중관계가 긴밀해지고 있고 중국이 북한의 방호막이 되고 있는 상황에서 중국과의 신뢰를 쌓아가야 한다.

코로나19 팬데믹이 세계 경제와 흐름에 미치는 파급력을 감안할 때, 미국과 동아시아 국가들은 공급망을 다각화하고 특정 국가 혹은 지역에 과도하게 의존함으로써 발생할 수 있는 취약성과 리스크를 극복하기 위해 노력해야 한다. 세계적인 기업들의 주요 공장이 중국에 입지해 있다는 점을 고려했을 때, 이번 사태로 2020년 미국은 최악의 경제성적(-5.9% GDP 경제성장률)을 보이고 있다.

중국도 심대한 경제적 타격(1.2% GDP 경제성장률)을 받고 있다. 중국에 설치되어 있던 공장이 일본과 타이완 기업처럼 자국으로 이전하는 리쇼어링(reshoring) 현상이 가속된다면, 한국내 제조업 경기가 활성화될 수 있다. 인도, 인도네시아, 베트남 등 중국을 대체할 만한 새로운 제조업 행선지가 각광을 받게 될 것이다. 동아시아 국가를 비롯해서 캐나다, 호주 등과 같은 서방 국가들도 중국 대체국들과의 관계를 강화하는 흐름에 가세할 수 있다.

또한, 홍콩보안법, 일국양제에 대한 타이완의 반발 등과 같은 지정학적 요인들로 중국은 몸살을 앓고 있다. 중국에 대한 부정적인 시선은 일대일로 전략에 대한 근본적인 의구심을 품게 한다. 중국이 일대일로를 통해서 사회간접자본을 건설한다는 명분을 내세웠으나 부채를 감당하지 못하는 국가들이 채무국으로 전락하고 있다. 이러한 상황은 가치공유와 함께 막강한 경제력과 외교력을 지닌 미국이 다시금 새로운 질서를 주도하는 강력한 지도자로 부상할 수 있다는 가능성을 시사한다. 그러나, 트럼프 행정부는 이러한 국제사회의 흐름에 제대로 부응하지 못하고 있는 듯하다.

한국은 난처한 입장에 처해 있다. 문재인 정부가 북한과의 관계 개선에 주력하고 있지만 북한은 애써 외면한다. 만약 북한이 공격적인 도발 행위를 멈추지 않는다면, 한국은 미국과의 군사적 협력에 더욱 매진해야 할 것이다. 미 행정부가 터무니없는 방위비 분담금을 계속 요구한다면 결국 한·미관계가 악화될 수밖에 없지만 적정한 타협이 필요하다. 한국은 새로운 방위비분담특별협정으로 13.9% 증액하기로 합의했는데 바이든 행정부 초기에 매듭지을 수 있어야 한다.

2020년 초부터 코로나19의 팬데믹 공포가 지구촌을 덮치면서 미국과 중국의 책임 공방이 계속되고 있다. 코로나19 팬데믹 이후 전 지구적으로 백신과 치료제를 신속히 개발해서 제공하기 위한 '의료 전쟁'이 치열해지고 있다. 향후 신냉전 질서가 이어진다면 이 전쟁에서 승리하는 국가가 패권국에 더 가까이 다가가게 될 것이다.

미국은 중국 국유기업 화웨이 제품 사용을 금지하고 한국은 동참을 요구받고 있다. 이런 엄중한 시기에 8월 부산을 방문한 양제츠 중국공산당 정치국원은 서훈 청와대 국가안보실장과 첫 대면을 했다. 서 실장은 동북아 및 세계 평화와 번영을 위해서 미·중 공영과 우호 협력이 중요하다고 강조했다. 양 위원은 미·중 갈등 상황과 중국 측 입장을 설명한 것으로 알려졌다. 한·중 수교 28주년(8월 24일) 즈음에 이뤄진 한·중 고위급 만남에 중국 측은 상당한 의미를 부여했다. 하지만 한반도 평화프로세스의 여정은 멀기만 하다.

한국은 한·중 항공편 증편, 비자발급 대상자 확대 등에 대해 조속한 협조를 당부했다. 이번 회담에서는 한·중 자유무역협정(FTA) 2단계 협상 가속화, 역내포괄적경제동반자협정(RCEP) 연내 서명, 제3국 시장 공동 진출, 한국 신남방·신북방 정책과 중국 일대일로 전략의 연계 협력 시범사업 발굴, 세계무역기구(WTO) 사무총장 선거 등 다자 협력 문제에 대해 의견 교환도 이뤄졌다.

시진핑 중국 국가주석의 방한 일정에는 구체적 합의를 하지 못한 것으로 보인다. 아마도 한·중·일 3국 정상회담이 예정대로 한국에서 개최되면 리커창 중국 총리가 방한할 것이다. 그러나, 강제징용문제, 위안부 등이 해결되지 않으면 스가 총리는 한국에 오지 않겠다는 강경한 입장을 고수하고 있다. 주요 7개국(G7) 회담을 확대해 개최하기를 원하는 트럼프 대통령은 중국을 포위하기 위해 2020년 G11 회담에 한국을 초청했으나 대선 패배로 성사되지 않았다. 2021년 6월 영국에서 개최예정인 G7 회의에 한국, 인도, 호주를 포함해서 'G7+3' 형태로 열리게 되며 '민주주의 10개국(D10)' 결성을 추진하고 있다. 한국이 G7 회담에 옵서버로 참석할 수 있겠지만, 정식 회원국이 되려면 참가국 모두 동의해야 하므로 쉽지 않을 것이다.

이와 관련 중국 외교부는 다자회의 확대가 바람직하다는 메시지를 내 주목된다. 미국이 주도하는 회담 분위기를 가장 솔직하게 중국 측에 전달할 수 있는 참가국으로 중국은 한국을 염두에 두는 듯하다. 한국의 국익을 극대화하려면 다른 국가와의 조율, 특히 일본과의 협조가 절실한 만큼 한국은 아베 총리의 전격 사임 이후 승계한 스가 총리와 한·일 관계 개선에 적극적으로 나서야 한다.

2020년 7월 23일 마이크 폼페이오 미 국무부 장관은 닉슨 대통령 기념관 앞에서 미·중 관계에 대해 연설했다.[134] 그는 '중국 정부와 시진핑 주석'을 '중국공산당(CCP)과 시진핑 총서기'라고 표현했다. 시 주석을 '파산한 전체주의 이데올로기 신봉자'(a true believer in a bankrupt totalitarian Ideology)로 비판하면서 미국은 자유주의 세계를 지키기 위해 공산주의 중국과 결별해야 한다고 역설했다. 1972년 미국 대통령으로서는 사상 처음 중국을 방문해 마오쩌둥 주석을 만나 미·중 데탕트 시대를 연 닉슨 대통령 시대와는 결별하겠다는 정책 구상이다.

미국 우선주의(America first)와 중국몽(中國夢)을 내세우며 패권 경쟁으로 치닫고 있는 미·중 사이에서 한국이 균형을 잡아 중재 외교(Mediatory diplomacy)를 할 수 있는 여지는 사실상 없어 보인다. 미·중의 이해관계 충돌 와중에 대화와 협력이 이뤄지도록 한국이 가교 역할을 통한 중개 외교(Bridging diplomacy)를 하려면 양국으로부터 신뢰받는 동반자가 돼야 한다. 전략적 모호성(Ambiguity)은 미·중 모두의 불신을 받게 돼 오히려 한국이 설 자리를 잃을 공산이 크다. 한국은 미·중 관계의 현재와 미래를 정확히 꿰뚫어 보면서도 양국 모두로부터 믿음을 얻는 전략적 신뢰성(Reliability)을 확보해야 할 것이다.[135)]

남북 협력을 위한 돌파구를 찾고 싶어 하는 한국 이인영 통일부 장관에게 싱하이밍(邢海明) 주한중국대사는 북·미 관계와 남북한관계를 쌍두마차처럼 끌고 나가면 좋겠다는 생각을 피력했다.(2020.8.12) 북한의 최대 목표는 북·미 관계개선을 통한 미국의 적대시 정책 철회다. 그렇기에 미국이 한국을 신뢰하지 않는다면 북한은 남북대화나 교류 협력에 관심을 보이지 않을 것이다.

## 5) 바이든 시대 미·중전략경쟁과 한반도

### a. 국가안보전략

올해 초 미국에서 정권교체로 민주당 바이든 행정부의 미·중전략경쟁에 따른 정책 변화가 주목받고 있다. 바이든 시기에 미국 대외정책은 트럼프 시기와 어떻게 달라질 것이며, 미·중관계는 어떻게 새롭게 설정될 것인지 관심사가 되고 있다. 향후 미·중관계 추이에 따라 한국의 대외정책을 어떻게 수립해나가야 하는지에 대해 논의해 본다.

미 백악관은 '국가안보전략 잠정지침(Interim National Security Strategic Guidance)'을 발표했다.(2021.3.3)[136] 미국의 대세계관여비전을 제시하려는 취지로 서문에 바이든 대통령은 국가안보전략(NSS)에 따른 국가기관이 행할 지침을 제시했다.

주요 내용은 다음과 같다. 첫째, 민주주의, 동맹에 기반을 두고 미국은 안보, 번영, 자유를 지키기 위해 세계에 대범하게 관여한다.(boldly engage the world)

둘째, 초국가적 위협에 따른 안보 상황으로 미국의 관여와 공동대응의 필요성이 지속적으로 증대하고 있다. 민주주의가 위기를 맞고 있으며 미국주도의 국제질서가 시험에 직면하고 있다고 평가한다. 중국과 러시아를 비롯해서 이란, 북한 등에서도 위협이 제기된다. 잠재적으로 중국은 현존하는 국제질서에 도전하고 있는 유일한 경쟁자로서 공세적으로 부상하고 있다.

셋째, 동맹과의 파트너십이 국가안보에서 우선순위다. 미국은 NATO, 호주, 일본, 한국과의 민주 동맹(democratic alliance)과 더불어 인도, ASEAN 등 파트너십을 활성화하고 현대화를 추구한다. 동맹국들은 미국과 민주주의 가치를 공유하는 가장 중요한 전략자산(greater strategic asset)이다. 민주주의 동맹을 바탕으로 국제 규범과 표준을 효과적으로 수립해서 중국을 비롯한 비민주 국가들에게 대응할 수 있다는 전략을 세우고 있다.

바이든 행정부가 발간한 최초의 국가안보전략보고서는 NSS 개정 이전의 잠정적 지침이어서 매우 이례적이다. 전임 행정부와 차별화를 하고 외교안보 비전을 조기에 제시해서 동맹 강화 등 주요 외교목표를 달성하기 위한 추동력을 얻고자 한다. 미국은 북·미관계를 포함한 대북한정책과 관련하여 동맹과의 협력을 통한 외교적 접근을 강조한다. 미국 언론(Hill, Politico) 보도에 따르면, 이 지침으로 대중국 견제를 위한 함의가 부각되고 있다.

## b. 미·중전략경쟁

### ① 동맹을 통한 국제협력

미국은 전지구적인 기후변화, 보건, 비확산 등 분야에 국제협력을 증진함으로써 리더십을 회복하고자 한다. 핵무기 위협에는 동맹을 통한 강력한 확장억제를 유지하면서 중국과 러시아와의 안정을 위한 전략적 대화를 병행한다. 북한 핵과 미사일 위협을 완화하고 실질적인 성과를 얻기 위해서 일선 외교관에게 권한을 부여한다. 또한, 한국·일본과의 원활한 협력이 이뤄질 수 있도록 분위기 조성을 위한 노력을 기울인다.

미국은 외교가 우선(first resort)이지만 최후 수단(last resort)으로 군사력도 사용할 수 있다. 중국과 러시아로부터의 위협에 대응해서 첨단기술에 투자를 확대해서 군사력을 확보한다. 동맹국들과의 긴밀한 협의를 통해서 해외 주둔 미군의 재배치검토(GPR)를 진행하며, 인도-태평양 및 유럽에서 미 군사력이 매우 견고(robust)하게 유지될 수 있어야 한다.

동아시아에서 중심이 되는 대중국 정책은 미국의 내적 역량을 결집하는 동시에 국제 규범에 따른 합의를 주도함으로써 미국이 글로벌 리더십을 강화할 수 있게 추진되고 있다. 중국이 불법적인 무역 행위를 하거나 사이버 해킹 등에 대해서 강력히 대응한다. 미국은 타이완 및 홍콩 문제에 지속적인 관심을 표명하며 신장을 비롯하여 티벳에서의 민주주의, 인권 증진에 대해서도 주목하고 있다. 이러한 우려에도 불구하고 기후변화, 글로벌 보건안보 등에서 미·중 간 협력이 가능한 분야는 상호 협조를 모색한다.

미국은 코로나19로 인한 보건 분야를 필두로 경제 회복을 위해서 적극적인 대처로 에너지 및 과학기술 발전을 촉진한다. 또한 사이버 안보 분야를 강화하며 민주주의 증진을 위한 다각적인 노력을 기울이고 있다.

② 미·중경제정책의 전략적 기조

포스트 코로나시대를 맞아 미국은 확장적 경제정책 기조를 유지하고 있다. 중국은 재정적자 목표치를 축소해서 긴축기조로 선회하고 이를 추진하고 있다. 이와 같이 양국 간 디커플링(decoupling) 추세가 나타나고 있는 원인을 분석해 본다.

미국과 중국은 이전의 경쟁 국면에서도 글로벌 경제 위기에 대응하기 위해서 암묵적인 정책 공조를 해왔다. 2009년 금융위기를 극복하는 과정에서 양국은 대규모 경기부양책을 실시하여 글로벌 수요 회복을 견인했다. 중앙은행은 양적 완화를 통해서 글로벌 유동성이 경색되지 않게 차단하는 노력을 보였다. 중국은 대미수출로 쌓인 달러를 미국 자산시장에 재투자하여 달러의 국제적 순환에 기여하고 있다. 중국이 대규모로 달러 채권을 매입하면 양적 완화 국면에 미국 시장금리가 인상되지 않도록 억제하는 역할을 담당할 수 있다.

그러나, 코로나19 위기 극복 과정에서 중국과 미국은 경제정책에 탈동조화 추세를 보인다.

우선, 경기회복에 속도 차이가 있다. 중국은 내수와 수출 양방향에서 코로나 국면에 조성된 경제 위기를 조기에 극복하고 있다. 이로써 내수 시장에 대한 구조적 개혁을 추진할 할 수 있는 여력을 확보하고 있다. 중국은 2021년 전년 동기와 대비 생산(35.1% 증가), 소비(33.8% 증가), 투자(35% 증가) 등 주요 경제지표가 회복세를 보인다.(2021년 1-2월 기준) 경기회복을 위해 무리하게 확장 기조를 유지할 필요성이 줄어들고 있다.

반면 미국은 생산(2.2% 감소), 소비(3% 감소) 등에서 전반적으로 경기 침체 국면에 있다.(2021년 2월 기준/전월 대비) 미국 정치권에서 관심을 보이는 실업률도 6.2%이며 코로나19 이전의 평균 수준 3.5%를 훨씬 초과하는 상황이다. 엘런(Yellen) 미 재무장관은 미 하원 금융서비스위원회에서 경제가 아직 위기 국면에 있다는 평가를 했다.(3.24)

다음, 양국은 부채와 관련된 인식에 차이를 보인다. 미국은 기축통화국이나 중국은 향후 글로벌 금리 인상에 대비한 선제적인 디레버리징(부채감축)이 필요하다. 미국이 국채 발행이나 달러 신규 발권을 통해서 주조 효과를 활용하면 대외 변수에 크게 영향을 받지 않고 부채 관리가 가능하다. 미국은 국제 결제 및 자산 포트폴리오를 하면서 달러 지위가 건재한 이상 일정한 수준으로 달러 평가절하 가능성만 관리하면 된다. 기축통화 발권력을 활용하면 부채문제를 관리할 수 있다.

반면 중국은 선제적으로 기축통화국이 긴축 국면에 들어가면, 금리 인상에 따라 부채상환 부담이 증가한다. 예를 들어, 2015-16년 미국 금리 인상기에도 중국은 기업부채상환 부담을 완화하고자 저금리 정책을 고수했다. 이에 달러 자본이 지속적으로 이탈하여 중국 자산시장이 불안정해지는 현상이 나타났다. 이를 감안해서 중국은 포스트 코로나 국면에서 미국 정책 기조가 바뀌기 이전에 긴축 및 부채문제 관리 등 경제구조개혁을 위해서 주력하고 있다. 리커창 총리는 국무원 상무회의에서 총부채비율(GDP 대비)을 유지하되 정부 부채 비율을 축소해야 한다고 강조한 바 있다.(3.16)

미·중전략경쟁 국면에서 중국은 선제적으로 긴축정책을 실시해서 달러화 대비 위안화의 실질가치가 상승할 수 있도록 견인하고 있다. 이는 중국의 위안화 국제화를 위한 노력의 일환이면서 달러 금융시장에 대한 의존도를 감소시킬 수 있다. 중국이 강한 위안화를 유지하게 되면, 실질적으로 중국 소비자의 구매력 상승으로 이어질 수 있다. 중국이 추구하는 내수 소비를 중심으로 과도한 수출의존형 경제구조에서 탈피하는 '쌍순환(双循环)'정책에 부합한다.

중국과 미국 경제정책의 디커플링 추세에 따라서 상당 기간 동안에 위안화 강세국면이 지속될 것이다. 强위안/弱달러 환율 구조는 미·중 양측 이해관계에도 상응해서 단시일 내에 환율문제가 양국 간 갈등요소로 부각될 가능성이 크지 않다. 2020년 1월 미 재무부는 환율조작국 목록에서 중국을 제외했는데 이후 현재까지 유효하다. 미국이 양적 완화를 축소하기 이전까지는 위안화의 국제화를 위해서 중요한 분수령이 될 것으로 평가된다.

### c. 문재인-바이든 한·미정상회담

2021년 1월 조 바이든(Joe Biden) 미 대통령이 취임해서 문재인 정부는 새로운 동맹파트너를 맞이하고 있다. 문 대통령은 김정은 위원장과 약속한 판문점 선언을 이행하지 못한 상황이 국제적 제약을 넘어설 수 없었기 때문이라고 진단한다. 유엔 대북제재로 인해서 남북협력을 할 수 없었던 아쉬움을 내비친다. 국제사회가 공조하고 있는 대북한 제재에 대한 한국정부의 인식은 바이든 행정부의 접근법과는 차이를 보인다. 북한이 비핵화 조치에 진전을 보이지 않으면 미국은 어떠한 제재 완화도 고려하지 않는다고 확약하고 있다.

하노이 회담결렬을 통해서 이미 영변 핵시설 비핵화 정도로는 미국이 받아들일 수 없다는 입장을 분명히 밝혔다. 트럼프 시기 북·미정상회담을 비판해 온 바이든 정부는 적어도 "북한의 '영변비핵화 +α'(은닉 핵시설 추가 공개를 포함해서 비핵화 최종 목표 합의 또는 전체 로드맵 설정 등) 약속"이 있어야 제재 일부 완화라도 추진할 수 있게 될 것이다. 이는 대북제재를 통해서 비핵화를 유도할 수 있다는 인식을 공유한다는 의미로 바이든 행정부는 핵심적인 협상 기제로서 국제공조를 통한 제재를 중시한다. 이에 따라 향후 문재인-바이든 정부의 정책 조율에서 제재 완화를 둘러싼 양국의 견해 차이는 핵심적인 분쟁요인이 될 수 있다.

바이든 행정부는 민주주의와 인권을 축으로 '가치동맹'을 중시하

면서 이를 바탕으로 대중국 관계에서 우위(a position of strength)
에 서겠다는 전략을 내세운다. 중국과 미국 간에 첨예한 갈등을 겪
고 있는 상황에서 남북한 관계를 우선시하는 한국정부가 속도 조절
에 보조를 맞추지 않고 사안별로 남북교류에 앞서가고자 한다면 미
국은 심각한 우려를 표명할 수 있다. 문 대통령은 2018년 북·미 싱
가포르회담이 성공적인 합의이므로 바이든 대통령도 이를 계승하
기를 희망한다. 한국은 확고한 신뢰 관계를 통해서 미국을 설득하
는 노력이 필요하다. 하지만 한국이 자율성을 가질 수 있는 공간이
제한적인데 미국의 입장만을 대변하게 된다면 북한으로부터 외면
당하게 될 것이다. 대미외교를 통해서 남북한관계를 단계적으로 진
전시킬 수 있는 공간을 확보할 수 있을지가 관건이다.

　트럼프 시기의 대중국 강경책이 방향은 옳았지만 정책추진 과정
에서 문제가 있었다고 보는 바이든 행정부는 예컨대 중국에 대한
압박과 북한에 대한 제재를 지속할 것이다. 미국에서 국민적 공감
대를 이루고 있다. 미국이 돌아왔다("America is Back")고 외친다.
실용적이고 정교한 대중국 견제구상으로 미국은 실질적인 효과를
내고자 한다. 바이든 대통령은 중국과 러시아와의 경쟁에 대해서
세계 미래를 위한 민주국가 대 독재국가 간에 벌이는 근본적인 논
쟁으로서 민주주의가 반드시 승리해야 한다고 믿고 있다.

　중국은 미국을 향해서 "상호 핵심이익을 존중"해야 하며 "내정간
섭은 용납하지 않겠다"는 입장이다. 중국은 개별국가 주권 평등, 평
화적 분쟁 해결, 내정 불간섭 등 국제관계에 기본 규범을 지키라고
요구한다. 중국은 미국이 추진하는 '쿼드(미국·인도·호주·일본)'
가 달갑지 않다. 한·미·일 협력 강화 움직임에 대해서도 인위적

으로 고립을 조장하는 것이라고 주장한다. 이는 곧 세계를 분열시키고 대립을 가져온다고 우려한다. 다자주의를 통한 협력으로 평화를 지향하는 중국은 특정 국가를 배제하고 배척한다면 이는 공평하지 않다고 견제한다. 역사와 문화가 다른 두 나라 사이에 이견이 있다면 매우 정상적이므로 중·미관계 발전에 영향을 주는 이유가 될 수 없으며, 중국은 미국이 갈등을 조장하지 말라고 항변한다.

새롭게 출범하는 바이든 행정부 초기에 미국과 중국 대결 구도가 가시화되면서 한국의 외교 정책이 다시금 시험대에 오르게 되었다. 중국의 부상을 필사적으로 막아보겠다는 결의를 보이는 바이든 행정부의 대중 압박에 한국은 어느 수준까지 동참할 수 있을지에 대한 원칙을 세워야 한다.

임기 마지막 해를 보내며 문재인 대통령은 최우선 목표로서 남북한 관계개선으로 지속 가능한 한반도 평화프로세스의 기반을 닦고자 한다. 이를 위해 미국이 나서서 대북한 제재를 완화해야만 현실적으로 가능하지만 바이든 대통령은 북한 비핵화를 우선시한다. 북한에 대한 실용적인 접근을 할 수 있도록 한국이 역할을 하려면, 철통같은(ironclad) 한·미동맹에 대한 신뢰를 바탕으로 미국은 실천을 통해 헌신할 것을 주문한다.

바이든-문재인 대통령이 첫 대면으로 워싱턴에서 열린 한·미정상회담의 주요 의제 및 성과가 주목받고 있다.(2021.5.21) 한국이 필요한 백신과 미국이 강조하는 반도체와 배터리는 한·미 경제협력 분야이면서 쿼드 협력 분야다. 쿼드에는 반도체 등 신기술, 백신, 기후변화에 대응하기 위해 설립한 워킹그룹이 있다. 미국의 구상에 따라 반도체 공급망을 재편하려는 핵심 의도는 신기술 공급망에서 중국 의존도를 줄여 기술 격차를 벌리려는 것이다. 미국은 중국의 '백신 외교'를 견제하면서 쿼드 '백신 파트너십' 구축을 내세운다. 한·미 경제협력을 통해서 한국은 북·미 대화 재개와 남북한 관계개선을 위한 협력이 이행될 수 있기를 기대한다.

민주주의 가치를 공유하는 동맹들과 함께 대중국 압박에 동참하라고 미국은 요구한다. 인도−태평양전략에 따른 쿼드와 쿼드플러스(한국, 베트남, 뉴질랜드)에 참여하라는 요청이다. 한국이 공조의사를 밝히면 기회로 활용할 수 있다. 바이든 행정부의 대북한 정책에 영향을 미치기 위해서는 미국이 지대한 관심을 내보이는 전략에 호응해야 한국의 입지를 넓힐 수가 있다. 한·미 미사일지침이 종료되어 한국은 중·장거리 미사일 개발에 여유를 가질 수 있게 되었다.[137] 중국을 겨냥한 포석으로도 분석한다. 한·미정상회담 후 발표한 공동성명에 타이완해협과 남중국해 문제가 포함되어 중국이 민감한 반응을 보이고 있다. 타이완은 중국 내정문제이고, 남중국해는 자유로운 항행과 비행이 보장되며 중국과 주변국 문제라고 중국 외교부 대변인이 발표했다.(5.24) 중국이 이를 묵과하지 않으므로 한국의 불가피한 입장을 설득하기 위한 외교적 노력이 절실하다.

코로나19를 비롯한 제반 사정으로 이뤄지지 않고 있는 시진핑 주석의 한국 방문이 성사된다면 한·중관계에 새로운 이정표가 세워지기를 기대하지만 상황은 녹록치 않다.

중국은 미국과의 갈등이 해소되지 않고 있는 시점에 한·미동맹을 강조하며 한국을 쿼드권에 포함시키려는 미국에 대해 굳이 자극하고 싶지않을 것이다. 미국을 견제하기 위해서 중국은 북한과의 협력 강화가 더 유효하다고 판단한다. 시진핑 주석은 3월에 김정은 위원장에게 구두 친서로 양국(중국과 북한) 인민들의 생활 향상을 약속하며 북한을 끌어안으려 하고 있다. 한국을 방문한 시 주석이 북한이 응하지 않고 있는 비핵화를 언급하기에는 곤혹스러울 것이다. 한국 대통령 임기가 1년 남짓인데 자칫 선거를 앞두고 국내정치 상황에 이용될 수 있다는 우려를 할 수도 있다. 2017년 문 대통령의 방중에 대한 답방이 아직 이뤄지지 않고 있다. 한 · 중정상회담이 특별한 성과 없이 끝난다면, 중국 국내 경쟁 세력의 따가운 비판을 각오해야 한다. 혹여라도 시진핑의 장기집권 구상과 더불어 후계자 선정 작업에 영향을 미칠 수 있으므로 신중하게 결정할 것이다.

중국은 북한과 국경을 맞닿아 북한 경제에 실질적인 원조를 주고 있는 유일한 국가다. 북 · 미관계 악화로 중국의 역할이 강화되면 신냉전기로의 회귀를 재촉할 수 있다. 북한이 자생력을 키워서 편중된 대중국 의존도에서 벗어날 수 있도록 한 · 미 간에 긴밀한 정책조율을 해야 한다. 판문점 선언과 싱가포르 공동성명을 기초로 실천적으로 이행될 수 있도록 노력해야 한다. 김정은 위원장이 직접 두 문건에 서명했으므로 협상테이블에 앉기 위한 필요 조건이라고 주장할 수 있다. 한반도 문제는 북한핵을 포함하여 주변국과 외교를 통한 협상으로 풀어나가야 궁극적인 목적을 달성할 수 있다.

# 에필로그 통일의 꿈

# '통일교수'

베이징에서 맞은 1997년 6월 30일은 개인사와 세계사에 있어서 매우 뜻 깊은 사건들이 함께 한 순간이다. 현지 캠핀스키 호텔에서 북측 8인, 남측 12인이 모여서 한국일보 주관으로 "제2차 남북학술회의 – 한반도 평화와 화합을 위한 모임"이 열렸다.

열띤 토론이 벌어진 오전 회의를 마치고 문이 스르륵 열리더니 케이크와 장미꽃 40송이를 담은 테이블이 들어왔다. 남북학술회의 주관사인 한국일보 박정수 국장이 나를 소개했다. 단군 이래 5000년 역사에서 남북한 학자들로부터 생일축하를 받는 최초의 교수라면서 박수를 유도했다. 다 같이 생일축하 노래를 부르며 장미꽃을 받고 케이크를 잘랐다. 남측 단장은 구영록 서울대 교수가 맡았고, 북측은 장재철 단장이었다. 장 단장이 마이크를 잡더니 이북에는 통일의 꽃, 통일군인, 통일할머니 등 많이 있는데 유독 통일교수가 없는데 이 시간부터 "안인해 통일교수"로 부르겠다고 말했다. "와" 박수갈채와 환호가 터졌다. 이북에서 온 장재철 단장이 명명해줬

으니 공식명칭으로 받아들이고 그대로 따르기로 했다.

저녁에 베이징에 있는 북한 식당 '해당화'에서 식사를 하고 북측 여성들이 노래를 부르고 있던 무대에서 남·북·한국일보(이계성 기자)에서 마침 동갑이 1명씩 있었다. 3명이 공동으로 부를 수 있는 '고향의 봄'을 목청 높여 불렀다. 다음날 한국일보에 북측 인사의 인터뷰 기사가 났는데 "한국에서 이미자가 온 줄 알았다"고 했다. 기자들은 예나 지금이나 어디서 그렇게 기발하게 인용할 수 있는지 전혀 사실일 수 없는 기사였기에 웃고 말았다.

6월 30일 밤 11경에 학술회의 참가자들이 모두 티엔안먼광장으로 나갔다. 100만 명을 족히 넘을 듯 너무나도 많은 인파에 놀라면서 이리저리 휩쓸려 다녔다. 영국으로부터 홍콩반환을 기념해서 정확하게 0시가 되자 폭죽이 터지기 시작했다. 오색영롱한 불꽃놀이가 무르익을 즈음 모두들 나의 생일을 위한 행사로서 중국 전 인민들로부터 축하받고 있다고 했다. 캠핀스키호텔로 돌아와 생일을 축하받은 기념으로 동행한 참가자 모두에게 한잔 마시자며 한턱을 냈다. 어쨌든 공식적으로 중국에서 나의 생일을 기념해주는 기분이었다. 나는 그 날의 감격을 아래 칼럼으로 남겼다.[1]

개인적으로는 남측과 북측 학자들로부터 생일축하를 받아 "통일교수"로 불리었다. 세계인들의 관심을 끈 홍콩반환을 자축하는 중국인들을 목격해서 중국 연구자로서는 여간 의미 있는 일이 아니다. '민족은 하나다'를 강조하는 북측 학자들의 주장은 홍콩뿐만 아니라 마카오와 타이완도 통일함으로써 민족성을 완전히 되찾겠다는 중국인들의 염원에 비교되어 가슴에 와 닿았다. 아직 분단의 벽을 넘지 못하고 상호불신과 경계를 풀지 못하고 있는 우리의 현실이 사뭇 안타깝기만 했다. 하지만 민족의 화합과 단합을 어떻게 이룰지 허심탄회하게 토론할 수 있어서 퍽 다행스러웠다. 이번 회의에서 느낀 소감을 세 가지로 요약해보고 싶다.

우선, 남과 북이 같은 단어를 쓰고 있지만 그 용어가 내포하고 있는 해석상의 의미에 엄청난 차이점이 존재한다는 사실이다. 예를 들면, 개혁에 대한 논의다. 중국의 경우 개혁은 두 가지 의미로 나누어 '체제내개혁(体制内改革)'과 '체제외개혁(体制外改革)'으로 구분된다. '체제내개혁'은 이념과 제도를 답습하되 그 체제의 효율성을 증진시켜 경제발전을 위한 개선책을 지속적으로 모색한다. '체제외개혁'은 변혁의 의미로 보다 혁신적인 체제전환을 통해 구조적 조정을 이루는 것이다. 남측 학자들은 북측의 경제난 타개를 위해서 적극적인 '체제내개혁'이 필요하다는 진단을 제시한 반면, 북측에서는 이를 '체제외개혁'을 요구하는 것으로 받아들여 흡수통일 의도로 경계하면서 강한 거부감을 표시했다.

다음, 북측이 개방을 어떻게 할 것인가에 주목해야 한다. 북측에서는 나진·선봉지역을 특구로 설정해 놓았지만 정치적인 문제 때문에 투자가 이루어지지 않는다는 푸념을 늘어놓았다. 하지만 남측의 축적된 외자유치경험을 활용한다면 북측의 사회간접시설 건설과 경제발전에 반드시 도움이 되므로 이를 간과하지 말아야 할 것이다.

끝으로, 자주와 외세의 관계에 대한 새로운 관점이 필요하다. 이미 남과 북은 7·4공동성명과 남북기본합의서에서 자주의 원칙에 동의했다. 동북아에서 주변 4국의 역학관계에 따른 신질서가 재편되고 있는 시기에 자주를 지키기 위해 주변국을 활용하는 지혜를 함께 모색하는 노력을 기울여야 한다.

남과 북이 아무리 좋은 의도를 가지고 있다고 해도 상대방이 이를 있는 그대로 수용하지 않고 경계하면 불신은 깊어지고 신뢰회복의 길은 점점 멀어지게 된다. 이제 남측과 북측은 상호체제를 인정하고 '사심 없는 협조'를 위한 인식의 전환을 해야 할 필요가 있다.

2002년 6월의 여름은 뜨거웠다. 한국과 일본이 공동으로 월드컵 개최지로 결정되어 양국을 오가면서 축구경기를 맘껏 즐겼다. 첫 스타트는 브라질 대 중국 축구경기로 제주도에서 관람했다. 마침 중국을 응원하기로 마음먹어서 중국 측 골대 뒤에 앉았다. 전반 45분 경기는 환상적이었다. 브라질의 대표 공격수 호나우두(Ronaldo Luiz Nazario De Lima) 선수의 현란한 움직임을 바로 눈앞에서 볼 수 있었다. 중국은 첫 경기에 너무나 운이 없어 보였다. 단 한 번도 브라질 골대로 넘어가지 않고 중국 골대 앞에서만 어른거리니 금방 3:0 으로 브라질이 앞서게 되었다. 호나우드 선수는 거의 움직이지 않다가 볼을 잡으면 쏜살같이 몇 발자국 떼지 않고 득점했다. 후반 전은 공격 위치가 바뀌어서 반대편이 된 중국 골대에서만 와와 소리가 요란하게 들렸다. 그렇지만 내가 앉아서 응원하는 방향으로는 중국이든 브라질 선수들이든 단 한 번도 오지 않았다. 주변에서는 잡담하는 소리만 들리더니 낙담의 한숨과 함께 그대로 끝나고 말았다. 제주도에서 바닷가를 끼고 세워진 축구장은 호나우두와 함께 생생한 추억으로 남았지만 이후 다시 가 볼 기회가 없었다.

한국 축구 대표팀의 경기는 전국을 돌아다니며 모두 참관했다. 그야말로 축구신이 있다면 '질러봐'라고 소리치는 듯 했다. 대전, 대구, 그리고 승부차기에서 이겨서 한국이 4강으로 확정된 순간 홍명보 선수의 마지막 포효는 전율을 느끼게 했다. 얼굴이 까맣게 그을렸지만 휘날리는 머리카락으로 드러난 이마는 뽀얗게 빛나고 있었다. 그동안 햇볕 아래에서 흘린 땀으로 얼룩져 마를 날이 없었으리라. 그날 온 국민이 하나 되어 목이 터져라 외치지 않았던가.

"대~한민국"

2002년 6월 30일 일본 요코하마 축구경기장에서는 한일월드컵 최종결승전이 열리고 있었다. 일본에서 어렵게 티켓을 구해 본부석 왼편에 앉아 있었다. 한국에서 온 김대중 대통령께서 참관한다는 장내 방송이 있었다. 그리고 우연히도 청와대 외교안보실 일행과 마주쳤다. 내가 그 자리에 있었다는 사실을 입증하는 증인이라도 되는 듯이 반가웠다. 치열한 결승전에서 브라질이 2골을 넣으며 독일에 2대 0으로 우승국이 되었다. 행사 끝자락에 한국과 일본에서 수많은 폭죽이 터지면서 양국 전 국민들이 축하하고 축제를 벌이며 피날레를 장식했다. 한국과 일본 국민들이 모두 나의 생일을 축하하고 있다는 착각이 들만큼 황홀한 광경을 만끽했다.

5년 전 6월 30일에 북측으로부터 '통일교수'로 명명되고, 홍콩 반환일에 중국 전 인민들의 축하를 받은 생일이라고 했다. 5년 후 2002년 6월 30일 한일월드컵 최종결승전을 치루면서 한국과 일본 전 국민들의 축하를 받은 셈이라고 했다. 묘하게도 남·북·중·일 행사와 나의 생일이 겹쳤는데 매우 유쾌한 기억으로 남았다. 2018 평창동계올림픽에 이어 2020 도쿄올림픽, 2022 베이징동계올림픽이 성공적으로 개최되기를 진심으로 축원한다.

# ②

# 평양에서의 꿈[2)]

평양을 떠나온 실향민 가족으로 나는 철저한 통일교육을 받아온 셈이다. 내가 중학생일 때 돌아가신 할아버지께서는 모란봉에서의 추억을 더듬으며 꼭 고향 땅을 밟아보고 싶다면서 그리워 하셨다. 아버지께서도 대동강에서 수영하던 기억을 되짚으며 미소를 짓곤 하셨다. 이남으로 피난 내려오면서 친지들이 겪었던 전쟁의 참화를 전해 들으며 몸서리치기도 했다. 1992년 9월 여성대표단의 일원으로 평양을 방문하여 주석궁에서 김일성 주석이 베푸는 오찬을 함께 한 기억이 새삼스럽게 떠오른다. 어릴 적에 아름다운 도시로 아로새겨졌던 평양에 가서 살고 싶다는 생각을 한다.

경기여자고등학교 방송반은 인기가 높았다. 점심시간, 청소시간, 교련할 때 방송을 해야 한다는 이유로 방송실에서 자유롭게 음악을 들을 수 있었다. 차이코프스키 피아노협주곡 1번, 콰이강의 마치, 베르디 오페라 아이다 주제곡 등 당시 매일 듣던 시그널 음악이 흘

러나오면 저절로 여고 시절을 떠올리게 된다. 지금도 음악콘서트를
자주 찾게 되는 습관을 갖게 된 이유이기도 하다. 2학년 때 교내 방
송제에서 MBC TV 장학퀴즈를 진행하던 차인태 아나운서를 초청
했다. 하지만 손영경 교장 선생님께서 상업적으로 학교를 팔아먹는
행위로 맹비난하시는 바람에 학교 강당까지 온 손님은 무대에 오르
지 못하고 되돌아가야만 했다. 그야말로 문전박대 수준이었으니 방
송반 학생들 모두 미안한 마음에 어쩔 줄 몰라 당황했었다.

1970년 여중생 1학년 때 대구에서 최초로 YTV(영남텔레비젼)가
설립되면서 나는 어린이 방송 '우리들 차지' 초대 사회자(MC)로 발
탁되었다. 이후 YTV는 대구 MBC TV로 회사명을 변경했다. 당시
드라마를 비롯해서 대부분 서울 MBC 방송을 그대로 방영했고 대
구 지방 소식과 어린이 방송 등 일부만 자체 제작을 했다. 내가 담
당했던 프로그램이 어린이 방송이지만 대구지역 거주민들이 처음
출연했기 때문에 어린이 합창단을 비롯해서 출연자에 대한 관심이
가히 폭발적이었다. 동네 어디를 가도 다 알아볼 정도였다. 나는 우
량아 선발대회 사회를 보기도 하고, 학교 선생님들과의 대담프로그
램을 진행하기도 했다. 일주일에 하루 녹화를 하는 날에는 학교도
조퇴하면서 주5일 수업을 했는데 그 시절로는 특권을 누렸다.

중학교 3학년에 진학하게 되어 고등학교 입시시험을 염두에 두지
않을 수 없었다. 마지막 프로그램으로 대구 MBC TV 방송에서 1시
간에 걸친 특집, '우리들 차지, 안인해와 함께'를 방영했다. 춤추고
노래하며 피아노치고, 동화 낭송하면서 할아버지 할머니 목소리를
흉내 내기도 하고, 평안도 함경도 전라도 경상도 사투리로 옛날얘
기를 하노라면... 참으로 아련한 장면들이다. 생상의 첼로곡인 '백

조'를 피아노로 치면서 튀튀(tutu)를 입고, 토슈즈(toe shoes)를 신고, 하얀 백조가 되어 우아한 발레를 하는 사진이 남아있다. 그 당시 이미 미국의 유명한 여성 앵커 바바라 월터즈(Babara Welters)의 일화를 익히 들어 알고 있었다. 장차 그와 같은 앵커가 되라는 격려의 말을 듣기도 했다. 그래서, 경기여고 방송반에도 무조건 지원했었다.

이화여자대학교 영어영문과(부전공 정외과)에 다녔지만 1970년대 후반기 캠퍼스 활동은 낭만적이지 않았다. 대학 생활에 크게 흥미를 느끼지 못하면서 1학년 때 학교방송반(EBS)에 들어갔다. 식당이 있는 건물 2층에 학생 휴게실이 있었는데 교내 TV 방송을 할 수 있는 시설이 있었다. 나는 EBS TV 방송을 맡아서 교내 뉴스를 전했다. 2학년이던 1977년 5월, 메이데이 제2회 이화방송제 MC로서 2시간에 걸쳐 초대 손님들과 음악방송제를 진행하기도 했다.

1978년 대학 3학년 여름방학 때 대구 MBC TV로부터 제2회 대학가요제 경북예선전에서 내가 MC를 맡을 수 있느냐는 제의를 받았다. 어린이 방송을 떠난지 7년만의 재회였다. 반가운 마음에 이를 수락하고 8월 대구 · 경북예선전에 단독 MC로 등장해서 대학생들의 수준 높은 가요 실력을 소개했다. 이 녹화 테이프를 서울 MBC TV에서 시청했다면서 9월 9일에 열리는 제2회 MBC 대학가요제 본선의 MC를 제의했다. 바로 출연하고 싶은 마음에 긍정적으로 화답했다.

대학가요제 수상자이며 서울대 출신인 가수 이수만과 더블 MC를 하라는 요청이 있어서 그와 함께 몇 번 만남을 가졌다. 그러자 모든 신문 '연예인 동정'에 나의 사진이 실리고 대학가요제 출연 소식이 게재되었다. 경기여고 출신으로 재원이라는 등의 호기심 가득 찬 기사들이었는데 지금도 스크랩해서 소지하고 있다. 당일 즉각 영문과 교학과에서 호출이 왔다. 이대는 교내 메이퀸 제도를 폐지하고 미스 코리아를 비롯해서 외부 행사 참석을 엄격하게 금지했다. 대학 재학 중 결혼을 하면 퇴학해야 하는 교칙이 있었다. 교학과장 교수는 신문기사를 문제 삼으면서 나에게 MBC TV에 출연하면 퇴학해야 한다고 통보했다. 토요일에 녹화를 진행하기로 예정되어 있어서 만반의 준비를 하고 있었는데, 목요일, 이틀 전에 벌어진 일생일대의 사건이었다.

눈물이 펑펑 쏟아졌다. 담당 PD를 찾아가서 학교 사정을 설명하고 출연 불가를 알렸더니 대학가요제 방청권 6매를 주면서 나를 위로했다. 아무도 동행하지 않고 정동에 있던 MBC 방송홀에 가서 홀로 방청석에 앉아 있었다. 혹시라도 흐를지 모를 눈물을 보이고 싶지 않았다. 이수만과 한창 인기 절정이었던 배우 임예진이 짝을 이뤄 대학가요제를 진행하고 있었다. 하늘색 원피스를 입고 피아노를 치면서 '그때 그 사람'을 부른 심민경(심수봉) 학생이 출연했다. 노사연 학생은 '돌고 돌아가는 길'을 열창했다. 배철수와 활주로는 '탈춤'으로 흥을 돋구었다. 우레와 같은 박수를 뒤로하고 먼저 홀을 빠져나오면서 나는 굳게 맹세를 했다.

**'그래, 앞으로 보란 듯이 교수가 되어 이화의 낡아빠진
전통이 얼마나 잘못된 것인지 보여주기로 하자!'**

대학 방송반에서는 클래식 콘서트 음악을 소개하는 프로그램을 맡아서 매주 음악회를 찾았다. 방송을 제대로 하고 싶어서 이대 음대에서 클래식 음악 감상 강의를 정식으로 수강하기도 했다. 이렇

듯 방송실에서 살다시피 하던 나의 학창 생활에 전환기를 맞게 되는 순간이었다. 방송계가 아니라 공부를 더 하고 박사학위를 받아서 교수가 되겠다는 다짐을 했다.

대학 4학년 졸업반이 되자 MBC TV는 나의 아나운서 채용에 관심을 보이며 언제든지 돌아오라고 했다. 나는 흔들릴 수 없었다. 그동안 소홀했던 공부를 이제야 정신 차려서 해보자고 결심하며 졸업 논문에 심혈을 기울이고 있었다. 그러나, 1979년 10·26사태로 졸업반 2학기는 채 마치지도 못하고 전국적으로 휴교에 들어갔다. 아, 이건 아니었는데… 다음 해에 이화여대 대학원 정치외교학과에 입학했다. 일부러 나 자신을 채찍질하듯 첫 학기에 영어, 불어 대학원 외국어 자격시험을 모두 치르고 통과했다. 하지만 1980년 5·18 민주화운동으로 또다시 휴교령이 내려졌다. 제대로 공부하는 분위기를 맛보지도 못하고 그해 여름 미국으로 떠나게 되었다. 그야말로 격동의 시대를 지나고 있었다.

경기여고 1학년생일 때 전교영어웅변대회에서 1등을 한 나는 코리아 헤럴드 주최 전국영어웅변대회에서 국무총리상을 수상했다. 교지에 실린 나의 영어 웅변내용은 지금 생각해도 예언적이다. "A Student View of Diplomacy"(외교에 대한 한 학생의 견해)에 평양을 떠나온 아버지께서 늘 되뇌이시던 한반도 분단 상황에 대한 안타까움을 담았다. 주변 강대국에 둘러싸인 한국의 처지에 비추어 우리의 외교력을 끌어올려서 평화적으로 통일의 염원을 이루고 싶다, 이러한 나의 꿈이 실현될 수 있도록 여러분들이 나의 성공을 기원해달라, 당돌하면서도 대범한 내용으로 7분 동안 영어연설을 했다.

그 꿈이 씨가 되어 미국 정치·외교의 중심지 워싱턴 DC에서 수

학하고 '평생의 업'으로 삼고 있다. 이제, 정년을 앞두고 사치스러운 반란을 꿈꾼다. 학창시절에 취미로 심취했던 방송활동도 간간이 이어왔다. MBC, YTN에서 시사프로그램 MC로서 생방송을 하고 아리랑 TV에서도 MC를 맡아 주한미국대사 등과 출연했다. 특히 G20이 한국에서 열렸던 2010년에 20개 참가국 대사들과 각각 TV 대담프로그램을 20회 진행하기도 했다. 지난날의 결심을 이뤄가는 과정에 실향민이신 부모님의 영향력이 절대적으로 느껴진다.

〈중국 미국 그리고 한반도〉에는 한·중수교 이후 30년 가까운 나의 연구 여정이 담겨있다. 한·미동맹과 한·중전략적협력동반자 사이에서 양측으로부터 올드프렌드(old friend), 라오펑요우(老朋友)로서 신뢰할 수 있는 진정성을 인정받기를 원하는 간절한 바램을 표현하고 싶었다. 철학적으로 모호성이 신뢰성보다 상위개념이지만 자칫 불신을 낳을 수 있기에 '전략적 신뢰성'을 쌓아나가자고 들려주고 싶었다. 북녘 동포들에게도 함께 손을 잡고 평화롭게 번영하는 한반도를 만들어가자고 호소하고 싶다. 그래서, 책갈피를 펼치는 손길마다 긍정의 힘을 느끼게 하고픈 소망을 갖게 된다.

2016년 7월 10일 88세를 일기로 별세하신 아버지께서 꿈에도 그리시던 통일의 염원이 너무나도 사무치게 다가온다. 나의 아버지, 어머니의 고향이고, 언젠가는 귀향(?)하고픈 그 평양에서 정성어린 평화의 술잔을 올리고 싶다.

# 부 록

## 서 장 〉〉 김일성 주석을 만나다

1) '아세아의 평화와 여성의 역할'의 주제로 일본, 남북한 여성들이 모여서 각국을 돌아 가면서 회의를 했다. 1991년 5월 21일 1차 동경, 1991년 11월 25~30일 2차 서울, 1992년 9월 1~6일 3차 평양, 1993년 4월 22~30일 4차 일본에서 개최되었다.

2) 장공자, 전락희 공저, 『부부교수의 정치학강의』, 단국대학교 출판부, 1992, p.256 재 인용.

3) "박 대통령, 위안부 문제 해결할 수 있다." 《동아일보》, 2014-03-07.

4) 신기영, 「일본군 '위안부'문제: 보수의 결집과 탈냉전 세계정치의 사이에서」, 조관자 엮음, 『탈 전후 일본의 사상과 감성』, 박문사(2017), pp.227-259.

5) 《동아일보》, 2014-03-07.

6) Ahn Yinhay, "Elite Politics in China: Its Relations to Economic Reform and Sino-Japanese Economic Relations since 1978", (Ph.D. dissertation, The George Washington University, 1991).

7) 1무(亩) = 약 666.67㎡, 1위엔(元) = 약 170원

8) 안인해, "중국의 권력엘리트와 정책대립: 해남성의 양푸경제특구개발을 중심으로", 한국국제정치학회 2권, 2호 (1992), pp.325-344.

9) 태영호 공사는 북한권력엘리트를 '노·중·청' 조화로 일컫는다고 지적했다.

10) 전현준·안인해·이우영, "북한의 권력엘리트 연구", (서울: 통일연구원, 1992).

11) 안인해, "북한권력엘리트의 정책성향 연구", 사회과학과 정책연구, 서울대학교 사회 과학연구소, 15, 2 (1993): pp.25-58.

12) _____, "중국권력엘리트의 정책 대립과 대외경제개방", 국제정치논총, 한국국제정 치학회, 32, 2 (1992): pp.271-292.

13) "100명씩 상봉하다가는 2만 년 걸린다", 《동아일보》, 2014-07-23.

14) Ahn Yinhay, "North Korea: Economy, Society, and Women", in Kim S.Samuel, ed., *The North Korean System in the Post-Cold War Era*, New York, (NY: Palgrave, 2001), pp.46-55.

15) 2003년 9월 국회 로텐더홀에서 황장엽 전 노동당 비서의 북한인권고발에 대한 발 표와 토론이 있었다. 당시 회의 사회자로 참석했던 나는 여야 국회의원들이 모인 회 의장에서 북한 인권문제에 대한 초당적 협조가 필요하다고 지적했다. 2019년 10월 윤보선민주주의연구원 주관 행사의 사회를 맡았던 나는 태영호 전 주영국 북한공 사에게 북한인권에 대해 질문했다.

16) 《동아일보》, 2014-07-23.

17) 글로벌 포커스 "시진핑과 김정은", 《매일경제》, 2010-10-25.

18) 중·미 데탕트를 통해 전략적으로 '냉전(strategic war, 미·소관계)'에서 이기고자 전술적으로 '전투(tactical battle, 베트남)'를 포기하는 결단을 내렸다는 것이다. Henry Kissinger, *Years of Upheaval*, (Simon and Schuster: 1987).

19) Kissinger, 'How to Resolve the North Korea Crisis', *Wall Street Journal*, 2017-08-11.

20) "김정일-김정은 세습과 핵문제", 《매일경제》, 2010-09-13.

21) "드레스덴 제안을 받은 김정은의 속마음", 《동아일보》, 2014-04-04.

22) 《경향신문》, 2018-02-01.

---

**제1장** ▶▶ 중·미관계와 남북대화

1) 2001년에 공개된 닉슨행정부 시절의 통치사료. 당시 회담은 베이징 조어대(釣鱼台)에서 오후 4시 35분에 시작되어 밤 11시 20분까지 7시간 가까이 계속된 것으로 기록되어 있다.

2) 박승준, "[차이나칼럼] 한반도의 '스테이터스 쿠오' 변화", 《조선일보》, 2005-09-10.

3) Ahn Yinhay, "Structural Dynamics of Sino-American Relations and the Korean Peninsula", Chul-koo Woo and Jin-woo Choi (eds.), *Korea and China in the New Global System*, The Korean Association of International Studies 12, (2002), pp.137-156.

4) *National Archives*, Proposal for Increased Display of U.S. Instant in Dialogue between ROK and North Korea (1971), RG 59.

5) 《중앙일보》, "미-중공 공동성명 전문", 1972-02-28.

6) 문도빈, "7·4 남북공동성명에 대한 해석", 북한연구소, 199 (1988): pp.99-105.

7) 허종호, "주체사상에 기초한 남조선혁명과 조국통일이론", 평양: 사회과학출판사 (1975), p.203.

8) 윗글, p.210.

9) 김일성은 1975년 10월 9일, 노동당 창건 30주년 보고연설에서 "남조선은 공산주의자들을 탄압하지 말아야 하며, 반공정책을 연공정책으로 전환해야 한다."고 주장했다.

10) 미국 CBS, NBC, ABC 방송 보도내용, 1972-07-04.

11) *The New York Times*, 1972-07-04.

12) 돈 오버도퍼, 『두 개의 한국』, 이종길 옮김 (경기: 길산, 2002), p.56.

13) Jong-Dae Shin, "DPRK Perspective on Korean Reunification after the July 4th Joint Communique", (Woodrow Wilson International Center for Scholars : Washington D.C., 2012), p.1.

14) 2012년 우드로윌슨센터와 북한대학원대학교가 1차 자료를 통한 '북한국제문서연구사업(North Korea International Documentation Project·NKIDP)'을 공동으로 진행했다. 25건에 달하는 루마니아 외교문서에 따르면 당시 북한이 남북대화를 추진하려했던 이유와 '평화공세'가 사실로 입증되었다. 《동아일보》, 2012. 10. 16.

15) 박철언, 『바른역사를 위한 증언 1』, (랜덤하우스코리아, 2005), 10장.

16) 『노태우대통령 연설문집, 제1권』, (서울: 대통령비서실, 1990), pp.176-179.

17) 김갑식, "남북기본합의서에 대한 북한의 입장", 「통일정책연구」 20, 1호 (2011): pp.59-84.

18) 『'남북기본합의서' 해설』, 통일연구원 (2011): pp.34-72.

19) 제6차 남북 고위급회담에서 행한 정원식 총리의 기조연설문(1991-12-15), 노태우 대통령이 발표한 남북기본합의서 발효에 즈음한 특별담화문(1992-02-19).

20) 남북기본합의서는 1992년 2월, 북한 최고인민회의 비준을 받았지만 남한 국회에서는 비준절차가 없었다. 박정원, 이석범, "남북기본합의서의 규범적 의미와 그 적용에 관한 일 고찰", 국민대학교 법학연구소 25, 2호, (2012): pp.77-118.

21) 《로동신문》, 1991-12-17.

22) Harry Harding, *A Fragile Relations: The United States and China since 1978* (Washington DC: Brooing Institute, 1992). 안인해역, 『중국과 미국: 패권의 딜레마』, 서울: 나남출판, 1995, 안인해, "중·미관계를 통해 본 남북관계", 시사논단, 월간통일경제, 1996-05, pp.62-78.

23) "불확실성에 대한 오판을 경계한다", 《세계일보》, 2019-03-08.

## 제2장 〉〉 한 · 중 국교정상화 이후 (김영삼 정부)

1) 임동원, 『피스메이커』, 서울: 중앙북스, 2008, pp.99-106.

2) 1989년 9월 11일 노태우 대통령은 국회 특별연설을 통해 이홍구 통일원장관이 고안한 한민족공동체 통일방안을 천명했다. 『자료로 보는 분단과 통일의 역사』, 민족통일, 1990.

3) *The New York Times*, "A Plan for Reunifying Korea Is Offered by Seoul President", 1989-09-11.

4) 김일성, 『북남합의서의 채택은 우리의 커다란 승리이다: 제5차 북남고위급회담 북측 대표들과 한 담화, 1991년 12월 13일』 (평양: 조선로동당출판사, 2000), p.2 ; 이완 범, "한민족공동체 실현을 위한 남북 통일방안의 접점 모색. 정신문화연구" 정신문화 연구 2001 가을호 24, 3호 (2001): pp.31-66.

5) 《로동신문》, 1989-09-14.

6) 김학준, "한민족공동체 통일방안", 한국논단 2, 1호 (1989), p.179.

7) Harry Harding, *A Fragile Relations: The United States and China since 1978*(1992).

8) 안인해, 『동북아질서 개편과 중·북한관계』, 통일연구원, 1996. 12, pp.167-194.

9) 미 국무부 〈인권보고서〉 (1995.2.1)에서 중국 내에서의 인권 상황을 비판하고, 유엔 인권위에서 중국 인권유린 사태를 규탄하는 결의안(1995.3.8)을 제출하였다.

10) 안인해, 『탈냉전기 중북한관계변화 연구』, 민족통일연구원, 1995.

11) 중국은 대이란 원전(300MW급 2기, 12억 달러) 공급 및 대이란·파키스탄 미사일 판매를 추진했다. 또한 중국은 NPT체제의 무기한 연장에 합의(1995.5.12)한 직후 지하핵실험(5.15, 8.17)을 감행함으로써 세계적인 비난을 감수해야만 했다.

12) 미 국방부는 〈동아시아 전략보고서〉(1995.2.)를 발간하여 2000년대 초까지 동아시 아에서의 전진 배치 전략을 고수하기로 결정한 바 있다. 한편, 윈스턴 로드 차관보 는 미국이 중국과의 긴장 관계를 해소하고자 노력하고 있으나 미국과 중국이 결국 장기적으로는 적대국이 될 수 있을 것이라고 밝혔다.

13) *The International Herald Tribune*, 1995-02-06.

14) 《人民日報》, 1994-10-19, 1994-10-20.

15) 김갑식, "탈냉전기 동북아 질서와 북한의 남북관계에 대한 인식", 『한국정치연구』 19, 3호 (2010): pp.105-133.

16) 박병철, "중국의 부상과 동북아 안보 질서: 변화와 전망", 한국평화연구학회 13, 1호 (2012): pp.76-77.

17) Houghton Mifflin, 안인해, 『동북아 질서재편과 중·북한관계』 pp.167-194.

18) 1993년 3월 나는 이화여자대학교에서 '정치의 이해' 교양과목을 가르치고 있었는 데, 300명이 넘는 학생이 수강하였다. 무심결에 북한에 핵이 있어도 될까, 없어야 할까에 대한 질문을 했다. 10여 명을 제외한 거의 대부분의 학생들이 핵이 있어도 상관없다고 손을 들어 깜짝 놀랐다. 통일이 되면 북한핵 능력은 모두 남한에 속하 게 되는데 한국정부가 나서서 북한핵을 저지할 필요가 있느냐는 답변이었다. 그래 서 북한이 핵을 가지게 되면 통일을 이룰 수 없다는 설명을 누누이 했지만 당시에

별로 공감을 얻지 못했던 기억이 있다. 요즘 북한 핵실험이후 실질적인 위협을 느끼는 상황에서는 답변이 달라졌을 것으로 생각한다.

19) 李鵬, 〈政府工作报告〉, 文汇报, 香港, 1994-03-24.

20) 《연합뉴스》, 〈인터뷰〉 "페리 전 美국방, 미·북 고위급 공식대화 필요", 2013-02-06.

21) *The New York Times*, "DEATH OF A LEADER: REACTION; U.S. Unsure If Kim's Death Will Change Foreign Policy", 1994-07-10.

22) 《한겨레 21》, 833호, 2010-10-27.

23) 《동아일보》, 1994-07-16.

24) 《노컷뉴스》, 2011-12-19.

25) *Los Angeles Times*, "GOP Sent Condolences to Communists: Diplomacy: Clinton's message to North Korea echoes notes issued by Republican presidents upon deaths of Mao Tse-tung and Stalin", 1994-07-13.

26) 연합뉴스, 2017-01-20.

27) 박철희, 북핵문제에 대한 한미일 공조방향, 외교통상부 Policy Brief, 2003; 서보혁, 벼랑끝외교의 작동방식과 효과, 1990년대 북한의 대미외교를 사례로, 아세아연구, 2003; 홍현익, 미국의 북핵 해결 전략과 한국의 대응방안, 세종연구소, 2003.

28) 《한겨레》, 2006-01-08.

29) 북·미제네바합의 주역인 로버트 갈루치 대표는 북한이 머지않아 붕괴할 것이라는 전망에 따라 북한 핵문제의 과거활동을 문제 삼지 않고 현재와 미래 핵동결에 중점을 두었다고 회고했다. *VOA코리아*, 2018-03-17.

30) 1996년 4월 20일, 헤이그에서 개최된 중·미 외교장관 회담에서 첸치천(钱其琛) 중국 외교부장은 '4자회담'과 관련해서 한반도 문제의 남북한 당사자 해결 원칙을 밝혔다.

31) 《중앙일보》 데이비드 스트라우브 인터뷰, 2017-11-20

## 제3장 〉〉 햇볕정책 (김대중 정부)

1) Clinton 행정부의 중국에 대한 인식변화는 다음을 참조. Department of Defense, "The United States Security Strategy for the East Asia Pacific Region," *East Asia Strategy Report* (1998)

2) "美·中관계 속 실리외교", 《중앙일보》, 2004-05-10.

3) 《중앙일보》, 1999-09-10.

4) 임동원, 『피스메이커』(2008),

5) 《한겨레 신문》, 2016-10-11.

6) William J. Perry, "Review of United States policy toward North Korea: Findings and Recommendations," (October 12, 1999), unclassified report from the Office of the North Korea Policy Coordinator, US Department of State, https:www.ncnk.org/resources/publications/PerryReport 1999.pdf

7) 임동원, 『피스메이커』, p.165.

8) 김대중 대통령, "베를린 선언 발표", 행정안전부 국가기록원, 2007년.

9) 2000년 3월 17일 남측 박지원 문화관광부 장관과 북측 송경호 아태평화위원회 부위원장이 각각 남북 특사 자격으로 상하이에서 만났다. 4월 8일, 남북 특사는 베이징에서 정상회담을 위한 남북합의서에 서명했다. 4월 10일에 남북정상회담이 6월 15일 평양에서 열릴 것이라고 공식 발표했다.

10) 『통일백서 2002』, "제2장 다양한 남북대화 진행", (서울: 통일부), p.1.

11) 윗글, p.4.

12) "자주와 반외세자주", 《중앙일보》, 2000-06-18.

13) 박형중, 「남북정사회담의 성과와 남북한관계의 전망」, 통일연구원, 2000.

14) "'反외세' 자주와 '用외세' 자주", 《중앙일보》, 2000-07-25.

15) 『통일백서 2002』, (서울: 통일부): pp.24-25.

16) 북한 고위급 인사는 '신사고'가 북한식 표현이 아니라고 지적했다.

17) KDI, 『북한경제리뷰』, 2001년 1월.

18) "'제2의 중국'이 되려면", 《중앙일보》, 2001-01-19.

19) 4개 현대화는 공업, 농업, 국방, 과학기술 현대화이다.

20) 《NK 조선》, "김정일의 '상하이 천지개벽' 발언", 2001-04-26.

21) 7·1 경제관리개선조치는 대폭적인 물가 인상과 급여 인상, 배급 제도의 변화, 환율 현실화, 가격 책정 및 공장 기업소 책임경영 강화 등 다소 파격적인 내용을 담고 있다. 생산, 소비, 계획경제의 모든 부문에서 실패한 북한 당국이 경제운용의 과오를 인정하고 적극적으로 그에 대한 대안을 모색하는 과정에서 등장한 조치다.

22) 조명철 등 저, "7·1경제관리개선조치 현황평가와 과제: 북한 경제개혁의 전망", (서울: 대외경제정책연구원, 2003): pp.264-304.

23) 서재진, 『북한의 7·1 '경제관리개선' 조치가 주민생활에 미칠 영향』, (서울: 통일연구원, 2002), pp.5-10.

24) 중국 전문가들이 모여 통일부에서 북한 상황을 평가하라는 요청을 받았는데 당시 인상은 북한의 경제사정이 급박해서 무리하게 추진하는 정책이 성공하기에는 쉽지

않아 보였다.

25) Ahn Yinhay, "Vying Influence : Reform in China", *Journal of Korean Unification*, KINU, 1994, pp.179-195.

26) 권영경, "참여정부의 대북정책 성과와 과제-제 5장 참여정부 남북경제교류 협력의 성과와 과제", 동북아시대위원회 용역과제, (2006)

27) 안인해, "김정일은 오지 않는다", 《중앙일보》, 2001-11-08.

28) 《중앙일보》, 2001-06-08.

29) 김정일 위원장이 서울로 답방오지 않은 이유는 다양하게 유추해 볼 수 있다. 김 위원장의 신변안전에 대한 우려로 경호문제를 비롯해서 환영인파 동원 등 북한과는 다른 남한의 환경에 대한 우려가 있었다. 이에 제주도 등 서울이 아닌 장소가 물색되기도 했다. 태영호 공사에 의하면, 김 위원장은 한국을 방문할 계획이 없었다.

## 제4장 〉〉 평화번영 정책 (노무현 정부)

1) "美·中관계 속 실리외교", 《중앙일보》, 2004-05-10. 미국보다 중국이 더 중요하다고 생각하는 정치인과 일반 국민의 인식 변화가 관심을 끌었다. 제1당인 열린우리당 워크숍에서의 자체 설문조사 결과 당선자 130명 중 '중국 우선'이라는 답변이 반수를 훨씬 넘는 63%에 이르렀다는 보도가 있었다. 이에 대해 80%가 넘는 일반인들이 공감하고 있다는 여론조사도 있었다. 《조선일보》, 2004-04-29

2) 军事科学院战略研究所, 「2002年战略评估」, 军事科学出版社, 2002, pp.136-138.

3) 周荣耀: 「9.11 后的大国战略关系」, 中国社会科学出版社, 2003, pp.86-87.

4) Ahn Yinhay, "North Korea in 2001, At a Crossroad", *Asian Survey*, 42, no.1 (UC Berkeley, January/February 2002) pp.46-55.

5) 윗글.

6) 북한 외무성 대변인, 2001-02-21, 2001-03-03.

7) 《로동신문》, 2001-03-24, 2001-04-10.

8) 《로동신문》, 2001-02-22, 2001-03-07.

9) 《로동신문》, 2001-04-02, 19, 03-27.

10) 《로동신문》, 2001-06-18, 20.

11) 《로동신문》, 2001-06-20, 27, 2001-07-09.

12) 《로동신문》, 2001-08-23.

13) 《로동신문》, 2001-09-29.

14) 《로동신문》, 2001-11-02.

15) 《로동신문》, 2001-11-12. 북한은 다른 외부 압력 때문이 아니라 자주적으로 결정한다는 점을 분명히 하고 있다. 《로동신문》, 2001-11-16.

16) 《로동신문》, 2001-11-12, 13.

17) Jia Quingguo, "US and China Relations After Sept. 11: Time for Change", *China Internet Information Center*, 2002. http://english.china.org.cn/english/china-us/26340.htm

18) 叶自成, "21世纪初的新形势与中国大国外交战略新概念",「国际政治研究」, 2000, 제1권. pp.24-36.

19) 3개의 중·미 공동성명이란 1972년 2월 상하이 공동성명, 1978년 12월 중·미 수교 공동성명, 1982년 8월 8·17 공동성명을 일컫는다. 미국은 이들 성명에서 타이완과 직접 교류를 하지 않고, 타이완에 판매할 무기 성능과 수량도 규제할 것이라며 중국 측에 우호적인 제스처를 취했다.

20) "Chinese Researcher Calls Bush Visit Milestone in Sino-US Relations", *Foreign Broadcasting Information Service(FBIS)*, 2002-03-12.

21) Bradley Graham. "US Weighs Stronger Relations With China: Pentagon Seeks Improved Military Ties", *The Washington Post*, 2002-07-22.

22) *FBIS*, 2002-05-03.

23) 钱其琛,『外交十记』, 北京, 2003.

24) 윗글, 2002년 연설. p.412.

25) 윗글, 2002년 강연. p.418.

26) 윗글, p.417.

27) 윗글, 2003년 강연, pp.436-7.

28) 叶自成,「中国迈向世界大国之路」,「国际政治研究」, 2003-03, pp.73-86.

29) 《로동신문》, 2001-08-28, 30.

30) 《로동신문》, 2001-11-09.

31) 《로동신문》, 2001-11-17.

32) 《조선중앙통신》, 2002-07-25.

33) 《조선중앙통신》, 2002-08-02.

34) 《로동신문》, 2002-08-01.

35) 조국평화통일위원회, 《조선중앙통신》, 2003-05-26.

36) 황병덕, "동북아 정세변화와 한국의 동북아 균형자 역할 연구", 통일연구원, 2006,

p.18.

37) "'고구려史' 남북 공조 급하다", 《중앙일보》, 2004-02-05.

38) "중·일관계의 훈풍과 한국", 《중앙일보》, 2007-12-11.

39) 안인해, "중국 해양관할권 확장과 우리의 대응", 해군 함상토론회, 2007.

40) "중·일관계의 훈풍과 한국"《중앙일보》, 2007-12-11

41) "변신의 미학", 《동아일보》, 2003-06-02.

42) "韓中정상 '준비된 만남'을", 《동아일보》, 2003-06-19.

43) "재신임과 안보", 《동아일보》, 2003-10-13.

44) 안인해, "노 대통령, 리더가 되라", 《동아일보》, 2003-09-18.

45) _____, "아르빌에서 본 '이라크 투자 봉쇄'," 《동아일보》, 2006-03-06.

46) 1999년 11월 19일 캘리포니아주의 Simi Valley에 위치한 Ronald Reagan Presidential Library에서 부시 대통령 후보는 "China is a competitor, not a strategic partner." 라고 말했다.

47) 2005년 9월 21일 미 국무부 차관 Robert B. Zoellick 연설에서 언급했다.

48) 노무현 정부 임기 말 통일부에서 편집 및 발간한 『통일백서 2008』에 포괄적이며 상세하게 기록되어 있다.

49) 국방부 주선으로 나는 서해교전 당시 NLL에서 침몰된 함정을 직접 보았다. 탄흔이 그대로인 채, 전투 당시의 치열했던 상황을 말해주고 있었다. 서해교전 전적비 제막식에서 한쪽 다리를 잃고 살아남은 이희완 중위가 "함장님, 못난 저만 살아남았습니다"라며 오열하던 모습이 새삼 되살아났다.

50) "NLL 어부지리", 《동아일보》, 2003-07-21.

51) 태영호, 코멘트, 2020-01-25.

**제5장** 》 북한 핵

1) 〈횡설수설〉 "베이징 6자회담", 《동아일보》, 2003-08-31.

2) "베이징 6자회담", 《동아일보》, 2003-09-01.

3) 안인해, 「탈냉전기 중·북한관계 연구」, 민족통일연구원, 1994, pp.47-65.

4) Ahn Yinhay, "North Korea in 2001: A survival game", *Asian Survey, 39* January/February 2002. pp.46-55; Ahn Yinhay, "North Korea in 2002: A survival game", *Asian Survey, 43* January/February 2003. pp.49-63.

5) 《노동신문》, 2002-10-15.

6) 《노동신문》, 2002-10-24.

7) 북한의 NPT 완전복귀와 국제원자력기구(IAEA) 사찰의 완전 정상화, 특별사찰을 포함한 IAEA 안전조치의 전면 이행, 한반도 비핵화 공동선언의 이행 등을 추구해야할 목표로 설정했다.

8) 《노동신문》, 2002-01-19, 2002-10-24, 2002-10-25.

9) *The New York Times*, "North Korea says nuclear program can be negotiated", 2002-11-03.

10) 《로동신문》, 2002-12-12.

11) 《조선중앙통신》, 2002-12-12.

12) 《조선중앙통신》, 2002-12-04.

13) 《로동신문》, 2003-09-02.

14) 북한 외무성 대변인 발표, 2002-11-21.

15) 朱峰, "伊拉克战争以后布什的政策: 变化和调整", 「国际政治研究」, 2003-03-31.

16) 중국의 쿵취앤(孔泉) 외교부 대변인의 정례브리핑, 2003-06-12.

17) 중국의 류지엔차오(刘健超)) 외교부 대변인의 정례브리핑, 2003-11-11.

18) *The New York Times*, "Cheney Urges China to Press North Korea on A-Bombs", 2004-04-15.

19) 안인해, "북한 핵실험 이후: 중국의 대북정책 현황과 전망", 한국국제정치학회·통일연구원 공동기획 연례학술회의, 2006-12-01.

20) "김정일의 모험과 중국의 계산", 《중앙일보》, 2005-02-22.

21) 2004년 베이징대학 국제관계학원 객좌교수로서 나는 많은 중국 측 인사들을 면담했고 현대국제문제연구원에서의 인터뷰 내용이다. 중국에서 1년여 연구년을 보내면서 중국 측 인사들과 비공식적인 사적 만남을 통해서 나름대로 분석해보았다. 2004년 10월 베이징대학에서 열린 회의에서 6자회담을 통한 북한 핵문제 해결이 쉽지 않을 것 같다고 지적한 적이 있다.

22) (1) 대화를 통한 핵문제의 평화적 해결을 모색, (2) 한반도의 비핵화 유지 및 북한의 안보보장에 대한 관심사를 해결, (3) 단계적, 동시행동, 병행실시 방식을 추진, (4) 회담 진행 중에 사태가 악화되거나 고조되는 행동을 자재, (5) 대화를 유지하고 신뢰증진을 통해 이견을 축소하여 공동인식을 확대, (6) 6자회담 과정을 지속하여 외교채널을 통해 차기회담의 시간 및 장소를 조속히 확정하기로 하였다.

23) 《신화통신》, 2005-09-20.

24) 《조선중앙통신》, 2005-11-12.

25) 안인해, "中美关系和朝核问题", ≪中国学论丛≫, 고려대학교 중국연구소, 2006, pp.193-211, 2004년 연구년에 北京大学国际关系学院에서 강의한 내용을 정리한 논문.

26) "김정일의 모험과 중국의 계산", 《중앙일보》, 2005-02-22.

27) 안인해, 한국국제정치학회 연례학술회의 통일연구원 공동기획 발표, "부시 등장 이후 중·미관계와 6자회담", 2005-12-09.

28) "김정일에게 던진 후진타오의 訓手", 《동아일보》, 2005-11-01.

29) '9·19 공동성명' 이후 6자회담이 교착되자 북한 외무성은 대변인 담화로 "미국이… 압박도수를 더욱 더 높인다면…초강경 조치"를 취하겠다고 공세를 폈으나, 미국은 북한의 양자 회담 요구를 일축하고 조건 없는 6자회담 복귀를 촉구했다.

30) 『외무성 대변인 담화』, 2009-01-13.

31) *The Washington Post*, 2005-09-07.

32) 중국 외교부 성명, 2006-10-09.

33) 중국 외교부 성명, 2006-10-09.

34) 후바나시 요이치, 『김정일 최후의 도박』, 서울:《중앙일보》 시사미디어, 2007.

35) 탕자쉬안 국무위원은 유엔 안전보장이사회의 구체적인 대북제재결의 이행문제 등을 중국 측과 논의하기 위한 콘돌리자 라이스 국무장관의 20~21일 방중을 앞두고 평양을 방문했다.《연합뉴스》, 2006-10-18.

36) 《한겨레》, 2006-10-22.

37) *KBS*, 2006-10-11.

38) *CNN*, 2006-10-23.

39) PSI 전면참여로 한국은 2003년 5월 미국을 비롯한 러시아, 일본 등 전세계 11개국 발의로 WMD 확산방지를 목표로 시작된 PSI의 95번째 가입국이다. PSI에 가입하면 정부는 현존 국내법과 국제법에 근거해 영해 내에서 WMD를 운반하는 혐의가 있는 선박에 승선, 검색하거나 영공 내에서 WMD를 운반하는 의혹이 있는 항공기에 대해 착륙 유도 및 검색을 할 수 있다.《연합뉴스》, 2009-05-26.

40) 「북한 핵문제에 대한 중국의 입장: 제 2차 북한 핵 실험 이후를 중심으로」, *EAI Issue Briefing*, No. C2009-03, 2009-07.

41) 박형준, "중국의 대북정책 결정 요인과 영향력 연구 : 북한 핵실험을 중심으로", 『평화학연구』, 2015.

42) 장성장, "북한의 2차 핵실험 배경과 대북전략 과제", 『정세와 정책』, 2009-06, (통권 158호), 세종연구소, p.3.

43) Victor Cha, CSIS, 2009-05-26.

44) UN 안전보장이사회 대북제재결의안 1874호는 1) 북한의 모든 무기 관련물자 대외 수출 금지, 2) 금지물품(무기, WMD, 사치품 등) 적재에 대한 합리적 근거가 있을 경우 화물검색, 금지물품 발견 시 압류·처분, 3) 핵·WMD 활동 관련 자산동결·공 적 금융지원 금지, 북한에 대한 신규 무상원조·금융지원·양허성 차관 금지, 4) 제 재위원회 활동 지원을 위한 7인의 전문가그룹 설치, 5) 각국에 대해 결의 채택 45일 내에 제재 이행보고서 안전보장이사회 제출을 요구하였다.

45) 북한 외무성 성명, 조선신보, 2009-06-13.

46)《중앙일보》, 2009-06-13.

47)《로이터통신》, 2009-06-13.

48) *The Wall Street Journal*, 2009-06-13.

49)《연합뉴스》, "〈전문〉 UN 안전보장이사회 대북결의 1874호 vs. 1718호", 2009-06-13.

50)《경향신문》, 2009-04-14.

51) 박용옥, "미·북 양자대화 재개와 북핵문제의 향배",『정세와 정책』, 2009-12호 (통 권 164호), 세종연구소, p.1.

52)《연합뉴스》, 2009-12-10.

53)《연합뉴스》, 2010-01-08.

54) 북한 외무성 대변인 담화 2016-05-01.

**제6장** 〉〉 비전 3000 (이명박 정부)

1) 2008년 2월 25일, 이명박 대통령 취임사, 통일부,『2008년 통일부 업무보고』, 2008-03-26, p.2.

2) 북한은 '비핵·개방·3000'의 先비핵화 조건에 대해 비판하며, 외무성 대변인 담화를 통해 "'선 관계정상화, 후 비핵화' 주장하며 이것이 9·19 공동성명 합의 이유"라고 설 명했다.『외무성 대변인 담화』, 2009-01-13.

3) 중국 외교부 친강 대변인, 공식적으로 "한·미군사동맹은 지나간 역사의 산물"이라며 "냉전시대의 군사동맹으로 역내에 닥친 안보문제를 해결할 수 없다"고 비판했다. 2008년 5월 27일 정례 브리핑, 2008년 5월 IISS '샹글리라대화'에 참여한 나는 아마 코스트 전 국무부 부장관에게 중국이 "한미동맹은 냉전시대의 유물"이라고 언급한 점에 대해 질문했는데, 그는 잘못된 시각이라고 지적했다.

4) 박영호, 전성훈, 조민, 최수영,『이명박 정부 외교안보통일정책의 추진환경 및 전략과

실천방향』. 경제인문사회연구회 협동연구총서, 2010-02-15, pp.97-98.

5) "정몽헌 회장을 보내며", 《동아일보》, 2003-08-08.

6) 통일부 홈페이지. "금강산 관광객 현황", https://www.unikorea.go.kr/unikorea/business/statistics/

7) 통일연구원, 『주간통일정세』, 2008-48.

8) 1999년 창립 이후 금강산 관광사업을 주도해온 이 회사의 인력 규모는 중단 당시 1,084명에서 2014년 305명으로 71.9% 줄었다.

9) 장용훈, "백두산 관광 개발 계획과 남북 협력 방안", 『통일경제』 제2호, 2015, pp.24-30.

10) 한국 측 10개 전문기관의 전문가 25명과 군 전문가 22명, 국회추천 전문위원 3명, 미국·호주·영국·스웨덴 등 4개국 전문가 4명으로 구성되어 국제적인 신임을 얻고 있다. 이들은 과학수사·폭발유형분석·선체구조관리·정보분석의 4개 분과로 나누어 조사하였다. 국방부, 천안함 침몰 사건 조사 결과 발표문 참고, 2010-05-20.

11) 남북은 지난 2004년 6월 4일 '서해상 우발충돌방지 및 군사분계선일대 선전활동 중지'에 관해 합의했다. 북한이 어뢰로 천안함을 공격한 것은 서해 우발충돌방지 관련 합의서 제2조 2항 "상대측 함정에 대한 부당한 물리적 행위를 하지 않는다"는 합의를 결정적으로 위반한 것이다.

12) 《연합뉴스》, 2011-12-21.

13) 凤凰网, 2011-12-19.

14) 中国广播网, 2011-12-19.

15) "核해법 제시한 핵안보정상회의", 《동아일보》, 2012-03-29.

16) 《노동신문》, 2012-03-14.

17) 『우리민족끼리』, 2012-03-14.

18) 2013년 초부터 북한은 외무성 성명(1.23), 국방위원회 성명(1.24), 국가안전 및 대외 부문 일꾼협의회(1.26), 노동당 중앙군사위원회 확대회의(2.2) 등을 개최하였다.

19) 《조선신보》, 2013-01-21.

20) 북한 외무성은 성명을 통해서 "① UN 안전보장이사회 대북결의 배격 ② 평화적 위성발사권리 계속 행사 ③ 세계의 비핵화가 실현되기 전에는 조선반도 비핵화도 불가능 ④ 핵 억제력을 포함한 자위적인 군사력을 질량적으로 확대 강화하는 임의의 물리적 대응조치를 취하게 될 것"을 천명하였다.

21) 《조선중앙통신》, "〈전문〉 유엔 안전보장이사회 결의 2087호 채택 관련 북한 국방위원회 성명", 2013-01-24.

22)《조선신보》, 2013-02-04.

23) 북한 제3차 핵실험 관련 이명박 정부 성명. 2013-02-12.

24)《조선중앙통신》, 2013-02-13.

---

**제7장** 〉〉 한반도 신뢰프로세스 (박근혜 정부)

1) "솔직한 대화, 한·중관계 살린다",《중앙일보》, 2013-08-24.

2) 베이징 댜오위타이(釣魚台)에서 13차 한·중 지도자포럼(2013.8.20)이 21세기 한중교류협회 주관으로 개최되었다. 나는 한국 측 발제자로 참가해서 한·중관계에 대한 한국 입장을 발표했다. 중국 측에서는 미국이 주도하는 TTP에 한국의 참여 여부에 촉각을 세우고 집중적으로 질문했다.

3) 2013년 8월 20일 한·중 지도자포럼 회의를 마치며 중국인민외교학회에서 리자오싱(李肇星) 명예회장(전 외교부장) 주최 만찬이 열렸다. 2007년 11월 제주도에서 그는 나에게 자작시로 만든 시집을 선물했다. 중문과 영문으로 이뤄진 영롱한 시 100수(詩百首)가 실려 있었다. 나는 그중 하나를 골라 중국어와 영어로 낭송했다. 마침 일본 아소 다로 부총리가 히틀러에 비유한 헌법개정 발언을 해서 시끄러운 시기였기에 더욱 적절하다고 생각되었다. 이 혜안의 시를 20년 전 1993년에 노래했다.

모차르트와 히틀러의 고향에서: 똑같은 태양/똑같은 달빛/유명한 두 사람/고향이 똑같네/음표로 봄날을 장식하니/아름다운 교향악과 영생을 누리네/폭탄으로 봄날을 파괴하니/어느 곳에 묻혀 있는지 그 누가 알까나?

(在模札特化希特勒的故乡: 一样的太阳,/一样的月亮; /两位名人/一样的故乡,/用音符装点春天的,/永生在美丽的交响,/用炸弹毁坏春天的,/有谁知埋葬在什么地方?)

4) 한국국제정치학회(회장 안인해)와 유엔한국협회(회장 김승연)이 공동으로 주최한 '글로벌 핵안보레짐의 형성과 동아시아 핵문제의 전망'에 대한 국제회의에서 박근혜 새누리당 비상대책위원장은 기조연설로 "한반도 신뢰프로세스"를 처음 발표했다. 2012-02-28.

5) 박명규,『한반도 신뢰프로세스와 남북관계 전망』, 통일평화연구원, 서울대학교, 2013.

6) 하영선, 편,『한반도 신뢰프로세스 2.0: 억제, 관여, 신뢰의 복합추진』, 동아시아연구원, 2014.

7) "한미동맹과 한반도 안보", www.konas.net, 2013-06-06.

8) 리커창, "中 평화발전과 주권수호 마찰없이 공존해", 인민망 한국어판, 2013-03-18.

9) 《프레시안》, 2013-06-23.

10) 《연합뉴스》, 2013-02-22.

11) 미국은 "시장경제 통일"로서 민주주의체제 유지를 원한다. 중국은 "자주적 통일"을 강조하여 미국의 영향력 커지는 방식에는 반대하고 있다. 《조선일보》, 2013-06-29.

12) 《한국일보》, 2013-06-28.

13) 시진핑, "중한 협력의 아름다운 미래와 아시아 진흥 번역의 위업을 함께 달성해야", 서울대학교 연설문, 2014-07-04.

14) 《조선일보》, 2013-07-25.

15) 《연합뉴스》, 2013-07-24.

16) "드레스덴 제안을 받은 김정은의 속마음", 《동아일보》, 2014-04-04.

17) 최근 북한에서 사용되는 휴대전화 수가 600만 대에 이르러 자유로운 소통이 이뤄지면 그만큼 통제 사회를 유지하기가 어려워진다.

18) 박근혜 대통령, '유라시아 시대의 국제협력 컨퍼런스' 개회식 기조연설, 2013-10-18.

19) 안인해, "동북아 평화를 위한 한·중 전략적협력동반자 관계 심화방안 연구", 《中国学论丛》, 고려대학교 중국연구소, 2013, vol. no.42, pp.461-480.

20) *World Economic Outlook*, IMF (2014), p. 184.

21) SBS, 2015-10-31.

22) 《세계일보》, 2017-04-25.

23) 노동신문, 2014-03-31.

24) 1980-1990년대에 북한에서 태어난 20-30대 청년 세대는 '고난의 행군'을 경험했다. 그들은 김일성 사망 이후 1990년대 중반 자연재해와 국제적 고립으로 인해 발생했던 북한의 극심한 경제적 위기를 탈피하기 위해서 몸부림을 쳤다. 2015년 7월 14일 국회 정보위원회에서 국가정보원이 규정한 '장마당 세대'이다.

25) 《주간조선》, "북한 장마당 세대가 말하는 '2016 한국과 북한'," 2016-02-29.

26) 《연합뉴스》, 2013-05-10.

27) 《조선일보》, 2013-06-24.

28) Ahn Yinhay, "North Korea: Economy, Society, and Women", in Kim S. Samuel, ed., *The North Korean System in the Post-Cold War Era*, (NY: Palgrave, 2001), pp.46-55.

29) 《허핑턴포스트》, 2016-09-25.

30) 태영호, 『3층 서기실의 암호』, 서울: 가파랑, 2017.

31) "지금까지 개성공단을 통해 북한에 총 6,160억 원(5억 6,000만불)의 현금이 유입되

었고, 작년에만도 1,320억 원(1억 2,000만불)이 유입되었으며, 정부와 민간에서 총 1조 190억 원의 투자가 이루어졌는데, 그것이 결국 국제사회가 원하는 평화의 길이 아니라, 핵무기와 장거리미사일을 고도화하는 데 쓰여진 것으로 보입니다 …우리 정부는 더 이상 개성공단 자금이 북한의 핵과 미사일 개발에 이용되는 것을 막고, 우리 기업들이 희생되지 않도록 하기 위해 개성공단을 전면중단하기로 결정했습니다." 통일부 홈페이지, 「개성공단 전면 중단 관련 정부 성명」, 2016-02-10.

32) "북한이 개성공단을 통해 얻는 연간 수익은 1억 달러 안팎이며, 북한과 중국 간 교역 규모는 60억 달러가 넘는다. 개성공단 폐쇄는 북한을 옥죄는 '혹독한 대가'가 될수 없다. 오히려 개성공단 폐쇄로 개성공단에 입주한 우리 중소기업과 하청업체, 그리고 우리 근로자들이 피해를 입게 될 것이다. 개성공단의 연간 생산액은 임가공료 기준 5억 달러이지만, 소비자가 기준으로는 25~30억 달러나 된다. 북한 정부가 입는 피해보다 우리 중소기업들의 손실이 훨씬 크다."라고 언급하며 개성공단 중단 조치를 반대했다. 김기준 원내대변인, 오후 현안 브리핑, "정부의 개성공단 전면중단 조치를 반대한다", 2016-02-10.

33) 北 "조국평화통일위원회 성명" 발표, 2016-02-11.

---

### 제8장 〉 신한반도체제 (문재인 정부)

1) 2000년 10월 25일 올브라이트 미 국무장관이 평양에서 김정일 국방위원장을 만났다. 올브라이트의 회고록에 따르면, "냉전 종식 이후 동아시아 질서의 안정자 역할을 미군이 담당하고 있으니 한반도에 남아 있어도 좋다"는 요지로 김정일 위원장의 발언을 소개했다. Madeleine K. Albright, *Madam Secretary: A Memoir*, (Miramax Books, 2001), p.465.

2) *The South Morning Post Hong Kong*, 2017-09-19.

3) 2017년 9월 23일(현지시간) 제72차 유엔 총회 기조연설에서 이용호 북한 외무상은 "(핵개발의) 최종 목표는 미국과 힘의 균형을 이루는 것"이라고 전했다.

4) 《중앙일보》, 2017-09-26.

5) 《중앙일보》, 2017-11-20.

6) 박건영, 박선원, 박순성, 서동만, 이종석, 『한반도 평화보고서』, 한울, 2010, p.179.

7) 현대경제연구원, "신북방정책 추진의 기회와 위협 요인", 『한반도 르네상스 구현을 위한 VIP 리포트』, 17-28 (통권 701호), 2017-09-04.

8) 《조선중앙통신》, 2017-12-09.

9) 《중앙일보》, 2017-09-07.

10) 《한국일보》, 2017-09-07.

11) 청와대, "한·러정상회담 《동방경제포럼》, 문재인 정부의 한·러 간 적극적으로 역할 해야 하는 과제", 2017-08-31.

12) 더불어민주당, 『19대 대통령선거 정책공약집』, 2017, p.235. 2020년까지 ASEAN 과 한국의 교역규모가 현재 중국과의 교역(2,100억 달러)과 비슷한 수준에 다다르 는 2,000억 달러로 확대된다. 중국을 대체하는 시장이 만들어질 수 있다. 또한 ASEAN에 관심을 가져야 하는 중요한 요인으로는 10개국이 북한과 모두 외교관계 를 맺고 있다. 북한을 대화 무대로 복귀시키는데 ASEAN 국가들이 외교적 역량을 발휘할 수 있다고 본다.

13) 《한겨레》, 2017-11-09.

14) 아세안 지역은 인구 6억 400만 명, GDP 2조 6,000억 달러, 평균 성장률 5%의 거 대한 공동체로서 경제적 잠재력이 무궁무진한 지역이다. 강명구, "신남방정책 구상 의 경제외교적 의의", 『산은조사월보』, 제 748호 (2018), pp.69-70.

15) 이재현, "신남방정책이 아세안에서 성공하려면?", 『The Asan Institute for Policy Studies Issue Brief』, 2018-04.

16) 강명구, "신남방정책 구상의 경제외교적 의의", 『산은조사월보』, 제748호 (2018), p.67

17) 2015년 10월 합의된 일대일로와 유라시아 이니셔티브 연계는 사드 갈등 탓에 후속 조치가 거의 이뤄지지 않았다. 《한국일보》, "신북방신남방 정책-중국 일대일로 연 계 협력한다", 2018-02-02.

18) 이태환, "일대일로 전략과 신 북방 및 남방정책", 대외정책연구원 중국전문가포럼, (2018).

19) 《중앙일보》, 2017-09-05.

20) 《연합뉴스》, 2014-05-21.

21) 한국무역협회, "러 정부, 블라디보스톡 자유항 발효 2년간 '총 400건, 6조 9,000억 원' 투자유치", 2017-10-31.

22) 윗글.

23) 《조선일보》, 2008-09-29.

24) 《중앙일보》, 2017-05-24.

25) 안병민, "나진-하산 교통·물류사업의 현황과 향후 발전 가능성", 『KDI 북한경제리 뷰』, 2014-02, p.44.

26) 정여천, "남·북·러 삼각 경제협력: 현황과 전망", 『정세와 정책』, 세종연구소, 2016-04, p.11.

27) 《연합뉴스》, 2017-11-14.

28) 《로동신문》, '신년사', 2018-01-01.

29) 《한겨레》, 2018-01-03.

30) 《연합뉴스》, 2018-01-04.

31) 남북고위급회담과 함께 각 분야 회담 개최 정책브리핑, "[전문] 남북고위급 회담 공동보도문", 2018-01-09.

32) "평창에서 시작하는 한반도 평화", 『문재인 정부 부처별 주제보고』, 2018-01-18.

33) 통일부, 『'베를린 구상' 후속조치 관련 발표문』, 2017-07-17.

34) 윗글.

35) 제352회 국회 외교통일위원회 현안보고, "베를린 구상 후속 조치", 2017-07-10.

36) '베를린 구상'의 5대 기조에 이은 대북 제안은 다음과 같다.

첫째, 10월 4일에 추석과 10·4 선언 10주년을 맞아 이산가족 상봉행사를 재개한다. 상봉 시에 성묘 방문을 포함하고 상봉 문제 협의를 위해 적십자회담을 개최한다. 둘째, 평창동계올림픽에 북한이 참가하여 한반도가 함께 하는 '평화올림픽'을 실현한다. 셋째, 휴전협정 64주년인 7월 27일, 군사분계선에서 적대행위 상호중단을 논한다. 넷째, 한반도 평화와 남북협력을 위한 접촉과 대화를 재개한다. 남북한의 긴장 및 대치 국면이 전환되고 여건이 조성된다면 남북정상회담을 함께 고려할 것을 제안했다.

37) 《노동신문》"조선반도의 평화와 통일을 위한 진로가 무엇인지 똑똑히 알아야 한다", 2017-07-15.

38) 《조선신보》베를린 선언에 대해 북측은 남측의 관계개선 의지에 대해서 "말이 아니라 가장 근본적인 문제를 풀어나가는 각오와 행동을 근거로 판단하게 될 것"이라며 유보적인 입장을 내비쳤다. 2017-7-11.

39) 《한겨레》, 2017-08-04.

40) 『트럼프 신행정부 출범과 동북아 각국의 대응』, 한국국방연구원 안보전략연구센터, 2017-2018 동아시아 정세평가 및 전망 1분기 보고서.

41) 청와대 정책브리핑, 2018-05-03.

42) 신범철, "판문점 선언, 과반의 성공", 아산정책연구원 이슈브리프, 2018-04-29.

43) *ABC News Interview*, "'This Week' Transcript: President Trump's national security adviser John Bolton", 2018-05-13.

44) 《서울경제》, 2018-05-17.

45) 『남북·북미 정상회담과 한반도』, 고려대학교 아세아문제연구소, 2018-05-11.

46) 《동아일보》, 2018-05-09.

47) 중국 외교부, 『e-중국뉴스』 제 126호, 2018-04-11.

48) *White House*, "Remarks by Republic of Korea National Security Advisor Chung Eui-Yong", 2018-03-08.

49) 최강, 차두현, "북·중정상회담의 함축성: 더 복잡해진 북한 비핵화 방정식", 『Asan Issue Brief』, 2018-10.

50) 《조선일보》, 2018-05-23.

51) 청와대, 2018-05-09.

52) 《동아일보》, 2018-05-10.

53) 청와대, 2018-05-09.

54) *The New York Times*, "Trump Says Military Is 'Locked and Loaded' and North Korea Will 'Regret' Threats", 2017-08-11.

55) *The Washington Post*, "'Fight tonight?' Explaining Trump's retweet that says U.S. bombers are ready to strike North Korea", 2017-08-11.

56) *CNN*, "The last resort: How a US strike on North Korea could play out", 2017-08-11.

57) *The New York Times*, 2017-08-12.

58) 해군 대령 출신 제리 헨드릭스 신미국안보센터(CNAS) 선임 연구원은 "북한 지대공 미사일 방어 능력에 맞서 스텔스 F-22, F-35, B-2 폭격기가 한국과 일본의 F-15 나 F-16 전투기의 도움으로 합동 공습작전을 이끌 가능성이 있다"고 전했다. *CNN*, 2017-08-11.

59) 《조선중앙통신》, 2018-05-24.

60) 《연합뉴스》, 2018-09-20.

61) 《연합뉴스》, 2018-09-27.

62) 《한국일보》, 2019-03-01.

63) 《경향신문》, 2019-03-01.

64) *VOA*, 2019-05-22.

65) 《노동신문》, 2019-03-01.

66) Ankit Panda and Vipin Narang, "The Hanoi Summit was Doomed From the Start", *Foreign Affairs*, 2019-03-05.

67) 안인해, "불확실성에 대한 오판을 경계한다", 《세계일보》, 2019-03-08.

68) 윌리엄 페리, "제7회 에코노믹 포럼", 2018-04-10.

### 제9장 〉 한반도 판(Plate) 변화

1) Shi Yinhong, "North Korea Testing Limits of Tolerance", *Global Times*, 2013-05-07.

2) 《연합뉴스》, 2013-06-18.

3) 중국은 북한의 핵개발을 용인할 수 없다고 강조하지만 '한중 미래비전 공동성명'에서 한국 정부의 요청에도 불구하고 '북핵 불용'이란 표현은 수용하지 않았다. 《연합뉴스》, 2013-06-28.

4) 임강택 외, "북·중관계 종합백서 및 남·북·중 협력방안(2/3년차) 북중관계 주요분야별 현황 분석", KINU 연구총서. 2017, p. 71.

5) 《연합뉴스》, 2013-06-11.

6) 홍콩 凤凰卫视 특집기사, 2013-03-05.

7) 《연합뉴스》, 2013-07-02.

8) Scott A. Synyder, "Will China Chnage its North Korea Policy", *Council on Foreign Relations*, 2016-03-31.

9) 《중앙일보》, 2017-07-16.

10) 이전 북한을 찾은 특사는 정치국 상무위원(7위)이나 정치국원 (25위)이었으며 쑹 부장은 204명 중 한명의 중앙위원이고, 대외연락부장이 북한과 당 대 당 외교를 책임지는 자리이긴 하지만 북한 입장에선 상대적으로 격이 낮은 것으로 평가할 수 있다.

11) 《중앙일보》, 2017-11-20.

12) 북한과 중국 총 교역규모의 88.3%이며 두 번째로 교역비중이 높은 홍콩과는 1.6%로 매우 큰 격차가 난다. 통일부, 북한정보포탈 통계자료.

13) 《동아일보》, 2006-10-16.

14) 정형곤, "2017년 북한의 대외무역 평가와 전망: 북중무역을 중심으로", 『KDI 북한경제 리뷰』, 2018년 2월호, p.42.

15) 최장호, 최유정, 오늘의 세계경제: 2019년 북중무역평가와 전망: 대북제재와 북한경제의 상관관계를 중심으로, 대외경제정책연구원, 20-11, 2020-03-23.

16) 안인해, "동북아 평화를 위한 한·중 전략적 협력동반자 관계 심화방안 연구", 《中国学论丛》 제42집, 고려대학교 중국연구소, (2013). pp.461-480.

17) 어업관리단과 해양경찰청에서 단속한 중국 불법어업은 2008년 432척(어업관리단

16척), 2009년 381척(어업관리단 15척), 2010년 370척(어업관리단 61척), 2011년 537척(어업관리단 191척)으로 매년 380~500여 척을 단속하고 있다.

18) 김대영 외, "중국어선 불법조업 대응방안 연구", 농림수산식품부 용역보고 2012년 5월호, pp.39-40.

19) 『국방백서』, 2014, pp.220-224.

20) 한국방공식별구역 조정 기자회견 발표문, 2013-12-08.

21) 《문화일보》, 2019-02-28.

22) 아산정책연구소의 2017년 3월 조사에 따르면 중국 호감도(0점: 전혀 호감이 없다 ~10점: 매우 호감이 있다)가 두 달 사이 1점 이상 대폭 하락했다. 2017년 1월 4.31점 이었던 중국 호감도는 3월 3.21점까지 떨어졌다. 김지영 외. "한반도 사드(THAAD) 배치와 급변하는 한국인의 주변국 인식", 『이슈 브리프』 2017-10, 아산정책연구원, 2017.

23) 《연합뉴스》, 2014-02-21.

24) "한·중관계 50년을 내다보자", 《중앙일보》, 2007-04-10.

25) 2018년 8월 기준, 3조 1097억 2000만 달러로 중·미 간 무역마찰이 가열되면서 위안화 환율이 계속 하락하는 것을 저지하기 위한 방어책을 마련하면서 외환보유고가 감소했을 가능성이 있다.

26) K-Stat 중국무역통계 (검색일: 2018-09-09).

27) 1992년 수교시 우호협력관계, 1998년 "21세기를 향한 협력 동반자 관계"(김대중 대통령 방중), 2003년 "전면적 협력 동반자 관계"(노무현 대통령 방중), 2008년 "전략적 협력 동반자 관계"(이명박 대통령 방중)

28) 프레시안, 한·중 미래비전 공동성명 전문, 2013-06-27.

29) 《연합뉴스》, 2017-07-04; 중국을 방문 중인 박근혜 대통령이 6월 29일 중국 류옌둥 부총리에게 한국에 있는 중국군 유해 송환을 제안하였다. 중국군 유해는 남방한계선에서 불과 5㎞ 떨어진 경기도 파주시 소재 '적군묘지'에 360여구가 안장돼 있다. 적군묘지는 6·25 전쟁 이후 전국에 산재한 적군묘를 모아 1996년 현재 위치에 6천 99㎡, 축구장 2개 규모로 조성. 정부는 교전 중 사망한 적군 유해도 묘지로 관리해야 한다는 제네바 협정에 따라 당시 적군묘지를 조성했고 현재 북한군과 중국군 유해 1000여 구를 관리하고 있다. 적군묘지 조성 초기에는 유해가 100구에 불과했으나 국군 유해 발굴 과정에서 북한군과 중국군 유해도 추가로 발굴돼 적군묘지에 안장했다.

30) 《조선일보》, 2013-07-01.

31) 윗글.

32) 민경실, 장상식, "한중 FTA 발효 100일 무역업계의 평가와 전망", 『Trade Focus』, 한국무역협회, (2016–08): p.7.

33) 中国网, 2018–05–24.

34) 한재진, 천용찬, "한중 수교 25주년, 무엇이 달라졌나?", 현대경제연구원 경제주평 17–33(통권 758호), 2017–08: p.7.

35) 윗글

36) 김장호 외, "오바마 2기 행정부의 대한반도 정책 전망", KINU 정책연구시리즈 12–04; Emma Chanlett–Avery and Ian E. Rinehart, "North Korea: U.S. Relations, Nuclear Diplomacy, and Internal Situation", *CRS Report for Congress* (June 2012), p.4.

37) James E. Goodby and Donald Gross, "Strategic Patience Has Become Strategic Passivity", *Brookings Institution Article*, 2010–12–22.

38) 《연합뉴스》, 2014–07–31.

39) Daily NK, 2013–04–18.

40) *Korea Times*, "Trump Up for 'Hamburger Talk' with Kim Jong–un"; "The Trump administration implied possibilities of having direct negotiations with the Pyongyang", 2016–06–16.

41) *CNN Editorial*, "Why Donald Trump Should Make North Korea a Top Priorit", 2017–01–02.

42) *Fox Interview*, 2017–03–31.

43) *Report of the detailed findings of the commission of inquiry on human rights in the Democratic People's Republic of Korea* (A/HRC/25/CRP.1).

44) *VOA*, 2018–02–03.

45) *White House*, "Remarks by President Trump to the National Assembly of the Republic of Korea, Seoul, Republic of Korea", 2017–11–07.

46) *VOA*, 2018–06–07.

47) 《조선중앙통신》, 2019–11–17.

48) *White house*, "Remarks by President Bush and President Kim Dae–Jung of South Korea", 2001–03–07.

49) *The New York Times*, 2005–05–18; 《동아일보》, 2005–05–19.

50) 《한겨레신문》, "동북아 최후의 균형자는 미국", 2005–06–01; 《중앙일보》, 2005–06–02.

51) The White House Office of the Press Secretary, "Joint vision for the alliance of the United States of America and the Republic of Korea", 2009-06-16.

52) Barack Obama, "Renewing American Leadership", *Foreign Affairs* (July/August 2007), pp.125-128.

53) *2017 CRS Report R41481*, "U.S-South Korea Relations", 2017-05-23.

54) EAI, 《중앙일보》 여론조사 2002·12.

55) 이내영·정한울, "반미여론과 한미동맹 – 2002년 12월과 2003년 6월의 여론조사 자료의 분석을 중심으로", 세종연구소. 『국가전략』 9, 3호 (2003), p.64.

56) 엄태암·유지용·권보람, 『미국의 아태지역 재균형정책과 한반도 안보』, 한국국방연구원 (2015), p.450.

57) 2014년 기준, 주한미군 방위비 분담금 구성을 보면 방위비의 37%에 해당되는 3,430억 원이 주한미군 한국인 고용원 인건비로 지출되었고 45%를 차지하는 4,110억 원이 막사, 환경시설 등 주한미군 시설 건축지원 및 설계·감리비(12%) 외 현물지원으로 지출되었으며 나머지 18%에 해당되는 1,660억 원이 군수 지원이다.

58) 《조선일보》, 2018-01-17.

59) 《조선일보》, 2017-09-29.

60) *CRS Report RL34330*, "The U.S.-South Korea Free Trade Agreement", 2014-09-16.

61) Office of the U.S. Trade Representative, *2017 Trade Policy Agenda*, p.6.

62) *White House*, "Remarks by the Vice President to the US/ROK Business Community", 2017-04-16.

63) 한국의 對 미국 직접투자액은 2011년 73.2억 달러, 2012년 57.2억 달러, 2013년 57.7억 달러, 2014년 57.6억 달러, 2015년 68.1억 달러, 2016년 129.0억 달러; 현대경제연구원. "한미정상회담의 주요 의제와 시사점", 『현안과 과제』. 17-16호. 2017.

64) *2017 CRS Report R41481*, "U.S-South Korea Relations", 2017-05-23. p.32.

65) 미국 무역위원회(USITC), *Economic Impact of Trade Agreements Implemented under Trade Authorities Procedures, 2016 Report*, 2016-06.

66) 《한국일보》, 2017-07-14.

67) 산업통상자원부, "한미 FTA 개정협상, 원칙적 합의도출", 2018-03-26.

1) 미 국방부는 1998년 비밀리에 서울 국방부가 위치한 용산 상공에서 15kt 위력의 무기 폭발시 피해 범위를 시뮬레이션 한 바 있다. 당시 실험 결과 반경 150m 이내 건물은 증발하고 1.5km 이내 사람은 전신 3도 화상을 입으며 사망자는 총 62만 명에 달하는 것으로 나타났다.

2) 《중앙일보》, 2017-09-04.

3) 김정은 위원장은 연설에서 "우리의 힘과 기술로 원자탄, 수소탄과 대륙간탄도로켓(ICBM) '화성-15'형을 비롯한 새로운 전략무기 체계들을 개발하고 국가핵무력 완성의 대업을 이룩한 것"이며, "세계 최강의 핵강국, 군사강국으로 더욱 승리적으로 전진·비약할 것"으로 주장하였다. 제8차 군수공업대회, 2017-12-10~12.

4) 10월 20일~21일간 러시아 모스크바에서 열린 '국제비확산회의'에서 최선희 외무성 북미국장의 발언. 《연합뉴스》, 2017-10-24.

5) *38 North*, 2017-12-01.

6) 2017년 11월 위성사진을 판독해 볼 때 북극성 1(KN-11)이나 북극성3과 같은 SLBM 시험발사 징후를 발견할 수 있으며 시험대(Test stand)에서 미사일 사출 실험이 계속되고 있다. 《중앙일보》, 2017-11-17.

7) 《문화일보》, 2018-06-18.

8) *The Wall Street Journal*, "A Troops for Nukes Trade?", 2018-06-17.

9) 《중앙일보》, 2018-06-03.

10) 《중앙일보》, 2018-08-07.

11) 《경향신문》, 2019-04-03.

12) *RFA(Radio Free Asia)*, "김정은, 체제보장 확신 땐 비핵화", 2018-07-09.

13) 《중앙일보》, 2018-07-26.

14) 《연합뉴스》, 2017-07-13.

15) 《조선일보》, 2018-08-10.

16) *The Wall Street Journal*, "Options for Removing Kim Jong Un", 2017-09-04.

17) *The Fox News*, "Media obsession with Michael Cohen trumps coverages of Trump's North Korea summit – until it ends with no deal", 2019-03-03.

18) 북미정상회담에서도 트럼프는 "한국의 서울은 DMZ 옆에 위치해 있고, 아주 많은 인구가 살고 있다. 군사적 충돌이 발생한다면 수백, 수천만 명이 희생될 것이다."며 북한의 비핵화 이행을 강조했다. *The White House*, "Press Conference by

President Trump", 2018-06-12.

19) Henry Kissinger, "How to resolve the North Korea Crisis", *The Wall Street Journal*, 2017-08-11.

20) *Global News*, "Steve Bannon calls white nationalists 'losers' and 'clowns' in interview", 2018-08-17.

21) 《동아일보》, 2017-10-19.

22) 《노컷뉴스》, "틸러슨, 북한 붕괴시 핵무기 확보하면 미국은 다시 남한 갈 것", 2017-12-13.

23) Henry Kissinger, 『*Years of Renewal*』 (1999), p.106.

24) 《조선일보》, "닉슨·키신저 - 周恩來 비밀대화록에 담긴 한반도", 2013-03-10.

25) 《중앙시사매거진》, 2017-05-17.

26) 《동아일보》, 2018-03-25.

27) 구해우, "파키스탄 모델에서 친미비중 베트남 모델로", 서울: 미래전략연구원, 2018.

28) 《매일경제》, 2018-05-23.

29) 《서울경제》, 2018-06-02.

30) 《조선일보》, 2017-09-08.

31) 《국민일보》, 2017-09-10.

32) 《한국경제》, 2018-04-29.

33) 국립외교원, 조지메이슨대학교 정책대학원학장, 한미 북한전문가 비공개 간담회 발언.

34) 전경만, "북핵 폐기와 한반도 평화체제 구축방안", 외교협회 외교광장, 2018-12.

35) 윗글.

36) 기본적 핵심사항으로 ① 상호간 전면 핵폐기 목표확인, ② 핵·탄도미사일 실험중단, ③ 무기용 핵분열물질 생산중단과 모니터링, ④ ICBM 재고의 폐기 및 생산중단에 대한 합의가 이뤄져야 한다. ICBM 폐기 및 생산중단은 미국에 대한 직접적인 안보위협요소를 제거하는 것이다.

37) 전봉근, "'북핵해법논쟁'과 한반도 미핵평화공존체제", 주요국제문제분석, 2018-04-20.

38) 태영호, 『3층 서기실의 암호』, 가파랑, 2018, pp.40-55.

39) 윗글.

40) *VOA*, 2018-10-08.

41) *38th North*, 2018-04-22.

42) 윌리엄 페리, "제7회 에코노믹 포럼", 2018-04-10.

43) "시험대 오른 한국 '중재외교'", 《세계일보》, 2019-02-01.

제11장 〉〉 동북아 갈등과 협력

1) "대범한 통일외교로 남북 경색 풀어야", 《동아일보》, 2014-01-03.

2) 당시 아베는 고이즈미 정권에서 관방 부장관에 이어 장관에 올랐다. 고이즈미 인기의 원동력이었던 북한에 피랍된 일본인 문제 해결에 아베는 상당한 역할을 담당했다. 노 다니엘, 『아베 신조의 일본』, (세창미디어, 2014), p.62-66 참조.

3) 북한은 8월 29일 오전 6시 57분께 일본 홋카이도 상공을 가로지르는 중거리미사일 을 발사했다. 2,700km 떨어진 북태평양에 낙하한 이 미사일은 김정은 집권 이후 정상 각도로 발사한 탄도미사일 중 가장 멀리 비행했다. 《연합뉴스》, 2017-08-30.

4) 동북아 해양 패권전쟁과 미국의 이익 및 전략에 관해서는 Department of Defense, "The Asia-Pacific Maritime Security Strategy: Achieving U.S. National Security Objectives in a Changing Environment", (2015) 참조.

5) 안인해, "중국위협론과 중-일관계", 『21세기 중·일관계와 동아시아 안보』, (서울: 한 국해양전략연구소), 2005.

6) Joseph S Nye, Jr., *Soft Power: The Means to Success in World Politics*, (Public Affairs: NY, 2004), p.11.

7) Chen Zhimin, "Nationalism, Internationalism and Chinese Foreign Policy", *Journal of Contemporary China*, 14(42), 2005-02, pp.35-53.

8) David Shambaugh, "Containment or engagement of China", *International Security 21*, (Fall 1996), p.205. "Defensive nationalism is assertive in form, but reactive in essence."

9) Chen Zhimin (2005), p.47.

10) 2004년 기준으로 중국은 국내총생산(GDP) 규모 1조 6,500억 달러, 1인당 국민소 득은 1,230달러 수준의 국가이나, 2020년까지 각각 4조 달러와 3,000달러 정도로 증대될 것으로 예상되고 있다.

11) 이 사건으로 중·일관계는 1972년 수교 이후 최악의 상태에 빠지게 되었다. "China-Japan Ties at '30-year low'", *The Japan Times* (April 18, 2005). 이 후 2005년 4월 23일에는 일본의 우익단체와 일반시민 2,000여 명이 "중국타도, "2008년 북경올림픽 거부" 등을 외치며 "반중집회"를 전개하였다.

12) http://terms.naver.com/entry.nhn?docId=1529277&cid=42995&category Id=42995 참조.

13) 《프리미엄 조선》, 2016-02-29.

14) 동북아공동체연구재단 편, 『동아시아 영토분쟁과 국제협력』(Territorial Disputes and International Cooperation in East Asia), 디딤터 (2014), 참조.

15) "해양안전 침몰한 나라의 해양안보", 《동아일보》, 2014-05-02.

16) "동북아 영토분쟁과 우리의 대응", 《코나스넷》, 2012-12-09.

17) *The New York Times*, "On a Trip That Avoids Beijing, Obama Keeps His Eye on China", 2014-04-27.

18) '독도는 우리땅' 2012년 런던올림픽에서 한국은 일본과의 축구 준결승전에서 2대0 승리로 동메달을 목에 걸었다. 박종우 선수는 감격에 겨워 '독도는 우리땅'이라고 쓴 플랭카드를 건네받고 운동장을 내질렀다. 미리 계획된 세리머니는 아니었지만 당시 한국 관중이나 우리 선수단들은 한마음이었을 것이다.

19) 근래 일본검찰은 이미 독도가 한국의 실효지배 하에 있기 때문에 한국민의 독도 방문을 처벌할 수 없다는 법리해석을 내렸다. 이를 무시하고 일본이 교과서를 왜곡함으로써 자라나는 미래 세대에게 잘못된 인식을 심어준다면 미래의 한·일관계에 부정적 영향을 미치는 행위다.

20) 2001년 공산당 창당 80주년 기념식 행사에서도 주된 화두로 사용하며 대내적으로 중화민족주의 개념을 고취시켰다. 21세기 첫 번째로 열린 2002년 11월 제16차 당대회에서도 장쩌민 주석은 이례적으로 "중화민족의 위대한 부흥"으로 보고의 서두와 말미를 장식하며 자긍심을 심었다. 중화민족은 자신감과 성취감이 내재된 민족주의를 주창하고 있다.

21) 동북공정은 기초연구와 응용연구로 나누어 ① 고대 중국 변경 이론연구 ② 동북지방사 연구 ③ 동북 민족사 연구 ④ 고조선·고구려·발해사 연구 ⑤ 중·조(한국)관계 연구 ⑥ 중국 동북 변경지역과 러시아 원동 지역 정치·경제 관계사 연구 ⑦ 동북 변경 사회안정 전략 연구 ⑧조선반도(한반도) 형세 변화가 중국 동북 변경의 안정에 끼치는 영향에 관한 연구 등을 추진하고 있다. 행정안전부 국가기록원, 『동북공정과 한중역사갈등』, 2006.

22) 안인해, "동북아 영토분쟁과 우리의 대응", 기조연설, 동북아공동체연구회, 동북아미래포럼 자료집, 2014-4-30.

23) 전병곤, 『중국의 동북공정과 우리의 대응책』, (서울: 통일연구원, 2004), p.9.

24) 행정안전부 국가기록원, 2006.

25) 김태완, "국제정치 시각으로 본 중국의 동북공정국제관계연구", 2008년 가을호 13, 2호, pp.5-38.

26) 행정안전부 국가기록원, 2006.

2004년 한중 양국 구두양해 5개항 ① 고구려사 문제가 양국간 중대 현안문제로 대두된 데 대해 중국측이 유념하고 있다. ② 양측은 향후 역사문제로 인해 한중간 우호 협력 관계가 손상되는 것을 방지하기위해 노력하고, 1992년 8월의 한중수교 공동성명 및 1993년 7월 양국 정상간 공동성명에 따라 전면적인 협력 동반자 관계발전을 위해 노력한다. ③ 양측은 한중 협력관계라는 커다란 틀 아래서 고구려사 문제의 공정한 해결을 도모하고 필요한 조치를 취해서 고구려사 문제가 정치화하는 것을 방지하는 노력을 한다는데 공동인식을 같이한다. ④ 중국 측은 중앙 및 지방정부 차원에서의 고구려사 관련기술에 대한 한국 측의 관심에 이해를 표명하고 필요한 조치를 취해나감으로써 문제가 복잡해지는 것을 방지한다. ⑤ 양측은 학술교류의 조속한 개최를 위해 노력하면 학술교류와 양국국민의 이해증진에 도움이 되는 방향으로 한다.

27) 동북공정에 따르면, 고구려가 평양성으로 옮긴 이후부터 한반도 고대사를 인정하고 그 이전은 중국사에 포함된다고 주장한다.

28) 《한국일보》, 2016-03-18. 일본의 35종 고교 사회과 교과서 중 27종이 독도 영유권에 대한 일본 정부의 일방적 주장을 담았다. 2014년 정부가 '중·고교 학습지도요령'과 '고교 교과서 검정기준'에 '한국에 의해 불법 점거'라는 표현을 권유하면서 일부 교과서는 "1905년 일본령으로 공식 편입됐고, 샌프란시스코 평화조약에서도 이를 확인했다"는 식의 합리화를 시도하였다.

29) 정재정, 扶桑社 간행 「새 역사교과서」에 나타난 한국사관의 특징 『후소샤 일본중학교 역사교과서』(일본역사교과서왜곡대책반, 2001), '새로운 역사를 만드는 모임'에서 엮어낸 『새로운 역사교과서』 (후소샤 간행)는 '① 일본은 고대 이래로 한반도에 세력을 뻗치고 있었다. ② 역사적으로 보아 한국은 중국에 속한 비자주적 국가였던 것에 비해 일본은 자주독립국가였다. ③ 역사적 능력면에서 일본은 英敏했던데 반해 한국은 아둔했다. ④ 한반도는 일본의 안전을 위협하는 흉기이고 일본의 안전을 위해서는 이것을 제거해야 한다. ⑤ 한일관계사 속에서 일본은 항상 옳았고 한국은 항상 틀렸다는 식으로 한국 측에 책임을 전가했다. ⑥ 일본은 한국의 근대화를 위해 애썼으나 한국이 이를 받아들이지 않아서 어쩔 수 없이 한국을 '병합'했다.' 등 왜곡된 내용들을 담았다.

30) 최상용, 『중용의 삶-한일관계에 대한 성찰』, 최순육 옮김, 종문화사, 2016.

31) 《연합뉴스》, 2017-07-07.

32) *SBS* 뉴스, 2003-09-22.

33) "박 대통령, 위안부 문제 해결할 수 있다", 《동아일보》, 2014-03-07.

34) 《연합뉴스》, 2015-12-28.

35) 윗글.

36) 윗글.

37) 윗글.

38) 《중앙일보》, 2015-12-28.

39) 《중앙일보》, 2017-09-08.

40) 'X밴드 괴담'은 사드 체계의 X밴드 레이더가 내뿜는 전자파로 인해서 인체와 농작
물이 큰 피해를 입게 된다는 소문이다.

41) 《프레시안》, 2017-09-05.

42) 《중앙일보》, 2017-09-08.

43) 《环球时报》, '한국·미국에 대한 중국-러시아의 4가지 요구'란 제목의 사설에서 4
가지 사항을 요구했다: ① 한반도에서의 한·미 군사연합훈련 규모축소 및 중단, ②
미국 전략무기의 한반도 추가배치금지, ③ 한국에 배치 완료된 사드 철수 혹은 봉인
(封存), ④ 김정은을 겨냥한 '참수부대' 조직 및 훈련 반대 등이다. 2017-09-08.

44) 《한겨레》, 2017-03-05.

45) 우크라이나 크림반도사태로 푸틴대통령은 G8 정상회의에 초대받지 못했다. 이어서
우크라이나에서 말레이시아 항공기가 미사일에 피격되어 전원 사망하는 사건이 일
어났다. 이에 미국과 유럽 주요국 정상들은 우크라이나 사태와 관련해 러시아에 더
욱 강력한 신규 제재를 가할 필요가 있다는데 합의했다. 《한국일보》, '서방 5개국,
대러 추가 제재 합의', 2014-07-29.

46) USNI News, "Document: Summary of the Navy's New Force Structure
Assessment", 2017-04-06.

47) 《세계일보》, 2018-02-09.

48) 백병석, "동아시아 지역의 해양분쟁 전망 및 한국의 대응방향: 주변국 해군력을 중
심으로", 『전략연구』, 세종연구소 제24권 제1호 (통권 제71호), 2017. 3, pp.77-109.

49) 중국은 현대식 함정규모를 기준으로 볼 때 미국 다음의 전력을 보유할 수 있을 것
으로 예상된다. 항모 4척, 잠수함 99척, 구축·호위함 102척, 경호위함 26척, 수륙
양용함 73척, 유도탄정 11척 등 300여척 등으로 진용을 갖추어 나가게 된다.

50) "6자회담, 동북아 안보협의체로 키우자", 《동아일보》, 2014-05-30.

51) 안인해, "동북아 영토분쟁과 우리의 대응", 기조연설, 동북아 미래포럼 자료집, 동북
아공동체 연구회, 2014.

52) 정의용, 서훈, 평양방문에 대해 트럼프 대통령 면담 후 백악관 앞 기자회견. 2018년
3월 9일.

53) 안인해, "Security Obstacles and a Cooperative Framework in Northeast Asia,"

2015-10-14. 중국 대련에서 개최된 제4회 빈하이(浜海) 포럼에서 기조연설자로 발표
했다. 토론자 Scott Snyder, Ralph Cosa (CSIS)는 6자 외교장관 확대회의를 6개국을
순방하면서 개최하자는 제안에 대해 김정은 위원장이 응할지가 관건이라고 지적했다.
54) 북한을 30번 이상 방문하고 고위급 인사들과 친분을 유지하고 있던 미 조지워싱턴
대학 김영진(Young C. Kim)교수는 김정일 위원장 측근과 상의된 내용이라면서 이
러한 기회를 놓쳐서 아쉽다면서 회고했다. 2017년 3월 인터뷰.

## 제12장 〉 디커플링(Decoupling)

1) Graham Allison, *Destined for War: Can America and China Escape Thucydides's Trap?* (Boston: Houghton Mifflin Harcourt, 2017)
2) Joseph Nye, "Kindleberger's Trap", *The Washington Post*, 2017-01-09.
3) *Organizing for America*, "Barack Obama and Joe Biden: Protecting US Interests and Advancing American Values in Our Relationship with China", 2008. 〈http://www.barackobama.com/pdf/FactSheetChina.pdf〉
4) 도광양회는 『삼국지』에서 유비와 조조간의 일화다.
5) 1990년대에는 경제건설에 전념하기 위해 미국 등 주변 강대국에 대항하지 않겠다는
의미에서 도광양회에 중점을 두었다면, 9·11 이후에는 주변외교와 국제사회에 적극
적으로 참여하는 유소작위(有所作为)에도 신경을 쓰고 있다.
6) 화평굴기라는 표현도 공식적으로는 화평발전으로 표현하여 외국을 자극하지 않겠다는
의사를 표명하고 있다. 화평굴기 개념은 2003년 11월 3일 정비젠(郑必坚)이 하이난성에
서 열린 보아오아시아포럼에서 「중국화평굴기의 새로운 길과 아시아의 미래」(中国和平
屈起 新道路和亚洲的未来)라는 제목의 강연을 통해 공개했다.
7) 원자바오 총리 『工作报告』, 2004년 10기 전인대 2차 회의.
8) 종합국력을 신장하기 위해서 핵심적으로 추진하고 있는 것이 고급인력양성을 통한
인재활용이라고 할 수 있다. 후진타오 국가주석은 인재강국전략을 실현하기 위해 "人
才财源是 第一财源"이라는 관점을 표명하였다.
9) Joseph S Nye, Jr., (2004), p.11; 안인해, "21세기 중·일관계와 동아시아 안보", (서
울 : 한국해양전략연구소, 2005).
10) *South China Morning Post*, Hong Kong, 2011-01-18.
11) *LA Times*, "Hillary Clinton keeps speech on China relations in familiar territory", 2011-01-14.

12) 오바마 대통령과 후진타오 주석은 양국 정상은 공동성명에서 양자 관계를 '21세기를 향한 긍정적이고, 협력적이며, 포괄적인 미·중관계'로 구축하기로 합의했다. 양국은 "강력하고 번영하며 성공적인 중국이 국제사회에서 큰 역할을 하고 있으며, 중국은 미국이 아시아태평양지역에서 평화와 안정, 지역 번영에 기여하고 있음을 환영한다."고 선언했다.

13) 전병곤 외, "뉴노멀 시대 미중 전략 경쟁 관계와 한반도에의 함의 1부", 경제인문사회연구회 협동연구총서, (2017), p.47.

14) 「중국 18차 당대회 분석과 대내외정책 전망」, (통일연구원, 2012), pp.73~84.

15) 《인민일보》, 한국판 (주간) 1면, 2013-05-27~06-02.

16) 《인민일보》, 2013-06-03.

17) "Speech by H.E. Xi Jinping President of the People's Republic of China At the Welcoming Dinner Hosted by Local Governments And Friendly Organizations in the United States", (Seattle, 2015-09-24).

18) 공유식, "신형대국관계와 중미관계", CSF 중국전문가포럼, 2014-05-30.

19) 중국공산당의 당헌에 명기된 지도이념은 '주의→사상→이론→관' 순서에 따른다.

20) 시진핑, "소강사회를 전면적으로 실현하는 데서 결정적인 승리를 이룩하고 신시대 중국 특색의 사회주의의 위대한 승리를 이룩하자", 중국공산당 제19차 전국대표대회에서 한 보고」, (신화사, 한글 번역본), 2017-10-18.

21) 윗글, p.48.

22) 인류운명공동체는 항구적 평화, 보편적 안전, 공동번영, 포용개방, 청결하고 아름다운 세계 등 5개 세계의 건설을 의미한다. "王毅谈新时代中国特色大国外交总目标：推动构建人类命运共同体", 2017-10-19.

23) '신안보관'에 대해서 中华人民共和国 国务院新闻办公室, 『2004年 中国的 国防』, 北京, 2004-12, 참조.

24) 《조선일보》, 2012-02-27.

25) 2012년 미국(6,567억 달러)의 20% 수준이던 중국 국방비가 8년 후엔 미 국방비(4,722억 달러)의 44% 수준으로 격차를 줄인다는 것이다.

26) 平可夫, 平可夫, "中国军备预算的虚与实", 『亚洲周刊』, 2005-03-20. pp.38-39; SIPRI (Stockholm International Peace Research Institute)는 중국의 국방비가 보고된 것보다 50% 가량 높을 것으로 관측했다. 다른 연구기관인 IISS(International Institute for Strategic Studies)는 40% 과소 보고되었을 것이라 예상했다; 2017 DOD Annual Report, p.717.

27) 중국 과학기술부 완강(万钢) 부장(장관)은 재정부 예산보고에 분명히 나타난다고 강조하며 군사비가 은닉돼 있다는 주장을 부정했다. 《중앙일보》, 2013-03-08.

28) *U.S.-China Economic and Security Review Commission, 2013 Annua Report to Congress,* 2013-11-02.

29) 중앙군사위원회 위원 수를 11명에서 7명으로 줄이고 시진핑 측근들이 대거 진출했 으며 중앙군사위 부주석급 인사들이 낙마, 퇴임해서 시 주석의 권위가 강화되었다.

30) http://www.oecd.org/document/45/0,2340,en_2649_201185_ 35344877_ 1_1_1_1,00.html

31) CIA, *The World Fact Book,* (2005).

32) 세계은행 자료에 따르면, 2008년부터 5년간 미국이 $14.22 trillion에서 $15.68 trillion으로, 일본이 $4.85 trillion에서 $5.96 trillion 성장한 반면 중국 은 $4.52 trillion에서 $.8.23 trillion 까지 성장함으로써 같은 기간 내 경제규모가 거 의 2배 증가하였다는 점에서 주목받았다.

33) CIA, *The World Fact Book,* (2005).

34) https://www.cia.gov/library//publications/the-world-factbook/ rankorder/2188rank.html

35) 「중국제조업의 종합연구보고」(中国制造的综合性研究报告), 长城企业战略研究所, KOTRA, 2017-12.

36) *KITA Market Report,* "2017년 중국의 무역 특징 및 2018년 전망", 2017.

37) 천더밍(陈德铭) 중국 상무부장은 2015년까지 미국의 대중국 수출액을 2배로 증대 시키자는 제안을 했다.

38) 新华通信,, 2011-01-22.

39) *VOA,* 2017-01-21.

40) *White House,* "Remarks by President Trump on the Joint Comprehensive Plan of Action", 2018-05-08.

41) 《연합뉴스》, 2018-05-09.

42) *BBC 코리아,* 2018-05-09.

43) 《중앙일보》, 2018-03-27.

44) *The New York Times,* "Transcript: Donald Trump's Foreign Policy Speech", 2016-04-26.

45) 《연합뉴스》, 2018-02-11.

46) 安仁海, "修昔底德陷阱 vs. 金德伯格陷阱", 《中国学论丛》 제64집, 고려대학교

중국학연구소 (2019), pp.197-216.

47) Joseph Nye, 2017-01-09.

48) Graham Allison, (2017), pp.42-43.

49) 윗글, p.109.

50) 윗글, pp.126-128,

51) 윗글, pp.128-132.

52) 제7장 "문명의 충돌(Clash of Civilization)"에서 미·중 간 문화의 차이에 대해서 비교한다. 예를 들어, 미국은 '자유'를 최고의 가치로 두지만 중국은 '질서'를 중시한다. 또한 미국의 대외 정책은 국제질서 정립에 있으나 중국은 조화로운 위계질서를 이상적으로 바라본다. 이러한 문화적 차이로 인해 충돌 가능성이 높아진다는 것이 앨리슨 교수의 분석이다.

53) 윗글, pp.232-240.

54) 〈http://kr.people.com.cn/n3/2017/1027/c203201-9285748.html〉, 2017-10-18.

55) 이장규 외, "중국의 '신(新)실크로드 경제권' 추진 동향과 전망", 『KIEP 지역경제 포커스』, Vol. 8, No. 45, 2014-09-01.

56) Ahn Yinhay, "The Rise of China: Expansion of its Maritime Jurisdiction", ≪中国学论丛≫ 제50집, 고려대학교 중국연구소 (2016), pp.211-238.

57) 중국 외교부, "겅솽 외교부 대변인 서면 답변", 2017-08-06.

58) 강환국 외, "KOTRA 美트럼프의 TPP탈퇴 서명에 대한 TPP가입국 반응조사", KOTRA, 2017-02-08.

59) "美 '태평양전략' vs. 中 '일대일로'", ≪세계일보≫, 2019-05-17.

60) 2016년 중국과 일대일로 관련국들의 무역총액은 9535.5억 달러로 중국 전체 교역액 25.7%를 차지한다. 유다형, 「최신 중국 동향, 일대일로 관련 64개국 현황」(1), Vol. 206, 2017-06-12; ≪海关总署公告≫, 2017年 第54号, (关于修订 '中华人民共和国海关进出口货物化验取样记录单' 的公告), 2017-11-08.

61) 박병인, "시진핑 정부의 대중앙아시아 안보·경제 병진전략 탐구: 상하이협력기구(SCO)와 '신 실크로드' 구상을 중심으로", 『한국과 국제정치』, Vol. 87, 제30-4호 (2014), pp.164-194.

62) Tao, Xie, "Back on the Silk Road: China's Version of a Rebalance to Asia", *Global Asia*, Vol. 9, No. 1, 2014, pp.70-76.

63) 实习生, 王秋雨, ≪人民日报≫, 十九大对党章做了这些重大修改 (人民日报客户端), 2017-10-27.

64) 刘薇(2014), pp.84-85.

65) 《人民日報》, 2011-10-23.

66) 《헤럴드 경제》, 2017-05-15.

67) 인도태평양전략에 대해서는 2019년에 발표한 미국방성 보고서 참조. The Department of Defense, *Indo-Pacific Strategy Report: Preparedness, Partnerships, and Promoting a Networked Region*, 2019.

68) Ian, Storey, and Malcolm Cook, "The Trump Administration and Southeast Asia: Enhanced Engagement", *ISEAS_Perspective*, No. 87, p.7, 2017-11-23.

69) 《시사위크》, 2017-11-14.

70) Prakash Gopal, "Maritime Security in the Indo-Pacific: The Role of the US and its Allies", *Maritime Affairs: Journal of the National Maritime Foundation of India*, Vol. 13, Issue 1, 2017.

71) 《한국경제》, 2017-11-10.

72) *The Economist*, "China, Relations with America, Here We go Again", 2013-06-08, p.27.

73) _____, "Leaders: The Summit", 2013-06-08, p.9.

74) _____, "Xi Jinping in America's backyard. From Pivot to Twirl", 2013-06-08, p.28.

75) 《인민일보》 한국판 (주간), 2013-05-13~19.

76) 《인민일보》 한국판 (주간), 2013-05-19.

77) *The Wall Street Journal*, "U.S. Navy Conducts First South China Sea Navigation Operation Under President Trump", 2017-05-24.

78) Graham Allison, (2017), p.211.

79) Robert D. Kaplan, "The South China Sea Is the Future of Conflict", *Foreign Policy* (September/October 2011).

80) 중국의 남중국해에 대한 관심은 제2차 세계대전 종전과 더불어 시작되었다. 1948년 2월 발간된 공식 지도에 중국은 남중국해에 대한 주권을 공표했다. 중·일전쟁 이후 1938년부터 1945년까지 일본이 가지고 있던 라셀군도와 스프래틀리군도에 대한 영유권을 중국이 카이로와 포츠담 선언에 의거해 환원했다고 주장한다.

81) 《연합뉴스》, 2015-06-03.

82) 구자선, "남중국해 인공섬 관련 갈등 분석", 2015-08 (서울: 국립외교원 외교안보

연구소 국제주요문제분석, 2015), No. 2015-22.

83) 《연합뉴스》, 2017-10-11.

84) 인민해방군 상교(대령) 저우보(周波) 중국 국방부 국제군사협력판공실 주임은 "관건은 프랑스와 영국이 중국이 조성한 인공섬 12해리 이내 수역에 진입할지 여부"로 "12해리 이내에 진입한다면 중국은 의도적인 도발로 볼 것"이라고 강조했다.

85) *South China Morning Post*, Hong Kong, 2018-06-04.

86) 김원기, 윤여준, "미국 신(新)행정부의 향후 정책방향 및 시사점", 대외경제정책연구원, Vol.16, No.32, 2016.

87) *The Wall Street Journal*, 2019-03-03.

88) 미국 상무부, https://www.census.gov/foreign-trade/balance/c5700.html

89) *Nuclear Posture Review*, Department of Defense, 2018-02-02.

90) Gordon Chang, "China is bringing down the global trade architecture", *The Washington Post*, 2018-05-15.

91) 《연합뉴스》, 2018-08-19.

92) 《중앙일보》, 2018-10-11. 중국의 무역 전망이 어두워지자 제조업 지표에도 브레이크가 걸리고 있다. 9월 중국 제조업 구매지관리지수(PMI)는 50.8을 기록해서 8월 51.3보다 0.5 포인트 하락했으며 이는 3월 이후 최저치 기록이다. 보통 50 아래로 하락하면 경기가 나빠질 것으로, 50 이상을 기록하면 경기 확장을 의미한다.

93) 미국이 최근 캐나다, 멕시코와 새로 서명한 '미국-멕시코-캐나다 무역협정(USMCA)'에 중국과 무역협정 맺는 것을 막는 독소조항을 삽입하고 이를 일본, 한국, 유럽연합(EU) 등 다른 국가 및 지역과의 무역협정에도 포함시키려는 의도를 견제하기 위한 행보로 분석된다.

94) 중국과 일본의 상반된 주장은 《北京周报》, 1987年 第19號 (5월12일), pp.7-8와 『朝日新聞』, 1987-05-10 참조.

95) "그 동안 미국은 타이완문제에 있어서 표면적으로는 '하나의 중국' 원칙을 지속적으로 인정해왔으나 실질적으로는 타이완과의 관계를 확대시켜나가는 '전략적 모호성'을 유지하고 있다." 서진영, 『21세기 중국외교정책』, (서울: 폴리테이아, 2006), pp.273-309.

96) James Kelly, 미국 하원 국제관계위원회 청문회, 2004-04-21.

97) 《인민일보》 한국판 (주간), 2013-06-17~23.

98) 후진타오 주석은 제16기 중앙위원회 4차 전체회의(16기 4중전회)에서 타이완에 대해 무력통일을 할 준비가 되어 있다고 밝혔다.

99) Office of the Secretary of Defense, "Annual Report to Congress: Military

and Security Developments Involving the People's Republic of China May 2013", ① 타이완 해방 공식선언, ② 타이완 해방을 향한 움직임, ③ 타이완 내부 불안, ④ 타이완 핵무기 보유, ⑤ 통일에 관한 양안 협상의 불분명한 지연, ⑥ 외국 군 병력의 타이완 내부 개입이 있으면 중국은 무력행사를 할 것이다.

100) 미·중관계를 둘러싼 트럼프 진영과 중국의 언급은 다음과 같다. 라인스 프리버스 백악관 비서실장 내정자, "트럼프는 (실수한 게 아니라) 자신의 행동 (타이완 총통 전화) 이 어떤 의미인지 정확하게 알아", 2016-12-04. 도날드 트럼프, "중국은 위안화 환율, 남중국해 문제 등 우리와 미리 상의했나", 2016-12-04. 왕이 외교부장, 중국 측 보도로는 "통화는 타이완의 꼼수, '하나의 중국' 원칙 바뀌지 않을 것", 2016-12-02. 《환구시보》(环球时报), "트럼프, 이번 통화의 엄중함 몰랐을 것", 2016-12-04. 《人民日報》, "트럼프는 미·중관계 긴장이 자신에게도 손해라는 점 알아야", 2016-12-05. 《환구시보》(环球时报), 2016-12-06.

101) 이코노미조선, 2016-12-12.

102) Michael H. Fuchs, "Trump's China Policy is a Paper Tiger", *Foreign Policy*, 2017-02-22.

103) 미 국무부는 조기경보레이더 관련 부품과 대(对) 레이더 미사일, 어뢰, SM-2 미사일 부품 등 7개 품목이 포함된 판매안을 미 의회에 통보했다. 《연합뉴스》, 2017-06-30.

104) 《환구시보》, 미국의 결정에 대해 "중국을 분노하게 할 것"이라고 보도했다, 2017-07-01.

105) 중국 외교부 정례 브리핑, 2017-06-30.

106) *The Wall Street Journal*, "Senate Panel Votes to Allow Navy to Call at Taiwanese Ports", 2017-06-28.

107) 《조선일보》, 2018-03-20.

108) 《조선일보》, 2018-06-04.

109) 2018년 5월 31일 로버트 라이트하이저 미국 무역대표부(USTR) 대표는 일본 유럽 연합(EU)의 통상 대표와 파리에서 만나 내놓은 공동성명은 "그렇지 않다"고 답한 다. 이 성명은 사실상 중국을 정조준하고 있다는 관측이다. 이는 제3의 국가의 비 (非)시장지향적 정책에 우려를 표명한다.

110) 미국 EU 일본의 공동성명은 래리 커들러가 2018년 3월 백악관 국가경제위원장으로 지명된 직후 "미국은 거대한 무역파트너들과 동맹의 연대를 이끌어 중국과 맞서야 한다"면서 내세운 '무역 의지의 연합(trade coalition of the willing)'을 떠올리

게 한다. '의지의 연합'은 조지 W. 부시 대통령이 동맹국에 이라크 참전을 독려하면
서 사용한 표현이기도 하다.

111) "불륜과 외교", 《중앙일보》, 2001-06-07.

112) "불확실성에 대한 오판을 경계한다", 《세계일보》, 2019-03-08.

113) "격랑의 4월을 넘어", 《세계일보》, 2019-04-25.

114) Lee, Soo-hyung. "The International Order and Inter-Korean Relations after COVID-19," East Asia Institute, April 27, 2020.

115) Bao, Huaying, "China's Daunting Post-COVID Challenges," TheDiplomat, May 8, 2020.

116) Somvichian-Clausen, Austa, "Trump's use of the term 'Chinese Virus' for coronavirus hurts Asian Americans, says expert," The Hill, March 25, 2020.

117) Borger, Julia, "Trump privately appeals to Asia and Europe for medical help to fight coronavirus," The Guardian, March 24, 2020.

118) Klebnikov, Sergei, "China, Russia And Iran Mock U.S. Handling Of Protests: 'I Have A Dream, But I Can't Breathe'," Forbes, June 8, 2020.

119) Kyodo News, "Abe, Trump affirm cooperation over virus response, drugs," May 8, 2020.

120) Gilbert, David, "China Knew About Human-to-Human Transmission of Coronavirus But Waited 6 Days to Tell the World," Vice, April 15, 2020.

121) Alderman, Liz and Bradshaw, Keith, "The World Needs Masks. China Makes Them, but Has Been Hoarding Them," The New York Times, April 2, 2020.

122) Jacinto, Leela, "Can the unmasking of China's Covid-19 'mask diplomacy' stem Beijing's global power grab?" France 24, May 1, 2020.

123) Tsoi, Grace, "Hong Kong security law: What is it and is it worrying?" BBC News, May 29, 2020

124) The Japan Times(Kyodo), "As opposition grows, Japan says it has no plan to set date for state visit by China's Xi," June 6, 2020.

125) Choi, He-suk, "North cuts off communications with South, warns of hostile actions," The Korea Herald, June 9, 2020.

126) The Associated Press, "Majority of Taiwanese don't identify as 'Chinese': poll," May 13, 2020.

127) Reuters. "Pompeo says TSMC's $12 billion investment to increase U.S. economic independence from China." May 15, 2020.

128) Borowiec, Steven, "North Korea brands South 'enemy' as domestic woes mount," Nikkei Asian Review, June 12, 2020.

129) Chestnut Greitens, Sheena, "Why North Korea−US relations will remain stable unless Kim really needs coronavirus aid," The National Interest, May 18, 2020.

130) Friedman, Uri, "How to Choose Between the U.S. and China? It's Not That Easy," The Atlantic, July 26, 2019.

131) Yonhap News. May 28, 2020.

132) Huang, Echo, "China inflicted a world of pain on South Korea in 2017," Quartz. Dec 21, 2017.

133) Buchholz, Katharina, "Who Is North Korea Trading With?," Statista, Sept 6, 2017.

134) Mike Pompeo, "Communist China and the Free World's Future," The Richard Nixon Presidential Library and Museum, Yorba Linda, California, July 23, 2020.

135) 안인해, "미·중에 낀 한국외교 '신뢰받는 동반자'로 돌파하자," 중앙일보, 2020−09−02.

136) White House, Interim National Security Strategic Guidance, March 3, 2021. https://www.whitehouse.gov/wp−content/uploads/2021/03/NSC−1v2.pdf

137) 국방일보, 2021−05−24.

## 에필로그 〉〉 통일의 꿈

1) 《한국일보》, 1997−07−07.

2) 《고대신문》, 탁류세평, '평양에서의 꿈', 2016−09−26. 부친상을 당한 2016년 고대 신문에 기고한 칼럼이다.

# 찾아보기

# '중국과 미국 그리고 한반도'를 읽고

금년 설 연휴 기간 두문불출하고 안인해 교수님이 집필한 '중국과 미국 그리고 한반도'라는 책을 일독했다.

나는 이 책을 읽고 안인해 교수의 할아버님께서도 평양에서 내려오신 실향민임을 알게 되었다. 김일성에게 모든 것을 다 빼앗기고 아내분까지 북에 남겨두고 오신 할아버님 밑에서 자란 손녀로서 본능적으로 북한에 대한 증오감이 남보다 컸겠지만 이 책을 읽기 전에 만났을 때 그러한 감정은 느낄 수 없었다.

이 책의 서장은 1992년 북한의 김일성 주석을 만나는 것으로 시작된다. 내가 북한 외무성에서 일한 지 4년차 되던 해였다. 김일성과 함께 기념촬영을 하신 여성분들은 다 남쪽에서 오신 분들이다. 그 사진에 북한 여성대표단 단장으로 참가하신 여연구 선생도 역시 6.25전에 북으로 올라가신 여운형 선생의 따님으로서 남쪽 여성이다. 사진에 나오는 이태영 변호사는 반대로 북쪽에서 남으로 내려오신 분이다. 국토분단의 아픔이 이 사진 한 장에 다 어려 있다.

나는 다른 분들의 생애는 다 모르지만 여연구 선생의 생애는 잘 안다. 내가 1974년 평양외국어학원에 입학했을 때 여연구 선생은 평범한 우리 영어과 영어선생님이셨다. 영어를 너무 잘 가르쳐서 다들 여연구 선생의 강의시간만 기다렸다. 학생들을 친자식처럼 사랑해 주셨는데 남학생과 여학생이 다투면 항상 남학생편을 드셨다. 그때는 어려서 여연구 선생이 여운형 선생의 따님인 줄 몰랐다. 그러나 점차 크면서 여연구 선생이 마음에 큰 상처를 안고 사신 분이라는 것을 알게 되었다. 어쨌든 그 후 여연구 선생은 일이 잘 되어 김일성을 다시 만났고 김일성의 추천에 의해 최고인민회의 상임위원회 부의장으로, 북한여성을 대표하여 외교분야에서도 맹활약을 하다가 돌아가셨다. 이 책을 읽으면서 파란곡절 많았던 나의 스승, 여연구 선생의 한 생애가 다시 어려와 눈물이 나왔다.

이러한 인간감정을 떠나 책은 향후 우리의 통일전략을 고민하는데서 많은 것을 생각하게 만든다. 한반도의 분단으로부터 현재까지 이어지는 한반도 역사를 미국과 중국이라는 상위개념 속에 풀어내서 책으로서는 최고의 책이라고 본다.

북한에서 3대로 이어지는 세습통치와 핵보유를 통해 북한을 움직일 수 있는 상위국가들인 중국과 미국의 영향력은 점점 더 약해지고 있는 듯하며 이에 정비례하듯 한국에서 통일에 대한 관심은 점점 더 식어지고 있다. 앞으로 김정은 정권이 얼마나 오래갈지 모르지만 분단이 30~40년은 더 이어질 수도 있다.

희망이 없는 것은 아니다.

과거정책을 냉철하게 돌이켜 보고 대내적, 대외적 환경을 지혜롭게 변화시켜 나간다면 통일은 올 것이다. 중요한 것은 기다리지 말고 우리가 만들어 나가야 한다.

이 책은 한반도문제의 상위권에 있는 중국과 미국의 모순과 이해관계를 잘 이용하여 이 나라들의 영향력을 점차 약화시키고 남과 북이 통일의 주인으로, 당사자로 영향력을 발휘하자면 어떤 지혜와 전략을 세워야 하겠는가를 깊이 고민하게 만든다.

정말 이 책은 향후 우리의 통일을 앞당기는데 커다란 학문적 기여가 될 것이다.

2020년 1월 24일
전 주영국북한공사
**태 영 호**

안 인 해

경기여자고등학교, 이화여자대학교 영어영문과를 졸업하고 미국 조지워싱턴대 대학원 정치학과에서 박사학위를 마쳤다. 고려대학교 국제대학원 교수로 베이징대학 국제관계학원과 일본 게이오대학 등에서 연구하고, 한국국제정치학회 회장(56대)을 역임했다.

통일연구원 북한연구실, 기획조정실에서 근무하고 국가안전보장회의(NSC), 외교부, 통일부 정책자문위원과 국회 외교통일분과위원회 자문위원 등을 맡아 활동했다. 국방연구원 이사와 국방부 자체평가위원회 위원장으로서 외교안보 분야에 폭넓은 자문경력을 쌓았다. 남북방송통신교류추진위원회 분과위원장으로서 방송통신위원회 위원장 표창장을 받았다.

저서로는 『탈냉전기 중·북한관계변화』, 『중국과 미국:패권의 딜레마』(역), 『중국 미국 그리고 한반도』(2020), 등이 있다. 논문으로 「중국권력엘리트의 정책대립과 대외경제개방」, 「중국위협론과 중일관계」, 「북한최고지도층의 정책성향과 정책결정」, 「North Korea in 2002: A Survival Game」(Asian Survey), 「修昔底德陷穽 vs. 金德伯格陷穽」(2019), 「Sino-Americn Conflict during the Trump Administration」(2020) 외 多數

# 중국과 미국 그리고 한반도
## 패권의 딜레마 II

초판 발행 : 2021년 8월 8일

지은이 : 안인해
펴낸곳 : 주)파니쥬
인쇄·디자인 : 인터프로인디고
출판등록 : 제2020-000042호
주 소 : 서울시 중구 퇴계로 50길 32
전 화 : 02-2285-2850  FAX : 02-2285-2852
이메일 : smin@phanyzoo.com

계좌번호 : 853-910010-22104 하나은행
          예금주 : 파니쥬

© 2021. 주)파니쥬
ISBN 979-11-969786-3-1

정가 38,000원